북한의 핵문제와
대외관계 변화

북한의 핵문제와 대외관계 변화

The North Korean Nuclear Issue and its Changes in Foreign Relations

경남대학교 극동문제연구소 · 북한대학원대학교 기획엮음

박정진 · 정재욱 · 이병철 · 김정 · 임을출 · 이상만 ·
황지환 · 조진구 · 이웅현 · 이관세 지음

한울
아카데미

차례

차례

CHAPTER 10 북한 핵개발과 대외관계 변화 _이관세

'북한' 바로보기

변화(變化)와 유지(維持) 그 사이 균형을 찾아서

그리스의 철학자 헤라클레이토스(Heraclitus of Ephesus)는 "우주에서 변하지 않는 유일한 것은 '변한다'는 사실 뿐이다"라고 했습니다. 변화는 물질적 존재, 추상적 존재 모두에 통용됩니다. 기존의 상태를 해체하고 새롭게 재구성되는 것을 의미합니다. 때론 직관적으로 인식되지만, 때론 그렇지 않을 수 있습니다. 관계가 있는 대상에 대한 변화는 쉽게 인식되지 않습니다.

우리가 북한을 바라보는 시선이 그렇습니다. 과거 이미지에 갇혀 북한이 변화하고 있는 현실을 인식하지 못하는 경향이 있습니다. 북한을 단순히 군사적 위협의 대상, 냉전 시대의 유산으로만 바라볼 수는 없습니다. 국제사회를 향한 다양한 변화의 모습을 읽어야 합니다. 북한 사회의 변혁 움직임도 간과해서는 안 됩니다. 북한의 변화 중심에는 핵이 있습니다. 핵 개발은 국제적으로 관심을 끌면서 위협 요인으로 작용했습니다. 대외적으로 협상의 수단이 되기도 했고, 대내적으로 권력 유지의 도구가 되기도 했습니다.

북한은 다양한 면에서 변화를 보여주고 있습니다. 핵 개발 40여 년을 맞이하는 작금의 변화에 대한 냉철한 이해가 새로운 북한 연구의 출발점입니다. 멈춰 있는 것만이 아니라 변화하고 있다는 현실을 인식함으로써 연구의 지평을 넓힐 수 있습니다. 역지사지의 측면에서 북한의 변화를 읽는 사람만이 한반도 평화를 추구할 수 있습니다.

경남대학교 극동문제연구소와 북한대학원대학교는 북한·통일학 연구를 선도하는 학술기관으로, 북한의 변화에 대한 의미 있는 해설서를 기획·출판하게 되었습니다. 총 2권으로 발간된 이 해설서는 김정은 집권 이후 북한의 대내 및 대외 변화와 그 과정에서 발견된 함의들을 다양한 관점에서 분석했습니다. 대내적 변화는 통치 이데올로기, 정치권력, 군사, 과학기술, 경제, 사회를 중심으로, 대외적 변화는 국제 핵질서 및 패권대항 국가전략, 대외경제정책, 미·일·중·러와의 관계를 중심으로 고찰했습니다. 설명자료, 연표, 토의 주제, 더 읽을거리 등을 담아 독자들에게 학술적 깊이와 통찰력을 제공하고자 했습니다.

이 책이 북한 연구자들에게는 의미 있는 지침서, 일반 대중에게는 유용한 학습서가 되길 바랍니다. 또한 북한의 변화에 대한 올바른 이해를 통해 한반도 평화와 안정을 증진하여 모두가 바라는 평화로운 미래의 길잡이가 되기를 기대합니다.

2024년 2월

이관세(경남대학교 극동문제연구소 소장)·양무진(북한대학원대학교 총장)

1
CHAPTER

북한 핵 프로그램

전략의 결과와 북한의 변화

박정진(경남대학교 부총장)

| 학습목표

이 장에서는 북한이 핵을 바라보고 개발해 온 시기별 전략과 배경을 세계질서의 변화와 함께 개략적으로 관찰해 본다. 그리고 각 장의 주요 내용을 토대로 북한의 핵과 미사일 개발이 북한에 미친 영향과 전략의 변화를 살펴보면서 개별 장의 주요 내용을 이해한다.

1. 서론

북한은 오랜 기간 3대에 걸친 후계 구도를 통해 체제 유지와 이를 위한 전략·전술을 상황에 맞게 구사해 오고 있다. 북한의 핵전략도 예외 없이 수령, 최고지도자, 체제를 위해 '복무'한다. 이렇듯 북한 체제는 시대가 변화하고 외피는 바뀔지언정 변하려 하지 않을 북한의 모습을 대변한다.

한 국가의 전략적 선택은 전략에 의한 후속 결과를 야기하는데, 북한은 그때마다 견디어내는 쪽[1]을 택했다. 비록 이러한 전략을 고수하며 핵개발 과정을 하나씩 이루어왔음에도 전략적 선택에 따른 변화만큼은 북한도 예외가 될 수 없다. 수령과 최고지도자들의 '교시'와 '말씀'[2]으로 시작되는 북한의 국가 전략은 시행할 때마다 예외 없이 변화를 야기했고, 북한 사회는 물론이고 국제사회에 많은 영향을 주었다. 수령 김일성의 주체사상과 종파투쟁, 국방위원장 김정일의 선군정치와 조국통일론, 1990년대부터 본격화된 북한의 핵전략은 지속적인 정치경제 변화를 대내외에 야기했다. 이중 북한의 핵 위기 조성과 '실제적 핵보유국' 지위 획득 전략은 시기별로 북한 대내외에 큰 변화를 야기했다.

이 장에서는 북한이 시기에 따라 핵을 개발해 온 전략과 배경을 살펴보고, 어떤 메커니즘과 전략으로 핵을 개발·보유·확장시키는지 고찰한다. 그

1 시기에 따라 '고난의 행군'의 긴 시간을 통하거나, 때로는 그럭저럭 버티는(muddle through) 전술 등 정도의 차이는 있으나 북한이 하나의 전략을 택할 때마다 그 후속 효과에 대한 조치는 '감당하는 것'이었다.

2 북한에서는 김일성을 유일한 사상의 수령으로 주체사상을 통해 정립했기 때문에 후계자는 수령의 영도를 이끌 수 있는 유일한 사람인 유일영도자 즉 '최고 존엄'으로 불리는 최고지도자이다. 따라서 교시는 '수령'이, 그 사상을 올바르게 해석하고 지도할 수 있는 후계자의 '말씀'이 북한의 전략 위를 이끌어 가는 단계적 절차다.

리고 북한의 핵전략이 북한을 어떻게 변화시키고 있는지 이 책의 각 장 내용을 설명하며 간략히 언급할 것이다.

2. 북한 핵의 시기별 노선 변화와 현 상태

1) 냉전기

냉전기는 미국과 소련의 양극성에 의한 힘의 균형[3]과 이를 관념적으로 뒷받침해 주는 '냉전체제의 확실성'(Joffe, 2006)에 의해 주변부가 암묵적으로 통제될 수 있었다. 비록 1950년대 말부터 중소분쟁에 의한 공산권 분열로 북한은 로버트 코헤인(Robert Keohane)이 말한 약자의 전횡(the tyranny of th weak)을 가능케 한 조건(장달중·이정철·임수호, 2011:6)을 얻었고, 독특한 체제 구축에 이를 활용했다. 그럼에도 핵개발은 쉬운 과제가 아니었다. 비록 소련과 기술 협력을 체결했다고 해도 소련은 북한마저 핵을 가지는 것을 탐탁지 않게 여겼던 듯하다. 1952년 소련과 북한의 핵협력조약은 1960년대에 소련형 원자로 IRT2000과 영변 주변 8km, 평양 주변 90km 핵연구 단지 건설에 기초 역할을 했다. 그러나 소련 정부는 자신들의 지원을 받으려면 민간 사용의 길을 벗어나지 말 것을 경고하기도 했다(헤커, 2023: 53).

북한이 당시 핵개발에 매달린 이유는 크게 두 가지다. 첫째, 북한과 미국의 압도적인 힘의 차이, 둘째, 트루먼 대통령이 "한반도에 공산군 침략을 저

3 비록 스티븐 월트(Stephen Walt)는 약소국이 강대국의 지위로부터 벗어나기 위한 동맹보다는 편승을 위한 동맹의 우세 중요성을 설명하고 있으나 두 강대국에 의한 각기 다른 질서의 편입은 암묵적 동의를 이끌었다(Walt, 1985: 3~43).

더 보기 **약자의 전횡이란?**

한 집단이 가장 약한 자에게 집단의 속도를 설정하도록 허용하면 결과적으로 집단 전체의 성과가 감소하는 결과가 나온다는 뜻의 용어이다. 국제정치에서는 냉전시기 동맹과 힘의 균형 사이에 주변부 국가가 이를 이용해 자신들의 목표를 관철시키려 한 것을 뜻하는 표현으로 사용된다. 북한은 냉전기 대외정책에서 돌발 행동과 '외교전'을 통해 이에 대한 많은 사례를 보여주었다.

더 자세한 내용은 Armstrong(2015) 참조.

지하기 위해 핵무기를 포함한 모든 무기의 적극 사용"하겠다고 한 1950년 11월 30일 발언에 따른 위협 인식이다. 북한은 지속적으로 주한 미군의 전력에 대해 비판했다. 북한 총리 박성철은 5차 비동맹 회의 연설에서 주한미군의 핵무기 종류, 숫자를 일일이 나열하며 비판 수위를 높였다. 1975년 당시 제임스 슐레진저(James Schlesinger) 미 국방장관이 한국에 전술핵이 있음을 최초로 언급한 데 대한 반발이었다. 그 후 북한은 핵을 무기화하는 핵심 기술은 얻지 못했지만, 안보 위협에서 벗어나기 위한 핵 탑재 미사일 도입과 핵기술 연구를 끊임없이 진행해 왔다.

한국 측 전술핵무기의 존재는 북한 정권을 심리적으로 압박했고, 1980년대부터 국외 원조가 서서히 줄어들자 북한은 1986년 6월 23일 핵무기 확산을 반대하는 논리인 "조선반도에서 비핵지대, 평화지대를 창설할 데 대한 제안"을 내놓기에 이른다. 이 비핵지대화 논리에는 역내에 핵이 없어질 때까지 안전보장을 위해 억제력으로서 핵을 보유할 수 있다는 내용이 역설적으로 내포되어 있다. 따라서 북한의 핵에 대한 두려움과 데탕트 이후의 세계는 북한 핵개발의 주요한 원인이었다.

〈표 1-1〉은 냉전기 북한이 핵개발을 위해 쓴 시간표다. 여기서 무엇을 볼

표 1-1 **냉전기 북한의 핵연구 개발 활동**

시기	구분
1952.6.6.	북소 교육 협력 협약 체결 → 북한 과학자 소련 파견 성사
1952.12.	북한 조선과학원 산하 원자력 연구소 창설
1955.2.5.	북한 소련 과학기술협약 체결
1959.9.	북한 소련 원자력 협정 (영변이 최종 연구소 부지 설정)
1963.6.	연구용 원자로 IRT-2000 도입 → 농축 우라늄 원료 (본격 핵개발 착수)
1974	원자력법 제정, IAEA 가입
1976	이집트 통해 소련 스커드 미사일 2기 - 미사일 기술과 결합
1977.7.20.	북한 IAEA와 Type66 협정 체결
1978.11.	북한 전역에서 우라늄 탐사 시작(매장추정치 2600만 톤)
1984.5.[4]	김일성, 소련에 원자력발전소 건설지원요청 → 1985년 12월 기술협조 협정체결
1985.11.5.	영변에 50MW 원자로 건설 착수 (이때부터 은밀한 재처리 과정 진행)
1985.12.12.	북한 NPT 가입[5]
1986	북한 스커드 미사일 C형(화성 6호) 발사 성공(사거리500km), 원자력총국설치, 원자력공업부 신설
1989	북한 영변 5MW 원자로 통해 폐연료봉 약 8000개 인출 → 프랑스 상업위성 SPOT2 북한 비밀핵시설 공개 → 평북 태천에 200MW 원자로 착수(1994년 10월 동결)
1990	KGB 소련 공산당중앙위원회에 보낸 기밀문서에 영변 핵개발 센터서 폭파 장치 개발한 것으로 평가, IAEA 이사회에 대북 핵 불사용 명시 요구 및 안전조치 협정 체결 권고[6]

자료: 왕선택(2013: 17~43)을 참고하여 주요 사건별로 재정리.

수 있을까? 표에 적힌 시기는 북한이 핵무기를 얻기 위한 핵심 기술 도입기로 볼 수 있다. 핵심 기술을 위해 소련과 협정을 맺고 소련이 핵기술을 원조해 주기를 기대하면서 전략적으로는 냉전의 중심부 및 공산권의 중심부로부터 최대한 멀어지려 했다. '약자의 전횡'을 최대한 활용한 것이다. 당시 냉

---

4 같은 해에 북한은 스커드 미사일 B형(화성 5호) 발사 시험을 마쳤고 사거리는 300km였다. 미사일 시험과 핵개발이 병행되었다는 것은 사실상 이때부터 북한은 핵을 비대칭 전력으로 사용하고자 했음을 엿볼 수 있는 부분이다.

5 이때 조약국은 체결 18개월 이내에 안전협정에 서명하도록 되어 있었으나 북한은 6년 뒤인 1992년 1월 서명했다. IAEA의 문서 실수인 사무 착오였으나 1987년 6월 5일 문서 재발급 이후 5년 동안 북한은 한국의 주한미군 전술핵무기를 빌미로 서명을 지연했다.

6 이에 북한은 유엔 주재 북한 대사를 통해 "주한미군의 핵과 동시 사찰할 경우 IAEA의 사찰을 수락"하겠다는 비핵지대화 논리를 고수하기 시작했다.

전의 국제질서를 보는 암묵적 확실성이라는 렌즈는 이와 같은 북한의 행위를 동유럽권의 붕괴에 대항하는 아시아의 작은 공산권 위성국가의 발악으로 희석해 버렸다. 적어도 미국의 이 같은 접근은 북한 핵문제 해결에 대한 부분을 오판하는 데 지속적으로 영향을 끼쳤다. 이는 북한 핵을 포함한 북한에 대한 더 깊은 연구와 정보의 밀도가 왜 필요한지를 극명히 보여준다.

2006년 핵실험 이후부터 반복적으로 보여온 핵실험과 미사일 사거리 반복 시험의 프로토타입은 1986년 5월 '화성 6호'의 개량형 스쿼드 C 미사일 성공에서 시작되었다. 이를 위한 초석은 1970년대 미사일 전문가 양성을 위한 함흥군사학교를 통한 김일성의 자위적 미사일 역량 강화였으며, 이집트에서 구입한 소련형 스쿼드 B와 기술 인수 및 협력 협정으로 진일보했다.

이 시험은 탄두 중량을 줄여 발사 사거리를 늘리는 것을 목표로 한 것인데, 이때부터 북한은 소형 핵탄두를 장착해 원거리 목표를 타격하는 군사전략을 염두에 둔 것으로 해석할 수 있다. 몇몇 언론에서 이와 비슷하게 언급하면서 북한 핵은 이미 "돌이킬 수 없는 소형 핵탄두와 발사 기술을 모두 보유하고 있기 때문에 유일한 방법은 북한 핵을 인정하는 것뿐"이라고 강조한다. 분명한 것은 북한은 1980년대부터 핵무기를 정확히 이해했고, 보유하기 위한 노력을 지속해 왔다는 것이다.

북한이 1980년대 이후 세계질서의 변화로 수세에 몰리면서도 현재와 같이 핵과 함께 미사일 사거리를 늘리는 조치와 IAEA의 사찰을 부드럽게 받아치는 동안, 미국은 1988년 10월 31일 로널드 레이건(Ronald Reagan) 대통령의 새로운 대북정책 지침인 '신중한 구상(moderate initiative)'을 채택했다. 이는 냉전기 한국 북방정책의 꽃이었던 소련, 중국과의 외교 복원과 맞물려 북한도 일본, 미국과 외교관계를 틀 수 있는 이른바 '교차 승인' 기회를 제공했다. 북한은 교차 승인을 더 원했던 것인가, 아니면 핵의 완성을 더 원했던 것인가? 명확한 답을 내는 것은 불가하지만, 북한이 두 시간표를 다 가동했던 것으로 볼 수 있다. 1991년에 채택된 것으로 보이는 이 '불편한 전략'은 인식하기에 따라 매우 까다로운 것이었다. 시간표의 개념을 잘못 이해하면 북핵을 외교협상의 교환가치 내지는 '벼랑끝 전술(brinkmanship)'의 일환으로 볼 수 있었다. 이에 대해서는 이 장 후반부에 자세히 설명할 것이다.

앞의 질문에 대한 답의 실마리는 파키스탄의 과학자 압둘 칸(Abdul Khan)의 행적에서 찾을 수 있다. 칸은 농축 우라늄 기술은 물론이고 핵의 무기화, 핵 완성품 제조를 위장회사를 통해 거래할 수 있는 능력을 보유하고 있었다. 이러한 칸 박사와 북한의 1990년대 후반 만남은 북한이 핵무기를 소형화·경량화할 수 있게 만드는 데 어떤 형태로든 기여했다. 2004년 칸 박사는 1986년부터 1993년 사이 북한, 이란, 리비아에 우라늄 농축 기술을 이전했다고 자백했다. 이는 황장엽의 증언에도 여러 번 등장한다. 1996년 군수담당비서 전병호가 파키스탄 출장을 다녀온 후 "살았습니다!"라고 말하면서 농축 우라늄 핵무기를 만들 수 있게 되었다고 안도한 일화를 회고하기도 했다. 이후 초기 핵시설 위장으로 인한 초목의 고사 등도 회고했다(≪東京新聞≫, 2004.2.8; 황장엽, 1999). 이러한 것들로 봤을 때 북한은 1990년도 초반 핵을 활용해 어떻게든 탈냉전 위기에서 벗어나고자 했음을 알 수 있다.

한편, 북한은 핵문제를 활용해 안전을 근본적으로 보장받기 위해서는 반드시 미국과 대화 채널을 만들어야 했다. 당시 보리스 옐친(Boris Yeltsin)의 평양에서 서울로의 무게 이동, 그리고 중국-한국 간의 외교관계 수립은 북한에게 충격을 안겨주기 충분했다. 북한으로서는 충격의 완화를 위해 미국과 관계 개선을 해야 했지만, 체제를 보장받지 못하는 개선은 무의미했다. 따라서 당시 선택은 핵을 외교 지렛대로 사용하는 것이었다. 1990년도 당시에는 워싱턴과 채널을 만들려면 한국을 경유해야 했는데, 그것 역시 탈냉전의 움직임 속에 북한이 불확실성의 영역에 깊이 개입하기 위한 전략으로 보아도 무방하다. 따라서 이러한 북한의 초기 핵전략은 '반드시' 개발을 목

그림 1-1 **냉전 시기 국제질서의 성격과 북한의 핵개발 및 가능전략**

국제질서	냉전: 1945~1991 → 암묵적 확실성	
북한 핵	북한의 핵 연구기	
전략	위협 대응	약자의 전횡

자료: 필자 작성.

표로 한 것이었다. 당시 약자의 전횡으로 IAEA에 지연 전술을 펼치면서까지, 북한은 냉전의 종식과 같은 거대한 파도에 휘말리기 전에 체제를 확고히 지킬 수단을 만들어야 했다.

〈그림 1-1〉은 앞의 내용을 종합해 그린 것이다. 북한으로서는 가장 우선 순위인 '우리식 사회주의'에서 파생된 '김일성, 김정일주의'를 수호해야 했다. 이를 위해 '냉혹한 국제질서 변화에서 살아남기 위한 투쟁의 산물'[7]로 외교 전략(북한에서는 '외교전'이라 부른다)을 수행하면서 체제 수호의 근본적인 '보검'(북한에서는 수호의 산물을 보검이라 부른다)으로 핵을 준비하기 시작한 것이다. 그래서 초기에는 핵이 외교의 교환물이 될 수 있을 것처럼 보이는 효과를 야기했고(미치시타 나루시게, 2014: 179~268),[8] 워싱턴은 물론이고 한국도 이러한 사실을 탈냉전 상황에서 쉽게 인지할 수 없었다.

---

7 북한은 극현실주의로 대외정책을 수립하는 극히 보수적인 세계관을 행사한다.

8 예컨대 나루시게는 북한의 벼랑끝 외교 전술의 특징을 토대로 북한이 1993년부터 2000년 까지 그 정책 목표, 효과와 제한 사항들을 자세하게 기술했다. 그 외교적 성과를 토대로 보면 북한이 미국 측에 전달한 〈핵문제 해결에서 고려되어야 할 요소들〉이라는 메모를 토대로, ① 북한에 대한 미국의 핵 불사용 보장, ② 352만 톤의 제한된 중유공급, ③ 북미 연락사무소 설치, ④ 한미 관계 악화, ⑤ 팀스피릿 훈련 중단, ⑥ 1차 핵 위기 준전시상태에 의한 김정일의 권력 장악으로 보았다. 그러나 핵 계획을 중심으로 살펴보면 외교는 지속 과제이고, 핵개발은 장기 과제의 영역이었음을 살펴볼 수 있다.

2) 탈냉전기~2006년 이전

'이중 전략' 결정과 북미외교 집중을 통한 북한의 제한적 경제 회복

탈냉전기 북한은 핵개발에 대한 당위성을 확보하고, 김정일 체제 역량을 과시하기 위해 한미연합훈련 팀스피릿 93(team spirit 93)에 반발했다. 당시 김정일은 1993년 3월 9일 '조선인민군 최고사령관 명령'(≪로동신문≫, 1993.3.9: 1)으로 준전시 사태를 선포하고, 12일에 핵확산금지조약(이하 NPT)에서 탈퇴했다. 북미관계에 대한 화해의 외교전을 하되 "화해는 유약함이 아니라 힘을 기반으로 이루어져야 했다"(Chinoy, 2009: 3; 치노이, 2010: 30)라는 말처럼 북한 핵개발 시간표[9]는 외교전 시간표와 함께 가동되었고, 각자의 파트는 언제나처럼 수령과 체제를 위한 최선의 복무를 개시했다.

이 결정은 1991년 12월 24일 조선로동당 6기 19차 전원회의에서 나왔다. 이에 대해 셀리그 해리슨(Selig Harrison)은 당시 전원회의의 실용노선과 강경노선의 충돌에 대해 '불편한 결정'이라고 평가했다. 김일성이 핵 동결 문제를 협상카드로 제시해 북미관계가 개선되면 핵개발을 보류하고, 관계 개선이 실패하면 핵개발을 지속할 것이라고 본 것이다. 반면 리언 시걸(Leon Sigal)은 북한이 1992년 이후 핵 재처리 과정을 통해 플루토늄을 추출하지 않았기 때문에 약속을 지켰다고 강조한다. 다수의 연구자와 관찰자들[10]은 북한이 협상(외교)과 핵 프로그램(핵개발)을 동시에 추구했다고 이야

---

9 북한이 본격적으로 핵개발에 착수한 시기는 1980년대 50MW 원자로 건설이 시작된 때라는 것이 학계의 중론이다. 다만 이 글에서는 탈냉전 이후 수세적 입장에 몰린 북한이 핵 시간표의 가동과 대외관계 개선 사이에서 '핵 시간표를 어떻게 가동해 나갈 것'인지에 대해 고민한 전략적 결정에 대한 부분을 "핵의 본격적 시간표 가동 여부"라고 표현했다.

10 이에 대해 한국의 왕선택 기자는 외교와 핵 프로그램을 동시 추구하는 형태로 보았으며, 북한 핵시설과 프로그램을 2004년부터 2010년까지 직접 초청 방문한 핵물리학자 헤커(Siegfried Hecker)는 워싱턴의 정책을 비판하면서 이를 북한의 '이중경로 전략(dual track

기한다.

이 시기에 매우 중요한 점은 이때만 해도 북한은 북미관계의 근본적 변화에 따라 핵개발 프로그램의 평화적 해결에 외교적 시간표를 할애하려 했다는 것이다.

이와 같이 미국 연구자들의 해석 차이와 더불어 북한의 특수성과 현실 공산주의에 대한 역대 미국 대통령들의 혐오감[11]이 더해져, 미국은 북한핵에 대해 두 가지 경로 의존성을 보인다. 첫째, 외교 협상을 통한 불가역적 폐기를 전제로 하는 등가 교환이다. 패키지 딜 형식으로 여기에는 인권 문제, 수용소 등 비핵화는 물론이고 자유민주적 가치에 대한 요구도 포함되어 있다. 둘째, 만약 그러한 패키지 딜이 결렬될 경우 억제를 통한 관여, 압박을 하는 것이다.

관념적으로 북핵 프로그램의 시간표와 외교 시간표는 각각 북한의 체제 수호를 위해 "상황에 따라 강조점을 바꾸면서"(왕선택, 2013: 43) 북미관계 개선과 핵 프로그램 보유라는 각자의 목표를 위해 스케줄을 설정해 나가고 있는 것이다. 두 개 시간표는 사실 단번에 풀기보다는 오히려 협상 스케줄을 늘리면서 단계적으로 핵개발 스케줄을 줄여가는 형태다. 또한 내부적으로 북한의 실용노선과 강경노선이 연결되어 있기 때문에 외부에서 한쪽만 제거하는 것도 결코 쉽지 않았다. 클린턴(Bill Clinton) 대통령 시기, 미국이 택한 북한에 대한 탈냉전의 외교정책은 외부에서 관찰하기 극히 어려운 북한의 시간표를 감안하여 심사숙고한 협상과 기본합의(제네바 합의)를 통한 동

strategy)'이라 명명했다.

11 이것은 냉전 과정에서 형성된 것으로 특히 기독교와 자유민주주의의 전파를 목표로 하는 탈냉전 질서하의 미국에서는 당연한 것이었다. 하지만 이러한 공산주의, 독재에 대한 혐오가 외교는 부당하다고 생각하는 인물이나 국가에 대한 제재나 억제로 이어져 외교적 협상에 도움이 되었던 것은 아니었다.

결이었다.

기본합의문의 내용은 북한이 흑연감속로 등의 핵시설을 동결하고 경수로 완공 시에 핵시설을 해체하는 대가로 미국은 2003년까지 1000KW급 경수로 2개를 제공하며, 그때까지 매년 중유 50만 톤을 공급한다는 것이었다. 그러나 당시 미국의 중간선거 결과 공화당이 승리하면서 의회의 승인을 얻기 어려워졌다. 미국이 북한에 제시한 정책 중 중유 공급에 대한 승인부터 제약되었다. 그 결과, 미국이 약속을 이행하지 않았기 때문에 핵 프로그램 개발 시간표를 가동한다는 빌미를 북한에 제공하게 된다.

기본합의에는 이를 준수하려면 몇 가지 면에서 어려움을 겪을 수밖에 없는 태생적 한계가 있었다. ① 북한이 이미 합의 이전에 "전체 플루토늄 양 판단에 필요한 핵심기술을 없애"버렸기 때문에 합의 시점에는 이미 무기급 플루토늄의 생산 여부를 알 수 없게 된 것(International Institute for Strategic Studies, 2004), ② 언론과 세간의 굴욕(surrender) 외교라는 평가, ③ '북한 핵과 재래식 무기 모두에 대한 군사위협 제거'라는 공화당 측의 대북정책 목표 때문이다.[12] 이는 외교정책 이상의 목표임에도 총선과 대선까지 약진한 미국 공화당의 대표적인 사고로 자리 잡았다.

1995~1996년에 미국이 외교상 집중한 목표는 NPT를 통한 비확산 체제의 영구화와 함께 1987년 발의된 미사일 기술 통제 체제(Missile Technology Control Regime, MTCR)에 따라 미사일 기술이 위험국가(적성국가)에 들어가는 것을 통제하는 것이었다. 마찬가지로 NPT 영구화는 UN에 포괄적 핵실험금지조약(Comprehensive Test Ban Treaty, CTBT)으로 채택되었기 때문에 미국의 체제에 반하는 북한 핵의 비확산은 중요한 이슈였다.

---

12 공화당은 아미티지 보고서에서 "잘못된 행동에 보상은 없다"를 제시했다.

매우 중요한 점은 기본합의에 의한 북한의 실험[13] 전후로 ① 북한은 미국과 근본적 적대관계 개선을 중시하는 데 집중한 반면, ② 미국에서는 공화당, 민주당의 복잡한 정치적 이해관계는 물론이고 부시 행정부 내의 국무부, 부통령실과 국가안보회의 사이의 견해차로 인해 협상 시간표를 채우지 못해 북한이 비밀 핵 프로그램 쪽에 한층 더 매달리게 만든 결과를 초래했다는 것이다. 차기 부시 행정부의 외교정책 팀 내에서는 국무부 중심의 지역전문가들과 과거 냉전 시대 국제주의자(globalist) 간의 파벌 다툼이 심했다. 국무부 중심의 지역전문가들은 그 지역만의 특색을 감안해 미국의 외교정책을 다루려 한 반면, 국제주의자들은 핵비확산 체제, 대량살상무기(WMD) 제한 등을 토대로 하여 궁극적으로는 새로운 개념의 미사일방어체계(National Missile Defence, NMD)를 통한 '미국 요새화(American Fortress)'를 지지했다. 그들의 시각은 냉전 이후 미국의 위협에 더 적극적으로 대항하려는 것이었고 '적들'의 모든 무장해제가 관심사였다(Quinones, 2003: 197~224; 203~204). 이러한 부시 행정부에서 국제주의 매파와 여러 의견의 절충[14]으로 나온 협상 정책 검토 보고서에는 북한에 무엇을 제공할지를 명시되어 있지 않은 채 ① 미사일 수출에 대한 '검증 가능한 금지', ② 독자적 미사일 프로그램 제한, ③ 재래식 군사력 위협 축소만 강조했다. 〈그림 1-2〉는 당시 미국과 북한을 인물별로 정리한 네트워크다.

클린턴 행정부와 비교할 때 부시 행정부는 존 볼턴(John Bolton), 콘돌리자 라이스(Condoleezza Rice)를 비롯해 기본합의 포기를 선호하고, '나쁜 그

13 ① 핵의 본격적 시간표 가동 여부와 ② 북미관계 개선 여부에 대한 북한의 미국 접촉을 말한다.

14 도널드 그레그(Donald Gregg) 전 주한 미국대사는 조지 H. W. 부시(아버지 부시)의 메모를 부시 대통령에게 전달했다. 이 메모에는 북한과 "진지한 협상"을 하겠다는 데는 동의한다는 내용이 있었다, 그러나 실제 협상에서는 요구 조항만 있었고 반대급부는 언급되지 않았다. 그래도 북한과 '진지한 협상'을 하겠다는 데는 동의했으나 실제로 협상 카드에는 요구 조항만 있었고 반대급부는 언급되지 않았다.

그림 1-2 **기본합의 이후 부시 행정부 1기 중 인물 간 네트워크와 집단 성격**

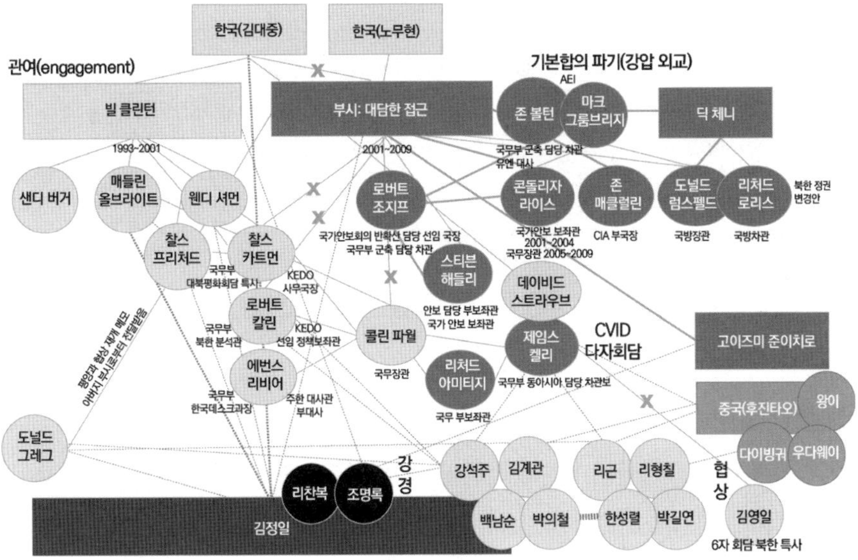

자료: 치노이(2010: 1~3)의 내용을 네트워크로 그렸다.

룹'에 보상을 혐오하는 인사들 간의 강력한 네트워크가 존재한 것을 볼 수 있다. 또한 과거 클린턴 정부에 비해 고이즈미 준이치로(小泉 純一郎) 총리가 북한 핵 협상을 주문했음에도 불구하고 실제로 북한 측과의 연결점은 물론이고 북핵 협상의 필요성을 강조하는 콜린 파월(Colin Powell) 국무장관이나 리처드 아미티지(Richard Armitage) 부보좌관과도 단절된 네트워크를 형성했다. '협상'을 주장하는 것은 네트워크상의 이탈을 초래했다.

또한 북한은 기본적으로 최고지도자가 모든 권한을 행사하고 결정하는 구조이고, 나머지 인사들은 군집 형태로 협상을 타결하기 위해 명령을 수행하는 구조로 볼 수 있다. 클린턴 시기에는 협상을 위해 찰스 카트먼(Charles Cartman), 로버트 칼린(Robert Carlin), 에번스 리비어(Evans Revere) 및 한국과 연결선이 있었다. 클린턴 대통령은 정치적인 이유로 방북을 취소했으나 매

더 보기 **북한의 비밀 우라늄 농축 프로그램과 플루토늄의 차이**

이를 알기 위해서는 핵분열에 대한 화학적 설명이 필요하다. 먼저 농축 우라늄은 U232와 U235로 나뉘는데 U235가 분열성[고(高)에너지]이 강하다. 따라서 분열성 강한 U235를 얻기 위해 수천 개의 원심분리기를 연결해 만든 캐스케이드에 육불화우라늄을 넣어 순도 90% 이상의 U235를 만들어야 우라늄을 무기로 사용할 수 있다.
북한이 핵무기 개발 초기에 미국의 눈을 속이면서 얻으려 했던 것은 캐스케이드에 들어가는 알루미늄 강판이었다.

들린 올브라이트(Madeleine Albright) 국무장관은 북한의 김정일과 인적 네트워크를 구성했다. 반면 부시 행정부에서는 대통령은 물론이고 존 볼턴, 콘돌리자 라이스, 로버트 조지프(Robert Joseph), 마크 그룸브리지(Mark Groombridge), 딕 체니(Dick Cheney) 부통령까지 북한에 대한 도덕성과 신뢰 문제에 대해 절대적인 '혐오감'을 표출하는 집단 네크워크를 강력히 형성했다. 북한과 협상을 시도하려는 집단의 네트워크인 국무부의 주된 인물들이 이 네트워크에서 차단되면서, 결과적으로 긴 시간 북한과 소통할 수 있는 채널이 사라진 형태가 되었다. 오히려 당시는 부시와 각별한 네트워크를 형성하고 있던 고이즈미 전 일본 총리가 김정일과 정상회담을 통한 '평양선언'으로 미국에 북한과의 대화 메시지를 보냈지만 이미 형성된 새 미국 정부의 분절된 네트워크[15]는 '외부로부터 단절된 형태'[16]를 형성했다.

15 당시 존 볼턴, 로버트 조지프, 딕 체니 부통령의 이메일 명단과 콜린 파월, 리처드 아미티지의 이메일 명단은 불량정권 타도와 협상으로 나뉘어, 서로의 네트워크를 공격하는 형국이었다. 데이비드 스트라우브(David Straub) 국무부 한국국장도 비슷한 증언을 하고 있다.

16 네트워크 이론에서 핵심이 되는 허브를 포함한 네트워크 집단은 정보 독점이나 응집된 결정을 위해 의도적으로 외부 네트워크 노드(개인)와의 정보를 차단하는 형태를 취하기도 한다. 격리된 네트워크(노드 혹은 다른 네트워크)를 만드는 데 핵심 네트워크의 응집성은 국가행정에서의 많은 변수를 야기할 수 있다. 퍼거슨(2019: 83) 참조.

결과적으로 기본합의에 대해서는 미국 측도 경수로와 중유에 대한 약속 외에 북미수교 논의 약속을 지키지 않았고, 북한도 파기에 대비해 비밀 핵 프로그램을 지속했다. 이로 인해 도덕성을 중요시하는 미국 부시 행정부와 그 주변 인사들에게 북한 핵 문제는 정권에 대한 제재와 더 크게는 정권의 몰락, 그리고 '이전 민주당의 잘못된 관행('불량정권과 협상하는 것'[17]=기본합의 파기)을 바로잡는 것' 외에 다른 선택지를 만들지 않았다.

미국 국제주의 매파는 기밀 정보력을 동원해 북한이 비밀리에 핵 프로그램에 필요한 자재를 모으고 있다는 정보를 취득했다. 이후 켈리-강석주 회동에서 제임스 켈리(James Kelly) 국무부 차관보가 이에 항의하자 당시 강석주는 "핵무기는 물론 그보다 더한 것도 가지게 되어 있다"라는 폭탄 발언을 했다. 북한의 강석주 제1부부장과 켈리 사이의 회담 중 '모호한 발언'을 미국은 비밀 핵 프로그램[고농축 우라늄 프로그램(High Enriched Uranium, HEU)]의 시인으로 해석했고 협상 분위기는 와해되었다. 북한도 그 뒤부터는 핵 프로그램의 진행 시간표를 본격적으로 가동하는 데 주력했다. 이처럼 기본합의는 북한의 초기 북미관계 회복에 전혀 다가가지 못한 채 폐기되었다. 핵은 이때부터 북한을 근본적으로 바꿔놓기 시작했다. 2002년 12월 12일 핵 시설 재가동을 선언하면서 2006년 10월 이전까지 핵연료를 전속력으로 재가동했다. 이에 따라 당시 개선되었던 남북관계도 '북한 핵개발을 도왔을 뿐'이라는 인식이 한국 사회에서 힘을 받게 되었다. 북핵 프로그램은 남북관계를 이후에도 지속적으로 파국으로 몰아갔다. 북한은 '두 개의 시간표'를 두고 이를 개의치 않고 진행하는 행태를 보였다.

---

17 볼턴(John Bolton)을 비롯한 부시 대통령과 공화당 매파 인사들은 미국의 민주주의를 따르지 않는 국가 및 정권과의 협상을 극도로 꺼렸다. 이는 협상을 곧 '그들의 정권을 연장하고 돕는 것'이기 때문에 할 수 없다는 당위성에서 비롯되었다. 그러나 앞서 언급했듯 그에 대한 명확한 제재와 청사진이 없는 비판만으로 북핵 문제가 해결되기는 어려웠다.

그림 1-3 **탈냉전 이후에서 9·11 테러 전후 북한의 핵개발과 전략 변화**

미국	탈냉전~9·11 이전 → 지역전문가와 국제주의 대립 → 9·11 테러로 예방적 선제공격 선호도 변화	
북한 핵	핵보유를 위한 비밀 프로그램 확보와 북미관계 개선 협상 병행 전략과 해빙 통한 '모기장'식 경제 회복 시도	
전략	2개 시간표	북미관계 중시

자료: 필자 작성.

탈냉전기부터 2006년 이전 시기의 미국은 초기부터 안보에 방해가 되는 집단의 '핵과 재래식 무기에 대한 완전 해제'라는 과제로 움직인 국제주의 매파의 사고가 팽배했다. 그런 분위기 속에 2002년 9·11 테러라는 최악의 사건을 겪으면서 '악의 축'으로 규정된 아프가니스탄과 이라크에 대한 미국의 무력 제재를 위해, 같은 '축'으로 분류된 북한에 대해서는 선제적 억제라는 말 외에 구체적인 선제공격(preemption)은 없었기 때문에('위기의 의미를 축소시켰다'고도 말한다. 이는 미국 정책의 우선순위에서 밀리는 것을 뜻한다. 즉, 심각한 의미가 아니라는 의미이다), 결과적으로 그동안 북한은 핵 시간표를 가동했다. 이 같은 상황을 〈그림 1-3〉으로 간략히 정리했다.

당시 9·11 테러가 발생하자마자 북한은 미국의 강압 외교 틀에 빠지지 않도록 관계 악화를 방지하고자 했다. 북한은 당시까지 비준하지 않았던 반테러 협약에 대한 서명을 발표하면서 "전 세계 테러리즘을 격퇴하기 위해 일관된 노력을 기울일 것"(조선중앙통신, 2001.11.3)이라 말했다. 그러나 테러 이후 미국 행정부가 최악의 시나리오로 상정한 것은 핵공격이었으며 이는 북한의 핵 프로그램과 연관된 것이다.

또 한 가지 문제는 핵 폐기와 재래식 무기 감축이라는 두 목표는 병립될 수 없는 협상카드라는 데 있었다. 당시 상원 외교관계외원회의 아시아 정책 수석 참모였던 프랭크 자누지(Frank Jannuzi)는 이에 대해 "두 카드를 다 뺏을 경우 북한에 남는 것이 전혀 없기 때문"에 이는 문제 해결을 더 복잡하게 만들었다(치노이, 2010: 127)고 보았다.

이라크 전쟁 발발도 북한의 핵개발을 미국에 최초로 시인하고 개발을 가속하는 계기가 되었다. 북한은 2003년 4월 6일 외교관을 통해 "이라크에 대량살상무기가 없었는데도 당신네(미국)는 침략했다. …… 그래서 우리는 연료봉을 재처리하고자 하며, 그것을 가지고 당신네들이 우리를 침략할 수 없도록 핵 억지력을 만들고자 한다"라고 밝혔다. 그리고 북한은 2003년 4월 18일 8000개 이상의 사용 후 연료봉을 재처리(핵무기 5~6개 생산 가능량)했음을 조선중앙통신을 통해 밝혔다. 이때 미국 국방부는 국무부와 다르게 북한 정권 교체 계획을 세웠고, 이를 중국을 설득해 얻어내려[18] 3자회담을 만들었으나 언론에 알려진 후 비판을 받았다. 당시 부시 행정부는 양자 협상을 절대 거부했기 때문에, 이는 이후 6자회담으로 전환하는 과정에서도 미국과 직접 대화할 수 없게 된 북한 측의 협상 시간표는 가동될 수 없었다. 미국은 '협상하려 하지 않았고' 북한은 본격적으로 핵 프로그램 시간표를 가동했다. 핵 프로그램을 가진 나라의 정권 교체는 쉽지 않다. 그럼에도 미국은 북핵 프로그램 중지 없이 대응 조치가 없음을 고집[19]했고, 북한도 "즉

---

18 콘돌리자 라이스도 믿었던 이러한 구상은 지역 전문가들과의 대립에서 비롯된 일종의 칵테일 파티 효과(cocktail party effect: 의미 있는 정보만 선택적으로 받는 현상)로 볼 수 있다. 한 지역에 대한 연구가 매우 중요한 것은 결국 그 지역의 문화 코드를 이해하지 못할 경우 매우 간단한 부분에서조차 사실과 동떨어진 접근을 할 수 있다. 특히 그러한 코드를 자국의 문화코드로 이해하려 할 경우나 도덕적 관점 중심으로 관찰할 경우 위험한 결론을 도출할 수 있다. 지역학이 국제관계학의 역학구도와 함께 병행되어야 하는 이유를 잘 나타내는 사례로 볼 수 있다. 다만 지역학만으로 국제 정세 전반을 이해하는 것도 어렵기 때문에 두 분야는 반드시 조화를 이루어 결정되어야 할 것이다.

19 여기서 부시 행정부 기간 내내 문제가 된 것은 이러한 정책을 강제할 구체 계획이 이라크전에 집중된 미국의 외교정책으로 인해 분산되어 있었다는 것이다. 또한 이라크 침공에 대한 정당성을 위해 정보를 조작했다는 의혹과 실제 이라크 전쟁 후 증거를 찾을 수 없었던 점 때

더 보기 **빌리 드 비르고호 사건**

독일 프랑스 정보기관에 의해 북한에 핵 실험 부품으로 이용될 원심분리기에 사용되는 알루미늄관을 압수한 사건이다. 당시 빌리 드 비르고(ville de virgo)호는 표면 선적주문 기업이 중국 동북의 선양항공기공업집단유한공사였으나, 실제로는 북한에 인도될 예정이었다. 이로 인해 거래를 한 독일인 3명이 기소되었다. 이러한 사례는 2002년 켈리와 강석주 회담의 주요 의제가 되었던 '칸이 유렌코(유럽 핵 컨소시엄)으로부터 탈취한 원심분리기의 부품을 1990년대부터 평양 IAEA 담당자 윤호진이 구입한 정황' 및 '관련 부품을 지속적으로 구입하려고 한 창광신용회사(북한의 광업회사)에 대한 서방과 CIA 첩보 등의 사례와 함께 북한이 얼마만큼 절실하게 '임의의 시간' 내에 핵 시간표를 완성하고자 했는지를 잘 보여준다. 북한이 얼마만큼 절실하게 '임의의 시간' 내에 핵 시간표를 완성하기 위해 애썼는지 살펴볼 수 있다. 이러한 사례들은 존 볼턴 등의 미국 원칙주의 인물들이 국제협력을 통한 확산 억지를 고민하게 했고, 부시 대통령의 확산 방지 구상 PSI의 관념적 동맹이 결성되는 결과를 낳았다.

각적인 물리적 보복 조치"(조선중앙통신, 2003.6.17)로 핵물질을 늘려갔다.

비슷한 시기에 미국의 파키스탄 핵사찰을 도와준 리비아의 지도자 무아마르 카다피(Muammar Gaddafi)가 미국과의 협상으로 핵개발을 포기했다. 그러나 향후 2011년 10월 20일 '아랍의 봄'으로 인한 카다피의 살해는 김정은에게 향후 북핵 개발의 시간표가 궤도에 오르거나 오른다 해도 핵을 완전히 포기해서는 안 된다는 반면교사로 작용했다. 이후 북한이 스마트폰(손전화)을 철저히 통제하게 된 것도 같은 맥락일 것이다.

6자회담 시기 북한의 '이중 시간표'를 살펴보면 북한이 미국의 대북정책 전환을 위한 고위급회담을 계속 희망하면서도 내부적으로 핵 프로그램을

문에 북한 핵에 대한 외교의 폭은 말한 만큼 크지 않았고, 이 틈새는 북한이 유엔체제에서 제재를 받으면서도 핵을 만들어내는 데 필요한 특이한 경험적 환경을 제공했다.

표 1-2 북한이 6자회담 기간에 핵 '이중 전략' 동시 시간표 가동한 사례

북한 핵·미사일 프로그램	북미관계 개선 협상과 핵 폐기 동시 행동 제안
2003.8.30. 미 외교상원위원회 보좌관 프랭크 자누지, 키스 루스(Keith Luse), 김계관의 대화를 통해 **"핵을 가진 북한과 어떻게 더불어 살 것인가를 고민해 볼 것"** 2003.10.2. 북한 외무성 성명 8000개 연료봉 재처리 완료. 미국 적대시 정책에 따라 **억지력 지속 유지 증가**시킬 것 2004.5. 김영남 최고인민회의 상임위원장이 미국학자 셀리그 해리슨(Salig Harrison)에게 "시간은 미국 편에 있지 않다. …… 우리는 시간을 …… **핵억지력을 강화**하는 데 100% 효과적으로 사용할 것이다"라고 말함	2003.10.21. 조선중앙통신 대변인 성명: 미국의 대북불가침 서면 약속과 **CVID 진전을 "기꺼이 고려할 것"**이라고 발표 2004.5. 김영남 상임위원장이 해리슨에게 **"핵 물질과 관련해서는 알카에다는 물론 누구에게도 절대로 이전하지 않는다"**고 함 2004.5.4. 백남순 외상이 ≪파이낸셜 타임스≫에 "우리는 …… 9·11 테러 공격에 대해 알카에다를 비난하고 있다. …… 진실은 **우리는 당신네(미국)의 우정을 절실히 필요로 하고 있다**"라고 함

지속할 것이 제기되었음을 살펴볼 수 있다.

그 특징을 살펴보면 ① 행동 대 행동 원칙(action for action)에 의거하고 있다. 상대 행동에 따라 부서별로 대응하는 것이다. ② 부서 간 '닫힌(칸막이) 행정'이라는 특징을 띤다. 북한이 2002년 월드컵 막바지의 좋은 분위기에 제2연평해전을 일으킨 것처럼, 두 부서는 그저 맡은 대로 자신의 임무를 지속적으로 해나가는 것과 비슷하다. 결과는 '최고지도자'의 평가에서 나오기 때문에 부서는 지속적으로 맡은 바 업무만 진행하는 식이다. 이를 통해 보면 북한 시간표의 특징은 협상의 카드를 '최고지도자'가 쥐고 있기 때문에 시간표는 업무 독립적이지만 동시에 업무 균형적이지는 않다.

당시 미국 국무부는 북한의 핵 활동 즉시 중단과 핵 프로그램 폐기-미국의 불가침 조약과 연락사무소 개설을 통한 외교 회복 교환을 6자회담에서 협의하려고 했다.[20] 그러나 딕 체니 부통령을 비롯한 매파는 성명 작성 시

20 해당 내용은 국무장관 콜린 파월이 미첼 리스(Mitchell Reiss) 국무부 정책실장에게 의뢰한 2+2 형태의 교환 보고서에 자세히 나와 있다.

CVID(Complete, Verifiable and Irreversible Dismantlement: 완전하고 검증 가능하며 돌이킬 수 없는 폐기) 없는 서명은 받아들일 수 없음을 분명히 했다. 협상의 여지없는 요구를 다자회담에 내놓은 것이다. 이는 당시 북한 측이 제기한 '① 테러지원국 명단에서 북한 삭제, 경제제재 해제, 에너지 지원 시 ② 핵 프로그램 동결할 용의 있음'과는 타협점이 없었으므로 6자회담은 지연되었다.

한편, 북한은 2004년부터 미국의 핵물리학자 시그프리드 헤커(Siegfried Hecker) 박사의 방문[21]을 허용해 억지력을 공공연히 선전하기 시작했다.

2차 6자회담에서는 미 국무부에서 협상을 진행하기 위해 조지프 디트라니(Jeseph Ditrani)가 협상단으로, 북측에서는 김계관이 재등장해 켈리와 사적으로 견해를 주고받았다. 그러나 미국 부통령과 국무부 간의 알력은 여전해 CVID 조항 문제로 내부적 진통을 겪은 뒤 '포괄적 폐기(comprehensive disarmament)'로 합의를 보았고, 북한은 "입장 차이가 존재함을 인정하며, 향후 …… 의견 차이를 좁히기로 합의"라는 문구를 넣을 것을 고집했다. 한국이 제시한 '3단계 해결 방안'은 이후 6자회담의 틀을 구축했지만, 동결이라는 2단계 과도기를 미국 강경파는 받아들이지 않았다.

3차 회담(2004년 6월 23~26일)에서 미국은 선비핵화와 방어재래식 무기 배치 후 미국의 '지속적인 편익'을, 북한은 '동결 대 보상(reward for freeze)'을 제시했다. 그러나 미국이 대선 국면에 돌입하고, 2004년 10월 「북한인권법」이 통과되면서 북미 대화는 외부적 소강상태에 있었다.

4차 회담(2005년 9월 13~19일)에서는 콘돌리자 라이스 국무장관, 크리스토퍼 힐(Christopher Hill) 국무부 차관보와 '매파식 관여'를 위한 빅터 차(Victor Cha)가 합류했다. 이때는 이라크 전쟁 후유증으로 매파의 강경 정책에 변화

21 당시 방문단은 한국전 참전용사 존 루이스(John Lewis)가 조직했는데 그는 상원외교위원회 프랭크 자누지(Frank Jannuzi), 리처드 루가(Richard Lugar), 케이스 루스(Keith Luse)와 함께 헤커 박사를 초청했다.

가 있었다. 그리고 부시 대통령도 연설에서 "북한을 설득해 핵 야망을 포기하도록"(The White House, 2005.2.2) 한다는 표현을 사용했다. 그러나 '폭정의 전초기지(outposts of tyranny)'에 북한을 넣은 라이스 장관의 연설은 6자회담을 지연시켰고, 북한은 당시 핵실험이 없었음에도 자신들이 "자위를 위해 핵폭탄을 이미 제조해"(조선중앙통신, 2005.2.10) 놓은 핵보유국이라고 최초 선언했다. 이에 라이스는 "필요하다면 안보리로 가거나, 다른 수단을 취할 권리도 있다"(치노이, 2010: 397)[22]라고 언급했다. 우여곡절 끝에 회담국의 중재로 합의한 9·19 공동성명에는 ① 북한이 NPT 체제 복귀와 IAEA 안전조치 복구를 약속함에 따라 ② 미국은 한반도 핵무기를 배치하지 않고 북한을 핵공격하지 않으며, ③ 경수로 보급에 대한 '적절한 시기' 논의, ④ 그리고 회담국의 에너지 공급이라는 내용이 담겼다. 그러나 미국의 이후 단독성명에서는 클린턴 정부 관여정책의 산물인 ① 경수로의 기본합의 컨소시엄은 해체될 것이며 ② '적절한 시기'는 CVID 이후가 될 것이고, 관계 정상화를 위해 '인권, 생화학무기, 탄도미사일, 테러리즘과 불법 행위'에 대한 미국의 우려에 화답할 것을 요구했다. 이에 대해 북한은 경수로 없이 핵 억지력을 폐기할 수 없다는 성명으로 맞섰다. 9·19 공동성명은 말 그대로 잉크도 마르기 전에 상호 신뢰를 잃었다.

한편, 「젤리코 보고서(Zelikow Report)」에 제시된 북한에 대한 미국의 새로운 대응 옵션은 미 국무부의 관심을 끌었다. 필립 젤리코(Philip Zelikow)는 과거 라이스 국무장관과 『독일 통일과 유럽의 변환(German Unified and Europe Transformed)』을 같이 저술할 정도로 친분이 있었는데, 그가 제시한 보고서의 핵심은 ① 외교를 위해 북한에 풍부한 의제[23]를 제공할 것, ② 북

---

22 폭스 뉴스와 인터뷰.

23 풍부한 의제는 북한의 테러 지정국 해제, 에너지·경제지원, 대미 관계 정상화, 평화 협정 체결 등 포괄적 분야를 담고 있었다.

한의 불법적인 행동에 다양한 수단을 택할 것(Zelikow, 2007.2.20)이었다. 결국 '더 큰 당근과 더 큰 채찍'이었는데 이는 사용자에 따른 문제를 야기했다. 후일 젤리코는 이를 비핵화 담론에서 벗어나기 위한 제안(통일뉴스, 2018.6.28)이라 했으나, 이는 더 큰 채찍이 되어 방코델타아시아(이하 BDA) 은행에 대한 북한 정권 자금 죄기[24]에 활용되었고 '잘못된 행동'을 한층 더 제재하는 쪽으로 기울기 시작했다.[25] 미국은 북한의 '이중 전략'을 그대로 되돌려주듯 6자회담 복귀를 촉구하면서 북한의 잘못된 부분을 바로잡겠다는 것이었다. BDA 사태는 다시 북한 정권 변화를 주장하는 미국 강경파의 태도에 불을 지폈다. 당시 범죄 드라마 제목 '소프라노스'를 본떠 북한을 '소프라노스 국가(Sopranos state)'(Asher, 2005.10.21)라고 지칭했다. 그러나 이러한 낙인은 이후 북한이 제재를 피하기 위해 본격적으로 해커부대[26]를 만들고 가상화폐 5300억을 탈취하는 등 디지털 시대의 허점을 파고드는 변화를 야기했다.

이러한 정책 변화는 장기적으로 북한 핵이라는 한쪽 시간표를 비대하게 만들었다. 결국 북한은 2006년 10월 9일 미국이 설정한 레드라인(red line)을 넘어 핵실험을 진행했다. 그리고 1차 핵실험을 이후 북한을 다시 회담장으로 불러오기 위한 5차 6자회담에서 젤리코의 포괄적 협상 및 압박의 성과로 2·13 합의를 이루어 초기 조치인 영변 핵시설의 연료봉 봉인이라는 성과를 내기도 했다. 그러나 2007년 9월 6일 이스라엘이 시리아의 핵시설을 폭격하면서 원산지가 북한임을 시료 채취로 밝혀냈다. 이로써 북한의

---

24 당시 돈세탁 혐의로 묶인 돈은 2500만 달러였다.

25 미국 핵물리학자 헤커 박사도 당시 미국의 정책을 '쥐어짜며 협상하기'라며 비판했는데, 결국 그 정도로는 정권을 망하게 만들 수는 없는 전략이었기 때문에 북한으로 하여금 "핵과 미사일 프로그램의 중대 진전을 준비할 시간을 주었다는 것이다"(Hecker, 2023: 131).

26 라자루스라고 불리는 집단을 2024년 현재 미국은 북한 김수키 산하 해커 조직으로 규정하고 있다.

핵환산이 밝혀졌기 때문에 NPT 복귀 의사 여부에 심각한 의문이 제기되었다. 그럼에도 미국은 협상을 진척시켜 10·3 합의를 도출했다. 이는 영변 핵 시설에 대한 IAEA의 사찰과 미국의 금융제재 해결 및 테러 지정국 해제라는 교환 조건을 담고 있었다. 그러나 북한이 계속 시료 채취를 반대하고 2009년 5월 25일 2차 핵실험을 실행함으로써 북핵문제는 유엔 제재 체제로 넘어가 현재에 이르고 있다.

3) 2006년~김정일 사망

체제 수호와 후계 구도를 위한 '위기의 시간', '핵 시간표' 총가동

김정일이 2008년 6·18 담화에서 한 "시장은 자본주의 요소의 본거지"라는 발언을 계기로 시작된 전면 통제는 당시 후계 구도를 위한 '핵 시간표'의 전속력 가동과 밀접하게 연관된다. 2008년 8월 9일 자 ≪뉴욕타임스≫에서 "김정일이 뇌졸중으로 쓰러졌다"라는 첩보를 보도했다. 2009년 김일성 주석 15기 중앙추모대회에 등장한 김정일에 대해 의학 전문가들은 "병으로 인한 후유 증세"라며 공통된 평가를 했다. 김정일은 2011년 12월 17일에 사망했다. 2년 남짓한 이 시기에 북한은 정권의 후계 구도에 모든 역량을 집중할 수밖에 없었다. 로버트 게이츠(Robert Gates) 국방장관이 2008년 ≪포린 어페어스(foreign affairs)≫에 기고한 글의 핵심 내용인 북한 '핵보유론'에서도 북한이 북미관계 개선보다 핵억제력에 더 의지할 것임을 예견했다.

2009년 5월 25일 2차 핵실험은 유엔 안보리 제재 1874호 채택으로 이어졌다. 북한은 유엔 제재 1874호에 대한 규탄 성명으로 발표하면서 새로 추출한 플루토늄 전량을 무기화했으며 우라늄 농축 작업에 착수했음을 밝히고 탄도미사일을 발사했다. 이때부터 이 패턴이 반복되기 시작했다. 오바마 당선 후 북한은 미국과의 관계 개선 등을 기대했다. 그러나 도발을 지속

하는 북한에 대해 오바마는 경제제재 1년 연장 방안 성명으로 입장을 표명했다. 이후 북한은 "8000개 폐연료봉을 재처리 성공했으며 …… 추출된 플루토늄의 무기화에도 성공했다"라고 밝혔고, 미국의 핵과학자 회보 '핵보유국'[27] 명단에 처음으로 북한의 이름이 올랐다. 이때부터 대북제재는 지속되었고 2011년 12월 17일 김정일이 사망하면서 북한은 '핵무력'을 물려받은 김정은 국무위원장 체제로 넘어갔다. 당시 남북관계는 천안함 폭침으로 인해 나빠질 대로 나빠져 있었다. 2009년 북한에 초청된 헤커 박사는 보고서를 통해 북한의 2000개 원심분리기 중 1000개를 육안으로 확인했으며, 북한은 농축 용량 8000kg-SWU로 평균 3.5% 저농축 우라늄 제조가 가능하며 건설 중인 경수로는 2.2~4% 저농축 우라늄을 사용 가능하게 설계했다고 전했다. 이는 연간 2톤가량의 저농축 우라늄을 만들어 이것을 무기로 전환할 경우 핵무기 2개를 제조할 수 있는 규모였다. 핵 보유를 위한 나머지 과제인 탄도미사일과 제어기술을 제외한 '실재적 핵 보유'였다.

비록 6자회담 재개 움직임이 일고 있었지만 천안함 폭침, 연평도 포격에 대한 사과 없이 6자는 모일 수 없었다. 주지하듯이 대화를 위한 '기회의 창'은 닫히고, 북한 핵 프로그램 시간표에는 기술력과 위력시험만 남아 있었다. 김정은 정권은 '핵무력 경제병진노선'으로 나갔다.

4) 김정은 집권 이후

'핵 시간표'의 본격 가동과 운반 수단(미사일, 위성) 발전기

김정은 집권 후 북한은 핵 프로그램과 탄도미사일, 그리고 이를 연결 짓

27 당시 핵보유국 명단에는 미국, 러시아, 중국, 영국, 프랑스, 인도 등 핵클럽 국가 외에 파키스탄, 이스라엘, 북한 같은 실질적·잠재적 핵보유국도 있었다.

는 과학기술 위성 발사로 많은 부분에서 변화를 겪고 있다. '조선우주공간기술위원회'라는 생소한 기관명을 앞세워 광명성 3호 발사 예고 등 발표한 것 그리고 장거리 로켓 은하 3호 등이 실험 실패를 인정한 것을 주목할 필요가 있다. 이는 두 가지 중요한 의미를 담고 있었는데 하나는 북한에서 실험의 영역이 실패의 영역이 아니라 북한에서도 반복의 영역이 될 것임을 예견하는 것이었다. 다른 하나는 2·29 합의 위반으로 당장 북미관계 개선에 매달리기 이전에 핵 프로그램에 확장성이 필요할 수 있다는 것이다. 또 특이한 것은 2012년 5월에 핵실험 강행에 관한 국제사회의 우려에 대해 북한이 "평화적 과학기술 위성 발사" 계획이라며 부인했다가 7월 2일 외무성 대변인의 조선중앙통신 기자 답변에서 "대북 적대시 정책이 계속되는 한 자위적 핵억제력은 부단히 강화될 것이며 평화적인 우주개발 사업은 계속 추진될 것"이라고 표현한 것이다. 이는 핵실험의 목적과 탄도미사일 및 위성 발사의 목적은 다르다는 것을 표현한 것으로 보인다. 이 시기 공사가 재개된 영변 경수로는 2016년에 완공되었다(≪서울신문≫, 2016.1.15).[28] 이후 지속적으로 핵물질을 생산해 왔다. 한편, 2012년 12월 12일 북한은 은하 3호의 발사에 성공했다(위성 궤도 진입에는 실패했다). 이에 대해 안보리 제재 결의 2087호가 채택되자, 바로 반박 후 3차 핵실험(2013년 2월 12일)을 강행했다. 김정은 체제의 특징은 이전과 같이 3년 주기로 핵실험을 하는 관행에서 벗어나 4차 핵실험(2016년 1월 6일, 수소탄이라고 주장)부터 6차 핵실험까지 빠르게 진행해 원하는 실험 결과를 얻은 데 있다. 그리고 6차 핵실험 이후 대륙간탄도미사일 화성 15형 시험을 통해 북한의 '국가핵무력'이 완성되었다고 선언했다.

28 미국 존스홉킨스 대학교 국제관계대학원 한미연구소가 운영하는 북한 전문 웹사이트 38노스(38 North)는 이러한 북한의 작업 진행도를 인공위성 사진 분석을 통해 살펴보고 있다.

더 보기 북한의 '이중 전략'에 의한 '이중 시간표'의 특징

'이중 전략'에 의거한 북한의 핵 시간표를 외부에서 대처하기 까다로운 이유는 협상에만 매달린다고 해서 북한의 핵 프로그램이 당장 폐기 수순을 밟지 않는다는 데 있다. 오랜 기간에 걸쳐 살펴본 북한의 핵 '이중 전략'에서의 시간표는 철저히 실용노선(협상-개혁)에 의한 '북미관계 개선' 외교와 강경노선(군부-과학기술)에 의해 '임의의 시간'에 계획된 일이 '최고지도자'의 결단으로 가동되기 때문에, 북한 정권의 특수성에 대한 불편한 생각과 그에 대한 제재만으로는 그 시간표를 바꾸기는 아주 어렵다. 시간표의 특징은 시간이 지남에 따라 경험에 의해 각 기관별로 여러 전술적 움직임이 보일 수 있고, 해결해야 할 문제도 더 커지는 점증 형태를 띤다.

한편, 시간표의 또 다른 특징은 모든 국가가 그러하듯이 아무리 협상 부서와 핵과학 부서가 각각 업무를 진행한다 해도 그것은 제한된 예산에서 움직이기 때문에 두 시간표 중 하나가 늘어나면 다른 하나는 동결되거나 역할을 중단한다는 데 있다. 따라서 국제질서가 점점 어려워지고 제한되는 상황에서 협력 가능성이 있는 국제 정세와 국가 전략을 통해 시간표의 형태를 협상으로 바꾸어 나갈 경우 북핵 프로그램은 북미관계에 따라 축소의 길을 갈 수도 있다.

그러나 북한 정권의 여러 문제점 때문에 정권의 도덕적 문제를 심판하고자 한다면 핵 프로그램은 매우 비대해질 것이다. 이 경우에는 정권을 타개할 만큼의 역량과 자원을 모두 투입해야 하는데, 전쟁을 비롯한 상황을 상정해야 한다는 의미다. 한마디로 매우 어렵다.

북핵 '이중 전략'의 까다로움은 긴 호흡으로 협상이 이루어지지 않을 경우 점점 비대해지며, 축소하려는 노력이 지속되지 않을 경우 북핵 프로그램은 재가동 된다는 점에 있다.

이후 트럼프 대통령과 싱가포르 정상회담을 통해 북미관계 개선을 재시도했으나, 미국과의 협상은 하노이 회담에서 결렬되었다. 여기서도 과거 국무부와 트럼프의 국가안보 보좌관이던 존 볼턴 간에 최종적이고 완전하게 검증된 비핵화(Final, Fully, verified denuclearization, 이하 FFVD)냐 단계적 '행동 대 행동' 원칙이냐를 놓고 논의가 계속되었던 것으로 보인다. 또한 트럼프도 "북한이 비핵화를 실천하기 전에 제재를 거둘 생각이 없다"라고 했는데, 그럴 경우 "사람들이 자기를 바보라고 놀릴 거"라고 했다. 존 볼턴은 앞서 언급한 강경파의 한 사람으로 국무부의 회담 성사 열의가 실수로 이어지지 않게 하기 위해 하노이에서 가능한 모든 전략을 썼다.

당시 김정은 국무위원장은 북한이 영변 핵시설을 포기하는 대가로 마이클 폼페이오(Michael Pompeo) 국무장관에게 "2016년 이후 유엔 안보리가 취해온 제재를 모두 풀어주는 방안을 제안"(볼턴, 2020: 470)했다. 볼턴은 트럼프가 코언 청문회[29]에 대한 반대급부로 북한과 빅딜(비핵화 달성), 스몰딜(제재 약화), 협상 파기("I walk!") 중 스몰딜과 협상파기를 놓고 언론에 대한 효과가 큰 쪽을 택하려 한 것으로 해석했다. 트럼프는 비핵화에 대한 볼턴의 설명을 듣고 그것을 이해한 다음 북한 측의 영변 제의를 거부해 버렸다. 트럼프는 행동 대 행동이 미국에 이익이 되지 않는다는 볼턴의 관점에 과거 민주당과 공화당의 관여정책에 대한 혐오가 중첩되면서 이와 같은 결정을 내렸다. 이후 북한의 단거리 미사일을 '대포'라고 축소해 불렀고, 문재인 정부로부터 요청받은 북한에 대한 식량 지원에 대해서는 "아낌없이 지원할 것"이라고 했으나, 그것은 북한이 감시에 응했을 때를 전제한 것이었다. 비록 트럼프의 트윗[30]이 DMZ에서 남·북·미 정상 간 만남을 주선하기까지 했으나, 지속적인 트윗이 끝이었다. 그럼에도 강경파의 전략은 하나로 귀결되는데, 북한은 제재로 인해 조금씩 말라가고 있으며, 그렇지 않으려면 FFVD를 이행해 김정은 위원장의 "나라에 대한 위대하고 멋진 비전을 …… 미국과 나(트럼프)를 통해 현실로 만들"[31] 수 있다는 것이다. 다만 여전히 FFVD

29 마이클 코언(Michael Cohen) 변호사가 대선 기간 중 위키리크스로부터 민주당 대선 후보 힐러리 클린턴의 전국단위 컴퓨터 해킹 이메일 폭로를 사전에 연락받았고, 모스크바에 트럼프 타워 건설 프로젝트를 부인할 것을 코언에게 거짓말 시주했다는 청문회였다.

30 트위터(지금은 중단)에 자신의 의견 글을 남기는 행위로 트럼프는 이것을 정치에 자주 활용했다.

31 이 글 역시 트럼프는 트윗을 통해 남겼다.

이후 동시 조치의 구체성은 결여되어 있다.

이것으로 분명해진 것은 미국 강경 매파는 한마디로 매우 '엄격한 아버지'로 회자될 수 있다. 이 전략은 국제정치적으로 현상 타파가 아닌 현상유지 전략인데, 북한이 확실히 변화해 핵을 포기하며 국제 사회의 금융 질서를 어지럽히지 않고 달라진 모습을 보여줄 경우, '아버지'는 어떤 좋은 것을 줄지 생각해 본다는 것이다. 지원할 지갑은 '아버지'가 가지고 있기 때문에 내 마음이 내키지 않는 한 지갑을 열 생각은 없음을 의미했다. 그렇지 않을 경우 아버지는 그저 기다리면 된다, 아들(딸)이 교정되기를 기다리면서. 시간은 줄 것을 가진 사람의 편이다. 그러나 만약 아들이 이윽고 다 커서 그대로 떠나기를 희망한다면, 그에 대한 해답도 갖고 있는지는 알 수 없다. 이 게임의 경우 유인을 정하지 않았기 때문이다. 즉, 아버지는 유인의 기대가치에 따라 얼마든지 거짓말을 할 수 있다. 교정이 목적이기 때문이다.

북한은 2020년 6월부터 문재인 정부의 '운전자 역할론'에 아랑곳없이 남북 통신연락선을 차단하고 개성 남북공동사무소를 폭파해 버렸다. 이후 8차 당대회에서 개정된 당규약에는 "우리민족끼리" 대신 "강력한 국방력에 의한 통일"로 통일 노선의 변화를 명시했다. 그리고 2022년 윤석열 정부의 '담대한 구상'에 대해서도 김여정 당중앙위원회 부부장이 담화를 통해 "우리의 국체인 핵을 경제협력과 같은 물건짝과 바꾸어보겠다는 발상"이라고 비판하며 "제발 서로 의식하지 말며 살았으면 하는 것이 간절한 소원"이라 언급했다. 이는 북한이 더는 경제 지원과 핵의 등가 교환은 없으며, 핵 억지력은 온전히 앞으로도 미국과 북한의 문제일 뿐임을 강조하는 것으로 보인다. 또한 평창올림픽 이후 남북 간의 문화적 차이 등으로 북한 측은 상호 간 접촉이 무의미할 것으로 판단해 이후 일정 시기까지 남북 간 접촉의 차단을 시도했다. 이러한 정책은 코로나로 인한 외부 유입을 차단하는 데에도 효과적이었던 것으로 보인다.

그림 1-4
목란관, 정찰위성 '만리경 1호' 발사 성공 기념회

자료: 자유 아시아 방송, https://www.rfa.org/korean/in_focus/nk_nuclear_talks/nkmissile-11282023153144.html(검색일: 2024.1.8).

이와 동시에 '핵무력 정책'을 최고인민회의 14기 7차 회의에서 '조선민주주의인민공화국 핵무력정책에 대하여'를 채택해 법제화했다. 이를 통해서 과거에는 억제력이라고 했던 사용원칙을 "선제타격도 가능할 수 있음"으로 명시했다.

지속적인 ICBM 발사는 물론이고 2023년 11월 21일에는 군사정찰위성 '만리경 1호'를 탑재한 우주발사체를 쏘아 올려 궤도 진입에 성공했고, "적측(한국) 지역의 진해, 부산, 울산, 포항, 대구, 강릉 주요 중요표적 지역을 촬영한 사진들을" 김정은 국무위원장이 관찰했다고 밝혔다.[32] 동시에 한국 정부가 ICBM 발사로 인한 9·19 군사합의를 문제 삼자, 빠른 맞대응으로 공동경비구역 재무장, NLL의 해안포 10여 문 이상 개방 등 군사 움직임을 보이고 있다. 그리고 〈그림 1-4〉에서 볼 수 있듯이 '만리경 1호'의 성공 발사를 위해 '국가항공우주기술총국(NATA)' 티셔츠를 제작해 경축을 연출한 것이 특징적이다

5) 핵은 이후 북한을 어떻게 변화시키고 있는가?

우여곡절 끝에 보유하게 된 핵은 북한의 대내외 모습은 물론이고 법적 지위, 북한 주민의 삶까지 변화시키고 있다. 먼저 체제 면에서 보면 북한 주

---

32 MBC 보도, "북한 정찰위성, 부산 정박 미 핵항모 칼빈슨, 하와이 촬영". https://imnews.imbc.com/news/2023/politics/article/6547160_36119.html.

그림 1-5 **2015~2022년 북한의 대중 수출입 연간 동향**

(단위: 백만 달러)

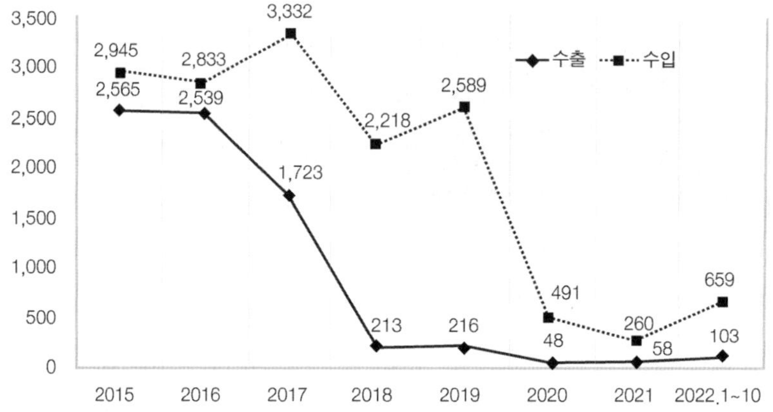

자료: 양문수(2023: 75).

민들에게 핵은 북한을 미국으로부터 지켜주는 무력이며, 이에 편승한 사람들은 상당한 보상을 받게 되었다. 북한과 같이 일당독재가 강한 체제에서 젊은 세대들은 국가정책에 동조·편승해 그를 활용한 삶에 기대려는 경향이 있다. 코로나 이전 북한이 관광계획을 준비하던 시기에 북한의 많은 대학과 학교에 통역사 과정이 생겼던 점(박정진, 2018: 77~90)을 감안해 보면, 김정은 시대의 미래과학자거리[33]는 과학과 컴퓨터 등의 직업군을 양산하는 쪽으로 변화하고 있음을 관찰할 수 있다.

정책은 항상 그에 맞는 변화가 있으면 반대급부로 맞지 않는 변화도 수반하는데, 미국의 공화당 강경파가 선호하는 제재로 인해 북한 경제가 과연 축소되었는가이다. 2023 KDI 경제리뷰(홍제환, 2023)에 따르면 북한은 산모

33 김책공업종합대학 출신 내지는 핵개발, 미사일, 인공위성, 컴퓨터 개발에 종사하는 과학자를 위한 거리로 평양시 평천구역 미래동에 위치한다. 김책공대와 밀접히 연관되는 이 거리는 미래에 과학자가 되기 위한 북한 청년층들에게 좋은 자극제가 되고 있다.

건강, 최소 허용 식단, 조기학습 기회 등에서 저소득 및 중하소득 국가 가운데 최상위권에 있는 것으로 조사되었다. 북한의 미래 세대 역량 개발을 살펴보기 위한 인적자본지수의 추정치는 대략 0.53~0.62로 "소득 수준에 비해서는 역량 개발 수준이 양호"한 것으로 분석되었다. 2023년 평가를 기준으로 보면 핵개발과 탄도미사일로 인한 제재에도 불구하고 북한의 영유아 관련 정책은 별로 영향을 받지 않는 것으로 추론할 수 있다. 또는 일반 경제의 악재에도 북한이 소년 집단에 투자하는 역량이 크다고도 볼 수 있다. 그러나 역시 제재 이후 가장 감소한 것은 무역으로, 2015년 이후 무역 감소세는 〈그림 1-5〉와 같다.

마찬가지로 국가예산도 코로나와 더불어 감소해 예산 수입 계획에 집금수입(集金收入), 즉 사용료와 소득세가 6.8배 증대했다. 경제 침체의 주요 원인으로 트럼프 행정부의 고강도 대북제재와 대북제재 장기화 및 코로나 여파 등을 들고 있다.

반면 제재 장기화로 인한 북한 주민의 견뎌내는 내성 증가도 북한 핵이 변화시킨 북한의 주요한 특징일 것이다. 그리고 고난의 행군기부터 발달한 시장은 부족한 수요를 공급하는 중요한 부분으로 북한 경제를 받쳐준다. 무엇보다 2024년 들어 핵문제의 장기화로 인한 극명한 영향은 김정은 국무위원장이 조선로동당 전원회의와 최고인민회의에서 남북관계를 "동족관계가 아닌 전쟁 중인 교전국 관계"로 규정한 것이다. 한반도의 공식적인 '2개 국가'론을 인정하는 발언이자 김일성, 김정일 시기 이데올로기였던 자주, 평화, 민족대단결(통일)을 바꾼다는 것이기도 하다. 그러나 동시에 중요하게 살펴볼 것은 지방발전 20×10 정책 선전과 북한 국가과학원의 정책 과제 선정이다. 결국 북한은 은둔 상태에서 지방의 전력, 공업화 문제와 식량 문제를 안정화하려는 것이다. 김정일 시대 '선군정치'를 통해 남북이 '고난의 행군' 시기에 격리되었던 것처럼 사상 단속과 자구적 경제 문제 해결에 더

그림 1-6 **지방발전 20×10 정책**

자료: 조선중앙통신, 2024.1.28.

매진해야 하는 대내적 상황이 형성되어 있다는 반영일 가능성도 존재한다. 이 역시 코로나 이후 핵문제의 답보상태가 계속된 영향이다. 다만 '연평도 포격' 때와 마찬가지로 대한민국의 안보를 떠보는 시도는 더욱 다양한 차원에서 전개될 것이고, 그를 위한 조직도 다양해질 것으로 보이는데 핵문제는 이처럼 남북관계의 시계를 거의 '제로' 상태로 돌려놓았다. 불확실성이 증가한 것이다.

이 외에도 앞서 언급한 북한 핵보유국의 법제화, 대남 강경노선, 신냉전 구도 편승도 핵이 국제사회에서 북한을 변화시킨 결과로 볼 수 있다. 다만 이러한 변화가 지역 전쟁이 끝나지 않은 상황에서 북한에 대한 제재 체제를 어떻게 이끌고 갈지, 긴장된 남북관계를 어떻게 변화시킬지는 정해지지 않았다.

3. 각 장의 소개

긴 서두처럼, 핵에 의한 여러 가지 변화에 따라 연구자들이 살펴보아야 할 것들은 산재해 있다. 이론적 영역은 물론이고 동북아 관련 지역의 변화와 대응, 그리고 북한 내부의 결의와 대외경제 영역에 이르기까지 다양하다. 그리고 정전 70주년을 맞는 한국과 북한의 남북관계도 핵에 대한 근본적인 대응으로 돌아섰다. 이 책 각 장의 내용은 핵의 변화가 야기하는 상황을 분석하고 그에 따른 현상 변화, 그리고 이 과정에서 연구자들이 놓치지 않고 보아야 할 부분이 무엇인지를 고민하고 있다.

먼저 2장에서는 핵무기 보유가 국가의 외교정책에 어떠한 변화를 가져오는가를 이론적 접근을 통해 고찰하고 있다. 핵 보유라는 결정이 국가적으로 매우 중요한 전략적 선택이라는 점을 지적하며, 스스로 표본이 된 핵 보유국을 연구할 때 선택편향과 내생성 문제를 고려해야 한다고 설명한다. 한편, 외생적 성격으로 대담해지는 효과를 통해 이론적으로 핵을 가진 국가의 공격 성향 여부가 어떤 영향을 받는지를 이야기한다.

3장에서는 핵무기 개발 동인 과정과 한국의 대응을 다루면서, 북한 핵 연원을 1956년부터 매우 자세히 설명하고 있다. 북한이 핵무기 보유국으로 가기 위한 특징과 2013년 최고인민회의 12기 7차 회의의 '자위적 핵보유국의 지위를 더욱 공고히 할 데 대하여'를 통한 미국의 핵 태세 검토 보고서(Nuclear Posture Review)의 모호한 사용 조건과 타국의 사례를 대조하면서 북한의 핵 보유 법령이 뜻하는 목적을 설명한다. 한국의 인식 차이에 의한 여러 대응과 반응을 소개하면서 한미 간 핵협의체(NCG)의 현안 문제 제기를 통한 한미의 역량 강화로 북한의 군사 모험주의를 무디게 할 장치들을 주문하고 있다.

4장에서는 국제 핵질서에 맞서는 북한과 같은 핵보유 희망 국가가 어떻게 기존 질서(패권)에 대응하는지를 설명한다. 물질적 차원과 사회적 차원의 차이를 이용해 어떻게 북한이 레짐 이동(regime shift) 전략을 취하는지에 대해 설명했다. 그리고 이러한 북한의 핵전략에 대한 국제사회의 학습과 적응에 대해 설명하면서, 점차 대응이 협상에서 제재로 이동하고 있음을 통해 교착상태의 위험성을 경고한다.

5장에서는 제재 유형과 결의 내용을 통해 각기 다른 제재가 어떻게 북한의 대외경제에 영향을 미쳤는지를 시기별로 구분해 설명한다. 이는 서장에서 다룬 것처럼 제재가 북한에 미치는 영향이 어느 정도인지를 분석하면서 이에 대한 북한의 대응책인 자립경제노선과의 충돌을 다루고 있다.

6장부터는 북한의 핵 보유에 따라 달라진 국가별 관계 변화를 다룬다. 우선 6장에서는 중국과의 관계 변화를 고찰한다. 이상만은 그동안의 북중관계가 국가 이익과 국제 환경 변화에 따라 북한과 중국이 협력·갈등해 온 역사를 되짚으면서 김정은 시기 핵 문제가 시진핑의 중국과 어떻게 관계하는지, 그 역학 구도를 설명한다. 특히 최근 불거진 신냉전 구도는 북한과 중국이 김일성으로부터 이어져 온 혈맹관계가 신혈맹관계로 재정립되는 부분에 주목했다. 그리고 이를 통해 중국의 일반적인 대한반도 원칙에서 신시대 북중관계 원칙으로 변화된 점을 기술하고 있다. 이와 동시에 김정은 정권의 대중국 정책도 함께 다루면서 신냉전 시기를 북중관계 단절 악화기, 북중관계 복원과 재조정기, 북한의 핵무력으로 인한 모험적 도발 이후 북중관계 밀월기로 분류하고 이 시기 북미관계 재조정에 따른 북중관계의 필요성에서 핵 레버리지가 상승한 북한에 대해 중국은 북한을 영향력 내에서 다루기 위한 원조 협력의 방향성을 살펴볼 것을 지적하고 있다.

7장에서는 핵으로 인한 북미관계가 변화하는 과정을 미국 행정부별로 자세히 기술한다. 특히 행정부별로 북한을 대하는 특징을 통해 이것이 한반도에 어떤 영향을 미쳤는지를 기술했다. 각 정부의 정책과 그 제한점을 통해 북미 협상 간 실패의 주요 요인인 비핵화와 평화체제 구축 사이 딜레마를 분석하면서, 미국의 '완전한 비핵화'와 북한의 '동시행동' 원칙상에서 접점을 찾아야 함을 역설했다.

8장에서는 북한 핵문제와 북일관계의 변화를 다루고 있다. 북일관계 정상화의 최대 방해 요인인 일본인 납치문제에 어떻게 북핵문제가 맞물리게 되었는지를 역사적으로 서술한다. 북일관계는 전통적으로 국제 정세가 크게 변화할 때마다 주목할 만한 움직임을 보인 것이 사실이다. 그러나 일본 정부는 북일관계 개선의 선제조건으로 일본인 납치문제, 북한의 핵무기와 미사일 등 3대 현안의 포괄적 해결 없이는 북한과의 관계정상화는 불가능하다는 입장을 지속적으로 표명하고 있다. 한편 일본은 핵무기 소형화 및 고도화로 인해 북한의 핵위협이 가시화되자 방위력 증강의 근본적 전환을 도모했다. 그 결과 일본은 외교안보 전략의 기본 지침인 '국가안전보장전략(NSS)'을 비롯한 안보 관련 정책 3문서를 결정했다. 특히 9년 만에 개정된 일본의 NSS는 "전후 가장 엄중하고 복잡한 안보 환경"에 직면해 "전후 안보정책을 실천 면에서 크게 전환하는 것"으로 평가되었는데, 이는 일본의 반격 능력 보유 명기를 의미한다.

9장에서는 북한 핵실험 이후 북러관계의 신밀월을 논한다. 2006년 북한의 제1차 핵실험 이후 북러관계는 기본적으로 군사동맹의 성격을 배제한 친선관계이지만, 최근 제한적인 군사협력 방향으로 발전해 가고 있다고 평가받는다. 북한에 대한 러시아의 전통적 시각은 북한의 핵무장을 외교적 압박과 경제제재로는 해결할 수 없으며, 오히려 북한 주민들에게 악영향을 준다고 주장한다. 러시아가 선호하는 유일한 해결책은 6자회담 혹은 그에 준하는 모든 관여 당사국이 참여하는 대화 협의체를 통해 자국의 존재감을 부각하고 동북아시아를 안정화하는 것이라고 볼 수 있다. 러시아는 2019년 하노이 북미정상회담 실패 이후 중국에 대한 과도한 의존을 경계하는 북한에 새로운 의지처로 부상했다. 특히 2022년 2월 발발한 러시아-우크라이나 전쟁을 기점으로 러시아와 북한 양국은 국제사회의 고립으로부터 관계를 더욱 강화해 나가고 있다.

10장에서는 북한 핵개발과 대외관계 변화를 서술한다. 북핵문제 해결의 가장 어려운 문제는 북한의 국가전략노선과 대외정책이 변칙적으로 변화한다는 것이다. 일반적으로 국가전략노선은 국정 운영의 중·장기적 목표와 방향을 설정하는 것이며, 대외정책은 이러한 국가전략노선을 바탕으로

더 보기 **북한의 핵 이중 전략에 대한 미국의 주요 입장**

북한의 핵 이중 전략에 대한 미국의 주요 입장은 대내적으로 1993년 이후 민주당의 관여 정책 폐기, 대외적으로는 북한의 교정과 비핵화 선조치에 대한 패키지 딜에서 크게 바뀌지 않았다. 그리고 북핵문제는 북미 양자 해결이라는 북한의 입장 고수에 대해 한국과 미국은 동맹국으로서 부정적인 입장을 보였다. 6자에 속하는 러시아, 중국, 일본 역시 역내 안정은 물론이고 국제 정세에 따라 북한 핵에 대한 인정 범위는 발언에 차이가 있지만, 근본적인 비확산 레짐의 틀을 넘지 않으려는 의도가 보인다.

타 국가와의 외교관계를 구축해 나가는 구체적인 방침으로 이해된다. 그러나 선행연구는 변화하는 북한의 국가전략노선과 이를 세부적으로 뒷받침하는 대외정책에 대한 이해가 결여되어 있다는 것이 이 장의 문제의식이다. 이러한 인식에 입각해 김정은 시기 국가전략노선과 대외정책 변화를 크게 세 시기, ① 핵·미사일 고도화 시기(2012~2017), ② 핵무력 완성 및 한반도 정세전환기(2018~2019), ③ 국방력 강화와 자력갱생 및 신북방 3각 협력기(2020~현재)로 구분해 각각의 특징과 함의를 제시한다.

4. 결론과 주요 과제

이 장에서는 앞으로 전개될 글을 읽는 데 시계열적으로 도움을 줄 수 있도록 '이중 전략'으로 이어져 온 북한 핵의 시기별 모습, 북미관계에서 미국의 관여정책과 국무부, 국가 안보 조직 및 강경파 인사들이 어떤 정신적 메커니즘으로 핵 문제를 바라봤는지를 각 장의 내용과 함께 살펴보았다.

주요하게 생각해 볼 과제는 행동 대 행동 원칙과 미국이 바라는 FFVD라는 북한에 대한 선조치 사이의 교착상태(de facto situation)를 타개할 수 있는 방법은 어떤 것이 있을지 고민해 보는 것이다. 역대 미 행정부의 대북정책은 관여정책, 대담한 접근, 포괄적 접근, 전략적 인내, 트럼프의 담판, 바이든 행정부의 북핵-북한 정부 도덕성 간 연결로 이어진다. 이에 대해 북한은 기본합의의 틀과 한반도 전체 비핵화, 동시행동의 원칙을 고수해 왔다. 1장에서는 이러한 정책들의 충돌이 어떻게 전개되어 왔는지 살펴보았다. 또한 이로 인해 형성된 유엔 체제는 마지막 회담에서 제재 해제가 북측 협상 카드의 주요 의제였던 것처럼 이것이 병진 노선의 최대 걸림돌이었던 것이다. 여기서는 답을 제시하기보다는 이 메커니즘에 개입하는 것이 인간의 의식 차이에 의한 것임을 분명히 하고자 한다. 인간 각자의 기준은 매우 다르며 살아온 환경도 모두 상이하듯이 관련 국가들도 그러하다. 국가의 경우도 국력과 정세, 정권에 따라 매우 상이한 성격을 띤다. 의리로 뭉치기도 하고, 이익을 중심으로 따지기도 하며, 혹자는 격식과 도덕성을 중요시 여긴다.

결국 다음 회담이 성사될 때에는 남북 상호 간의 관심사에 대한 이해의 시간이 이를 해결해 줄 유일한 열쇠가 되기를 희망한다. 마지막까지 서로를 이해할 수 없는 경우도 있겠으나, 서로의 영역에 들어서기를 희망한다면 서로가 조금씩 변해야 한다. 이것은 양보와는 명백히 다른 개념이며, 북한은 물론이고 다른 관련 국가에도 마찬가지로 적용된다. 미국 역시도 이 부분을 염두에 두어야 할 것이다. 조금씩 변화된 상태에서 북한 핵에 관한 협상에 다자가 좀 더 세밀하게 접근할 때 북한도 핵으로 인한 제재로 겪는 경제 변화, 재정 문제 등에서 벗어나 남북관계에도 표면적 개선이 아닌 진정한 교류의 장이 열리기를 희망한다. 그러려면 모든 행위자들이 상대방의 진의를 조금 더 알아야 한다. 적어도 협상 이전에 교정이 가능한 범위와 각 행위자의 개입 범위를 사전 조정하는 등 새 행정부 시기 이전에 상호 이해를 증진하는 것이 앞으로의 북핵 문제 해결에서 매우 중요한 외교적 과제로 남을 것이다.

참고문헌

미치시타 나루시게(道下德成). 2014.『북한의 벼랑끝 외교사: 1966~2013년』. 한울엠플러스.

박정진. 2018.「국제정치 경제적 관점에서 본 김정은 시대의 북한관광 변화 연구: 관광객 해외 유치 공급망과 외래 관광객 유치 여행사 중심으로」. ≪관광연구저널≫, 32(6), 77~90쪽.

볼턴, 존(John Bolton). 2020.『그 일이 일어난 방』. 시사저널.

아산정책연구원. 2022.12.「복합경쟁」.『아산 국제정세 전망 2023』.

양문수. 2022.「2022년 북한경제 평가와 2023년 전망」. 경남대학교 극동문제연구소 제71차 통일전략포럼(1.10).

왕선택. 2013.『북핵위기 20년 또는 60년』. 선인.

장달중·이정철·임수호. 2011.『북미대립: 탈냉전 속의 냉전 대립』. 서울대학교 출판문화원.

치노이, 마이크(Mike Chinoy). 2010.『북핵 롤러코스터』. 시사IN북.

퍼거슨, 니얼(Niall Ferguson). 2019.『광장과 타워』. 북이십일.

해리슨, 셀리그(Selig Harrison). 2003.『코리안 앤드 게임』. 삼인.

헤커, 시그프리드(Siegfried Hecker) 외. 2023.『핵의 변곡점』. 창비.

홍제환. 2023.「국제 비교로 본 북한의 미래세대 육성 실태」. ≪KDI 북한경제리뷰≫ , 10월 호.

황장엽. 1999.『나는 역사의 진리를 보았다』. 한울엠플러스.

≪로동신문≫. 1993.3.9.

≪서울신문≫. 2016.1.15. "북 영변 실험용 경수로 시설 완공".

조선중앙통신. 2005.2.10. 조선중앙통신 외무성 성명.

통일뉴스. 2018.6. 28.

Armstrong, Charles, K. 2015. *Tyranny of the Weak: North Korea and the World, 1950-1992*. New York: Cornell University Press.

Asher, David L. 2005.10.21. "North Korea's Criminal Activities: A Growing Proliferation Challenge." https://www.wilsoncenter.org/event/north-koreas-criminal-activities-growing-proliferation-challenge(검색일: 2024.2.26).

Bolton, John. 2020. *The Room Where it Happened*. Simon & Schuster.

Chang, Gordon G. 2006. *Nuclear Showdown*. Randomhouse.

Chinoy, Mike. 2009. *Meltdown: The Inside story of the North Korean Nuclear Crisis*. New York: St. Martin's Griffin.

Hecker, Siegfried S. 2023. *Hinge Points: An Inside Look at North Korea's Nuclear Program* (Stanford: Stanford University Press).

International Institute for Strategic Studies. 2004. North Korea's Weapons Programmes: A Net Assessment. Palgrave Macmillan.

Joffe, Josef. 2006. *Uberpower: The Imperial Temptation of America*. W.W.Norton &

Company, Inc.
Quinones, C. Kenneth. 2003. "Dualism in the Bush Administration's North Korea Policy." *Asian Perspective*, 27(1), pp.197~224.
The White House. 2005. "State of the Union Address." https://georgewbush-whitehouse.archives.gov/news/releases/2005/02/20050202-11.html(검색일: 2024.2.26).
Walt, Stephen M. 1985. "Alliance Formation and the Balance of World Power." *International Security*, 9(4), pp.3-43.
Zelikow, Philip. 2007.2.20. "The plan that moved Pyongyang." *The Washington Post*.
≪東京新聞≫. 2004.2.8.

□ 토의 주제

1. 북미 핵협상에서 접점을 찾을 수 있는 의제는 어떤 것들이 있는가? 완전한 검증이 가능한 비핵화와 북한의 선조치 혹은 작은 협상(small deal) 사이에 양보할 수 있는 의제는 존재하는가?
2. 북한의 우주개발 목적은 핵무기 개발에 국한되어 있는가, 아니면 복합경쟁 시대의 우주개발을 통한 안보 시대에 뒤처지지 않기 위한 국가적 발상인가?
3. 북한의 핵개발과 핵보유 선언 이후 북한 내부의 변화는 어떤 것들이 있으며 남북관계에 어떤 영향을 주었는가?

□ 더 읽을거리

1. Siegfried S. Hecker. 2023. *Hinge Points: an Inside Look at North Korea's Nuclear Program*. Stanford University Press.
2. Sung Chul Kim and Michael D. Cohen. 2017. *North Korea and Nuclear Weapons: Entering the New Era of Deterrence*. Georgetown University Press.
3. 안준호. 2018. 『핵무기와 국제정치』. 열린책들.
4. 이승주 외. 2022. 『패권의 미래』. 21세기 북스.

2
CHAPTER

핵무기 보유와 외교정책의 변화

이론적 접근

정재욱(경남대학교 극동문제연구소 교수)

| 학습목표

이 장에서는 핵무기 보유가 국가의 외교정책에 어떠한 변화를 가져오는지를 이론적인 접근을 통해 고찰하려고 한다. 기본적으로 핵 보유가 국가의 고도의 전략적 선택이라는 점을 감안해, 일차적으로 핵 보유국의 전략적 의도가 무엇인지 기존의 이론을 통해 살펴본다. 이에 더해 핵 보유에 따른 외생적 효과(가령, 대담해지는 효과)를 함께 고려함으로써 핵 보유에 따른 외교정책의 포괄적 변화를 포착하려고 한다. 또한 '공세성(offensiveness)'이라는 개념을 도입하여 외교정책의 변화를 정책 목적(현상유지/현상변경)과 정책 수단(군사적/비군사적)이라는 두 가지 차원에서 규정함으로써, 핵 보유에 따른 외교정책의 변화에 대한 더 체계적인 개념화를 시도한다.

1. 서론

이 장에서는 국가의 핵무기 보유로 인해 외교정책이 어떻게 변화할 수 있는지를 이론적 접근을 통해 고찰한다. 이를 위해 외교정책을 국가 수준에서의 국가의 행동이나 행태로 규정하고, 이에 따라 외교정책의 변화를 국가행동의 변화라는 측면에서 살펴본다. 핵 보유와 외교정책의 변화와 관련해서 유력한 이론 중의 하나는 국가가 핵을 보유하게 되면, 외교정책 면에서 더욱 공격적인 태도를 취하게 된다는 것이다. 즉, 군사력의 비약적 증강으로 인해 외교정책 측면에서 보다 공격적으로 변화한다는 주장을 보통 '대담해지는 효과(emboldening effect)'라고 부르는데, 이는 상당히 설득력 있는 이론이다. 따라서 왜 핵 보유가 국가의 행동에 공격성을 부여할 수도 있는지는 중요한 논증 대상이지만, 단순히 이를 입증하는 것이 이 장의 목적은 아니다.

이 장에서는 특히 핵무기 보유가 보유국가의 '전략적 선택'에 기인한다는 점에 주목하고자 한다. 다시 말해서 '핵 보유 동기' 혹은 '핵 보유의 전략적 의도'가 무엇인지를 규명하는 것이 일차적으로 중요하다는 점을 강조하고자 한다. 왜냐하면 외교정책의 변화라는 것이 애초의 전략적 선택의 의도와 무관치 않을 것이기 때문이다. 예를 들면, 국가의 핵무기 보유 의도가 억제(deterrence)에 목적을 둔 방어적인 것이라면 외교정책 역시 현상유지를 추구할 것이지만, 만약 그 의도가 강제(coercion/compellence)와 같이 보다 공격적인 것이라면 외교정책 역시 현상변경을 추구할 가능성이 크기 때문이다. 이러한 점에서 생각해 볼 때, 단순히 핵 보유 이후의 국가의 행동을 관찰하고, 이를 통해 핵 보유 국가의 외교정책 변화에 대한 일반화를 시도하는 것은 인과적 추론의 측면에서 선택편향(selection bias)이나 내생성 문제(endogeneity problem)와 같은 오류를 낳을 가능성이 크다는 점을 이 장에서 지적할 것이다.

이 문제들에 대해서는 본론에서 보다 상세히 논의하겠지만, 이 주제와 관련된 인과적 추론의 오류 위험성을 강조하기 위해 내생성의 문제에 대해서 간단히 언급하기로 한다. 내생성의 문제는 독립변수가 사실상 종속변수에 영향을 주는 것이 아니라 영향을 받는 관계가 될 때 발생하는 문제를 의미한다(King, Keohane and Verba 1994: 198). 핵 보유와 외교정책의 변화라는 관점에서 생각해 본다면, 핵무기 보유가 어떠한 외교정책의 변화를 결과했다기보다는 그 반대로 핵 보유를 통해 성취하려는 목적이 핵무기 보유를 촉진했을 수도 있다는 점이다. 따라서 경험적으로 어떤 국가의 행동 변화를 관찰했을 때, 행동의 변화가 순수하게 핵무기 보유에 따른 결과인지(예를 들면, '대담해지는 효과'가 대표적이고 우리는 이를 핵무기 보유에 따른 '외생적 효과'라고 칭할 수 있다), 아니면 그러한 보유 동기의 실현인지는 엄밀하게 따져볼 필요가 있다. 만약 후자를 무시하고 전자의 관점에서만 국가의 행동을 관찰하는 경우, 우리는 핵무기 보유와 국가의 행동 변화에 대한 그릇된 결론을 도출할 수 있다. 예를 들면, 방어적 의도를 가지고 핵무기를 개발한 국가의 현상유지 정책을 관찰하고, 공격적인 의도를 가지고 핵무기를 개발한 국가의 현상변경 정책을 관찰할 때, 만약 그 전략적 선택의 의도에 대한 고려가 이루어지지 않는다면, 우리는 핵 보유 이후 국가의 행동은 일관되지 않다고 결론지을 수 있을 것이다. 하지만 전략적 선택의 의도를 고려한다면, 각각의 현상유지 정책과 현상변경 정책은 그러한 의도의 실현이라는 일관성을 가지고 있는 셈이다.

이러한 점을 고려해 볼 때, 결국 핵무기 보유가 외교정책의 변화를 가져오는지에 대한 정확한 인과적 추론을 위해서는 핵 보유 동기를 반드시 감안해야 한다. 그리고 이를 감안한 바탕 위에서 핵 보유가 초래할 수 있는 외생적 효과를 동시에 분석해야 할 것이다. 예를 들면, 원래의 보유 동기는 방어적이었음에도 불구하고, 공격적인 외교정책 변화가 빈번하게 목격된다면, 이 경우를 핵무기 보유에 따른 외교정책의 변화라고 보아도 타당할 것이다.

이 장에서는 핵무기 보유의 전략적 의도와 핵무기 보유가 가질 수 있는 외생적 효과를 함께 고려함으로써, 외교정책의 변화를 고찰하고자 한다. 이를 위해 외교정책의 변화를 정책 목표와 정책 수단이라는 측면에서 규정함으로써, 보다 체계적인 방식으로 외교정책의 변화를 예측해 보려고 한다.

이 장은 다음과 같이 구성된다. 우선 다음 절에서는 핵무기 보유와 외교정책의 변화를 검토하기 위한 연구방법에 대해 보다 상세하게 설명한다. 이를 통해 이 연구 주제가 가질 수 있는 인과적 추론의 취약성에 대해 기술하고, 이를 극복하기 위한 방안을 제시한다. 세 번째 절에서는 핵 보유 동기에 대한 이론적인 논의들을 소개하고 검토한다. 앞서 언급한 바와 같이 인과적 추론의 오류 가능성을 줄이기 위해서는 핵 보유 동기에 대한 검토가 필수적임을 지적했다. 이에 근거해, 국가들은 왜 핵을 보유하려고 하는지 그 동기에 대한 이론적·경험적 연구들을 소개하고 검토한다. 네 번째 절에서는 핵 보유 이후에 국가의 행동이 공격적으로 변한다는 주장을 담고 있는 '대담해지는 효과'를 중심으로 핵 보유에 따른 외생적 효과에 대해 논의한다. 이와 더불어 국가의 핵 보유가 외교정책에 미치는 영향은 무엇인지에 관한 이론적·경험적 논의들을 함께 살펴보도록 한다. 다섯 번째 절에서는 전략적 의도와 외생적 효과를 종합한 이론적 논의를 통해 핵 보유와 외교정책의 변화에 대한 일반화를 시도한다. 마지막으로 결론에서는 핵무기 보유와 외교정책의 변화에 대한 논의를 정리하고, 북한 핵문제에 주는 함의를 간략히 논의한다.

더 보기 **대담해지는 효과란?**

'대담해지는 효과 혹은 대담성(emboldening effect or emboldenment)'은 보통 군사동맹이론과 관련해서 자주 언급된다. 즉, 군사동맹을 맺음으로써 자신의 군사력이 신장되었다고 믿는 동맹국이 이전보다 더 대담하고 도발적으로 행동할 수 있다는 것이다. 이는 동맹 형성에 따른 일종의 도덕적 해이(moral hazard)로 이해되기도 한다. 핵무기의 보유와 그에 따른 행동도 유사한 논리로 이해할 수 있다. 절대무기로 불리는 핵무기의 보유에 따라 군사력이 급격히 신장되었다고 믿는 핵보유국의 행동이 이전보다 공격적이 될 수도 있다는 의미이다.

동맹과 대담해지는 효과에 관련된 연구는 Benson, Meirowitz and Ramsay(2014); Benson, Bentley and Ray(2013); Johnson and Leeds(2011) 등 참고. 핵과 관련한 대담성의 문제에 대해서는 Bell(2023; 2019; 2015); Bell and Miller (2015); Gartzke and Jo(2009); Kapur(2005; 2009); Suh(2023) 등 참고.

2. '핵 보유와 외교정책 변화'의 의미: 연구방법 검토

국가의 핵무기 보유가 외교정책에 어떤 변화를 가져오는지에 대한 인과적 추론(causal inference)을 위해 다음과 같은 이상적인 실험 조건을 가정해 보자. 전 세계 국가 중에서 랜덤하게 선택한 50개 국가에 핵무기가 공급되고, 또 다른 50개 국가에는 핵무기가 공급되지 않는다고 하자. 이때 어떤 국가들에 핵무기가 공급되는지는 전적으로 랜덤하게 결정된다고 가정하자.[1] 그리고 일정 기간 이 국가들의 외교정책의 행태를 관찰한다면, 실험군

1 이러한 실험 조건의 가정은 인과적 추론을 위해 필요한 표본의 임의 선택(random selection)과 실험군과 대조군에의 임의적 할당(random assignment)을 충족시키기 위한 것이다. 이와 같은 엄밀한 실험 조건을 고려하는 이유는 인과관계를 명확히 규명하기 위함이다. 실험을 통한 인과관계의 규명과 이러한 실험이 거의 불가능한 사회과학적 한계를 염두에 두면서 인과적 추론 방법을 논의한 대표적인 저서로 에이첸(Achen, 1986) 참고. 에이첸의 연구는 통

에 해당하는 국가들(핵무기 보유국)과 대조군에 해당되는 국가들(핵무기 비보유국)의 행동의 변이(variance)가 우리가 설명해야 할 외교정책의 변화에 해당한다고 볼 수 있다. 물론 현실 세계에서 이러한 실험은 실현 불가능하지만 이러한 이상적인 실험 조건을 가상해 봄으로써, 현실의 연구를 통해 이끌어 낼 수 있는 인과적 추론의 한계와 유의점에 대해서 고려할 수 있다.

그렇다면 이상적인 실험 조건과 현실의 조건을 비교해 볼 때, 가장 큰 문제점은 무엇일까? 물론 여러 가지 문제를 지적할 수 있겠지만, 가장 큰 문제점은 국제정치적 현실에서는 실험군과 대조군이 랜덤하게 선택되지 않는다는 점이다. 실험군과 대조군이 랜덤하게 선택되어 각 그룹으로 할당되지 않는다면, 이는 여러 가지 문제를 낳는다. 만약 이상적인 실험 조건이라면 '처지(treatment)'에 해당되는 요소, 즉 독립변수(여기에서는 핵무기 보유)만이 종속변수(외교정책의 변화)에 영향을 미치는 요소일 수 있다. 왜냐하면 랜덤한 선택과 할당은 실험 단위들 간의 이질적인 요소를 서로 상쇄함으로써 독립변수 이외의 요소들이 종속변수에 미치는 영향을 차단하기 때문이다.[2] 하지만 현실적으로는 이러한 상쇄가 일어날 수 없으므로, 우리는 핵을 보유한 국가들의 이질적인 요소가 어떻게 외교정책에 영향을 미칠 수 있는지를 고려해야 한다.

국가들 간의 이질성(heterogeneity)이 인과적 추론을 위해 고려해야 할 사

계학적 분석을 주 대상으로 하지만, 인과적 추론이라는 측면에서 유사한 논리를 적용할 수 있다.

2 직관적으로 이해하기 쉬운 예로 약의 효능을 테스트하는 경우를 생각해 보자. 만약 실험군에는 청년들만이 포함되어 있고 대조군에는 노인들만이 포함되어 있다면, 이러한 실험군과 대조군을 이용한 실험의 결과가 타당하다고 생각하지는 않을 것이다. 왜냐하면 실험 결과에 약의 효과뿐 아니라 연령의 차이 역시 영향을 미쳤을 것이기 때문이다. 따라서 약의 효과(treatment effect) 이외의 요소가 실험 결과에 영향을 미치는 것을 통제하기 위해서는 실험군과 대조군에 랜덤한 방식으로 피실험자를 할당해야 한다.

항 중의 하나라면, 그보다 더 중요하게 고려해야 할 점이 있다. 그것은 바로 핵무기 보유가 핵보유국에 랜덤하게 주어진 상황이 아니라 이 국가들의 '전략적 선택'의 결과라는 점이다(Gartzke and Jo, 2009: 210). 다시 말해서, 이 핵보유국들은 '임의적 선택(random selection)'을 통해 표본이 된 것이 아니라 '전략적 선택'을 통해 스스로 표본이 된 셈이다. 임의적 선택이 아닌 자신의 선택을 통해 표본이 된 경우, 그러한 선택이 종속변수에 미칠 수 있는 영향을 보통 '선택효과(selection effect)'[3]라고 부른다(King, Keohane and Verba, 1994: 124~149).

그렇다면 이러한 선택효과는 인과적 추론에 어떤 영향을 주는가? 선택효과를 이해하기 위해 간단한 예를 들어보자. 만약 어떤 명문 고등학교가 대학 입학 성적이 우수하기로 소문이 나 있다고 하자. 이 학교가 얼마나 학생들을 잘 가르치는지를 평가하기 위해 이 학교의 학생들과 다른 학교 학생들의 학업 수행을 비교하기 위해 시험을 치렀고, 그 결과 명문학교의 성적이 월등하게 높게 나왔다고 한다면, 우리는 그 성적의 차이가 오롯이 명문학교가 잘 가르쳤기 때문이라고 단정할 수 있을까?[4] 아마도 대부분이 짐작하듯이, 명문 고등학교에 들어간 학생들과 그렇지 않은 학생들 사이에 기본적인 실력 차이를 생각할 수 있을 것이고, 성적의 차이는 랜덤하게 할당되지 않은 학생들의 기본적인 실력 차이에 상당 부분 기인하는 것이라 유추할 수 있을 것이다. 즉, 성적의 차이는 우수한 학생들이 명문 고등학교를 '선택'했다는 선택효과에 크게 기인한다고 생각할 수 있다.

---

3 선택효과는 기본적으로 선택편향의 문제에서 발생한다(Heckman, 1979). 인과적 추론의 문제라는 측면에서 볼 때, 선택효과라는 용어 대신에 선택편향이라는 용어로 대체할 수 있다. 이 글에서는 이 둘을 거의 동일한 의미로 사용하기로 한다.

4 앞서 사용한 용어를 사용한다면 과연 학생들의 뛰어난 성적을 순수하게 처치에서 비롯된 것이라고 생각할 수 있을까?

더 보기 **선택효과와 국제정치의 예**

국제정치 관련 선택효과의 한 예는 제임스 피어론(James Fearon)의 위협 국가(a threatening state)와 직접 억제(immediate deterrence)의 효과와 관련된 주장이다. 직접 억제란 위기가 발생한 후에, 즉 일반 억제(general deterrence)가 실패한 후에 여러 수단을 통해 위협 국가를 억제하는 것을 의미한다. 피어론은 일단 일반 억제가 실패했다고 한다면, 방어국(defender)은 이전과 동일한 군사적인 위협을 통해 상대 위협 국가를 억제하는 것은 사실상 어려울 것이라고 주장한다. 왜냐하면 그 경우 위협 국가는 상대 국가의 그러한 군사적인 위협을 이미 인지하고 이를 감수하면서 스스로 위기 상황 속에 들어오는 '선택'을 했기 때문이다. 다시 말해서 이러한 위기를 '선택'한 국가들의 특성은 억제불가(undeterrable)라는 점에서 피어론은 왜 직접 억제가 작동하기 어려운지를 설명한다. Fearon(2002) 참고.

선택효과를 핵무기와 외교정책의 변화 문제에 연결시킨다면, 우리는 이와 관련된 인과적 추론에서 유의해야 할 사항이 무엇인지 생각해 볼 수 있을 것이다. 앞의 예에서 우수한 시험 성적(종속변수)을 설명하는 것이 학교의 가르치는 능력(가정된 설명변수)에 기인하기보다는 이 학교를 '선택'한 학생들의 우수함(실제 설명변수)에 기인하는 것이라면, 핵 보유와 그 이후의 외교정책의 변화(종속변수)를 설명하는 것이 사실상은 핵 보유(가정된 설명변수)가 아니라 핵 보유를 선택한 국가들의 어떤 '공통된 특성'일 수 있다는 점이다. 예를 들면, 만약 핵 보유 국가들의 경우 자신의 재래식 전력이 자신을 위협하는 국가에 비해 크게 미흡해서 핵무기 보유를 선택한다면, 핵 보유 국가들의 '공통된 특성'으로 재래식 전력의 상대적 열세를 지적할 수 있을 것이고, 외교정책의 변화를 설명하는 데 중요한 요소는 바로 이 재래식 전력의 상대적 열세가 될 수도 있을 것이다.[5]

인과적 추론의 문제와 관련해 고려해야 할 또 다른 중요한 한 가지 문제

더 보기 **내생성의 문제와 국제정치의 예**

내생성의 문제와 관련되는 예로 민주평화론을 들 수 있다. 민주평화론은 국내정치체제와 평화를 연결시키고 있는데, 이에 대해 몇몇 논자들은 국내정치체제가 평화를 낳은 것이라기보다는 평화가 달성되었기 때문에 민주주의 체제가 가능했다는 주장을 제기하기도 한다(Thompson, 1996). 이러한 주장에 따르면 민주주의 체제는 평화를 설명하는 외생변수가 아니라 평화에 의해 설명되는 내생변수로 작용하는 셈이다. 또한 군사동맹과 전쟁의 관계도 내생성의 문제가 개입될 수 있는 경우이다. 일반적으로 우리는 군사동맹이 평화를 가져오는지 아니면 전쟁을 가져오는지의 문제에 관심을 갖지만, 전쟁이 군사동맹을 초래할 가능성(즉, 전쟁을 예상하고 군사동맹을 맺을 가능성)도 부정할 수 없고, 따라서 이러한 경우에는 내생성의 문제를 고려해야 한다(King, Keohane and Verba, 1994: 198).

는 '내생성의 문제(endogeneity problem)'이다(King, Keohane and Verba, 1994: 185~198). 내생성의 문제란 외생변수(독립변수)로 설정된 변수가 내생변수(종속변수)의 성격을 띠게 됨에 따라 발생하는 인과적 추론의 문제를 가리킨다. 핵 보유와 외교정책의 변화와 관련해서 생각해 볼 때, 만약 외교정책의 변화 방향을 결정하고 핵을 보유한 것이라면, 핵의 보유로 인해서 국가의 행동이 바뀐 것이 아니라, 사실상 행동의 변화가 핵의 보유를 설명한다는 점에서 내생성의 문제가 발생할 수 있다. 만약 이러한 내생성의 문제가 존재한다면, 단순히 핵보유국의 행동을 관찰하고 그 행동의 변화가 핵 보유에 기인하는 것이라고 주장한다면 이는 인과적 추론의 오류를 범하는 셈이고, 결국 핵보유국 행동의 패턴을 일반화하는 과정에서도 오류를 범할 수 있

5 조동준과 가츠키(Jo and Gartzke, 2007)에 따르면 심각한 안보문제를 겪고 있으면서 상당한 정부 자원을 보유한 국가들이 핵무기 보유를 추구하는 경향이 있다고 한다.

다. 예를 들면 핵보유국 A가 있고, 핵 보유 이후의 행동으로 y_1를 관찰했다고 하자. 또 핵보유국 B가 있고 핵 보유 이후 $y_2(y_1 \neq y_2)$라는 행동을 관찰했다고 하자. 우리는 이러한 경우에, 핵의 보유가 일관되지 않은 행동을 낳는다고 말할 수 있겠지만(다시 말하면, $y_1 \neq y_2$이기 때문에 핵 보유에 따른 행동의 변화를 예측하기 어렵다고 말할 수 있겠지만), 만약 핵 보유 이전의 의도가 사실상 행동의 변화를 설명할 수 있다면, 우리는 그릇된 일반화(즉, 행동의 변화를 예측하기 어렵다고 주장하는 것)를 범하는 셈이다. 이러한 점에서 외교정책의 변화를 고려할 때, 그 의도는 무엇이었는지에 대한 검토가 반드시 필요하다.

지금까지 필자는 선택편향과 내생성의 문제가 핵무기 보유와 외교정책의 변화와 관련해 반드시 고려해야 할 문제임을 지적했다. 하지만 사실상 이 두 가지 문제는 개별적으로 완전히 분리된 문제라기보다는 상호 연관될 수 있는 문제이다(King, Keohane and Verba, 1994: 187; Collier and Mahoney, 1996: 60). 선택편향의 문제는 특정한 성향을 가진 국가들이 핵 보유를 선택한다는 것이고, 내생성의 문제는 전략적으로 의도된 외교정책의 변화가 핵 보유를 설명할 수 있는 측면이 있다는 것이다. 이때 특정한 성향을 가진 국가들이 외교정책과 관련한 특정한 의도를 가지고 있다면, 이 두 문제는 상호 연관된다고 볼 수 있다. 즉, 핵 보유라는 전략적 선택 속에 선택편향과 내생성의 문제가 모두 연관된다는 의미이다. 예를 들면, 재래식 균형 면에서 취약한 국가들이 핵을 통해 전체적인 전략적 균형을 모색한다면, 외교정책이 공격적으로 변할 것이라고 예측하기는 일단 어려울 것이다. 여기에서 핵 보유라는 전략적 선택은 '재래식 균형 면에서 취약한 국가들'에 의한 점이라는 것을 암시하고 있고(선택편향), 이들의 전략적 의도는 '균형 모색'(균형 모색이 핵 보유를 설명한다는 점: 내생성)이라는 점을 내포하고 있고, 재래식 균형 면에서 취약한 국가들이 균형을 모색할 가능성이 크다는 점에서 상호 연관성 역시 존재한다.[6]

사실상 국제정치의 많은 이슈들은 국가의 '선택'과 관련되기 때문에, 국가의 선택이 개입된 문제들의 인과관계를 연구할 때 선택편향과 내생성의 문제를 고려할 필요성이 존재한다(Signorino, 1999; 2002). 하지만 어떤 논자들은 이 문제가 사실상 사회과학 연구에 만연해 있다면, 굳이 이 문제를 고려해야 하는지에 대한 의문을 제기할 수도 있을 것이다. 이는 일면 일리가 있는 주장이기도 하다(Rogowski, 1995; Collier, 1995; Brand and Schneider, 2007 참고).

그렇다면 왜 선택편향과 내생성의 문제가 이 연구에서 특별히 중요한 의미를 가지는가? 이는 무엇보다 핵 보유라는 결정이 국가적으로 매우 중요한 전략적 선택의 성격을 띠기 때문에 그만큼 앞서 언급한 두 가지 문제에 취약할 것으로 예상되기 때문이다. 핵을 보유한다는 것은 일상적인 결정이 아니다. 핵의 보유는 주변국과의 심각한 갈등을 초래할 수 있고, 지역의 군사적 긴장을 고조할 수 있으며, 비확산체제하에서 국제적 제재에 놓일 수 있는 사안이다. 따라서 핵 보유 결정은 어느 면에서 국가의 사활이 걸린 전략적 선택이라 볼 수 있으며, 그 중요성에 비례해 전략적 의도(향후 외교정책의 변화) 역시 분명한 결정이라 볼 수 있다. 이러한 맥락에서 볼 때, 핵무기의 보유와 외교정책 변화의 문제는 언급한 두 가지 문제에 더욱 취약할 수밖에 없다.[7]

하지만 만약 이 두 가지 문제가 존재하지 않는다면(혹은 이 두 가지 문제를 이미 고려했다면), 따라서 핵 보유가 순수하게 외생적 효과만을 가진다고 가정하면, 핵 보유가 외교정책에 미치는 영향을 어떻게 평가해야 하는가? 예를

6 더욱 간단히 요약해서 말한다면, 이 두 가지 문제는 명확한 전략적 의도를 가진 특정 국가들만이 표본 안으로 들어오기 때문에 발생한다.

7 비슷한 맥락에서 벨(Mark S. Bell)은 핵 보유를 통해 가장 큰 이득을 볼 수 있는 국가가 핵 보유를 선택할 것이라는 측면에서 핵 보유와 관련된 선택효과를 언급하고 있다(Bell, 2021: 12~13).

들면, 만약 어떤 국가가 방어적인 의도로 핵을 보유했음에도 이후 공격적인 성향을 보인다면 우리는 이를 어떻게 설명할 수 있겠는가?[8]

핵 보유로 인해 국가의 외교정책 행태가 보다 공격적으로 변화하는 것을 우리는 앞서 언급한 바와 같이 보통 '대담해지는 효과(emboldening effect)'라고 부르고, 이는 핵 보유와 관련된 외교정책의 변화를 설명하는 중요한 이론 중 하나이다. 우리는 핵 보유에 따른 외교정책 변화를 이와 같은 대담해지는 효과에 초점을 맞춤으로써, 왜 이러한 효과가 발생하는지를 설명하는 데 초점을 맞출 수도 있을 것이다. 하지만 이처럼 핵 보유와 외교정책의 변화를 외생적 효과에 한정한다면, 외교정책의 변화에 대한 포괄적인 설명에는 한계가 있을 것으로 보인다. 왜냐하면 대담해지는 효과의 정도 역시 핵 보유의 초기 의도가 무엇인지에 따라 영향을 받을 수도 있기 때문이다.[9] 즉 만약 방어적 의도(혹은 위협국에 대한 억제의 의도)가 강했다면, 대담해지는 효

8 이 문제에 대해 논의하기에 앞서 이 절의 제목 " '핵 보유와 외교정책 변화'의 의미: 연구방법 검토"에 대해 간략히 설명할 필요가 있다. 만약 인과적 추론과 관련된 오류의 가능성을 무시하고, 순수하게 핵 보유에 따른 외생적 효과만을 고려하기로 한다면, 좁은 의미에서 '핵 보유와 외교정책의 변화'를 규정할 수 있을 것이다. 그리고 어떤 독자들은 제목의 의미를 그렇게 이해할 수도 있을 것이다. 하지만 앞서 언급한 바와 같이 이 연구에서는 단순히 핵 보유의 외생적 효과만을 고려하는 것이 아니라 선택편향과 내생성 문제까지 모두 고려함으로써, 보다 넓은 의미에서 '핵 보유와 외교정책의 변화'를 규정하려고 한다. 물론 핵 보유의 외생적인 효과만을 분석하는 것도 유의미한 연구가 되겠지만, 한편으로는 외생적인 효과를 규정하기 위해서는 이를 전략적 의도와 분리해서 고려해야 한다는 점에서 '넓은 의미의 연구'가 선행되어야 함을 시사한다.

9 마크 벨은 그의 '핵 기회주의 이론(theory of nuclear opportunism)'을 통해서 핵무기는 보유국으로 하여금 자신의 **선행하는(preexisting)** 목표를 보다 자유롭게 성취하는 것을 가능하게 한다고 주장한다(Bell, 2019; 2021: 5~6, 강조는 필자). 이러한 점에서 벨 역시 핵보유국의 행태를 통해서 관찰할 수 있는 외교정책의 다양성(variation)을 이해하기 위해서는 이에 선행하는 외교정책의 목표에 대한 이해가 필요하다는 점을 암시하고 있다. 핵 기회주의 이론은 핵보유국이 처한 상황에 따라 외교정책의 행태 또한 달라진다고 주장하고 있다. 하지만 이 이론은 이론 구성을 위한 미시적 토대(micro-foundation)가 결여되어 있다. 이에 대해서는 종합적 논의의 절에서 상술하도록 한다.

과 역시 가능한 자제하려 노력할 수도 있다. 반면, 만약 공격적 의도가 배제되지 않았다면, 대담해지는 효과 역시 상승효과(synergy effect)를 가질 수도 있다. 또한 국가의 공격적 행동이 정말 대담해지는 효과인지 아니면 의도된 효과인지도 전략적인 의도를 파악하지 못한다면 구별이 불가능할 것이다. 대담해지는 효과가 존재한다면, 이는 중요하게 고려해야 할 사항이지만, 외교정책의 변화를 보다 충실하게 설명하기 위해서는 핵 보유를 선택한 전략적인 의도와 맥락을 반드시 함께 고려해야 할 것이다.

이 절에서는 핵 보유에 따른 외교정책의 변화를 깊이 있게 이해하기 위해서는 결국 핵 보유를 선택한 국가의 전략적 의도가 무엇이었는지를 파악하는 것이 일차적으로 중요하다는 점을 역설했다. 따라서 다음 절에서는 국가의 핵 보유 동기와 전략은 무엇인지에 대한 이론적·경험적 연구를 살펴본다.

3. 국가의 핵 보유 동기와 전략

2절에서는 핵 보유가 외교정책에 미치는 영향을 연구하기 위해서는 개별 국가의 핵 보유의 전략적 의도와 핵 보유 동기가 중요함을 역설했다. 이 절에서는 이와 관련된 기존 논의의 검토를 통해 핵 보유 동기가 어떻게 핵 전략에 영향을 미치는지를 살핌으로써, 이후 논의를 위한 준거를 마련하고자 한다. 사실상 외교정책이라는 것이 전략에 근거해 이루어진다고 가정한다면, 핵전략을 이해하는 것은 핵과 관련된 국가의 외교정책을 이해하는 데 필수적이라고 볼 수 있을 것이다.

국가의 핵 보유 동기, 즉 국가는 왜 핵을 보유하려고 하는지에 대해서는 대표적으로 스콧 세이건(Scott Sagan)의 연구(Sagan, 1996/1997)를 들 수 있다. 이 연구에서 세이건은 안보 우려가 핵 보유의 유일한 동기라는 기존의 연구들을 비판하면서, 안보 우려만을 핵 보유 동기로 간주할 경우, 실제의 경험적 사례들을 설명하는 데 충분치 않다는 점을 역설한다. 세이건은 안보 우려뿐만 아니라 관료정치적 요구와 대외적인 위상 제고(prestige) 역시 핵 보유의 동인으로 작동하고 있다고 주장한다. 세이건의 연구는 핵 보유 동기가 단순히 안보적인 요인에만 있는 것은 아니라는 점을 강조하면서, 이의 실증적인 연구를 위해서는 대안 가설(즉, 관료정치와 위상 제고)을 고려해, 어떠한 설명이 보다 설득력이 있는지를 따져봐야 한다고 주장한다. 세이건의 주장은 핵 보유 동인의 연구를 확장한다는 측면에서, 또한 핵 보유의 동기에 따라 핵확산 관련 정책의 함의가 달라진다는 점을 설득력 있게 주장한다는 측면에서 중요한 의의가 있지만, 세이건 역시 핵 보유의 가장 핵심적인 동기는 대부분의 경우 핵보유국의 안보 우려에서 비롯된다는 점을 인정한다(Sagan, 1996/1997: 85).[10] 이러한 맥락에서 볼 때, 핵 보유 동기와 관련해서 더욱 많은 연구가 필요한 부분은 안보 우려의 정도에 따라 어떻게 핵 보유의 동기가 변화되고, 어떤 경우 안보 우려에도 불구하고, 핵 보유 동기가 핵 프로그램으로 구체화되지 않는 반면 어떤 경우에 구체화되는가와 같은 문제일 수 있다(Monteiro and Debs, 2014: 7~11).

핵 보유의 전략적 의도를 고려해야 한다고 할 때, 핵 보유의 동기와 더불어 반드시 고려되어야 할 부분은 핵보유국의 핵전략이다. 핵전략은 당연히 핵과 관련된 국가의 행동, 즉 그 국가의 외교정책으로 표출된다. 앞서 언급한 핵 보유 동기와 연결지어 생각해 본다면, 핵 보유 동기는 전략에 영향을

10 세이건은 여기에서 북한의 핵 보유의 가장 핵심적인 동기는 안보 모델에 의해 가장 잘 설명될 수 있다고 진술하고 있다(Sagan, 1996/1997: 85).

미치고 이는 다시 외교정책으로 구체화될 것이다. 예를 들어 만약 국내정치적 목적으로 핵을 보유했다면, 외교정책에 미치는 영향은 아마도 제한적이라고 할 수 있을 것이다. 하지만 안보 우려가 핵 보유 동기의 주요 원인이라면, 이는 핵전략과 외교정책에 상당한 영향을 줄 것이라고 유추해 볼 수 있다. 그리고 앞서 언급한 바와 같이 이는 상당한 개연성이 있는 추론이다.

핵보유국의 핵전략에 관한 대표적인 연구로는 비핀 나랑(Vipin Narang)의 연구(Narang, 2014)를 들 수 있다. 다음에서는 나랑이 제시하는 핵보유국의 핵전략(혹은 핵 태세)의 분석을 통해서 핵전략이 외교정책에 가지는 함의를 생각해 보기로 한다.

나랑은 핵보유국이 취하는 전략으로 촉매전략(catalytic strategy), 확증보복전략(assured retaliation strategy), 비대칭확전전략(asymmetric escalation strategy)을 들고 있다(Narang, 2014: 1~23).[11] 먼저 '촉매전략'이란 소규모의 핵무기를 보유한 국가가 적대국의 군사적 도발에 핵으로 대응하겠다고 위협함으로써, 핵사용을 우려하는 강대국의 개입을 유발하고, 적대국의 군사적 도발을 억제하는 전략이다. 즉, 여기에서 핵은 강대국 개입의 '촉매제'로 작용하는 셈이고, 이를 통해 적대국을 억제하려는 전략이다. 여기에서 한 가지 지적할 점은 나랑이 제시한 세 가지 핵전략은 궁극적으로 억제(deterrence)를 지향하고 있다는 점이다. 다시 말해서, 나랑은 지역국가들의 핵전략은 현상유지적이라고 가정하고 있다. 이 점은 주목할 만하다. 왜냐하면 나랑이 제시하는 전략에서 핵보유국들은 현상유지적이라는 점에서 공격적이기보다는 방어적인 것으로 간주된다.

11 여기에서 주의할 점은 나랑이 제시하는 전략은 나랑이 '지역국가(regional powers)'로 명명하고 있는, 즉 미국과 소련(러시아)을 제외한 국가들의 핵전략에 대해 다루고 있다는 점이다. 이 연구가 기본적으로 북한의 핵정책에 관심이 있다는 점을 고려할 때, 나랑의 지역국가의 핵전략에 초점을 두는 것은 적절하다고 생각된다.

하지만 필자는 이 글에서 현상유지의 개념과 방어적이라는 개념을 구분해서 사용하려고 한다. 현상유지가 정책목적과 관련되는 개념이라면 방어나 공격은 정책 추진의 방식 혹은 수단과 관련되는 개념이다. 따라서 이 장에서는 '공격적'이라고 개념 규정할 경우에는 군사적 수단에 의존하는 경우를 지칭하고, '방어적'이라고 할 때에는 비군사적 수단에 의존하는 경우를 지칭하고자 한다. 따라서 어떤 외교정책은 두 가지 차원에서 규정될 수 있다. 즉, 현상유지적인지 아닌지(즉, 현상변경적인지)와 '군사적(공격적)'인지 아닌지(비군사적·방어적)의 문제이다.[12]

다시 촉매전략으로 돌아가서 생각해 본다면, 촉매전략은 공격적일까 아니면 방어적일까? 촉매전략의 핵심은 억제이고, 이러한 억제의 달성을 위해서 필수적인 것은 핵 선제 사용(nuclear first use)의 신뢰성 여부이다. 즉, 촉매전략을 택한 국가가 적대국 도발 시 핵을 선제 사용할 수도 있다는 시그널을 개입 유인이 있는 강대국에게 신뢰성 있게 전달하는 것이 필수적이기 때문에, 이는 군사적인 수단에 상당히 의존할 것으로 추론할 수 있다. 즉, 핵무기 실험과 같은 방법을 통해 핵의 사용 가능성에 대한 신뢰를 줌으로써 강대국의 중재를 유도하려고 할 것이다. 따라서 이 전략을 따르는 경우, 핵보유국은 공격적인 태도를 취할 가능성이 크다. 즉, 촉매전략은 현상유지적이지만 공격적이다.

그렇다면, 두 번째로 확증보복 전략은 어떠한 외교정책을 결과할 가능성이 클까? 확증보복전략은 상대방의 1차 핵공격으로부터 살아남은 후에 2차 핵 보복을 가할 핵전력을 구비함으로써, 핵 보유 적대국의 선제 핵사용을 억제하려는 전략이라고 규정할 수 있다. 따라서 이 전략은 상당한 핵전력,

12 이러한 구분에 근거한 핵 보유와 외교정책 변화에 대해서는 5절 '종합적 논의'에서 보다 상세히 검토하기로 한다.

다시 말해서 2차 핵 보복 능력을 구비한 강대국이 취할 수 있는 전략이다. 이 전략의 경우에는 2차 핵 보복 능력을 구비하고, 이를 상대방에게 명확히 알리는 것이 중요하다. 핵을 선제 사용하려는 적대국에 자신이 상대를 궤멸시킬 수 있는 2차 보복 능력을 가졌다는 확신을 심어주는 데 있기 때문이다. 하지만 이 전략을 취하는 국가는 공격적이기보다는 방어적인 태도를 취할 가능성이 크다. 왜냐하면 핵 선제 사용을 억제하기 위해서는 상대방을 굳이 군사적으로 도발하거나 자극할 유인이 적기 때문이다. 다만 핵 선제공격 시 단호한 대응을 명확히 함으로써, 상대방을 억제해야 할 필요성이 있기 때문에 이러한 언명이 공격적인 것으로 비칠 수는 있지만, 군사적인 행동을 통해 상대방을 자극할 유인은 작다고 볼 수 있다. 따라서 이 전략을 취하는 국가는 핵정책의 측면에서는 가장 방어적일 것으로 유추해 볼 수 있다. 즉, 이 정책은 현상유지적이고 또한 방어적이다. 다만, 한 가지 유의할 점은 이 정책을 취하는 국가들은 강대국이라는 점이다. 나랑은 인도와 중국을 이러한 핵정책을 취하는 국가들이라고 기술하고 있다. 인도와 중국의 경우, 다른 국가들에 비해 국력이 성장하는 국가라는 공통점이 있다. 그리고 상대적 국력이 성장하는 국가들의 외교정책은 현상변경적이고 군사적 수단까지 배제하지 않을 가능성이 크다.[13] 따라서 이러한 국가들의 외교정책의 공격성이 핵무기에서 비롯되는 것인지 아니면 상대적 국력이 성장하고 있다는 점에서 비롯되는 것인지는 구분하기 어려울 수도 있다. 다시 말해서, 이러한 국가들의 경우, 핵 보유에 따른 외교정책의 공격성은 강하지 않을 것으로 추론할 수 있지만, 현상적으로 나타나는 외교정책은 상대적 힘의 성장으로 인해 공격적일 수 있다.

마지막으로 비대칭확전전략에 대해서 생각해 보자. 비대칭확전전략은

13 이에 대해서는 외생적 효과 부분에서 언급이 될 것이다.

재래식 전력에서 열세에 놓인 국가가 재래식 전력을 동원한 적대국의 공격에 대해 선제 핵공격으로 대응하겠다고 공언함으로써, 적대국의 재래식 선제공격을 억제하려는 전략이다. 이 전략은 그 자체로 많은 맥락을 내포하고 있다. 우선 핵 선제 사용을 위협하는 국가는 상대국에 재래식 전력에서 열세에 놓여 있다는 점에서 두 국가의 국력은 비대칭적일 것으로 유추해 볼 수 있다. 즉, 양국의 관계는 핵 보유 약소국 vs 핵 보유 강대국의 관계일 것으로 추론할 수 있으며, 이러한 의미에서 비대칭이라는 용어가 사용되었다. 이 전략은 세 가지 전략 중에서 가장 공격적일 것으로 예측해 볼 수 있다(Narang, 2014: 19). 우선 이 전략에서 억제의 핵심은 얼마나 핵 선제 사용의 신뢰성을 높임으로써 상대방의 재래식 선제공격을 막을 수 있는지이다. 이를 위해서는 핵 선제 사용의 능력과 의지가 상대방에 분명히 전달되어야 한다. 이 비대칭확전전략에서도 촉매전략과 마찬가지로 핵 선제 사용을 주요 전략으로 채택하고 있지만 촉매전략의 경우에는 핵 선제 사용 위협이 강대국의 주의를 끌기 위한 목적이라면, 비대칭확전전략에서는 적대국을 억제하는 것이 목적이므로 강도 면에서 차이가 있을 것으로 짐작해 볼 수 있다. 즉, 후자의 경우가 전자의 경우보다 강경한 메시지를 발신할 것으로 예상된다. 또한 비대칭확전전략을 추구하는 국가는 위협의 신뢰성을 강화하기 위한 여러 군사적인 행동(핵실험과 미사일 실험 등)을 취할 가능성이 있으며, 같은 맥락에서 상대방의 우월한 재래식 전력에 대응하기 위한 전술핵무기의 개발 역시 추진할 것으로 생각해 볼 수 있다. 나랑은 이러한 전략을 택한 국가는 핵 역량, 핵무기 배치의 패턴, 그리고 핵사용의 조건 등 자신의 핵 관련 정보를 대외적으로 투명하게 공개할 유인이 있다고 지적한다. 즉, 비대칭확전전략을 택한 국가는 핵정책의 투명성을 추구할 가능성이 크며, 앞서 언급한 일련의 조치들과 더불어 이러한 핵정책의 투명성은 선제 핵사용의 신뢰성을 더욱 높임으로써 억제력을 강화할 수 있다.

정리하면, 비대칭확전전략을 택한 국가는 매우 공격적인 행태를 보일 것으로 추론해 볼 수 있다. 하지만 이러한 공격성은 현상변경을 지향하기보다는 현상유지에 있다는 점에 유의할 필요가 있다.[14]

이 절에서는 핵 보유 동기와 더불어 핵전략의 유형에 대해 살펴보았다. 다음 절에서는 핵 보유의 외생적 효과를 살펴보기로 한다.

4. 핵 보유의 외생적 효과에 대한 논의

앞서 언급한 바와 같이, 핵 보유에 따른 외생적 효과로 가장 많이 언급되는 것이 대담해지는 효과이다. 그렇다면 이러한 대담성은 어디에서 비롯되는가? 이러한 대담성에 대한 논의가 군사동맹과 관련해서도 이루어진다는 점은 대담성의 원인에 대한 이해를 보다 용이하게 할 수 있다. 군사동맹이론에 따르면, 타국과 군사동맹을 새로이 맺은 국가는 기존의 적대국에 대해 이전보다 더 공격적인 성향을 띠게 되는 경향이 있다고 한다. 즉, 동맹을 통해 자신의 군사적인 역량이 강화되었기 때문에 적대국에 대해 이전보다 더욱 공격적인 정책을 취하게 된다는 것이다(Benson, 2013; Johnson and Leeds, 2011). 이는 마치 보험에 가입함으로써, 사람들이 가지게 되는 도덕적 해이와 유사한 측면이 있기 때문에 대담해지는 효과를 도덕적 해이와 연결 짓기도 한다(Benson, 2014).

강화된 군사적 역량이 대담성을 낳는다는 주장은 핵 보유에 따른 효과와

14 이러한 행태는 당연히 북한을 연상시킨다. 이 점에 대해서는 결론 부분에서 다시 논의할 것이다.

그림 2-1 **두 재화 이론: 핵무기의 보유와 현상유지와 현상변경 정책 최적조합의 변화**

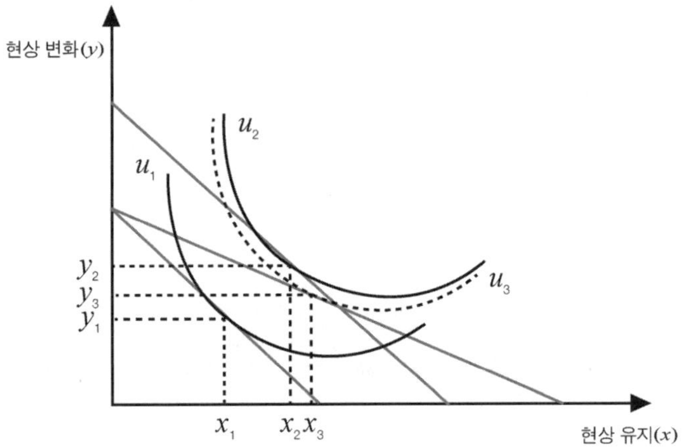

자료: 필자 작성.

도 쉽게 연결 지을 수 있다. 핵을 보유한다는 것은 군사적 역량의 강화를 의미하기 때문에 동맹 형성이 대담성을 낳는다면, 핵무기의 보유 역시 동일한 효과를 낳으리라고 예측할 수 있다(Kapur 2005; Bell 2015, 2021). 예를 들면, 카푸르는 핵 보유 이후 파키스탄이 인도와의 영토분쟁에서 보인 행동을 이러한 대담성의 측면에서 설명하고 있다(Kapur, 2005: 142).

핵의 보유가 공격적인 성향을 낳는다는 주장은 직관적으로 이해 가능한 주장이기는 하지만, 체계적인 논의를 위해서는 이에 대한 보다 이론적 접근이 필요하다. 다음에서는 팔머와 모간(Palmer and Morgan, 2006)의 외교정책의 '두 재화 이론(Two-Good Theory)'과 경제학에서 효율적 자원 배분에 대한 분석에서 사용되는 총과 버터(Guns and Butter) 모델을 원용해 대담성 효과에 대해 분석하고자 한다.

〈그림 2-1〉에서는 '두 재화 이론'의 관점에서 국가의 핵 보유가 외교정책 면에서 어떠한 변화를 가져올 수 있는지를 보여주고 있다. 이 두 재화 이론

은 미시경제학의 소비자 행동이론을 변용한 것으로, 국가가 두 가지 재화(현상변화와 현상유지)를 소비한다고 할 때, 어떠한 방식으로 이 두 재화를 최적으로 조합하는지를 분석함으로써, 외교정책의 변화를 고찰하려고 한다.

〈그림 2-1〉의 그래프가 의미하는 바를 설명해 보자. 어떤 국가 A가 자신에게 할당된 안보자원을 현상유지의 목적과 현상변경의 목적으로 사용한다고 하자. 즉, 한 국가의 군비지출은 현상유지를 위한 목적이나 혹은 현상변경의 목적으로 사용된다. 이는 국가가 항상 현상유지 혹은 안보를 추구한다는 방어적 현실주의의 입장과는 대비된다(대표적인 예는 Waltz, 1979).[15] 국가 A가 핵 보유 이전에 보유한 안보자원은 초기 예산선에 해당되는 $p_x x + p_y y = M$이고 이는 가장 아래 있는 직선을 가리킨다. 만약 이 국가의 효용함수가 $u_k(k=1, 2, ..., n)$라고 한다면, 이 국가는 안보자원선과 효용함수 u_1가 접하는 (x_1, y_1)의 정책 조합을 통해 효용극대화를 하고 있다.[16] 자, 이제 핵무기가 어떠한 정책 변화를 초래할 것인지를 보도록 하자. 만약 핵무기의 보유로 인해 A 국가가 가진 안보자원이 M에서 M'로 증가한다면, 이는 $p_x x + p_y y = M'$로 나타낼 수 있고 $p_x x + p_y y = M$의 우상향 평행이동으로 나타날 것이다. 이때 증가한 안보자원에 의해 A 국가는 효용극대화를 위한 새로운 정책 조합을 택하게 되고 이는 (x_2, y_2)가 된다. 중요한 점은 안보자원의 증가(가령, 핵무기의 보유)에 따라 $x_1 < x_2$이고 $y_1 < y_2$인 새로운 정책조합(x_2, y_2)을 택하게 되었다는 것이다. 다시 말하면, 이 국가는 현상유

---

15 여기에서는 국력의 증가에 따라 현상유지와 현상변경 모두에 안보자원을 투자한다는 점에서 공격적 현실주의보다는 신고전현실주의의 관점과 더욱 유사하다고 할 수 있다. 공격적 현실주의는 팽창을 위해서 자원을 투자한다고 보는 반면에 신고전현실주의는 자원이 증가함에 따라(혹은 상대적 힘이 증가함에 따라) 보다 많은 자원을 대외적 영향력 확대에 사용할 수 있다는 것이다(Rose, 1998: 152, fn. 16).

16 효용함수의 특성(예를 들면, 단조성이나 볼록성)이나 예산 제약하의 효용극대화에 대해서는 여기에서 자세히 설명하지 않는다. 이에 대해서는 배리언(Varian, 2009: Ch. 7) 참고.

지와 현상변경 양자 모두를 이전보다 강화하는 외교정책을 취할 것이라고 예측할 수 있다.[17] 따라서 두 재화 이론을 따른다면, 국가의 동맹 형성이나 핵무기 보유 모두 국가의 현상변경 정책을 촉진할 것이므로 국가의 공격성 혹은 대담성을 강화시키게 된다.

하지만 여기에서 핵무기 보유가 항상 공격성 혹은 대담성을 낳는지에 관해서는 원래의 전략적 의도에 대한 고려는 차치하더라도, 이와 관련해 고려해야 할 점이 두 가지가 있다. 첫째는 핵무기가 가지는 성격이고, 둘째는 과연 핵 보유가 핵 보유 국가 수준에서 볼 때 효율적인 자원 배분이었는가 하는 점이다. 이 두 가지 성격을 모두 고려한다면, 핵의 보유가 대담성을 낳는다는 두 재화 이론을 통한 예측은 상당 부분 수정할 필요가 있다.

먼저 핵무기의 성격에 대해서 생각해 보자. 공수균형이론(offense-defense theory)은 군사기술의 전반적인 변화가 방어에 유리하게 작용하는지 혹은 공격에 유리하게 작용하는지에 따라서 체제 수준의 안정성에 영향을 미친다고 주장한다(Quester, 1977). 만약 군사기술의 변화가 방어에 유리한 상황이라면, 안보는 희소한 자원이 아니라 풍성한 자원이 될 것이고, 안보 딜레마는 심각한 문제가 되지 않을 것이며, 이에 따라 국가들 간의 협력은 보다 용이할 것이다(Jervis, 1978). 이러한 공수균형이론의 관점에서 생각해본다면, 공격용으로 사용될 수 있는 무기는 현상의 변경에 보다 유리할 것이고, 방어용 무기는 현상유지에 보다 용이할 것이라고 생각할 수 있다. 물론 모든 무기를 공격용과 방어용으로 완벽히 구분한다는 것은 가능하지 않겠지

17 경제학의 용어를 빌린다면, 이는 "소득효과(income effect)"라고 얘기할 수 있다. 소득이 증가하는 경우 두 재화가 열등재(inferior goods)가 아닌 정상재(normal goods)인 경우, 양 재화에 대한 소비는 모두 증가하게 된다(Varian, 2009: 119~122). 여기에서 현상유지정책과 변경정책 모두 정상재라고 보아도 무리가 없으므로, 자원 증가에 따라 두 정책 모두를 더욱 추구하게 된다는 추론은 타당할 것으로 보인다.

만, 핵무기의 경우는 이에 대한 구분이 어느 정도 가능하다고 생각할 수 있다. 왜냐하면 많은 학자들은 핵무기는 공격용보다는 압도적으로 방어용에 가깝다고 생각해 왔기 때문이다(Glaser, 2004: 75; Bell, 2021: 3). 이러한 사고는 기본적으로 "핵혁명(The Nuclear Revolution)"이 보다 평화로운 세계를 낳을 것이라는 논쟁적인 주장에 근거한 것이기도 하지만,[18] 핵무기는 주로 자신의 정책을 적대국에 강제(compellence)하는 수단보다는 적대국의 도발을 억제(deterrence)하는 수단으로 사용된다는 점에서 핵무기는 방어용에 가깝다는 주장은 설득력을 갖는다. 만약 핵무기를 통해 현상변경을 시도한다면, 이는 강제에 의존할 것이다. 다시 말하면, 핵보유국은 핵무기 사용 위협(blackmail)을 통해서 타국에게 자신의 의지를 강요함으로써 현상의 변경을 시도할 것이다. 하지만 일반적으로 이와 같은 핵을 통한 협박은 그다지 실효성이 없는 것으로 경험적인 연구를 통해 드러나고 있다(Sechser and Fuhrmann, 2013; 2017). 앞서 살펴본 바와 같이 나랑(Narang, 2014)의 연구도 지역국가들의 핵전략을 억제전략의 성공 여부와 관련해 검토하고 있다. 이는 핵전략이 주로 억제와 같은 방어적인 목적에 초점을 맞추고 있다는 점을 시사하고 있다.

만약 핵무기가 주로 방어적인 목적에 사용된다고 한다면, 그리고 국가들이 그러한 인식을 공유하고 있다면, 핵무기가 공격적인 목적으로 사용되는 것은 드물 것이고(이는 일본의 히로시마와 나가사키에 투하된 핵폭탄을 제외한다면 사실이다), 따라서 핵을 보유한다고 하더라도 현상변경을 위해 핵이나 핵위협이 동원되는 것은 제한적일 것이라고 가정할 수 있다. 따라서 〈그림 2-1〉처

18 '핵혁명'이 가지는 국제정치적인 함의를 논한 대표적인 저작은 저비스(Jervis, 1989) 참조. 하지만 핵무기 시대의 안정성에 대한 반론으로 스나이더(Snyder, 1965)의 '안정-불안정 역설(stability-instability paradox)'을 들 수 있으며, 최근의 논의로는 리버와 프레스(Lieber and Press, 2020) 등을 들 수 있다.

더 보기 **강제와 억제의 차이**

국제정치에서 중요한 의미로 사용되는 강제와 억제의 개념을 구분할 필요가 있다. 이 둘은 모두 강압이라는 개념에 속한다고 볼 수 있으며, 전자는 무력행사의 위협을 통해 자신이 원하는 정책을 타국이 취하도록 강요하는 것이라면, 후자는 무력행사의 위협을 통해 자신이 원치 않는 정책을 타국이 취하지 못하도록 강요하는 것이다. 전자가 영어로 persuasion(설득해서 자신이 원하는 것을 상대방이 하도록 함)에 가깝다면, 후자는 dissuasion(설득해서 자신이 원치 않는 것을 상대방이 못 하도록 함)에 가깝다고 할 수 있다. 이와 같은 개념 정의는 셸링(Schelling, 2008: 69~72)의 개념 정의를 따른 것으로, 전자와 후자의 중요한 차이점의 하나는 강제는 그 정책의 실현을 명백히 관찰할 수 있다는 점이고(왜냐하면 타국이 그러한 행동을 명시적으로 취하기 때문에), 후자(억제)의 경우 정책의 실현 여부는 명백히 관찰할 수 없다는 점이다(왜냐하면 타국이 그러한 행동을 취하지 않았다고 해도, 그것이 나의 억제의 결과인지는 명확히 알 수 없기 때문에). 특히 강압의 개념에 대해서는 사실상 학자에 따라 다르게 정의하는 경우도 있으며, 예를 들면 조지(George, 1994: 7~11)는 강제가 아닌 강압을 억제와 대비되는 개념으로 사용하면서, 적대국이 이미 취한 행동을 멈추도록 하는 방어적 외교정책을 강압외교로 정의하고 있다(이에 따라 억제는 상대방이 아직 취하지 않은 행동을 시작하지 못하도록 강제하는 것으로 규정하고 있다). 또한 셸링이 사용한 강제의 개념에 대해서는 협박이라는 용어로 대체하는 것이 적합하다고 보고 있다. 하지만 어떤 학자들은 강요의 개념을 현상변경을 의도하는 공격적인 개념으로 사용하는 경우도 있다(Sechser and Fuhrmann, 2017: 5).

럼 핵무장을 통한 M'로의 안보자원 증가가 현상변경에는 제한적으로 작동한다면, 그 안보자원선은 이전의 안보자원선과 y 절편은 공유하는 상황으로 바뀔 것이다. 즉, 현상변경을 위한 자원의 사용은 제한된다고 가정한다면, 이때 효용극대화는 이 새로운 예산선과 무차별곡선 u_3가 만나는 점 (x_3, y_3)이 될 것이다. 그림에서 확인할 수 있는 바와 같이 $x_1 < x_2 < x_3$이고 $y_1 < y_3 < y_2$인 것을 볼 수 있다.[19] 즉, 핵무기의 방어적 성격을 고려하게 되면, 핵의 보유로 인해서 현상유지정책은 더욱 강화되는 반면, 현상변경정

책은 (x_2, y_2) 조합에 비해 상당히 감소하는 것으로 나타난다. 결국, 핵의 보유는 국가의 행동을 보다 대담하게 할 수 있는 여지가 여전히 존재하지만, 핵무기의 방어적 성격을 고려한다면, 그 정도는 상당히 완화될 것으로 예측할 수 있다.

두 번째로 고려할 점은 자원배분의 효율성 문제이다. 즉, 어떠한 경제적 혹은 재정적 조건하에서 핵무기 개발에 착수했는지는 이후의 외교정책에도 영향을 미칠 수 있는 요소이다. 위의 두 재화 이론에서 필자는 핵에 투자된 안보자원에 대응해 국가의 외교정책이 현상변경과 현상유지의 어떤 조합을 갖게 되는지를 살펴보았다. 이때 주의할 점은 이러한 핵무기 개발에 투자된 자원은 안보자원이라는 점이고(예를 들면 국방예산), 이러한 자원은 국가경제 자원의 일부라는 점이다. 만약 핵무기 개발에 과도한 자원이 투자되었다면, 외교정책의 대담성은 나타날 수 있을까?[20]

이에 대한 분석을 위해 총과 버터 모델을 살펴보고자 한다. 앞서 두 재화 모델을 통해 살펴보았던 것이 일종의 군사부분에서의 부분균형(partial equilibrium)에 가깝다면, 총과 버터 모델을 통해 우리는 보다 일반균형(general equilibrium)의 관점에서 핵무기가 외교정책에 미치는 외생적 영향에 대한 결론을 도출할 수 있을 것이다.[21]

〈그림 2-2〉에서는 (불가피하게) 군사 부분에 지나치게 많은 자원을 투자한 상황에서 자원배분의 비효율성은 어떤 결과를 초래하는지를 보여주고 있

19 이에 대한 증명은 생략하기로 한다.

20 과도한 자원이 투자되었다는 것은 자원배분의 효율성이 훼손되었다는 것을 의미하고, 이는 현실을 고려해 본다면, 과도하게 무리한 가정은 아닌 것으로 판단된다. 가령, 북한도 경제 규모에 비교해 볼 때, 상당히 많은 자원을 핵개발에 투자해 왔다고 보아도 무방할 것이기 때문이다.

21 부분균형과 일반균형의 개념과 생산가능곡선 및 효율성에 대한 개념은 핀딕과 루빈펠드(Pindyck and Rubinfeld, 2018) 16장 참고.

그림 2-2 **총과 버터 모델: 자원배분의 효율성**

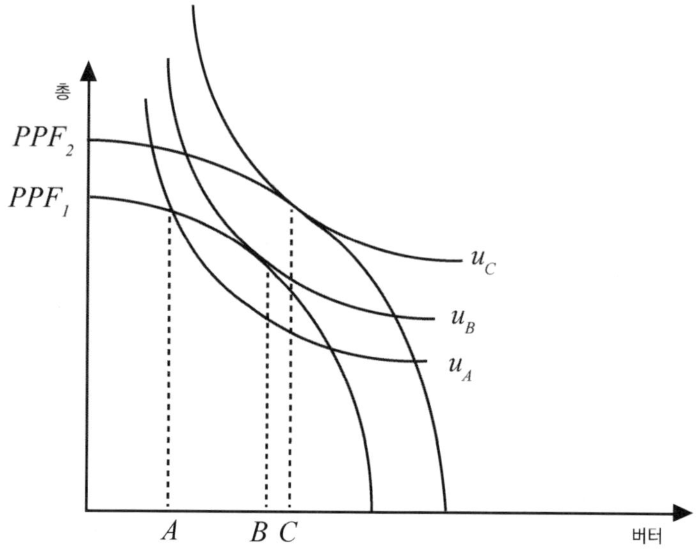

자료: 필자 작성.

다. 그림에서 오목한 곡선은 생산가능곡선(production possibility frontier, PPF)을 나타내고, 볼록한 곡선은 경제 전체의 효용함수를 나타낸다.[22] 이 경제는 총과 빵의 두 재화만을 생산하는 경제라고 가정해 보자. 여기에서 오목한 생산가능곡선은 두 재화의 대체율이 재화의 생산 조합에 따라 달라진다는 점을 보여주고 있고, 볼록한 효용곡선(무차별곡선) 역시 재화의 소비 조합에 따라 달라진다는 점을 보여주고 있다.[23]

22 여기에서 오목과 볼록은 원점(0,0)에서 곡선을 바라본다고 가정했을 때 형성되는 모양으로 이해하면 된다.

23 오목한 생산가능곡선은 한 재화의 생산이 늘어남에 따라 이에 따른 기회비용이 증가함을 의미하고, 볼록한 효용곡선은 한 재화의 소비가 늘어남에 따라 그 재화에 대한 한계효용이 체감함을 의미한다. 생산가능곡선의 기울기는 한계변환대체율(MRT)로 표현되고, 무차별곡선의 기울기는 한계대체율(MRS)로 표현되는데, 최적의 자원배분은 그림에서 볼 수 있는 것처

직관적인 이해를 위해 간단히 말한다면, 〈그림 2-2〉는 어떤 한 재화의 생산에 지나치게 많은 자원을 투자하는 것은 자원배분의 비효율성을 초래할 수 있음을 보여준다. 이 그림에서 보는 것처럼 국가 A가 핵무기의 생산을 위해 자원을 생산가능곡선1(PPF1)상의 A점에서 배분하고 있다면, 이러한 자원배분은 비효율적이다. 왜냐하면 이에 대응하는 무차별곡선은 u_A 인데, 만약 무기의 생산을 줄이고, 빵의 생산을 늘림으로써 B의 점으로 이동한다면, 동일한 경제적 생산수준(동일한 생산가능곡선상)에서 효용극대화를 할 수 있기 때문이다. 그림에서 볼 수 있듯이 $u_A < u_B$ 이다. 따라서 정책결정자의 입장에서는 불가피한 상황으로 인해 총의 생산을 늘렸다면(핵무기를 개발했다면), 안보문제가 어느 정도 해소되는 상황에서 빵의 생산을 늘릴 유인, 다시 말하면, 경제문제에 집중할 유인이 생겨난다. 만약 경제 전체의 생산수준이 유지되는 상황에서 계속해서 A의 생산 조합을 고집한다면, 경제 전체는 상당한 비효율성에 시달릴 수밖에 없을 것이다.

이러한 비효율성을 극복하고, 핵무기 생산에 필요한 자원 투입의 수준을 유지하거나 늘리려고 한다면, 무엇이 필요할까? 답은 간단하다. 바로 경제 전체의 생산 규모를 키우는 것이다. 이는 생산가능곡선2(PPF_2)로 이동할 수 있도록 경제를 성장시키는 것이다. 만약 이것이 가능하다면, 경제 전반의 생산력 증가로 인해서 효용극대화하는 C점에서 이루어지게 된다. 그 결과, 이전보다 더 많은 총과 빵을 생산할 수 있게 되고, 당연히 국가의 핵 능력은 유지될 수 있다. 따라서 어떤 국가가 경제성장과 함께 핵을 개발하고 있다면, 공격적인 외교정책을 취하는 데 있어 장애가 되는 요소는 핵무기의 방어적 성격이지 자원배분의 효율성 문제는 아닐 것이다. 이러한 관점에서, 국력이 성장하고 있는 국가의 경우 핵을 보유하게 되면, 대담성이 증가

럼 MRT=MRS일 때 발생한다.

할 것으로 예측할 수 있다(Bell, 2019; 2021). 반면에 경제성장이 둔화되거나 정체된 국가의 경우에는 자원의 효율적 배분을 달성하기 어려울 것이다. 따라서 핵의 보유로 인해 공격적인 정책을 취할 가능성은 존재하지만, 그러한 가능성은 경제적 제약으로 인해 줄어들 것으로 예측할 수 있다. 다시 말하면, 이러한 국가들의 경우, 우선 안보적인 우려가 어느 정도 해소된 상황에서는 빵의 문제에 집중해야 하기 때문에 대외적인 측면, 특히 현상변경을 위해 투자할 자원이 부족할 것이다. 결국 자원배분의 비효율성을 감수하고 핵을 개발했지만, 경제성장이 정체된 국가들의 경우 공격적인 대외정책을 취할 능력과 유인은 상당히 줄어들 것으로 예측할 수 있다.

그렇다면, 경험적인 연구를 통해서 볼 때 과연 핵을 보유한 국가는 보다 공격적으로 행동하는가? 최근의 경험적인 연구를 살펴보면, 핵보유국이 공격적으로 행동한다는 가설은 명확한 지지를 얻고 있지는 못한 것으로 보인다. 벨과 밀러(Bell and Miller, 2015)는 통계적 분석을 통해서 핵을 보유한 국가가 군사적 분쟁을 먼저 시작하는 경향이 있음을 발견했다. 이는 대담성 가설을 어느 정도 지지하는 결과이다. 하지만 서경원(Suh, 2023)은 벨과 밀러의 통계 분석의 결함을 지적하면서, 이러한 결함을 보완하고 재분석할 경우, 이러한 대담성 가설의 지지는 약화된다는 점을 지적한다. 오히려 서경원은 핵을 보유한 국가는 군사분쟁의 표적(target)이 될 가능성이 적다는 것을 발견함으로써 핵의 억제력 주장(즉, 핵무기는 방어적 목적에 유용하다)을 뒷받침하고 있다.

5. 종합적 논의: 핵 보유와 외교정책의 변화

우리는 앞서 핵 보유에 따른 외교정책의 변화를 고찰하기 위해서는 전략적 의도와 더불어 그것의 외생적 효과를 함께 종합해 평가해야 한다는 점을 강조했다. 이를 위해 앞의 두 절에서는 핵 보유 동기와 전략적 의도 그리고 외생적 효과를 살펴보았다. 핵 보유 동기와 전략적 의도가 안보 상황에 대한 대응이라고 한다면, 핵 보유에 따른 외생적 효과는 핵무기의 성격과 더불어 지속적 경제성장과 자원의 효율적 배분에 영향을 받는다는 점을 보였다. 그렇다면, 이제 큰 틀에서 이 두 가지, 즉 전략적 의도와 외생적 효과를 종합해 핵 보유가 외교정책에 어떠한 영향을 미치는지를 고찰하고자 한다.

앞 절에서는 직관적인 이해에 근거해서 공격성과 대담성에 대해 논의했고, 사실상 이 둘을 같은 의미로 사용했다. 하지만 외교정책의 변화에 대해 논의하기 위해서는 보다 분석적인 개념이 요구된다. 이를 위해 이 장에서는 '공세적(offensive)' 정책 혹은 '수세적(defensive)' 정책이라는 개념을 도입하고 이를 정책 목표와 정책 수단이라는 두 가지 차원에서 정의하려고 한다. 우선 정책 목표는 그 목표가 현상유지인지 혹은 현상변경인지의 여부로 규정할 수 있다. 두 번째로 정책 수단의 측면에서 군사적인 방법을 통해서 정책적 목표를 달성하려고 하는지, 아니면 비군사적 수단(예를 들면 협상)을 통해서 정책 목표를 달성하려고 하는지이다. 보다 구체적으로, 군사적인 수단의 의미는 반드시 핵무기를 사용한다는 의미는 아니고, 핵무기에 근거해 핵이나 재래식 군사력의 사용 혹은 그러한 위협을 통해 정책 목표를 달성하려는 경우를 의미한다.

이러한 두 가지 차원에서 공세적 정책을 정의한다고 할 때 〈표 2-1〉과 같은 2×2 행렬을 통한 유형화(typology)를 생각해 볼 수 있다. 정책 목표의 측

표 2-1 **공세적 혹은 수세적 외교정책의 정의**

		정책 수단의 측면	
		군사적	비군사적
정책 목표의 측면	현상변경	A (공격)	B (확장, 자주)
	현상유지	C (강경)	D (강화, 타협)

면에서 현상변경을 추구하고 정책 수단의 측면에서 군사적인 수단을 택한다면, 이는 가장 공세적인 외교정책 성향으로 규정할 수 있을 것이다(A). 반면에 현상유지를 지향하고, 비군사적인 수단을 통해 분쟁을 해결하려고 한다면, 이는 가장 덜 공세적인(즉, 수세적인) 외교정책 성향으로 정의할 수 있을 것이다(D). 이러한 분류의 이점은 공세적 정책을 두 가지 차원에서 정의함으로써 공세적 정책의 다변성(variation)을 어느 정도 확보할 수 있다는 것이다.[24] 예를 들면, 현상변경을 추구할 때, 군사적 수단을 동원하는 것과 비군사적 수단을 동원하는 것의 차이를 포착할 수 있다는 점이다. 두 번째 이점은 두 가지 상호 배타적인 분류 기준을 제시함으로써 외교정책의 변화를 보다 체계적으로 규정할 수 있다는 점이다.

앞서 기술한 전략적 의도와 외생적 효과를 함께 고려하면, 핵 보유가 외교정책에 미치는 영향을 공세성이라는 측면에서 예측할 수 있다. 만약 어떤 국가가 택한 전략이 나랑이 규정한 촉매전략이라고 한다면, 이 전략은 기본적으로 현상유지적이고 군사적일 것이다. 만약 이 국가의 경제가 성장하고 있다면, 우리는 이 국가의 대담성이 증가하고, 그에 따라 보다 공세적인 정책으로 전환될 가능성이 크다고 예측할 수 있다. 즉, 전략적 의도의 측

24 공세적 성향이라는 측면에서 평가한다면, $A > B \geq C > D$ 라고 말할 수 있을 것이다.

면에서 C에 가깝다고 한다면, 외생적 효과를 함께 고려할 때는 이 국가의 외교정책은 A로 보다 수렴해 갈 것이라고 예측할 수 있다. 만약, 우리가 전략적 의도만을 고려하고 외교정책의 변화를 예측한다면, 이 국가는 C에 가깝다고 예측할 것이고, 반대로 외생적 효과만을 고려한다면 A나 B에 가깝다고 추론할 것이다. 그러나 양자를 모두 고려할 때, 그 정책적 결과를 y라고 한다면 $C < y < A$ 라고 할 수 있을 것이다. 만약 비대칭확전전략을 추구하는 국가가 경제성장이 정체되어 있는 상태라면, 이 국가의 정책은 적어도 C의 상태에 계속 머물러 있을 것이라고 추론할 수 있을 것이다.

벨은 그의 연구에서 핵 보유가 외교정책에 미치는 영향을 6가지 국가의 행동 유형(typology)으로 분류하고 있는데, 이러한 행동 유형은 여기에서 언급한 공세성이라는 개념으로 설명할 수 있다. 그에 따르면, 핵을 보유한 국가는 주어진 여건에 따라 공격(aggression), 확장(expansion), 자주(indepen- dence), (동맹) 강화(bolstering), 강경(steadfastness), 타협(compromise)의 행태를 보이게 된다고 한다(Bell, 2021: 13~20).[25] 예를 들면 '공격'은 현상변경을 군사적인 방법으로 추구한다는 점에서 A의 경우에 해당되고, '확장'은 주로 비군사적인 방법을 통해 영향력의 확대를 꾀한다는 점에서 B에 해당된다고 볼 수 있다.[26] '자주'의 추구는 예를 들면, 비대칭동맹에 속한 약소국의 경우라고 할 때, 핵의 보유를 통해 상실된 자율성을 동맹국으로부터 회복한다는 의미이고(이는 현상변경에 해당), 따라서 자주의 추구 역시 B에 가깝다고 볼 수 있다(Morrow, 1991). '강화'는 군사동맹을 가진 국가가 자신의 핵무기를 통해 동

25 하지만 주의할 점은 이러한 6가지 유형이 상호 배타적인 것은 아니라는 것이다. 즉, 국가는 6가지 유형의 행동 중에서 논리적으로 모순되지 않는 복수의 행동을 취할 수 있다.

26 벨은 확장성을 추구하는 경우의 국가들은 국력이 성장하는 국가들이고, 과거 군사적인 충돌이 없었던 국가들에 대해 군사적 분쟁을 시작하는 경우가 발견된다고 한다(Bell, 2015: 95). 이러한 점에서 보다 엄격히 말한다면, 확장성은 A와 B의 중간에 위치해 있다고 말할 수도 있을 것이다.

맹국에 확장억제 등을 제공함으로써 동맹을 강화한다는 의미로, D에 가깝다고 볼 수 있다. '강경'은 현상유지를 위해 군사적 수단의 사용도 불사하겠다는 위협을 수반하므로, C에 가깝다고 볼 수 있다. 마지막으로 '타협'의 경우를 생각해 보자. 벨은 이러한 사례가 현실적으로 가능성에 대해서는 회의적이지만, 핵무기의 보유로 인해 핵보유국이 현상유지적이고, 비군사적 수단을 사용한 분쟁 해결을 모색할 가능성도 있다고 보고 있다. 따라서 이는 정확히 D에 해당된다고 볼 수 있다. 이와 같은 방식으로 우리는 6가지 유형을 공세성이라는 측면에서 재규정할 수 있을 것이고, 이는 〈표 2-1〉에 포함되어 있다.

벨은 이러한 행태를 개별적 사례로부터 귀납적으로 도출해 냄으로써 유형화했다. 이러한 측면에서 벨의 핵 보유에 따른 외교정책의 유형화는 미시적 토대(micro-foundation)가 부족하다는 단점이 있다. 하지만 여기에서 제시한 공세성과 같은 개념을 활용하면(즉, 나랑의 핵전략 이론을 원용하고, 핵 보유의 외생적 효과를 함께 고려하면) 외교정책의 변화를 보다 체계적으로 포착할 수 있는 장점이 있을 것이다. 벨은 핵 보유에 따른 외교정책의 변화를 단순히 대담성의 개념을 넘어서서 6가지의 행동 범주로 유형화했다는 점에서 그 의의를 찾을 수 있다. 이 장에서 제시한 유형화도 비슷한 의의를 찾을 수 있다. 단순히 대담성이라는 다소 모호한 개념을 넘어서, 핵 보유에 따른 국가의 행동 변화를 체계적으로 분류하는 개념 틀을 제시했다는 점에서 그 의의가 있다고 하겠다.

6. 결론을 대신해: 북한 사례에 주는 함의

이 장에서는 핵무기의 보유가 외교정책에 주는 영향을 살펴보았다. 특히 핵의 보유가 가지는 선택효과와 내생성을 고려할 때, 핵 보유의 동기와 전략적 의도가 중요하다는 점을 역설했고, 이에 따라 핵 보유의 전략적 의도와 핵 보유의 외생적 효과를 함께 고려하려고 했다. 그 결과 우리가 관찰할 수 있는 외교정책의 변화를 공세성이라는 개념으로 포착하고, 이를 정책 목표(현상유지 혹은 현상변경)와 정책 수단(군사적 혹은 비군사적)이라는 차원에서 정의했다. 이러한 공세성의 개념을 이용하면, 우리는 특정한 핵전략을 택한 국가들의 경제성장 여부를 함께 고려함으로써 외교정책의 변화를 어느 정도 예측할 수 있다. 또한 이 개념을 활용함으로써, 핵 보유에 따른 외교정책의 변화를 보다 체계적으로 분류할 수 있다.

글을 마무리하기에 앞서 이 장에서 제시한 공세성의 개념을 활용해, 북한의 외교정책 변화에 대해 예측해 보기로 한다. 우선 나랑의 핵전략 이론에 따른다면 북한은 전형적으로 비대칭확전전략을 따를 가능성이 크다. 나랑(Narang, 2015: 74)은 북한이 어떠한 핵전략을 추구할 것인지는 후견국인 중국의 역할에 따라 달라질 수 있겠지만, 한국과 미국의 재래식 전력 및 핵전력의 우위를 고려할 때, 이를 억제하기 위한 비대칭확전전략을 채택할 가능성이 크다고 주장한다. 이는 전략적 의도의 차원에서 볼 때, 북한은 현상유지적이고 공격적인 태도를 취할 가능성이 크다는 점을 시사한다. 이와 더불어 북한의 경제는 현재 정체 상태를 벗어나지 못하고 있다는 점을 고려한다면, 공세성이라는 관점에서 볼 때, 북한이 취할 수 있는 정책은 C에 가깝다고 볼 수 있을 것이다. 즉, 현상유지적이지만 군사적 수단을 동원해서 자신의 억제력을 과시하려고 할 것이다. 벨의 6가지 유형화에 따르면, C에 해당하는 외교 행태는 '강경'이고 이는 북한의 대외적 행태와도 일치한다고 볼 수 있다. 하지만 침체된 경제로 인해 현재의 현상유지적인 강경정책이 물적 역량의 부족으로 인해 현상변경을 추구할 수 있는 정책, 예를 들면 A로 전환되기는 어려울 것이다. 북한이 핵무장의 완성을 선언한 이후에 인민대중제일주의와 같은 경제 집중 노선을 강조했다는 점은 기존에 총에 집중되었던 자원을 빵으로 전환함으로써, 자원배분의 효율성을 높이려는 시도로 읽힐 수 있다. 하지만 한반도에 군사적 긴장이 계속 유지된다면, 이러한 전환 시도 역시 여의치는 않을 것으로 보인다.

이와 같은 관점에서 볼 때, 선제공격 가능성을 부정하지 않는 북한의 최근 핵교리의 변화 역시 이해할 수 있는 측면이 있다. 북한은 2022년 9월 최고인민회의 제14기 제7차 회의에서 채택된 '조선민주주의인민공화국 핵무력정책에 대하여'를 통해서 핵의 선제 사용 가능성을 부정하지 않으면서, 그 사용 조건에 대해서 비교적 구체적으로 언급했다. 이를 북한의 핵교리가 '억제'에서 '선제공격'으로 전환되었다고 주장하는 이도 있지만(조한범, 2022: 1~2), 과연 그러한지의 문제는 보다 신중한 검토를 필요로 한다. 무엇보다 이러한 주장이 가지는 약점은 북한이 만약 선제공격을 주요한 전략적 목표로 설정했다면, 왜 이를 굳이 공개하는가 하는 점이다. 선제 타격의 효과를 극대화하기 위해서는 이를 오히려 감추는 것이 북한의 입장에는 유리할 것이다. 따라서 북한이 선제 타격 가능성을 대외적으로 공표했다는 것은 북한의 호전성 그 자체를 드러내는 것이라기보다는, 호전성을 드러냄으로써 얻을 수 있는 효과, 즉 비대칭확전전략의 관점에서 억제력을 극대화하는 효과를 위한 것으로 이해할 수 있다. 앞서 지적한 바와 같이 비대칭확전전략을 택한 경우, 재래식 공격의 억제력을 높이는 방안은 선제공격 가능성에 신뢰성을 높이는 것이고 이를 위해서는 다시 핵교리의 투명성을 요구한다는 점이다. 다시 말해서, 선제공격 가능성을 명확히 하는 핵교리의 투명성은 비대칭 확전전략이 가지는 특징이라 볼 수 있으며, 따라서 북한의 선제공격 가능성을 포함한 핵교리의 공개 역시 이러한 맥락에서 이해할 수 있다.

다만, 나랑이 제시하고 있는 모든 핵전략은 기본적으로 억제를 목적으로 하고 있다는 점에서, 나랑의 논의에 근거한 핵전략은 한계를 가질 수 있다. 다시 말하면, 나랑의 이론은 핵무기가 현상변경을 위한 목적으로 사용되는 것을 배제하고 있다는 단점이 있다. 만약 핵무기가 억제가 아닌 강제 혹은 강압을 통해 현상변경의 목적으로 사용되는 것이 가능하다면, 그리고 전술핵의 사용이 이를 더욱 가능하게 한다면, 이 문제는 다른 관점에서 논의될 필요가 있을 것이다.[27] 하지만 앞서 본문에서 필자는 기존의 연구를 통해서 볼 때, 핵무기를 통한 현상변경의 가능성은 그리 크지 않다는 점을 지적한 바가 있다. 그럼에도 불구하고, 핵을 통한 강압적인 정책이 일종의 '균형전략'[28]이 될 수 있는지에 대한 논의는 필요할 것으로 생각되고, 이를 통해 북한 핵교리의 변화도 다른 관점에서 설명될 수도 있을 것이다.

---

27 김정은은 2023년 12월에 열린 제8기 9차 당 전원회의에서 다음과 같이 밝힌 바가 있다. "만일의 경우 발생할수 있는 핵위기사태에 신속히 대응하고 유사시 핵무력을 포함한 모든 물리적수단과 력량을 동원하여 남조선 전 령토를 평정하기 위한 대사변준비에 계속 박차를 가해나가야 하겠습니다." 이 언급에서 주목할 부분은 "남조선 전 령토플 평정하기 위한 대사변준비"이다. 왜냐하면 이는 분명히 현상변경정책을 의미하기 때문이다. 하지만 이러한 메시지가 남북 간 군사적 긴장이 고조된 상황에서 자신의 결기를 과시하기 위한 일종의 허세(bluffing)인지 아니면 진심인지는 지켜보아야 할 것이다.

28 여기에서 사용한 '균형전략'이라는 용어는 게임이론의 용어를 빌려온 것이다. 게임이론에서 균형이란 게임 속 행위자의 최적전략의 조합을 의미한다. 예를 들면, '수인의 딜레마(Prisoner's Dilemma)' 게임에서 균형은 두 명의 용의자 모두 자백을 하는 경우에 성립되고, 다시 말하면 (자백, 자백)의 전략조합이 균형이 된다. 이때 각 행위자의 '균형전략(equilibrium strategy)'은 두 행위자 모두 '자백'이 된다. 간단히 말해서 균형전략이란 전략적 상황에서 행위자가 '일반적으로 취할 것으로 예상되는 최적전략'을 의미한다. 게임이론과 균형의 개념 등에 관해서는 머로(Morrow, 1994) 참고.

참고문헌

조한범. 2022.『온라인시리즈: 북한의 공격적 핵교리 법제화와 북핵 대응의 질적 전환』. 통일연구원.

Achen, Christopher H. 1986. *The Statistical Analysis of Quasi-Experiments.* University of California Press.

Bell, Mark S. 2015. "Beyond Emboldenment: How Acquiring Nuclear Weapons Can Change Foreign Policy." *International Security*, 40(1), pp.87~119.

______. 2019. "Nuclear Opportunism: A Theory Of How States Use Nuclear Weapons In International Politics." *Journal of Strategic Studies*, 42(1), pp.3~28.

______. 2021. *Nuclear Reactions: How Nuclear-Armed States Behave.* Cornell University Press.

Bell, Mark S. and Nicholas L. Miller. 2015. "Questioning the Effect of Nuclear Weapons on Conflict." *Journal of Conflict Resolution*, 59(1), pp.74~92.

Benson, Brett V., Adam Meirowitz and Kristopher W. Ramsay. 2014. "Inducing Deterrence through Moral Hazard in Alliance Contracts." *Journal of Conflict Resolution*, 58(2), pp.307~335.

Benson, Brett V., Patrick R. Bentley and James Lee Ray. 2013. "Ally Provocateur: Why Allies Do Not Always Behave." *Journal of Peace Research*, 50(1), pp.47~58.

Brandt, Patrick T. and Christina J. Schneider. 2007. "So the Reviewer Told You to Use a Selection Model? Selection Models and the Study Of International Relations." *Unpublished Manuscript.* UC San Diego.

Collier, David and James Mahoney. 1996. "Insights And Pitfalls: Selection Bias in Qualitative Research." *World Politics*, 49(1), pp.56~91.

Fearon, James D. 1994. "Domestic Political Audiences and the Escalation of International Disputes." *American Political Science Review*, 88(3), pp.577~592.

______. 2002. "Selection Effects and Deterrence." *International Interactions.* 28(1), pp.5~29.

Fuhrmann, Matthew. and Todd S. Sechser. 2014. "Signaling Alliance Commitments: Hand-Tying and Sunk Costs in Extended Nuclear Deterrence." *American Journal of Political Science*, 58(4), pp.919~935.

Gartzke, Erik and Dong-Joon Jo. 2009. "Bargaining, Nuclear Proliferation, and Interstate Disputes." *Journal of Conflict Resolution*, 53(2), pp.209~233.

George, Alexander L. 1994. "Coercive Diplomacy: Definitions and Characteristics." in Alexander L. George and William E. Simons(eds.), *The Limits of Coercive*

Diplomacy. Westview Press.

Glaser, Charles L. 2004. "When Are Arms Races Dangerous? Rational Versus Suboptimal Arming." *International Security*, 28(4), pp.44~84.

Heckman, James J. 1979. "Sample Selection Bias as a Specification Error." *Econometrica*, 47(1), pp.153~161.

Jervis, Robert. 1978. "Cooperation under the Security Dilemma," *World Politics*, 30(2), pp.167~214.

______. 1989. *The Meaning Of the Nuclear Revolution: Statecraft and the Prospect of Armageddon*. Cornell University Press.

Jo, Dong-Joon and Erik Gartzke. 2007. "Determinants of Nuclear Weapons Proliferation." *Journal of Conflict Resolution*, 51(1), pp.167~194.

Johnson, Jesse C. and Brett Ashley Leeds. 2011. "Defense Pacts: A Prescription For Peace?" *Foreign Policy Analysis*, 7(1), pp.45~65.

Kapur, S. Paul. 2005. "India and Pakistan's Unstable Peace: Why Nuclear South Asia Is Not Like Cold War Europe." *International Security*, 30(2) pp.127~152.

______. 2009. *Dangerous Deterrent: Nuclear Weapons Proliferation and Conflict in South Asia*. NUS Press.

King, Gary, Robert O. Keohane and Sidney Verba. 1994. *Designing Social Inquiry: Scientific Inference in Qualitative Research*. Princeton University Press.

Lieber, Keir A. and Daryl G. Press. 2020. *The Myth of the Nuclear Revolution: Power Politics in the Atomic Age*. Cornell University Press.

Monteiro, Nuno P. and Alexandre Debs. 2014. "The Strategic Logic of Nuclear Proliferation." *International Security*, 39(2), pp.7~51.

Morrow, James D. 1991. "Alliances and Asymmetry: An Alternative to the Capability Aggregation Model of Alliances." *American Journal of Political Science*, 35(4), pp. 904~933.

______. 1994. *Game Theory for Political Scientists*. Princeton University Press.

Narang, Vipin. 2014. *Nuclear Strategy in the Modern Era: Regional Powers and International Conflict*. Princeton University Press.

______. 2015. "Nuclear Strategies of Emerging Nuclear Powers: North Korea and Iran." *The Washington Quarterly*, 38(1), pp.73~91.

Palmer, Glenn and T. Clifton Morgan. 2011. *A Theory of Foreign Policy*. Princeton University Press.

Pindyck, Robert S. and Daniel L. Rubinfeld. 2018. *Microeconomics*(8th Ed.). Pearson.

Quester, George H. 1977. *Offense and Defense in the International System*. John Wiley & Sons.

Rogowski, Ronald. 1995. "The Role of Theory and Anomaly in Social—Scientific Inference." *American Political Science Review*, 89(2), pp.467~470.

Rose, Gideon. 1998. "Neoclassical Realism and Theories Of Foreign Policy." *World Politics*, 51(1), pp.144~172.

Sagan, Scott. D. 1996/1997. "Why Do States Build Nuclear Weapons?: Three Models in Search of a Bomb." *International Security*, 21(3), pp.54~86.

Schelling, Thomas C. 1960. *The Strategy of Conflict.* Harvard University Press.

______. 2008. *Arms and Influence.* Yale University Press.

Sechser, Todd S. and Matthew Fuhrmann. 2013. "Crisis Bargaining and Nuclear Blackmail." *International Organization*, 67(1), pp.173~195.

______. 2017. *Nuclear Weapons and Coercive Diplomacy.* Cambridge University Press.

Signorino, Curtis S. 1999. "Strategic Interaction and the Statistical Analysis of International Conflict." *American Political Science Review*, 93(2), pp.279~297.

______. 2002. "Strategy and Selection in International Relations." *International Interactions*, 28(1), pp.93~115.

Snyder, Glenn H. 1965. "The Balance of Power and the Balance of Terror." in Paul Seabury (ed.). *Balance of Power.* Chandler Pub.

Suh, Kyungwon. 2023. "Does the Bomb Really Embolden? Revisiting The Statistical Evidence for the Nuclear Emboldenment Thesis." *Journal of Conflict Resolution*, 67(6), pp.1067~1094.

Thompson, William R. 1996. "Democracy and Peace: Putting the Cart before the Horse?" *International Organization*, 50(1), pp.141~174.

Varian, Hal R. 2009. *Microeconomic Analysis* (3rd ed.). Norton.

□ 토의 주제

1. 본문에서 언급한 선택편향이나 내생성의 문제는 무엇인가? 또한 본문에서 선택편향이나 내생성 문제로 들었던 예 이외에 다른 어떤 예를 찾을 수 있는가?
2. "국가의 힘이 증가하면 국가는 현상변경을 추구할 가능성이 커진다"라는 명제에 대해서 생각해 보고, 이와 관련된 사례에는 어떤 것이 있는지 살펴보자.
3. 핵무기 보유로 인해 외교정책이 보다 공세적 태도를 취하게 된 사례가 있는가?
4. 어떤 논자들은 핵무기가 억제와 같은 현상유지의 목적으로만 사용될 수 있다고 보는 반면에 다른 논자들은 핵무기가 핵 위협을 통해 다른 국가의 정책 변경을 유도하는 강압적 수단으로 사용될 수 있다고 주장한다. 핵무기가 현상의 변경을 초래할 수 있다는 후자의 주장에 대해 이를 뒷받침하는 경험적 사례가 있는가?

□ 더 읽을거리

1. Alexander L. George and William E. Simons(eds). 1994. *The Limits of Coercive Diplomacy*. Westview Press.
2. Robert J. Art and Patrick M. Cronin(eds). 2003. *The United States and Coercive Diplomacy*. US Institute of Peace Press.
3. Alexander L. George and Richard Smoke. 1974. *Deterrence in American Foreign Policy: Theory and Practice*. Columbia University Press.
4. Paul H. Nitze. 1956. "Atoms, Strategy and Policy." *Foreign Affairs*, 34(2).
5. Robert A. Pape. 1996. *Bombing to Win: Air Power and Coercion in War*. Cornell University Press.
6. Richard K. Betts. 1987. *Nuclear Blackmail and Nuclear Balance*. Brookings Institution Press.
7. Kyle Beardsley and Victor Asal. 2009. "Winning with the Bomb." *Journal of Conflict Resolution*, 53(2).

3

CHAPTER

북한 핵무기 개발 동인 및 과정, 그리고 한국의 대응

이병철(경남대학교 극동문제연구소 교수)

| 학습목표

이 장에서는 한반도를 포함한 동북아시아는 물론이고 국제관계에서 차지하는 북한 핵무기 존재의 '무게'가 점차 예사롭지 않음을 감안해 1945년 해방 후 남북이 분단되면서 북한이 1950년대 초 소련으로부터 받은 원자력에 관련한 기술, 시설, 전문가 연수 등 원자력의 발전사에서부터 핵무기 개발에 이르기까지 과정을 시계열적으로 설명한다. 흥미로운 점은 북한이 에너지원으로서 원자력 진흥과 핵무기 개발 사이에서 계속 힘겨운 곡예를 해왔다는 사실이다. 이런 이유로 핵물질의 고유한 특성인 이중적 용도(dual-use)에 대해서도 세밀하게 살펴보고, 동시에 '핵비확산 모범국(nonproliferation cheerleader)' 한국이 '사실상의 핵보유국' 북한을 전략적으로 어떻게 대응해야 하는지를 서술하고 있다. 결국, 북한의 비핵화와 한국의 비확산이 연결된 미래 한반도를 그리고 있다.

1. 서론

한반도를 포함해 동북아시아 안보질서에 가장 위협적이며 치명적인 도전 요인은 북한의 끊임없는 핵무기 프로그램 개발이다. 현시점에서 북한의 핵무기 프로그램을 강제적으로 중단시키거나 북한 전역을 '비핵화'하는 것은 거의 불가능해졌다. 일찍이 북한은 1989년 프랑스 상업위성(SPOT: 해상도 10미터)에 의해 핵개발이 발각된 이후 자발적으로 먼저 핵을 포기할 의사가 없음을 수차례 드러냈다.[1] 김정은 정권은 핵보유국임을 자처하고 핵무기 포기가 더는 협상의 대상이 될 수 없음을 명백히 하고 있다. 한마디로 북한이 스스로 핵무기를 내려놓을 경우의 수는 완전히 사라졌다고 판단하는 것이 합리적이다. 그렇다면 이제 북한 핵무기의 실재는 부인할 수 없는 사실이다. 북한이 핵무기를 보유하고 있다는 사실은 미국을 비롯한 국제사회가 북한을 핵무기 보유국가로 인정하지 않는 것과 무관한 별개의 사안이다.

더 보기 **비핵화**

북한 비핵화는 일반적으로 북한 지역 내 어떠한 종류의 핵무기와 핵무기 제조에 필요한 핵물질(고농축우라늄, 무기급 플루토늄)이 일절 존재하지 않는 것을 의미한다. 핵무기 1기 제조에 필요한 고농축우라늄(HEU)의 양은 12~25kg이며, 플루토늄(Pu) 양은 4~8kg이다.

1 SPOT이 촬영한 위성사진은 북한이 1987년 이후 가동 중인 자체 설계의 5MWe급 실험용 원자로 이외에 50MWe, 200MWe 원자로 및 재처리 시설을 신규로 건설 중임을 확인했다.

더 보기 **핵비확산조약**

1968년 3월 미국과 소련이 제네바 군축회의에서 NPT 초안을 공동으로 제출해, 1968년 6월 유엔 총회에서 동 초안이 채택되고, 1970년 3월에 발효가 되었다. NPT는 국제 비확산 체제의 근간이 되며, 회원국은 국제원자력기구(IAEA)와 안전조치협정(safeguards)을 체결하도록 규정하고 있다. 2020년 12월 현재 NPT 당사국은 191개국이며, 비당사국은 인도, 파키스탄, 이스라엘, 남수단 등 4개국이다. 한국은 1975년 4월 NPT에 가입했으며, 북한은 현재 NPT를 탈퇴한 상태이다.

핵비확산조약(Treaty on the Non-Proliferation of Nuclear Weapons, 이하 NPT)은 1967년 이전에 핵무기를 확보한 국가들만 '핵보유국'으로 공식 인정했으며, 현재 유엔 안보리 5개 상임이사국가인 미국을 포함해 러시아, 영국, 프랑스, 중국이 공인 핵보유국들이다. 북한 핵무기 등장이 넓은 의미에서 '북한문제'가 해결되지 않아 생겨난 군사적 결과이긴 해도, 북한 핵무기는 어느새 당면한 존재론적(ontological) 거악이 됐다. 북한 핵무기 위협의 빈도가 잦아지고, 위협의 크기도 갈수록 강해지고 있다.[2] 따라서 북한 핵무기가 우리에게 무엇인지를 논하지 않고 우리의 국가안보를 확립하기는 어렵다. 북한 핵무기에 대한 우리의 인식 좌표를 어떤 형태로든 우선 설정해야 그다음에 어떻게 대응할 것인지를 정할 수 있기 때문이다.

그러나 인간의 인식 또는 지각 능력에는 한계가 있다. 따라서 국가들 사이 이해관계가 복잡한 국제관계의 동학을 올바르게 이해하고 이러한 인식

2 미국 싱크탱크 애틀랜틱 협의회(Atlantic Council)가 미국 등 30개국의 정부·교육기관·비영리 단체 등에 속한 국제외교·안보 전문가들을 대상으로 2033년 국제사회 모습에 대해 설문조사한 결과를 발표하면서 응답자의 77%가 새로운 국가가 핵무기를 보유할 것으로 예상했는데 1위는 이란(68%)이었다. 사우디아라비아(32%), 한국(19%), 일본(14%) 등도 거론되었다. 다만 절반 이상이 2033년까지 핵무기의 실제 사용은 없을 것이라고 답한 것으로 조사되었다.

좌표를 올바르게 설정하는 데 도움을 주는 것이 국제정치학 이론이며, 탁월한 이론은 최적의 장소에 설치된 전망대의 줌 렌즈(zoom lens) 역할을 한다. 우리가 한반도의 안정과 평화를 견고하게 유지하기 위해서는 북한이 오랫동안 경주해 온 핵무기 개발을 향한 응축된 시간을 분석하는 것이 필수 불가결하다 할 것이다. 이 장에서 강조하고자 하는 점은, 북한 핵무기 개발 연원에 대해 이러한 줌 렌즈를 통해 바라봤을 때 한국이 궁극적으로 나아갈 방향에 관한 것이다.

북한이 핵무기가 아닌 '원자력'에 본격적으로 관심을 가지기 시작한 시기는 소련과 원자력협정을 체결한 1950년대 후반부터이다. 사회주의 맹주(盟主)이자 원자력 강국이었던 소련은 '원자력의 평화적 이용 전략'을 통해 사회주의 진영의 단결과 통합을 강화하면서, 동시에 국제적 위상을 확고히 하고자 했다. 이를 위해 소련은 사회주의 동맹국들과 원자력협정을 체결해 원자력 에너지 생산을 위해 기술 지원, 인력 양성, 원자로 건설 등 원자력 하부구조를 제공했다. 이러한 연장선상에서 북한과 소련은 1956년과 1959년, 두 번의 조소(朝蘇)원자력협정을 체결했다. 이에 따라 북한은 매년 30여 명의 과학자를 소련 두브나 핵 연구소(Soviet Dubna Nuclear Research Complex)에 파견해 원자력 기술 인력을 양성할 수 있게 되었다. 당시 북한은 과학원 산하에 원자핵 물리학 연구소 설립을 결정(1955)했으며, 원자력을 낙후된 경제력을 살리고 생산력 발전을 위한 대체 에너지원으로 인식했다.

일찌감치 소련의 '원자력의 평화적 이용 전략'에 편승하기로 작심한 김일성은 1955년 7월 1일 김일성종합대학 교직원 및 학생들과의 담화에서 "과학의 새로운 분야를 개척하는 데서 원자물리에 대한 연구를 강화하는 것이 중요"하며, "우리나라에서도 원자력에 관한 연구를 시작할 때"가 되었기 때문에 대학에서 "핵물리 연구 사업을 진행하는 한편, 이 분야의 과학자들을 계획적으로 양성"할 것을 지시했다. 나중에 북한이 자체 핵무기 개발에 성

더 보기 **평화를 위한 원자력**

핵무기 확산을 통제하기 위해 1953년 12월 8일 미국 아이젠하워 대통령은 유엔 총회에서 '평화를 위한 원자력' 연설을 통해, 핵무기가 아닌 원자력에너지 진흥 목적으로 원자력 지식과 정보를 세계와 공유하겠다고 밝혔다.

더 보기 **기대효용**

기대효용이론은 의사결정자가 각각의 선택지에서 기대되는 효용을 합리적으로 비교해 선택을 내린다는 것을 가정하는 이론이다.

공하게 된 근저에는 김일성대학교-두브나 핵 연구소 등을 통해 1~2세대 핵과학자 양성에 이어 제3세대 핵과학자들이 양성되었기 때문이다. 동시에 북한의 이러한 인식은 1953년 미국 아이젠하워 대통령이 제창한 '평화를 위한 원자력(Atoms for Peace)'이 잠재적 핵무기 보유국가에 대한 평화적 원자력 프로그램을 지원하는 계기가 되었다. 말하자면 '평화를 위한 원자력 프로그램'은 핵무기 개발보다는 개별 국가의 경제 및 산업 발전을 위해 원자력의 평화적 이용을 확산시키는 효과를 낳았다. 원자력 공업은 여타 방위산업과 마찬가지로 특성상 금속공업, 기계공업, 화학공업, 전력공업 등과 같은 중화학 공업의 토대 위에서만 발전할 수 있다. 그리고 북한은 1959년에 중공(중국)과도 원자력 협력 협정을 체결했다.

그렇다면 북한이 애초에 가졌던 '원자력의 평화적 이용' 인식이 어떤 동기로 핵무기 개발을 해야겠다는 인식으로 옮겨 갔는지를 살펴볼 필요가 있다. 우선 기대효용(expected utility) 관점에서 볼 때 중요한 두 개의 변수는 핵무기를 가졌을 때 북한이 취할 수 있는 국가 이익 또는 손실이 얼마나 큰지에 관한 효용변수, 그리고 핵무기를 성공적으로 개발할 수 있는지 없는지에 대한 확률변수이다. 이러한 논리를 바탕으로 몇 가지 이론을 소개한다.

핵무기 개발 관련 기술을 확보하면 자연스럽게 핵무기를 개발하게 된다는 '기술이론(technology theory)'[3]과는 달리, 일본·아르헨티나·독일·브라질·한국 등은 여전히 핵무기를 보유하고 있지 않다. 이에 반해, 핵무기를 (국제적 위상 제고를 통한 국민의 사기 진작과 집권 세력의 정치적 위기 탈출, 지도력 강화라는) 국내 정치적, 군사·안보적, (절대무기로서 재래식 무기를 상당 부분 대체하는) 경제적 동기 등으로 파악한 '동기이론(motivation theory)'은 적어도 북한에 대해서도 적실성이 있는 것으로 보인다. 다시 말해, 북한이 핵무기를 개발하고 지금까지 이를 유지하고자 하는 동기를 설명하는 데 안보, 국내정치, 규범이라는 3가지 모델과 전쟁이나 갈등을 국가들의 행위 속에서 찾아내지 않고 국제체제의 구조 속에서 파악하려 한 신현실주의에 기반을 둔 '안보 모델'이 각각 논리적 정합성을 지닌다. 6·25 전쟁 이후, 1957년 12월부터 한국에 미국의 전술핵이 배치되자 북한은 이를 위협으로 인식하고, 이즈음부터 본격적으로 국방 자위(自衛)를 목적으로 기초적 핵무기 개발 프로그램을 구상했다.[4] 이렇듯 핵무기 개발을 안보 모델 관점에서 찾으려 한 국제정치학자로는 스콧 세이건(Scott Sagan)과 케네스 월츠(Kenneth Waltz)가 대표적이다.

외부의 위협에 대처하기 위해 핵무기를 개발한다는 안보 모델은 '억제이론'과 '세력균형이론'을 포함하고 있다. 억제이론은 국가들이 핵무기를 보유하려는 동기가 보복 위협에 대한 방어용임을 가정하고 있다. 핵무기 사용으로 인한 피해가 막대하기에 상대방의 적대적 공격 행위를 억제하게 된다는 것이 주된 논리이다. 즉, 핵무기가 지니고 있는 엄청난 파괴력 탓에 소

3 스티븐 메이어(Stephen Meyer)의 단기적 결정모델에 따르면 특정 국가는 최초의 핵 잠재능력을 갖추고서 수년 내로 핵무기 개발을 한다.

4 북한은 1975년 최초로 그램(g) 단위의 핵무기 물질인 플루토늄을 추출하는 데 성공했다.

더 보기 **상호확증파괴**

미국 케네디 행정부 때 실시한 핵전략은, 핵무기를 통한 전쟁억지는 적대국이 자국에 대해 선제공격으로 얻는 이익보다 손실이 훨씬 클 것이라는 점을 보여줌으로써, 상대국의 선제공격 억지를 목표로 한다. 이러한 전쟁억지를 성공적으로 수행하기 위해서는 2차 공격 능력이 필수적이다.

규모 핵전력을 보유한 국가(들)도 대규모 핵전력을 갖춘 적대국을 억제할 수 있다는 월츠의 주장이 이에 해당한다. 여기에서 파생된 것이 (냉전 시절 미국과 소련 간) 상호확증파괴(Mutual Assured Destruction, MAD)에 기초한 상호억제(mutual deterrence)이다. 이에 반해 세력균형이론은 권력정치(power politics) 관점상 무정부 상태인 국제체제에서 전쟁이 아닌 평화가 유지되는 조건을 군사력의 균형에서 찾는다. 세력균형에는 스스로 힘을 기르는(自强) 내적균형과 동맹을 통한 외적균형으로 크게 나눌 수 있다. 대부분 국가는 내적균형과 외적균형의 적절한 조합을 통해 국가 생존을 최상위에 둔 자국 안보를 증진한다. 따라서 세력균형론자들은 재래식 무기의 균형은 물론, 핵무기 균형으로도 전쟁이 발발할 가능성을 낮게 보았다.

이 외, 핵무기가 국제정치에 어떻게 영향을 끼쳤는지를 설명하는 이론으로 널리 인용되는 것은 '핵무기혁명론(theory of nuclear revolutionary)'이다. 핵무기혁명론을 해석하는 방식은 학자들마다 다소 상이하지만, 핵무기와 상호확증파괴 조건 사항들이 국제정치의 본질을 변화시킨다는 것이 핵심 주장이다. 이는 절대무기로서 최소한의 2차 보복 능력만 확보하면 더 이상의 무기체계를 구비할 필요가 없다는 '최소억제' 또는 '핵 절대주의'에 기초한 논리이다. 핵무기혁명론 지지자들은 핵무기가 국가를 더욱 안정시킨다는 주장을 펼친다. 실제 핵무기가 지니고 있는 가공할 만한 파괴력 탓에 2차

더 보기 **안보 딜레마**

A 국가가 자국의 안보를 강화할 목적으로 국력을 증대하는 것은 경쟁국가 B를 자극해 결국 양국 모두 국력 증대를 추구하게 된다. 따라서 안보 딜레마에 빠지면 군비경쟁은 불가피하다.

공격 능력을 확보할 경우 명백히 상대 국가의 공격을 억제할 수 있는 능력을 확보했다고 보는 시각이 우세하다. 그러나 핵무기가 억제용이라는 주장은 핵무기 보유를 정당화할 뿐, 핵무기를 보유하려는 국가들의 국방·외교 정책에 핵무기가 억제력 측면에서 어떻게 영향을 끼치는지에 대해 설득력 있는 답을 제시하지 못한다는 비판도 있다. 다종의 저위력 핵무기(전술핵)의 등장과 점차 정밀화되고 있는 투발 수단의 첨단화로 핵보유국들 간 안보 딜레마(security dilemma)를 야기하고 있기 때문이다.

그럼에도 불구하고 이런 요소만으로 국가가 위험을 무릅쓰고 핵무기 경로를 걸을 수는 없다. 정치 지도자의 강력한 의지와 핵무기 개발 기회가 절묘하게 맞물려야 가능한 일이다. 이를테면, 강력한 의지는 주변국 또는 위계적 동맹구조 속에서 상위 국가의 압력을 극복할 정도의 의지를 지녔거나, 아니면 비밀리에 핵무기 프로그램을 완성하고서 외부의 압력을 회피한 경우를 일컫는다. 전자의 사례에 해당하는 박정희 정권(1961~1979)은 핵무기 개발이 발각되어 미국의 압력에 굴복해 핵무기 개발을 포기했다(안보와 자율성의 교환). 박정희 이후 현직 대통령으로서 두 번째로 핵무장 가능성을 내비친 윤석열 대통령의 모호한 속내는 2023년 4월 미국 바이든 대통령과 합의한 '워싱턴선언' 발표와 핵협의체(Nuclear Consultative Group, NCG) 신설로 신속하게 소멸되면서 사실상 없던 일이 됐다. 이는 비대칭 동맹관계에서 약소국이 갖는 방기(放棄)의 두려움으로 나타나는 '순응적 행동(deferential behavior)'

더 보기 **워싱턴선언**

윤석열 대통령과 미국 바이든 대통령은 한미동맹 70주년을 기념하기 위해 2023년 4월 26일 핵억제에 관해 보다 심화되고 협력적인 정책결정에 관여할 것을 약속했다. 워싱턴 선언에 따라 핵협의체가 신설되었다.

더 보기 **핵협의체**

한미 양국은 NCG를 통해 정보 공유 강화, 위기 시 핵 협의 및 소통 체계 확립, 기획·작전·연습·시뮬레이션·훈련 협력 등을 위한 업무 체계를 확립하기로 했다. 이 외에, 확장억제 관련 한미 간 운용해 온 협의체를 보면 다음과 같다.

- 확장억제전략협의체(EDSCG): 양국 외교·국방당국의 차관급 인사가 대표로 참석
- 한미통합국방협의체(Korea-US Integrated Defense Dialogue, KIDD): 한미 통합국방협의체는 한미 간 적시적이고 효과적인 안보 협의를 위해 2011년부터 시작된 고위급 협의체
  - 고위급 회의(Executive Session), 안보정책구상회의(Security Policy Initiative, SPI), 한미억제전략위원회(Deterrence Strategy Committee, DSC), 전작권전환 공동실무단(Conditions-based OPCON Transition Plan Working Group, COTWG) 등으로 구성
- 억제전략위원회(DSC)
  - 한미 국방당국의 통합국방협의체(KIDD) 산하 기구로 확장억제정책위원회(EDPC)와 미사일대응능력위원회(CMCC)를 통합한 부차관보급 회의체
  - 한국 국방부 국방정책실장과 미국 국방부 동아시아부차관보, 핵·미사일 방어정책 부차관보가 대표로 참석
- 핵협의그룹(Nuclear Consultative Group): 차관보급 협의체

으로 해석할 수 있다.

한편, 기회는 축적된 기술을 지닌 전문가 집단, 핵무기 핵심 물질, 자본,

산업 능력 등을 포함하는 하부구조의 존재를 총칭한다. 이러한 요소들을 갖춘 국가는 핵무장 최종 목표 시점에 다소 차이는 있어도 자연스럽게 핵보유국으로 나아가게 된다. 북한이 그랬다. 그리고 북한은 핵무기 개발 이후 중국과 동맹을 유지하면서 미국 등 외부 위협을 견제하면서도 중국의 과도한 간섭을 차단 내지 약화하는 데도 성공했다. 사실 북핵 개발이 중국의 영향력에 대처하기 위한 전략적 수단이었는지를 검증하는 것은 쉽지 않지만, 중국의 대북 영향력이 외부자의 예상보다 크지 않음은 여섯 차례 핵시험 등을 통해 이미 입증됐다. 중국으로서 북한의 핵무기 시험과 개발이 자국의 안보에 위협이 될 수도 있으며, 나아가 한국과 일본의 핵무장을 자극할 수 있어 달갑지는 않다. 하지만 북한 정권이 붕괴되면 미국의 영향권에 들어갈 가능성도 완전히 배제할 수 없기에 중국은 핵무기를 보유한 북한을 차라리 완충지대로 유지하는 것이 (실현 가능성과는 별개로) 북한을 압박해 핵을 포기하도록 하는 것보다 득이 된다고 판단한다.

북한 핵무기 개발 동인과 과정을 정밀하게 파고드는 것은 사실상 불가능하며, 비현실적이다. 이는 마치 특정 지역의 실제 지리와 일대일 조응하기 위해 그 지역만큼 크기의 지도가 필요한 이치와도 같다. 따라서 이 글은 엄격히 말해 북한 핵무기 개발 관련한 복제가 아닌 객관성을 담보하는 서사이다.

동시에 이 장은 북한의 핵무기 개발 동인과 개발 과정에 관한 탐구이다. 이를테면, '북한은 왜 하필 그때 핵무기를 개발하려고 했으며, 북한 핵무기가 우리에게 무엇인가'라는 본원적 물음을 포함하고 있다. 북한이 핵무기를 오래전부터 개발하려 했거나, 핵무기를 보유하려는 동기를 모두 미국의 적대적 행위의 필연적 귀결로 간주한다는 점에서 북한이 내세우는 핵무장론은 목적론적이다. 국가는 일반적으로 생존을 최고의 목표로 설정하지만, 번영을 극대화하고 이념을 널리 전파하는 목표를 또한 지니고 있다. 따라서 '핵무장국 북한'은 원래부터 존재해 온 단일한 덩어리가 아니라 일종의

더 보기 **핵시험**

실험(experiment)과 시험(test)은 의미가 다른 단어이다. 실험의 사전적 의미는 "과학에서 이론이나 현상을 관찰하고 측정하는 것"이라면, 시험은 "사물의 성질이나 기능을 실지로 증험(證驗)해 보는 일"을 말한다. 이를테면, '실험'의 대상이 되는 이론이나 가설은 아직 완전하지 않다는 것을 전제로 하고 있고 '시험'의 대상이 되는 이론이나 능력은 이미 완전함을 검증받은 것이다. '수능시험'이지 '수능실험'이라고 하지 않는 이치와 같다. 인공위성, 미사일 발사와 관련해서는 남북 모두 '시험'이라는 말을 쓰고 있다. 한편 일본, 중국은 모두 핵 '실험'으로 통용하고 있다.

개별 국가들의 최초 핵시험 연도는 미국(1945), 러시아(1949), 영국(1952), 프랑스(1960), 중국(1964), 인도(1974), 이스라엘(1979), 파키스탄(1998), 북한(2006) 등이다.

구성물이다.

모두 네 절로 구성했으며, 1절은 장을 포괄적으로 소개하고 있다. 2절은 북한의 핵무기 개발을 시계열로 나열해 원자력연구·개발에서 시작한 북한이 언제, 어떻게, 왜 핵무기 개발로 선회했으며, 북한의 핵무기 개발 경로가 여타 핵무기 개발 국가들의 경로와 어떠한 차이점이 있는지를 다룬다. 이를테면 핵무기 보유(확보)라는 목적지는 같아도 미국이 1945년 7월 16일 새벽 5시 29분 45초에 사상 최초로 핵시험을 한 이후, 21세기(2006.10.9)에 처음으로 핵시험을 단행해 지구상의 9번째 핵시험 국가가 된 북한의 핵무기 개발 동기와 이후에 택한 경로는 단선적이지 않으며 복합적이다. 이렇듯 북한이 보여준 중층적인 핵무기 개발 동인과 경로는 특이성을 내포하고 있다. 3절은 핵무기를 보유하겠다는 최종적 결심을 한 이후 북한이 여태껏 실시한 핵시험들의 성격과 각 시험 간 차이점을 분석한 후 개별 핵시험이 내포하고 있는 기술적·군사적 의미들을 서술한다. 그리고 2022년 9월 8일에 개최된 북한 최고인민회의 제14기 제7차 회의에서 채택한 「핵무력정책법」

내용과 제정의 함의를 세밀하게 기술한다. 결론을 대신하는 4절은 「핵무력 정책법」 전문(preamble)에서 '책임적인 핵무기보유국'이라고 명명한 북한의 비핵화가 더욱 어려워진 상황에서 한국의 자구책을 담고 있다. 여기에는 이미 핵무기의 임무, 사용, 관리 방법 등 핵무기 사용 전반에 걸친 정책을 밝히면서 스스로 핵보유국임을 법제화하고 선언한 북한과 어떻게 함께 나아갈 수 있는지에 대한 나름의 해결책을 포함한다.

2. 북한 핵무기 개발 연원

1) 원자력에서 핵무기까지

원자로와 핵무기는 핵분열 연쇄반응을 통해 에너지를 얻는다는 점에서 원리가 동일하다. 즉, 핵물질, 장비, 시설, 기술, 정보 등을 어떻게 활용하느냐에 따라 구분하는 민수용과 군사용 경계의 높낮이는 보는 이의 위치에 따라 다르다. 1945년 해방이 되고 1950년 6·25 전쟁이 발발하기 전까지 소련군은 북한 지역에 주둔하면서 북한 주요 기간산업의 장비 등을 탈취해 갔다. 북한은 황폐해진 기간산업을 복구하는 것을 목표로 토지개혁(1946.3), 주요 산업시설의 국유화(1946.8), 개인상공업의 생산협동조합화(1947.9), 지하자원·산림·수역의 국유화(1947.12) 등으로 사회주의 경제체제로 진입하는 조치들을 신속하게 취했다. 예를 들어, 북한은 1947년 공업 총생산량을 70%에서 불과 1년 만인 1948년에 155%를 달성한 데 이어, 1949년에서 1950년까지 국영산업 총생산 102% 성장을 일궜다. 이즈음 북한은 1949년 소련의 핵시험 성공에 대해 "소련에서의 원자력공업의 창설로 1949년에는

더 보기 **스탈린적 유일관리제**

유일관리제는 성-관리국-기업소로 이루어지는 위계적 관료체제하에서 각 기관의 책임자에게 전권을 부여함으로써 궁극적으로 경제 관리의 통일성과 노동 규율을 강화하기 위한 것이었다.

미국의 핵독점을 좌절시키기 위한 첫 원자폭탄 시험이 성과적으로 진행되었고, 중요하게는 전력생산의 새로운 길이 열리게 되었다"라고 평가했다. 그리고 해방 후 6·25 전쟁 발발 전까지 북한은 소련과 함께 북한 내 우라늄 광산 탐사에 나선 것으로 알려져 있다. 이때부터 김일성은 원자력의 평화적 이용에 큰 기대감을 가진 것으로 보인다. 그러다가 6·25 전쟁이 끝나자 북한은 무엇보다 경제 부흥과 산업 재건이 필요하다고 판단했다. 1950년대 중반까지도 전쟁 전에 도입된 스탈린적 유일관리제를 유지하고 있던 북한은 일찍이 소련이 표방한 이른바 사회주의적 개조 등의 과제를 목표로 6·25 전쟁 이후 황폐해진 사회·경제 재건 준비에 빠르게 착수했다. 그리고 3개년 계획(1954~1956)을 통해 이 기간 동안 경제 전 부문에 걸쳐 전쟁 발발 전인 1949년의 생산수준에 도달하는 것을 목표로 정하고, 나아가 5개년 계획(1957~1961)에 따라 공업화에 돌입했다. 국가 재건 과정에서 김일성은 산업 및 과학기술을 지원받고 습득해야 하는 것을 깨달았으며, 특히 사회주의 맹주(盟主)였던 소련의 지원에 상당한 기대감을 나타냈다.

> 기술문제에 대한 고려가 없이는 경제건설에서 많은 착오와 실패를 가져올 것입니다. 우리 앞에는 그들의 기술을 성실하게 단시일 내에 습득해야할 과업이 나서고 있습니다. …… 우리의 기술일군들은 최단시일 내에 필요한 선진기술을 학습함으로써 독자적으로 모든 기술적 문제들을 해결할 수 있는 믿음직한 기술간부가 되기

위해 노력해야 할 것입니다(『김일성 저작집』 8: 49~50).

경제재건을 목표로 한 산업화로의 이행은 자연스럽게 에너지 확보를 어떻게 할 것인가라는 생각으로 이어졌다. 이는 곧바로 원자력 기술에 대한 관심으로 구체화하기 시작했다. 이를테면, 북한의 원자력 기술 습득 과정 및 정책이 독자적으로 이행되었다기보다는 황폐해진 경제를 되살리기 위한 개발전략의 하나로 북한 과학기술 발달 과정과 맞물려 전개되었다.[5] 북한이 원자력에 관심을 가지게 된 연유를 해방 후 1950년 5월까지 북한 내에 주둔하면서 모나자이트(monazite) 광산을 탐사한 소련의 행동과 결부시키기도 한다. 그러나 북한이 적극적으로 원자력에 관심을 두기 시작한 시점은 미국 아이젠하워(Dwight Eisenhower) 대통령이 주창한 '평화를 위한 원자력' 이후였다. '평화를 위한 원자력'은 첫째, (스탈린이 1953년 3월에 사망하자) 소련이 보유하고 있던 핵분열성 물질을 평화적 이용으로 전환하고, 둘째, 평화적 목적의 원자력 산업개발을 위한 국제적 틀을 마련하고, 셋째, 미국의 수소폭탄 시험(1952.11)에 대한 미국 국민의 우려를 상쇄할 목적으로 아이젠하워 대통령이 1953년 12월 8일 8차 유엔 총회에서 제시한 용어이다. 아이젠하워의 연설 배경에는 미국이 핵 독점을 유지하면서 우라늄 생산을 포함하는 세계 모든 원자력 활동(특히 소련의 활동)을 국제기구 통제 아래에 두고서 원자력 독점을 견지해 나가겠다는 바루흐 계획(Baruch Plan)의 연장선에 있었다. 바루흐 계획은 1946년 6월 미국이 '유엔 원자력위원회'에 제출한 최초의 핵비확산 계획이었다. 이후 북한은 1954년 9월 30일 자 ≪로

---

5 1952년 북한 과학연구사업의 핵심기관인 과학원을 설립했으며, 과학원 내에 인문사회과학 분야를 포함한 9개의 연구소와 43개의 연구실 및 편찬실이 만들어졌다. 특히 공학연구소와 화학연구소, 물리수학연구소가 중심이 되어 외국의 선진기술을 습득하고, 자원 탐사, 제철, 화학 등과 관련해 북한 내 매장되어 있는 지하자원을 활용한 공업 기초를 확립하는 데 주력했다.

동신문≫에서 발표한 "원자력의 평화적 이용은 인류의 희망이다"라는 제하의 기사로 원자력의 평화적 이용을 사회주의 발전전략으로 채택할 가능성을 시사한 북한은 마침내 1955년 4월 '원자 및 핵물리학 연구소' 설치를 결정했다. 이어 2개월 뒤 소련이 주최가 된 '원자력의 평화적 이용에 관한 학술회의'에 원자력 전문가 여섯 명을 파견한 것이 초기 원자력 연구 및 개발의 효시(嚆矢)였다. 이를 토대로 북한은 원자력 활용법을 두고서 1955년 발행된 ≪인민교육≫지에 이를 자세하게 게재한다.

> 쏘베트 사람들은 원자력의 무조건 금지를 요구하면서 원자물리학의 최근 성과들이 전쟁에로가 아니라 평화와 창조사업에 봉사하도록 하기 위해 투쟁하고 있다. 쏘련은 세계에서 첫 원자력발전소에 관한 자료들을 원자 에네르기야의 평화적 리용문제 관한 국제회의에 전해 줄 준비가 되어 있다. 우리는 될수록 더 광범위, 그리고 유익하게 창조적 목적을 위한 원자 에네르기야의 적용부문에서의 연구들이 발전되도록 하기 위해 중화인민공화국, 파란, 체크슬로바키야, 루마니아 및 독일민주주의 공화국들에게 과학기술적 및 생산적 원조를 해줄 것을 결정했다(≪인민교육≫, 1955: 72).

북한대표단은 소련 드브나 핵 연구소가 주관한 '다국적 핵 연구소 창설을 위한 회의'에 참가했다. 이때가 6·25 전쟁이 끝나고 3년이 지난 1956년 3월 26일이었다. 이어 '조·소 과학기술위원회' 제1차 회의를 개최했다. 그리고 소련과 원자력의 평화적 이용과 관련해 기술 협력을 주된 내용으로 하는 '조·소연합 핵연구조직협정'을 공식적으로 체결했다. 이 협정에 따라 북한은 매년 30여 명의 과학기술자를 소련으로 연수 보내기 시작한다. 공교롭게도 북한이 한국 내의 미국 핵무기를 비판하기 시작한 시점이 이때였다. 중국과는 1959년에 '조·중 원자력협정'도 체결했다. 북한은 소련과 1959년 9

월 '원자력의 평화적 이용에 관한 협정'을 체결, 양국 간 원자력 과학자·공학자 훈련과 연수를 포함하는 본격적이고 체계적인 협력을 시작했다. 북한은 1961년부터 1967년까지 3000여 명의 과학기술자를 소련에 파견, 원자력 관련한 기초적인 기술과 정보 등을 습득하도록 했다. 북한이 원자력 연구를 본격적으로 시작한 시기도 이즈음이었다. 김일성은 조선노동당 제4차 대회(1961.9.11) 보고형식을 통해 새롭게 과학 분야를 개척할 것을 독려하면서 원자력을 여러 분야에서 활용할 수 있는 방안들을 강구할 것을 강조했다.

> 인민경제의 전면적 기술재건은 모든 과학부문들을 획기적으로 발전시킬 것을 요구합니다. …… 새로운 과학 분야들을 개척하고 최신과학기술의 성과를 인민경제에 널리 받아들이며 중요한 기초과학부문들을 적극 발전시켜야 합니다. 원자력을 생산에 받아들이기 위한 연구사업을 전망성 있게 진행하며 방사성 동위원소와 방사선을 공업과 농촌경리를 비롯한 여러 부문들에 널리 적용해야 할 것입니다(유성옥, 1996: 75).

심각한 전력난을 해결해야 했던 당시 상황에서, 김일성은 경제적 효율이 높은 새로운 에너지 자원을 확보할 방법을 찾은 것이다. 북한은 1958년 9월 18일 자 ≪로동신문≫ 1면에 김일성이 소련의 '원자력의 평화적 리용' 전람회를 참관했다는 기사를 보도하면서 "소련에 있어서 원자력을 평화적으로 이용하는 분야의 발전은 곧 세계 인류에게 행복을 가져다준다"라고 강조하면서 소련의 핵기술의 성과가 북한의 경제발전에도 큰 도움을 줄 것이라는 기대감을 참관 후기로 남겼다. 여기서 주목할 점은 소련이 1954년 6월 27일 세계 최초의 원자력발전소 가동에 성공한 것이다. 이는 소련 휘하의 사회주의 국가들에게 원자력 에너지를 대체에너지로 인식할 수 있는 계기를 제공했다. 미국 역시 소련과 같은 해 11월 5일 '원자력의 평화적 이용'

더 보기 **한미원자력협정**(1956년 2월 3일)

한미 양국은 2010년 10월부터 4년여 간 원자력협정 개정 협상을 진행, 2015년 4월 협상이 타결되어, 같은 해 11월 25일부로 신(新)한미원자력협력협정이 발효되었다. 협정의 유효 기간은 20년으로 정해졌다.

에 관한 의견을 교환했다. 이는 아이젠하워 대통령의 1953년 '원자력의 평화적 이용'의 후속 조치였다. 이후 1956년 10월 23일 국제원자력기구(이하 IAEA)가 설립됐다. 소련은 사회주의 진영 강화 목적으로 1958년에 중국과 체코슬로바키아와 원자력 협정을 체결한 데 이어 1959년에 헝가리, 이어 그다음 해에 폴란드와 동독, 1965년에 유고슬라비아와 '원자력 협정'을 체결했다. 또한 소련은 1958년에 동독과 체코에 원자로를 건설해 준 데 이어 1966년에 불가리아와 헝가리에도 원자로 건설 지원을 했다. 무엇보다 1956년 조·소원자력협정 체결이 한국과 미국이 체결한 한미원자력협정(1956년 2월 3일)을 의식한 조치였던 것과 마찬가지로, 소련의 전방위적이고 광범위한 원자력 지원 전략은 1958년 유럽 6개국이 연합한 유럽원자력공동체(EURATOM) 설립에 맞대응한 조치였다.

북한은 앞서 소련으로부터 연구용 원자로 IRT-2000을 받고서(1962.1) 1964년 2월 영변에다 대규모 핵물리학연구소를 설치한 후 본격적으로 원자력 연구에 돌입했다. 즉, 원자로 설계 및 운영에 필수적인 물리학과 원자로 공학 이외에 핵연료 및 핵재료, 자동화 체제 연구, 그리고 핵전자기기까지 포함한 총 5개 기초 분야 연구를 시작했다. 그리고 1965년 6월부터 IRT-2000형 원자로 가동을 시작했다. 원자력과 핵무기 연구개발의 서막이 열린 셈이다. IRT-2000의 최대 출력은 8MWe이나 정상 상태에서는 4MWe로 알려져 있다. 소련에서 수입한 농축도 10%의 저농축우라늄을 원자로 연료로 사용했으며, 다만 원자로를 가동하고서 남은 사용후핵연료(spent fuel)는 모두 소련이 회수해 갔다. 북한이 사용후핵연료를 재처리해 핵무기용 물질로 전용할 것을 우려한 소련의 고육지책이었다.

한편, 북한이 IRT-2000을 받고서 시험운전을 거쳐 본격적인 운전을 한 시점은 중국이 첫 핵시험에 성공한 시점(1964.10.16) 이후였다. 중국의 성공적인 핵시험에 고무된 김일성이 교육성 당총회 연설(1965.2.23)을 통해 "아직도 다른 나라에서 배워올 것이 많은데 원자력 분야에서도 아직 많은 문제를 풀지 못하고 있으며 우리나라에 핵연료는 얼마든지 있지만 공업적 방법으로 처리하지 못하고 있다"라고 원자력 연구 확대를 강조했다. 이즈음 북한은 IRT-2000을 운전하면서 의약과 산업분야에 필수적인 방사성 동위원소를 생산하고, 나아가 핵물리학은 물론 원자력 공학, 원자력(핵) 재료학 등 원자력 고유의 연구에도 매진했다.

사회주의 진영 차원에서 원자력의 평화적 이용에 관한 연대를 줄곧 보여왔던 북한이 본격적으로 핵무기 개발을 착수한 시기는 북한 핵무기 개발의 아버지로 불리는 서상국이 물리학 박사학위를 취득하고 귀국한 1969년이다. 서상국과 함께 북한 핵무기 개발을 주도한 이는 김일성종합대학 교수이자 과학원 원사였던 도상록이었다. 도상록은 1961년 제4차 당대회에서 원자력 공업 발전을 위해 핵 연구 과학자를 양성해야 한다고 연설할 만큼 강력한 영향력을 가진 인물이었다. 함흥 비날론 공장을 설계하고 초대 북한 원자력 연구소 소장을 지낸 리승기도 1세대 대표적 핵과학자로 분류된다. 북한은 줄곧 소련으로부터 원자로 관련 기술 지원뿐만 아니라 핵무기 개발과 직접적으로 연관이 있는 동위원소 분리, 방사화학(재처리) 시험, 핵폐기물 저장 등에 필요한 관련 시설을 받으면서 1973년 4MWe, 1987년 5MWe, 1998년 8MWe으로 열출력을 확장시키는 데 성공했다. 여기에다 1979년 영변에 5MWe 가스냉각흑연감속원자로를 착공, 1986년 가동에 돌

더 보기 **북한의 초기 핵무기 개발 연관 시설**

우라늄 채광: 우라늄 광산(매장량 약 2600톤/순천, 선봉, 흥남, 평산, 평원)
↓
우라늄 정련: 박천, 평산
↓
핵연료 제조: 영변
↓
원자로: 영변 실험용 원자로 5MWe 가동
↓
재처리 시설: 영변 방사화학실험실(재처리 시설)

입했다. 이후 규모를 확대해 영변(50MWe 가스냉각흑연료를 1986년에 착공, 1995년 완공 목표)과 태천(200MWe를 1989년에 착공, 1996년 완공 목표)에 착공했으나 완공에는 이르지 못했다. 북한이 최초로 구축한 가스냉각흑연료인 5MWe급 원자로는 영국산 콜더홀(Calder Hall) 원자로를 모델로 해 무기급 플루토늄을 추출하기에 적합했다. 자체 기술력을 바탕으로 초보 단계의 핵무기 개발 기술을 확보한 것이다. 일반적으로 핵무기 개발능력을 파악하는 주요 지표로 분열성 물질, 무기 제조, 미사일을 포함하는 운반체계가 언급된다.

북한은 1985년 12월 '소련과 조소 원자력 발전소 건설 관련 경제·기술협력협정'을 체결하고 소련으로부터 440MWe 원자력 발전소 4기 도입을 하게 되나 소련이 이 과정에서 북한에 NPT 가입을 조건으로 내세워 북한은 1985년 12월 12일 NPT 가입을 했다. 그러나 북한은 NPT 가입 후 18개월 이내에 이행해야 할 IAEA 안전조치협정(Safeguards Agreement) 체결을 차일피일 지연하면서 국제사회로부터 핵무기 개발 의혹을 불러일으켰다.

더 보기 **칸(Kahn) 커넥션**

파키스탄에서 '핵개발의 아버지'로 불리는 압둘 카디르 칸 박사는 자신이 1990년대 중반부터 북한을 드나들면서 우라늄 농축용 원심분리기 20기와 관련 설계도를 넘겨줬다고 말했다. 또 칸 박사는 원심분리기를 넘겨줄 때 북한의 항공기가 동원됐으며, 파키스탄 군 당국이 선적을 감시했다고 밝혔다. 그리고 칸 박사는 인도와 대결하고 있던 상황에서 미사일 기술이 필요했으며 북한과의 거래를 시도할 수밖에 없었다고 설명했다.

2) 북한 핵무기 개발의 특이성(singularity)

김일성이 1977년 10월 일본 NHK와 가진 대담에서 핵무기 개발 의사가 없음을 공개적으로 밝힌 것이 최초로 알려져 있다. 이후 소련이 붕괴되면서 국제 정세가 협력과 화해의 분위기(detente)로 옮겨가는 것과 보조를 맞춰 1991년 12월 31일 남북한은 극적으로 '한반도 비핵화공동선언' 합의에 이른다. 이어 김일성은 1992년 신년사에서 핵무기를 개발할 의사도 능력도 없다고 주장하면서 공정성이 보장되는 조건에서 핵사찰을 받아들일 용의도 있음을 피력했다. 나아가 1992년 2월 20일 남북고위급회담 대표단과 가

더 보기 **한반도 비핵화공동선언**

6개 조문으로 구성된 비핵화공동선언의 핵심 내용으로, 1조에서는 핵무기의 시험, 제조, 생산, 접수, 보유, 저장, 배비, 사용하지 않음을, 2조에서는 핵 에너지를 오직 평화적 목적에만 이용함을, 제3조에서는 핵재처리 시설 및 우라늄 농축시설을 보유하지 않음을 약속했다. 한편, 사실상 미국이 주도한 비핵화공동선언은 남북한 모두를 비핵화하려 했다는 점에서 미국이 (북한 핵무기 개발의) 방기와 (한국 핵무장의) 연루를 모두 피하기 위한 이중비핵화(double-denuclearization) 전략으로 볼 수 있다.

더 보기 **핵사찰**

IAEA 핵사찰의 종류:

- 임시사찰(ad hoc inspection): IAEA와 핵안전조치협정을 체결한 당사국은 IAEA에 최초보고서(Initial Report)를 제출하게 되어 있는데, 최초보고서 제출 내용이 실제와 동일한지를 확인하는 사찰
- 일반사찰(routine inspection): 임시사찰이 끝난 후 핵시설 및 핵물질에 대해 변동사항 등을 검증하는 사찰로, 통상 원자력발전소는 연 4회, 연구용 원자로는 연 1회 실시한다.
- 특별사찰(special inspection): 임시사찰 또는 일반사찰의 미진한 점이나 핵시설 또는 핵물질 존재가 의심스러울 때 IAEA와 당사국 간 합의에 따라 사찰을 받는 제도이다.

진 오찬에서도 김일성은 핵무기가 없다고 주장하면서, 만들지도 않고 만들 필요도 없다고 거듭 강조했다.

하지만 김일성 사후(1994년 7월 8일 새벽 사망, 북한의 공식발표는 7월 9일 12시), 김정일의 북한이 보여준 자위력 핵억제력 강화 발표(2003년 6월 18일 북한 외무성)와 이어 핵무기 보유 선언(2005.2.10)과 2006년 10월 1차 핵시험은 김일성의 주장과는 동떨어진 허구였음이 명백하게 밝혀졌다. 1990년대 중반부터 파키스탄과 이른바 '칸(Kahn) 커넥션'을 통해 우라늄탄 핵무기 설계도와 원심분리기 및 고농축우라늄을 지원받은 북한이었다. 미국은 북한의 핵 보유 선언(2005.2.10)이 핵시험(2006.10.9)과 연관이 있음을 파악하지 못했다. 미국의 대북 정보 수집 실패에 따른 한반도 정책의 커다란 변화가 필요했다. 게다가 1차 핵시험 직전까지도 북한이 핵무기를 가지고 있는지, 그리고 핵무기를 실제 생산할 수 있는 능력에 대해서도 충분한 증거 자료를 확보하지 못했다. 급기야 북한을 종합적으로 분석하는 데 있어 가정(假定)이 아닌 사실(事實)에 근거해서 균형 있는 정책을 만들어야 한다는 비판적 주장이 제기되기 시작했다.

더 보기 **핵군축**

군축(disarmament)은 현재 보유 중인 군사력 전반 또는 특정무기 체계를 감축하거나 폐기하는 것을 의미한다. 이에 반해 군비통제(arms control)는 핵군비경쟁 억제를 논의하는 과정에서 생겨난 개념으로, 국가 간에 군사력 전반 또는 특정 무기체계의 개발·배치·운용 수준을 상호 협의해 조정하는 것을 의미한다.

김정일 집권 동안 이미 두 차례 핵시험(1차 핵시험: 2006.10.9, 2차 핵시험: 2009.5.25)을 마친 북한은 헌법 서문에 '핵보유국'으로 명기했다. 이때가 2012년 4월 13일이었다. 그로부터 1년 뒤인 2013년 2월 12일에 북한은 핵시험(3차)을 단행했다. 김정은이 집권한 후 행한 첫 핵시험이었다. 같은 시기에 '자위적 핵보유국의 지위를 공고히 할 데 대해' 법령을 채택했다. 2016년 5월 7차 당 대회에서는 '책임 있는 핵보유국'으로서 국제사회의 의무를 성실하게 이행하겠다고 언급했다. 특기할 만한 점은 2011년 말 집권한 김정은의 핵전략이 이전에 비해 속도감 있게 대단히 공세적(네 차례 핵실험, 2016년 2회 실시 등)[6]으로 변하고 있다. 수소탄 실험을 성공했다는 '핵무력 허풍(nuclear bluffing)'을 액면 그대로 수용하기는 어렵더라도 북한이 이제는 핵보유국으로서 공세를 늦추지 않을 것으로 예상한다. 실제 북한은 미국을 상대로 더 이상 비핵화가 아닌 핵군축 협상 요구와 북미 평화협정 체결 등 현상변경(revisionist)을 시도하는 전략을 공공연하게 드러내고 있다. 게다가 북한은 김정일 시절인 1999년 7월에 전략군을 창설해 핵·미사일 전력만을 별도로 운용하는 것으로 알려졌다. 전략군은 오랜 기간 베일에 싸여 있다가 2012년 3월 김정은의 군부대 시찰을 계기로 외부에 알려졌다. 전략군 역할의 요체는 핵무기를 미

6 3차: 2013.2.12, 4차: 2016.1.6., 5차: 2016.9.9, 6차: 2017.9.3.

사일에 탑재해 한국, 일본, 괌, 알래스카는 물론 미국 본토까지 유효하게 타격할 수 있는 대륙간탄도미사일(Inter-Continental Ballistic Missile, ICBM) 개발에 온 힘을 다하고 있는 것으로 추정된다. 투발 수단의 다종화인 셈이다.[7]

북한은 이미 2012년 12월에 사정거리 1만 km ICBM인 은하 3-2(광명성 3호) 위성체를 인공위성 궤도에 진입시켰다. 뒤이어 2015년 10월 노동당 창건 70주년 열병식에서 북한은 소형화, 다종화된 핵탄두 탑재가 가능한 KN-08을 공개했다. 2017년 5월 14일 하와이와 알래스카를 공격할 수 있는 '중장거리탄도미사일'이자 액체연료를 추진체로 사용하는 화성-12형을 고각 발사하고서 같은 해 9월 15일에는 실거리 시험 발사를 실시하기도 했다. 2022년 1월 30일 실전 배치를 의미하는 검수사격시험을 거쳐 2022년 10월 4일 화성-12형의 최대 사거리 발사(4500km, 평양에서 괌까지 거리는 약 3400km)를 한 것이다. 결국 김정은은 ICBM급 화성-14형(2017.7.4, 7.28 시험 발사)과 화성-15형의 시험 발사(2017.11.29)를 잇달아 성공시키고, '국가 핵무력 완성'을 선포하며 ICBM 개발의 정점을 찍은 것으로 추정된다. 이후 수차례의 화성-17(2023.3.16 8차 시험 발사) 성능 테스트를 통해 이제는 미국 본토 서부에서 동부까지 전역을 사정거리에 둔 화성-18(2023.4.13 1차 시험 발사, 7.13 2차 시험 발사)이 대기권 재진입 기술까지 갖춘다면 미국에는 커다란 위협임에 틀림없다. 정상 각도보다 각도를 높게 해서 시험 발사하면 정점 고도가 높아지고 비행거리는 짧아지며, 고각으로 발사하면 미사일이 거의 수직으로 올라갔다가 떨어지기 때문에 재진입시 대기권을 통과하는 시간이 짧아 정상 발사와 견줘 대기권 재진입 시 고열이 덜 발생한다. 따라서 정상 각도

7 북한은 김일성 시기에는 미사일 시험을 9회(15발) 진행했고 김정일 시기에는 4회(16발)에 걸쳐 미사일 시험 발사를 진행했다. 또한 김정일의 사망 해인 2011년 북한의 미사일 발사 횟수는 0회였지만, 김정은 집권 시기인 2012년에는 발사 횟수가 6회, 2013년 8회, 2014년 18회, 2015년 18회로 급격히 늘어났다.

더 보기 **대기권 재진입(re-entry) 기술**

대기권 재진입 기술은 대륙간탄도미사일의 핵심 기술이다. 대륙간탄도미사일은 발사·추진 단계 → 중간비행 단계 → 대기권 재진입·종말 단계 등 3단계 비행 과정을 거친다. 전문가들은 화성-17형이 단 분리와 비행 등에 성공하면서 상당한 기술 진전을 이뤘지만, 대기권에 재진입할 때 탄두가 6000~7000도가량의 고열을 견딜 수 있는 기술 등의 검증이 있어야만 양산 단계로 진입할 것이라고 주장한다.

더 보기 **핵지휘통제**

2022년 9월 8일 최고인민회의 제14기 7차 회의에서 '조선민주주의인민공화국 핵무력 정책에 대하여'의 '핵무력에 대한 지휘통제' 부분에서, 핵무력은 조선민주주의인민공화국 국무위원장의 유일적 지휘에 복종하고, 국무위원장은 핵무기와 관련한 모든 결정권을 가진다고 명시했다. 그럼에도 지도자의 '부재' 시 일시적이나마 (특정인 또는 집단지도체제로) 위임된 핵지휘통제체계가 가동될 여지가 있으며, 전쟁이 임박한 상황에서 핵무기 발사 권한을 현장 지휘관에게 위임할 가능성은 남아 있다. 이 과정에서 핵지휘'통신' 체계 역시 해킹 등을 감안해 복수로 통신망이 열려 있을 것으로 추정된다.

로 발사하면 대기권 진입 시간이 길어지고 고열과 충격이 심해지기에 북한으로서는 최종 관문을 남겨둔 셈이다. 따라서 북한의 핵지휘통제 또한 여러 형태로 분산될 수 있다. 북한 핵무기 프로그램 개발이 완료형이 아닌 진행형으로 부르는 이유이다.

일반적으로 핵무기를 개발하는 국가들은 비밀리에 핵무기 능력을 높이는 데 반해 북한은 2004년 1월에 핵무기의 실전 배치는커녕 핵시험(1차 핵시험: 2006.10.9) 전 단계에서 미국의 대북교섭 담당 대사를 지낸 찰스 프리처드(Charles Pritchard), 스탠퍼드 대학교의 존 루이스(John Lewis) 교수, 핵 과학자 시그프리드 헤커(Siegfried Hecker) 박사 등을 영변으로 초청해 핵시설과 무기급 플루토늄(weapon-grade plutonium, WGPu)을 보여주는 대담성을 유감없이 과시했다. 미국 에너지부(Department of Energy) 기준에 따르면 플루토늄의 등급은 플루토늄 240의 동위원소 조성비를 기준으로 핵무기등급(Pu-240이 7% 미만), 핵연료등급(Pu-240이 7-19%), 원자로등급(Pu-240이 19% 이상)으로 구분한다. 북한의 태도는 핵무기 개발 및 완성에 대해 확신이 없으면 도저히 할 수 없는 자신감에 찬 행동이었다. 이는 이스라엘의 경우와는 대조적이다.

1979년 핵시험을 한 것으로 추정되는 이스라엘은 북한과는 달리 핵무기에 대해서는 거의 50년 동안 극도의 모호성(nuclear ambiguity)으로 핵 태세를 유지해 왔다. 이스라엘은 여태껏 핵시험은 고사하고 핵무기의 존재 자체를 시인하지도 부인하지도 않고 있다. 역내 핵보유국이 없는 상황에서 이스라엘은 핵무기를 군사전략의 축으로 활용하기보다는 '보험(insurance policy)'으로 다루고 있다. 이에 반해, 북한의 핵 과시는 본질적으로 미국과 북한이 결정할 사안이며, 미국이 아닌 북한이 열쇠(key)를 쥐고 있음을 보여줬다. 종합하면 북한의 핵무기 프로그램 개발 동기는 국내적 요인과 국제적 요인으로 크게 분류할 수 있다. 국내적 요인으로는 첫째, 정치적 안정 및 정권 유지를 목적으로 한다. 북한은 핵무기 프로그램을 통해 국내적 정치적 안정과 정권의 지속성을 확보하려는 목적을 가지고 있다. 핵무기는 김씨 일가의 지배력을 강화하는 수단으로 사용되며, 이를 통해 내부적으로 정권에 대한 도전을 억제한다. 둘째, 국가 주권과 자존감 강화이다. 핵무기는 북한에 국가 주권과 자존감을 강화하는 수단이다. 이를 통해 국민들에게 강력한 국가 이미지를 조성하며, 외부의 위협에 대항할 수 있는 상징적인 무기로 활용한다. 셋째, 경제적 목적을 들 수 있다. 경제적 어려움에 직면한 북한은 핵무기 프로그램을 통해 국제적인 지원이나 경제적 혜택을 얻으려는 전략을 사용할 수 있다. 이는 핵 협상 과정에서 경제적 지원을 협상 카드로 활용하는 방식으로 나타난다.

국제적 요인으로는 첫째 안보 환경과 지역적 긴장이다. 북한은 주변 국가들, 특히 미국과의 안보 환경 및 지역적 긴장을 핵무기 개발의 주요 동기로 삼고 있다. 핵무기는 미국과 같은 강대국의 군사적 위협에 대한 억제 수단으로 여겨진다. 둘째, 국제적 고립과 대응이다. 장기간에 걸친 국제적 고립과 제재는 북한으로 하여금 자체 방어력을 강화할 필요성을 느끼게 한다. 핵무기는 국제사회의 압박에 대한 대응책으로 인식된다. 셋째, 국제적 지위 향상이다. 핵보유국이라는 지위는 북한에게 국제적인 협상력을 향상시키는 요인이 될 수 있다. 핵무기 보유는 북한이 국제사회에서 보다 유리한 위치를 차지하려는 전략적 수단으로 작용한다.

북한은 플루토늄과 고농축우라늄을 활용해 지금까지 여섯 차례의 핵(폭발) 시험을 했음에도 불구하고, 핵무기의 소형화, 경량화, 다양화를 목표로 핵무기의 성능을 다각도로 시험하고 있다. 플루토늄과 고농축우라늄은 핵무기 제조에 필요한 핵심 원료이며 북한 역시 여타 핵무기 개발 국가들처럼 처음에는 기술적으로 쉬운 플루토늄을 활용해 핵시험에 성공했다. 그리고 경수로에서 얻어지는 플루토늄은 불순물이 많아 핵무기급으로 만들기에 부적합하다고 줄곧 주장하면서 경수로 제공이 이루어지더라도 원자력의 평화적 목적에만 이용될 것이라고 강조했다. 이후 북한은 기술적으로 난도가 높은 고농축우라늄을 이용한 핵시험에도 성공했다.

일반적으로 핵무기 1기에 필요한 고농축우라늄의 양은 12~25kg이며, 플루토늄의 양은 4~8kg이다. 일본 후쿠시마에 투하된 핵무기는 고농축우라늄탄 64.1kg으로 파괴력은 16kt였으며, 나가사키에 투하된 핵무기는 플루토늄탄 6.2kg에 파괴력은 20kt이었다. 엄밀히 말해, 핵폭발 시험이 핵무기 성능을 온전히 보장하지는 못한다. 북한은 체제유지 또는 정권보위라는 정치적 목적과는 달리, 기술적으로는 핵탄두를 탑재한 핵무기를 폭격기, 미사일, 잠수함 중 어떤 방식이든 이를 운반한 후 원하는 목표물을 적시에 타격해 기대한 폭발력이 일어나는 것을 목표로 하고 있다. 이를 위해 북한은 미국이 폭격기를 이용해 일본 히로시마, 나가사키에 핵무기를 투하한 방법보다는 핵무기를 탑재한 미사일의 성능을 고도화하는 작업이 정치적·군사적으로 훨씬 효과적일 것으로 판단하고 있다. 특히 김정은 집권 이후 미사일 개발 유형의 특징으로 신형 단거리 발사체의 시험 숫자가 뚜렷하게 증가되었으며, 동시에 핵무기의 다종화(多種化) 추구 현상이 가시화되고 있다. 일례로, 북한 해커 집단이 러시아 소재 극초음속(ultra-supersonic) 미사일을 설계하는 회사를 해킹한 사실이 드러나기도 했다. 당시 보도에 따르면 북한 지원을 받은 해커 집단들인 '스카크러프트'와 '래저러스'가 2021년 말부터 러시아 극초음속 미사일 설계회사 '엔피오(NPO) 마시노스트로예니야'[8]의 이메일 서버와 내부 통신망을 불법적으로 침투한 흔적이 발견됐다. 이 밖에 북한은 2차 공격에서 생존성을 강화할 목적으로 잠수함에서 순항미사일을 발사하거나 지하시설에 은닉한 미사일을 성공적으로 발사하는 것을 목표로 잠수함과 지하발사 시설 등을 지속적으로 현대화하고 있다.

이렇듯 북한의 핵무력 강화는 비핵화 협상을 위한 종속변수가 아니라 상수가 되었다. 이러한 북한의 숨겨진 의도는 「조선민주주의인민공화국 핵무력정책에 대해」 법령을 채택하면서 김정은이 행한 시정연설(2022.9)에서 뚜렷하게 드러난다.

> 핵은 우리의 국체이며, 공화국의 절대적 힘이고 …… 지구상에 핵무기가 존재하고

---

8 엔피오 마시노스트로예니야(NPO Mashinostroyeniya)는 소련 시절인 1944년 설립된 로켓 설계 전문 기업이며, 러시아가 이미 실전 배치한 극초음속 미사일 설계를 맡았다.

더 보기 **핵무기 개발 관련 주요 일지**

- 헌법 서문에 핵보유국임을 명시(2012.4.13)
- 핵보유국 지위 영구화 선언(2013.3.9)
- '경제건설 및 핵무력건설 병진노선' 채택(2013.3.31)
- 「자위적 핵보유국 지위 공고화 법」 제정(2013.4.1)
- 제7차 당대회(2016.5) 계기 '병진노선 당규약 명기'
  - 김정은, 2019년 신년사에서 4不원칙(不생산, 不시험, 不사용, 不확산)으로 비핵화 용의 표명
  - 김정은, 제8차 당대회(2021.1.5~1.12) '사업총화보고'(1.8)에서 "핵무력건설을 중단 없이 강행 추진"을 표명하면서 화성 계열의 '중·장거리탄도로케트'와 북극성 계열의 '수중발사탄도로케트' 개발이 핵보유국으로서 북한의 위상을 높였다고 자체 평가
- 핵 선제불사용(No First Use, NFU) 원칙 파기(2021년 8차 당대회)
  - 「조선민주주의인민공화국 핵무력 정책에 대하여」 법령 채택(2022.9). 유사시 핵 지휘통제권의 우임과 핵 선제 사용의 다섯 가지 조건들을 규정하는 핵교리 공표
  - 북한 핵무기 보유를 헌법 내용으로 격상(2023.9, 최고인민회의 제14기 제9차 회의)

> 제국주의가 남아 있으며, 미국과 그 추종 무리들의 반공화국 책동이 끝장나지 않는 한 우리의 핵무력 강화 노정은 끝나지 않을 것입니다. 공화국 핵무력은 곧 조국과 인민의 운명이고 영원한 존엄이라는 것이 우리의 확고부동한 입장입니다(조선중앙통신, 2022.9.8).

김정은 국무위원장이 푸틴 러시아 대통령과 러시아 극동 연해주 보스토치니 우주기지에서 회담(2023.9.13)을 가진 후 북한이 핵무력 강화에 필요한 군사정찰위성 기술을 포함한 대륙간탄도미사일 기술, 원자력 추진 잠수함 기술 지원 등을 제기할 것이라는 관측이 제기되기도 했다. 김정은이 군부

더 보기 **안전조치**(safeguards)

안전조치는 국가 차원에서 발생하는 핵물질의 군사적 전용을 탐지하고 방지하는 것을 목표로 한다. 이에 반해, 핵안보는 핵물질 탈취 또는 불법이전, 시설 파괴 또는 무단 접근, 그리고 기타 악의적 행위를 예방하고 이에 대응하는 것을 주요 목표로 삼고 있다. 원자력 안전은 방사능 누출 등 원자로 가동과 운영 등에 일어날 수 있는 공학적 위험에 대비하고, 기타 원자력 사고 방지 및 사고 후 피해 완화를 목표로 한다.

핵심 인원을 대거 대동한 것이 근거로 제시됐다. 이후 미국은 북러정상회담에 앞서 북한이 러시아에 1000개 이상의 컨테이너에 담긴 군사 장비와 군수품을 제공했다는 사진들을 공개하고 러시아는 이를 부정하는 공방전이 오고 갔다.

3. 핵무기 보유국으로 가는 길

1) 1~6차 핵무기 시험 및 특징

북한은 '벼랑끝 전술(brinkmanship)'로 1, 2차 핵 위기를 의도적으로 야기하면서 2006년부터 2017년까지 여섯 차례의 핵시험을 실시했다. 북한의 1차 핵시험은 2006년 10월 노무현 정부(2003.2~2008.2) 때에 이뤄졌다. 이어 2009년 5월의 2차 핵시험과 2013년 2월의 3차 핵시험은 모두 이명박 정부(2008.2~2013.2) 시절에 일어났고, 2016년 1월 4차 핵시험과 같은 해 9월의 5차 핵시험은 박근혜 정부 임기(2013.2~2017.3) 중에 발생했다. 6차 핵시험은 문재인 정부(2017.5~2022.5) 시기인 2017년 9월에 발생했다. 하지만 핵시험 전에 전조(前兆)가 있었다.

1차 핵 위기는 북한이 IAEA와 핵안전조치협정에 서명한 후(1992.1) 신고한 90g의 플루토늄 양이 IAEA가 파악하고 있던 양(10~14kg의 무기급 플루토늄)과 '중대한 불일치'가 발생하자 IAEA는 재처리 시설과 농축 시설을 보유하지 않기로 합의한 한반도 비핵화공동선언을 원용해 북한에게 영변 내 미신고 의심 시설들을 방문하는 특별사찰을 요구했다. 북한은 영변지역이 군사시설이라고 주장하면서 주한미군 기지 사찰을 함께하자고 제안했다. 한국과 미국이 이를 거부하자 북한은 1993년 3월 12일 NPT 탈퇴와 IAEA 안전조치협정의 파기를 선언했다. 북한의 NPT 탈퇴 선언은 NPT 역사상 유례가 없는 사례로서 1993년 출범한 김영삼 정부에게는 커다란 외교적 도전으로 다가왔다.[9] 1차 핵 위기의 결과물이 제네바 합의문(Geneva Agreed Framework)이었다. 이어 2002년 9월 초 미국은 북한이 우라늄농축 시설을 거의 완성했다고 판단하고서 같은 해 10월 제임스 켈리(James Kelly) 국무부 동아태 차관보가 평양을 방문해 북한의 우라늄농축 프로그램 관련해서 협상을 벌였다. 북한 외교부 강석주 제1부상은 "우리는 핵을 가질 권한이 있다. 그보다 더한 것도 갖게 되어 있다"라고 답한 것으로 전해졌다. 강석주의 발언은 부시 행정부 내 강경파(neocon)를 통해 언론에 흘러 들어가면서 북한은 같은 해 12월 핵 동결을 해제하고 2003년 1월 NPT 탈퇴를 선언했다. 이어 미국은 제네바 합의를 파기하고 북미 협상의 문마저 굳게 닫히면서 한반도에서 긴장이 다시 고조됐다. 2차 핵 위기였다. 이후 6자회담을 통해 2005년 '9·19 공동성명,' 2007년 '2·13 합의'와 '10·3 합의'가 이뤄지면

9 북한은 1985년 12월에 NPT에 가입을 했으며, 1993년 3월 12일에 탈퇴를 '선언'했으나 북미 간의 협상으로 탈퇴 유효화 하루 전인 1993년 6월 11일에 탈퇴를 유보했다. 이후 2차 핵 위기가 발생하자 2003년 1월 10일에 공식적으로 탈퇴를 했다.

더 보기 **제네바 합의문**

1994년 10월 21일 북미 간 합의한 문서로, 북한이 핵시설을 동결하고 궁극적으로 이를 해체하는 한편, 동 대가로 미국이 1000MW 경수로 2기와 연간 50만 톤의 중유를 제공하는 것을 담고 있다. 제네바 합의로 당시 긴박했던 북한 핵문제가 일단 평화적 해결 국면으로 방향 전환이 이루어졌다.

서 해결의 실마리를 찾아가는 듯했으나 합의 사항들이 이후 제대로 이행되지 않으면서 지금에 이르고 있다.

결과적으로 북한은 플루토늄과 고농축우라늄 핵물질을 사용하는 핵무기를 모두 확보한 '비공인' 내지 '사실상의(de facto)' 핵보유국이 되었다. 국방부의 2022년 『국방백서』에 따르면 북한은 2006년 1차 핵시험 이후 핵탄두의 위력을 계속해서 증대하고 있으며, 나아가 핵탄두를 미사일에 탑재하는 기술을 증진하고, 핵물질과 핵무기를 대량생산하는 것 등에 초점을 맞추는, 이른바 핵능력 고도화에 집중적으로 연구개발 해 온 것으로 평가됐다. 그렇다고 북한의 핵개발이 순탄하게 이어져 온 것은 아니었다. 북한은 한국, 미국, 중국, 러시아, 일본을 포함하는 6자회담이 진행되고 있던 2008년 말까지 영변 내 주요 핵시설 가동을 중단하는 불능화 조치를 단행해 핵물질 생산을 잠정적으로 중단하기도 했다. 그러나 검증 방식에 대한 의견 일치를 보지 못하고 6자회담마저 공전(空轉)하면서 결국 회담이 중단이 되자, 북한은 2009년에 불능화가 진행 중인 핵시설을 재가동했다. 그리고 2009년 5월에 2차 핵시험까지 감행했다. 명백히 국제사회에 대한 도발적 위협이었다. 2012년 이후 북한은 '경제·핵무력 건설 병진노선'을 전면에 내세우면서 핵·미사일 능력 고도화를 위한 속도를 높이기 시작했다. 그 결과로써 나타난 것이 네 차례의 핵시험(2013.2, 2016.1, 2016.19, 2017.9)이었다. 특히 6차

표 3-1 북한 1~6차 핵시험 결과

	1차	2차	3차	4차	5차	6차
일시	2006.10.9.	2009.5.25.	2013.2.12.	2016.1.6.	2016.9.9.	2017.9.3.
시험지역	풍계리 동쪽 갱도	풍계리 북쪽 갱도	풍계리 북쪽 갱도	풍계리 북쪽 갱도	풍계리 북쪽 갱도	풍계리 북쪽 갱도
규모(kt)	약 0.8	약 3~4	약 6~7	약 6	약 10	약 50
원료	플루토늄	플루토늄	고농축우라늄	수소탄 (북 주장)	증폭 분열탄	수소탄 (북 주장)

자료: 국방부(2023)를 참조해 필자가 재작성.

표 3-2 1, 2차 핵 위기 비교

1차 핵 위기	2차 핵 위기
1993년 3월 8일 IAEA가 북한의 핵의혹 시설에 대한 특별 사찰을 요구하는 결의안을 통과시킨 직후 3월 12일 북한이 NPT 탈퇴를 선언하면서 시작되었으며, 1994년 10월 21일 북미 간 제네바 합의문이 체결됨으로써 일단락되었다.	2002년 켈리 미국 국무부 동아태차관보가 평양을 방문하고 돌아온 후 북한에 고농축우라늄 프로그램이 있다는 발언을 한 직후 한반도에너지개발기구(KEDO)가 대북 중유 및 경수로 건설 중단을 결정했고, 이에 2003년 1월 북한은 NPT에서 탈퇴하면서 시작되었다.

핵시험에서 보여준 핵폭발 위력은 약 50kt으로 추정되며, 이는 이전에 실시한 핵시험들에 비해 핵능력이 뚜렷하게 증대되어 수소탄 시험(북의 주장으로는 3차 핵시험이 수소탄 시험이었음)을 실시한 것으로 평가되었다. 기술적으로 보면, 북한이 주장하는 4차와 6차 수소폭탄 시험에 필요한 삼중수소는 영변의 5MWe 원자로와 IRT-2000 연구로에서 연간 최대 20~30그램(g)을 생산이 가능한 것으로 알려져 있다.

2) 「핵무력정책법」 제정과 의미

핵무기가 야기하는 공포는 핵무기의 존재뿐만 아니라 핵무기의 사용 원칙과 밀접하게 관련이 있다. 김정일 사망(2011.12.17) 전까지만 해도 북한의 핵전략에 핵무장 추진에다 북미관계 개선이라는 협상 카드로서의 기능이 녹아 있었다면, 김정일이 사망하고 김정은이 집권하고서는 생존전략의 일환으로 핵을 활용하는 현상이 뚜렷해졌다. 여섯 차례 핵시험 중 김정은 집권기간에만 네 차례 핵시험이 단행됐다. 동시에 김정은은 핵무기의 소형화, 경량화, 다종화 작업에 총력을 기울였다.

핵시험을 통한 국내외 긴장 수위를 높여 김정일 사망 후 누수(漏水)될 수도 있었던 권력의 고삐를 다시 잡고 핵무장국으로서 지위를 공고하게 다져 경제난에 허덕이는 주민들의 불만을 무마하려고 했다. 나아가 김정은은 조선노동당 중앙위원회 8기 6차 전원회의 확대회의(2022.12.26~31)의 폐회사에서 핵무력 강화의 중요성을 강조하면서 “북한의 핵무력은 전쟁억제와 평화안정수호를 제1의 임무로 간주하지만 억제 실패 시 제2의 사명도 결행하게 될 것”이라고 주장했다. 김정은은 제2의 사명이 ‘방어가 아닌 다른 것’임을 명확하게 밝혔다. 아울러 “공화국의 절대적 존엄과 자주권, 생존권을 억척으로 수호하기 위한 우리 당과 공화국 정부의 핵무력 강화 전략과 기도에 따라 신속한 핵반격 능력을 기본 사명으로 하는 또 다른 대륙간탄도미사일 체계를 개발할 데 대한 과업이 제시됐다”라고 보도됐다. 북한은 이미 2022년 9월 8일 최고인민회의 제14기 7차 회의에서 법령 「조선민주주의인민공화국 핵무력정책에 대하여」(이하 「핵무력법」)를 대외적으로 공표했다. 북한의 공식적 발표는 6차 핵시험(2017.9.3)을 하고서 발표된 핵무력 완성 선언(2017.11. 29)에 이어 2022년 4월 25일 조선인민혁명군 창건 90주년 기념 열병식에서 밝힌 ‘핵교리(nuclear doctrine)’를 구체적으로 법제화한 것이다. 누가 보더라도 핵보유국으로서의 위상을 갖춰 나가겠다는 전략적 행보였다. 실제 미국, 러시아를 위시한 핵강대국들은 예외 없이 핵전략(nuclear strategy)을 갖고 있다. 핵전략은 국가 핵안보에서 최상위 개념이다. 따라서 핵전략에는 절대무기인 핵무기를 어떠한 상황(조건)에서, 어떻게 사용할 것인지를 큰 틀에서 원칙으로만 밝혀 둔 채 관련 세부 내용은 별도로 비밀문서로 분류해 두고 있다. 핵전략은 일반적으로 핵교리(nuclear doctrine)와 핵태세(nuclear posture)로 분류한다. 핵교리는 내용을 일부 공개함으로써 적대국 행동을 억제하는 것을 목표로 두는 사용 원칙이기에 심리적인 '소프트웨어(software)' 성격이 강하다. 반면에, 핵태세는 다양한 핵무기를 효과적이고 적절하게 배합하고 배치하는 등 물리적인 '하드웨어(hardware)' 특징을 지닌다.

북한이 공개한 「핵무력법」은 핵무력의 사명, 지휘통제, 사용 원칙, 사용 조건 등 총 11개 항목으로 핵무력 관련한 사항을 이전보다 상세하게 규정해 놓고 있다. 따라서 「핵무력법」은 한마디로 핵무기를 포기하는 일이 없을 것이라는 최종선언이다. 하지만「핵무력법」 제정은 2006년 7차 당대회 결정서에서 "책임 있는 핵보유국으로서 침략적인 적대세력이 핵으로 우리의 자주권을 침해하지 않는 한 이미 천명한 대로 먼저 핵무기를 사용하지 않을 것"이라고 선언한 것과는 완전히 배치(背馳)되는 것으로, 이는 북한 핵정책의 선회를 알리는 신호탄으로 보인다.

북한이 핵교리를 최초로 법제화한 사례는 (이번 「핵무력법」으로 대체된) 2013년 4월 1일 최고인민회의 제12기 7차 회의에서 '자위적 핵보유국의 지위를 더욱 공고히 할 데 대하여'였다. 핵심 내용을 간략하게 정리하면 다음과 같다.

이 외에, 핵무기를 "적대적인 다른 핵보유국이 우리 공화국을 침략하거나 공격하는 경우 그를 격퇴·보복 타격을 가하기 위해 조선인민군 최고사령관의 최종 명령에 의해서만 사용할 수 있다"라고 명시했다. 북한은 선제

더 보기 **'자위적 핵보유국의 지위를 더욱 공고히 할 데 대하여'**

① 핵무기는 미국 핵위협에 대해 정당방위 수단
② 핵무력은 세계 비핵화 실현 때까지 침략과 공격 억제, 섬멸적 보복타격 복무
③ 핵억제력과 핵 보복 타격력 질량적 강화하기 위한 실제적 대책 강구
④ 핵무기는 적대적 핵보유국의 침략 및 공격을 격퇴하고 보복타격하기 위한 목적으로 최고사령관 명령에 의해서만 사용
⑤ 적대국인 핵보유국과 야합하여 침략 및 공격행위 가담하지 않는 비핵국가에 대해서는 핵무기 사용 및 위협 안 함
⑥ 핵무기의 안전한 보관관리, 핵시험 안전성 보장 규정 엄격히 준수
⑦ 핵무기 기술, 핵물질 비법적 누출하지 않을 것
⑧ 핵 전파방지와 핵물질의 안전한 관리를 위한 국제적 노력에 협조
⑨ 핵군비경쟁 반대, 핵군축 국제적 노력 적극 지지

적으로 핵무기를 사용하지는 않겠지만 여차하면 핵무기로 보복할 수 있음을 위협한 것이다. 그리고 북한은 "적대적인 핵보유국과 야합해 우리 공화국을 반대하는 침략이나 공격행위에 가담하지 않는 한 비핵국가들에 대해 핵무기를 사용하거나 핵무기로 위협하지 않는다"라며 주변국들인 한국과 일본을 염두에 둔 소극적 안전보장(negative security assurance, NSA)을 '조건부'로 명시했다.[10] 이후 베트남 하노이 북미정상회담(2019.2.27~28)이 모두의 예상을 깨고 결렬되자 북한의 핵교리도 서서히 변화를 보이기 시작했다. 2021년 8차 당대회(1.5~12)에서는 핵기술을 고도화해 "핵무기의 소형화

10 소극적 안전보장은 핵보유국이 비핵국가에 대해서는 핵무기를 사용하거나 사용을 위협하지 않음으로써 비핵국가가 핵무기를 개발하는 것을 포기하도록 유도하는 행위이다. 이에 반해 적극적 안전보장(positive security assurance, PSA)은 비핵국가가 핵무기 공격을 받을 경우 (동맹을 맺은) 핵보유국이 핵무기를 사용해서라도 비핵 동맹국가의 국가안보를 보장해 주는 행위를 일컫는다.

더 보기 **베트남 하노이 북미정상회담**(2019.2.27~28)

하노이 정상회담은 2019년 2월 27~28일 베트남 하노이 메트로폴 호텔에서 열린 북한 김정은 국무 위원장과 미국 도날드 트럼프 대통령과 이루어진 회담으로, 2018년 6월 싱가포르 회담에 이어 성사된 두 번째 북미정상회담이었다.

와 경량화, 규격화, 전술무기화를 마쳤고, 이후에도 핵 고도화를 위한 노력을 멈추지 않겠다"라고 밝혔다. 즉, 북한은 제8차 당대회에서 핵·미사일 능력 강화를 위해 전략무기 최우선 5대 과업으로 ① 초대형 핵탄두 생산, ② 1만 5000km 사정권 안의 타격 명중률 제고, ③ 극초음속활공비행전투부 개발, ④ 수중 및 지상 고체추진 ICBM 개발, ⑤ 핵잠수함(수중발사 핵전략무기 보유)을 포함해 국방 분야 전략적 과업들을 제시했다.

한편, 미국 조 바이든 대통령은 2021년 대통령 선거 캠페인 기간 동안 핵무기를 하나의 목적으로만 사용하도록 핵 독트린을 변경하겠다고 선언했다. 하지만 유럽과 아시아의 미국 동맹국들이 이에 강력한 우려를 표시하자 선거를 승리로 이끈 바이든 행정부는 2022년 3월 28일 공개한 「핵태세검토보고서(Nuclear Posture Review, NPR)」에서 단일 목적으로만 핵무기를 사용하겠다는 공약을 포함시키지 않았다. 바이든 행정부의 새로운 NPR은 "미국의 핵무기는 미국과 동맹국, 파트너들에 대한 핵 공격을 억지하는 것이 근본적인 역할"이라고 밝히고 "극단적인 상황에서만 핵무기 사용을 고려할 것"이라고 명시했다. 이와 대조적으로, 중국은 이미 1964년에 어떠한 경우에도 먼저 핵무기를 사용하지 않는 정책(no-first-use)을 대외적으로 천명했다.

핵보유국들의 핵 독트린이 핵무기 사용의 민감성을 감안해 포괄적이면서 모호하게 기술되어 있다. 이와는 대조적으로, 북한이 핵무기 사용 조건

더 보기 **「핵태세검토보고서」**

이례적으로 한국어 번역본으로 공개된 「핵태세검토보고서(Nuclear Posture Review, NPR)」은 총 42쪽 분량으로, 미국 전략에서 핵무기의 역할을 비롯해 맞춤형 핵억제 전략, 지역적 핵억제 등을 다룬다. 보고서에는 북한이 핵무기를 사용할 경우 김정은 정권이 심각한 결과를 맞이하리라는 내용이 포함됐다. 또 미국과 우방·협력국에 대한 북한의 핵 공격은 허용할 수 없으며, '김정은 정권 종말'로 이어진다는 내용이 포함됐다.

을 법령 형태로 밝혀둔 것은 매우 이례적이다. 실제 북한은 전쟁억제를 핵무력 기본 사명으로 삼으면서 억제가 실패했을 경우 최후의 수단으로 핵무기를 사용할 것임을 표기해 두었다. 핵무력 지휘통제에 관련해서는 '국무위원장'이 유일적 지휘권을 가지고 있음을 명기했다. 이는 2013년 핵보유국법에서 '조선인민군 최고사령관'에게 핵지휘통제권을 부여한 것과는 대조적이며, 국무위원장이 여타 정상적인 핵보유국들의 '국가수반' 내지 '대통령'임을 나타냈다. 그리고 핵무력 사용 조건을 다섯 가지로 제시한 것도 눈여겨볼 대목이다. 이 중에서 "림박했다고 판단되는 경우" 문구를 다섯 가지 조건 중에서 세 군데에 적시함으로써 선제적 핵사용 가능성을 강하게 시사(示唆)함으로써 실제적으로 핵사용 문턱(threshold)을 낮춘 것으로 판단된다(상세 내용은 〈표 3-3〉 참조).

북한이 공개적으로 핵사용 기준을 밝힌 점은 미국이 여차하면 핵무기로 북한을 선제적으로 공격할 수 있다는 가능성을 염두에 둔 것으로 보인다. 그럴 경우 북한은 자위적 차원에서 억제력으로서 대응할 것임을 명문화한 것이다. 실제 북한은 「핵무력법」 서문에서 핵무기가 자위적(自衛的) 목적의 억제용임을 애써 강조했다. 그러면서 핵무기 지휘통제 체계가 외부의 군사 공격으로 위기에 놓일 경우에는 사전에 결정된 작전방침에 따라 핵 타격이

표 3-3 「**핵무력법**」 **주요 내용**

조항	주요 내용
서문	• 핵무력은 국가의 주권과 령토완정, 근본리익을 수호하고 조선반도와 동북아시아지역에서 전쟁을 방지하며 세계의 전략적 안정을 보장하는 위력한 수단
1. 핵무력의 사명	• 침략과 공격기도를 포기하게 함으로써 전쟁을 억제하는 것을 기본사명으로 함 • 핵무력은 전쟁억제가 실패하는 경우 적대세력의 침략과 공격을 격퇴하고 전쟁의 결정적 승리를 달성하기 위한 작전적 사명을 수행
2. 핵무력의 구성	• 각종 핵탄과 운반수단, 지휘 및 조종체계, 그의 운용과 갱신을 위한 모든 인원과 장비, 시설로 구성
3. 핵무력에 대한 지휘통제	• 핵무력은 조선민주주의인민공화국 국무위원장의 유일적 지휘에 복종함. • 국무위원장은 핵무기와 관련한 모든 결정권을 가짐 • 적대세력의 공격으로 위험에 처하는 경우 핵타격이 자동적으로 즉시에 단행
4. 핵무기 사용결정의 집행	• 핵무력은 핵무기사용명령을 즉시 집행함
5. 핵무기의 사용 원칙	• 최후의 수단으로 핵무기를 사용하는 것을 기본원칙으로 함 • 비핵국가들이 다른 핵무기보유국과 야합해 침략이나 공격행위에 가담하지 않는 한 이 나라들을 상대로 핵무기로 위협하거나 핵무기를 사용하지 않음
6. 핵무기의 사용 조건	• 핵무기 및 기타 대량살륙무기공격이 감행되였거나 림박했다고 판단되는 경우 • 국가지도부와 국가핵무력지휘기구에 대한 적대세력의 핵 및 비핵공격이 감행되였거나 림박했다고 판단되는 경우 • 국가의 중요 전략적 대상들에 대한 치명적인 군사적 공격이 감행되였거나 림박했다고 판단되는 경우 • 유사시 전쟁의 확대와 장기화를 막고 전쟁의 주도권을 장악하기 위한 작전상필요가 불가피하게 제기되는 경우 • 기타 핵무기로 대응할 수밖에 없는 불가피한 상황이 조성되는 경우
7. 핵무력의 경상적인 동원태세	• 핵무기사용명령이 하달되면 임의의 조건과 환경에서도 즉시에 집행
8. 핵무기의 안전한 유지관리 및 보호	• 핵무기와 관련기술, 설비, 핵물질 등이 루출되지 않도록 철저한 보호대책을 세움
9. 핵무력의 질량적 강화와 갱신	• 핵무력태세변화를 항시적으로 평가하고 그에 상응하게 핵무력을 질량적으로 갱신, 강화함
10. 전파방지	• 책임적인 핵무기보유국으로서 핵무기를 다른 나라의 령토에 배비하거나 공유하지 않으며 핵무기와 관련기술, 설비, 무기급 핵물질을 이전하지 않음
11. 기타	• 2013년 4월 1일에 채택된 ≪자위적핵보유국의 지위를 더욱 공고히 할데 대하여≫의 효력을 없앰

자료: 북한의 ≪로동신문≫, 국내 언론보도 등을 종합해 필자가 재구성.

자동적으로 즉시에 단행된다고 명시했다. 핵 반격의 신속한 자동성을 강조한 것이다. 동시에, 북한은 (한국처럼) 비핵국가가 핵보유국(미국)과 야합해 공동으로 군사적 공격을 하지 않는다면 비핵국가에 대해서는 핵무기를 사용하지 않을 것임을 재차 강조했다. 북한의 이러한 언급은 한미 '참수작전'을 대비한 북한식 포석이다. 또한 북한은 핵무기의 '질량적 강화와 갱신'과 관련해서 국제 정세에 맞게 핵무력을 질량적으로 갱신한다고 명시했다. 이는 김 위원장이 연설(2022.9.8)에서 강조한 '전술핵 운용 공간 확장'과 관련이 있어 보인다. 따라서 북한이 향후 7차 핵시험을 시도한다면 이는 전술핵 성능 개발에 초점을 맞출 것으로 예상된다. 다만 북한의 공세적 태도가 정해 놓은 목표 달성 시간과 이에 따른 관련자들이 심리적 압박감에 쫓겨 (핵)미사일 시험 발사 단계에서 필히 거쳐야 할 절차를 건너뛰고 다음 단계로 곧바로 갈 경우 대형 참사로 이어질 가능성은 언제나 열려 있다. 그럴 경우 노후화된 물적 및 인적 인프라 등 북한체제 특성상 여타 후발 핵보유국들보다 핵무기 관련한 사고 가능성이 높아 보인다. 그럴 경우 물리적 재앙은 필연적이다.

4. 한국의 대응

2016년 7월 6일 북한은 '조선반도 비핵화'를 위한 다섯 가지 조건을 제시했다. 북한의 1차, 2차 핵위기를 통하여 여섯 차례 핵시험에 대한 대한민국 정부의 대응은 군사적·외교적으로 강력하고 다각적이었다. 각 핵시험 이후, 한국 정부는 유엔 안보리를 통해 각종 제재를 포함한 북한에 대한 엄중한 조치를 취하고 국제사회와 공조를 강화해 나갔다. 예를 들어 북한이 3차 핵시험을 강행한 후에는 대북 정보감시 태세인 '워치콘'을 3단계에서 2단계로 격상시켰다. 이는 북한 군의 추가 도발에 대비한 조치였다.

또한 한국 정부는 북한의 핵실험을 강하게 규탄하고 초당적 협력을 다짐하며, 국제사회에 대한 도발이자 동북아 평화에 심대한 위협이라고 비난했다. 정치권에서도 북한의 행동에 대해 일제히 비판의 목소리를 높였다.

북한이 주장하는 비핵화는 북한뿐만 아니라 첫째, 남한 내 미국 핵무기 공개, 둘째, 남한 내 핵무기 및 기지 철폐, 셋째, 핵 타격 수단을 한반도에 끌어들이지 않겠다는 미국의 담보, 넷째, 핵위협과 핵사용을 않겠다는 미국의 확약, 다섯째, 미군 철수 선포이다. 이를 두고 일각에서 북한이 핵무장 자체를 절대적 목표로 두고 있지 않다는 주장이 제기되었지만 이러한 분석 및 평가는 더 이상 유효하지 않다. 김정은은 노동당 제7기 2차 전원회의(2017.10.7)에서 "경제 건설과 핵무력 건설의 병진노선을 따라 전진해 온 것이 천만 번 옳았으며 앞으로도 변함없이 이 길로 나아가야 한다"라고 했다. 미국의 대북 적대적 정책에 근본적 변화가 없을 것임을 반영한 발언이자 북한 비핵화 가능성을 기대하는 이들에게 찬물을 끼얹는 주장이었다. 이후 북한이 보여준 일련의 태도는 북한이 핵무기를 포기하기는커녕 오히려 정반대 방향으로 가고 있음을 보여주고 있다. 불확실성 시대에 확실하게 대응하고 있는 셈이다.

일본 히로시마(고농축우라늄 핵무기를 사용), 나가사키(플루토늄 핵무기를 사용) 원폭 투하 이후 지금까지 핵무기는 전장에서 유일한 게임 체인저(game changer)가 될 것으로 인식됐다. 여태껏 억제용으로만 간주되던 핵무기를 이제는 실제 사용될 수 있는 무기로 간주하기 시작했다. 러시아가 우크라이나를 침공한 이후 러시아 대통령 푸틴과 그의 측근들이 노골적으로 핵무기 사용 가능성을 시사하면서 세계를 핵공포로 몰아가고 있다. 핵무기가 발사되는 경우는 예상하지 못한 사고(by accident)이거나, 아니면 오인식

(miscalculation) 또는 광기(madness)에 의해서만 가능하다. 특히 북한처럼 소규모 핵무기를 보유한 것으로 추정되는 국가는 전쟁이 발발할 경우 자국의 핵무기가 손쉽게 파괴될 것을 우려한 나머지 핵무기로 신속하게 대응해야 한다는 강박에 시달릴 수 있다. 전쟁에 질 것을 알면서도 약소국의 핵무기는 억제용이 아니라 실제 사용될 확률이 높다.

북한 핵이 한국을 이른바 '투키디데스 함정(Thucydides Trap)'에 빠지게 할지는 여전히 불투명하다. 투키디데스 함정은 2500년 전 그리스의 군인이자 역사가였던 투키디데스가 아테네와 스파르타가 벌인 펠로폰네소스 전쟁 원인을 신흥 도전국 아테네의 힘의 증가와 당시 패권국 스파르타의 공포로 진단한 것에서 연유한다. 이를 예방하고자 군사적 긴장이 단순히 견제구를 주고받는 것을 넘어서 대규모 군사적 충돌 등으로 확전되지 않도록 '상황 관리'가 필요하다. 대화가 상황 관리의 수단일 수 있다. 북한과의 (어떠한) 대화라도 핵전쟁이라는 재앙의 위험을 낮추는 데 도움이 된다는 주장이다. 비유적으로 말해, 예방전쟁을 치르자는 주장은 독일 재상 비스마르크(Otto von Bismarck)가 말한 "예방전쟁은 (나중에) 죽는 것이 두려워 (지금) 자살하는 행동이다(Preventive war is like committing suicide out of fear of death)"라는 것이다. 반대로, 마크 트웨인(Mark Twain)의 독설처럼 "싸움판에서 개의 크기가 중요한 것이 아니라 그 개가 어떻게 싸우느냐가 중요하다"라고도 한다. 싸움의 방법에 있어 첨단무기의 확보는 필수적이며, 군사기술과 첨단 과학기술은 상호 보완적이다.

과학기술은 인간이 지적 호기심을 통해 체득한 가장 체계적인 지식이다. 이러한 과학기술의 발달로 핵무기를 현저히 무력화시킬 수 있는 (근)미래무기들이 빠르게 등장하고 있다. 레이저 무기와 레일건(rail gun), 드론을 활용한 무기체계는 오래전 연구개발에 들어가 이제는 상용화 단계로 진입했으며, 여기에다 사이버(cyber) 기술과 인공지능(Artificial Intelligence, AI) 기술을

더 보기 **레일건**

레일건은 화약을 쓰지 않고 순수 전기의 힘만으로 탄환을 날려 보내는 전기포(electric gun)를 말한다.
레일건이라는 이름은 전류를 흘리는 전선을 따라서 발사체(탄환)가 가속되어 날아가는 과정이 마치 열차가 레일을 달려서 가속되는 것과 비슷하기 때문에 붙은 이름이다.

더 보기 **스워밍**

스워밍(떼로 몰려들기)은 '작고, 곳곳에 퍼져 있는 네트워크로 연결된 수많은 기동부대'를 의미한다. 특성상 공중전과 해상전에 적합한 스워밍에 중앙의 통제는 필수적이다.

접목한 무기(스워밍, swarming)로 확대되어 연구개발을 하고 있다. 군비경쟁이라는 비판이 제기될 수 있지만 '핵에는 핵'이라는 경험칙(經驗則)에 기반을 둔 오래된 도식이 무너질 수도 있어 보인다. 또한 낙후된 환경에 선진 핵강국들과는 다르게 사실상 무방비로 노출되어 있을 북한의 핵 지휘·통제 시스템은 대홍수(extreme flooding), 폭열(暴熱) 등 기후 이변 현상에 상대적으로 매우 취약할 수밖에 없다. 특히 미래 기후 이변이 핵무기 동학(nuclear dynamics)의 영향에 상수(常數)가 되었음을 고려할 때, 불투명한 북한 핵물질과 핵무기의 저장, 배치, 관리 및 운용 등 낙후된 북한의 핵무기 인프라의 불안정성을 두고 한미 양국이 이를 심각하게 고려해야 하는 이유이기도 하다. 동시에 이러한 여건은 미국이 제공하고 있는 확장억지(extended deterrence)에 대한 신뢰의 문제와도 무관하지 않다. 미국 핵전략의 하위 개념인 확장억제 공약이 '신뢰할 만한(credible)' 것이어야만 북한이 미국의 보복이 두려워 한국에 핵무기를 사용하는 무력도발을 감행하지 못한다. 선례

더 보기 **핵기획그룹**

북대서양조약기구(NATO) 동맹군의 핵정책과 관련된 모든 사안을 논의하는 고위급 회의체로, 프랑스를 제외한 모든 NATO 회원국들이 참여하고 있다.

가 있다.

미국은 이미 1966년 북대서양조약기구(NATO)와 '핵기획그룹(Nuclear Planning Group, NPG)'을 만들었지만 이후에는 이런 체계를 구축한 적이 없다. 미국은 네덜란드, 독일, 벨기에, 이탈리아, 튀르키예 등 5개 국가 6개 기지에 이미 B61 계열 전술핵무기를 배치했다. 또 유사시 핵공격에 사용될 이중용도(dual-use) 전투기도 지정해 놓고 있다. 물론 NATO식 핵공유 체제에서 핵무기를 사용하는 최종적인 결정권은 미국 대통령에게 있으며, 통제와 보관 임무도 미군이 이를 담당하고 있다. 핵무기를 사용할 경우 핵무기 공유 5개 당사국과 작전 계획을 공유하고 있다. 이처럼 냉전 시기에 서유럽 국가들은 NPG를 통해 유럽에 배치된 미군 핵무기의 운용 방식을 놓고 미국과 다각도로 협의해 왔다. 그 결과로 NPG는 유럽 내 핵확산을 막는 데 결정적 역할을 했다는 평가가 지배적이다. 이런 이유 등으로 북핵 위협이 해를 거듭할수록 올라가자 오래전에 한국에서 철수한 미국의 전술핵을 재배치하는 수준은 아니더라도 한미 간에도 NATO 핵무기 공유 개념과 유사한 협의체가 있어야 한다는 주장이 오래전부터 제기되었다.

한미 양국 국방장관은 2013년 10월 2일 제45차 한미안보협의회(Security Consultative Meeting, SCM) 공동성명을 발표하면서 '맞춤형 확장억제 전략'에 합의했음을 선언했다. '핵무기에 의한 확장억제'는 핵무기 보유국이 핵무기를 갖고 있지 않은 동맹국이나 우호국을 핵무기 공격으로부터 보호하는 것을 주목적으로 한다. 동시에 확장억제는 핵무기의 불평등 상황을 완화 내

더 보기 **한미안보협의회**

1968년 북한에 의한 청와대 습격(1.21)과 푸에블로호 납치사건(1.23) 등이 발생해 한반도 긴장이 고조되자 한미 간 긴밀한 안보협의의 필요성이 대두되었다. 이에 호놀룰루에서 열린 정상회담에서 한국의 안보와 관련해 한미 연례국방각료회의를 개최하기로 합의함으로써 우리의 안전보장에 획기적인 전환점을 마련했다.
같은 해 5월 워싱턴에서 1차 한미국방각료회의가 열린 것을 시작으로 매년 한미 양국에서 교대로 개최되었으며, 1971년 4차 회의 시 한미안보협의회의로 개칭되어 오늘에 이르고 있다.

더 보기 **맞춤형 억제전략**

고도화되는 북한의 핵·미사일 위협을 효과적으로 억제하고 대응하기 위한 기본 틀을 구비하고 있다.

지 보완하는 효과가 있다. 실제로 확장억제는 첨예한 군비경쟁 상황에서도 핵무기가 여타 분쟁국으로 확산되는 것을 예방하는 역할을 하고 있다. 여기에서 한발 더 나아가 '맞춤형 확장억제 전략'은 미국의 동맹국이 직면한 위협과 안보 도전 요소에 효과적으로 대처할 수 있는 적절한 억지의 수단과 도구를 미국이 제공하는 것이다. 미국이 제공하려는 무기 체계에는 핵전력과 첨단 재래식 전력, 미사일 방어 능력 및 모든 범주에 걸친 동맹의 능력을 포괄한다. 여기에다 북한의 핵능력 발전에 따라 맞춤식 확장억제 전략도 계속 진화해 나가야 한다는 기조에 맞게, 한미 양국은 2022년 5월 한미정상회담 합의에 따라 2023년 11월 전략 문서인 '맞춤형 억제전략(Tailored Deterrence Strategy, TDS)'을 10년 만에 개정했다.

한편, 한국 내 핵무장 지지 열기를 식히기 위해 사실상 미국 주도로 작성된 '워싱턴선언' 합의문의 내용을 보면 "한국에 대한 미국의 확장억제는 핵을 포함한 미국의 역량을 총동원해서 지원된다"라고 명확하게 기술되어 있으므로 앞으로 이러한 내용이 신설된 핵협의체(NCG)를 통해서 이를 구체화해야 한다. 한국과 미국은 북한 발 핵 위기 상황에서 다각도로 시뮬레이션 훈련(모의훈련)을 더욱 발전시켜 나가기로 선언했다. 따라서 향후 이러한 것들이 가시적으로 구체화되기 위해서는 70년이 넘는 동맹에 걸맞게 양국 사이에 한층 밀도 높은 협의체가 마련되어야 한다. 특히 NCG에서 협의 이상의 역할을 확보하기 위해서는 한국이 선제적으로 정교하고도 짜임새가 촘촘한 대안을 미국에 제시해 NCG 운용 주도권(upper hand)을 쥐도록 해야 할 것이다. 말하자면 "좋은 질문이 좋은 답변을 이끌어낸다(Good questions make good answers)"라는 경구처럼 한국은 논리적으로 탄탄한 질문을 만들어 미국이 쉽게 회피할 수 없을 정도로 답변을 듣는 절차를 게을리해서는 안 된다. 이는 목마른 자가 우물을 파는 이치와 별반 다르지 않다. 강대국들은 자국의 이익이 첨예하게 걸려 있지 않거나, 상대 국가가 현안 문제를 치열하게 제기하지 않으면 굳이 선제적으로 일을 처리하지 않으려는 속성이 있다.

정치적 안보 공약이자 미국 주도 핵비확산 수단(tool)의 일환인 확장억제력 차원에서 미국산 전술핵을 한반도에 다시 배치하더라도 이것이 북한의 핵도발을 영구적으로 억제할 비책(祕策)이라고 말하기는 어렵다. 참고로, 러시아가 약 2000기의 전술핵을 보유하고 있음에 반해, 미국은 이보다 10분의 1에 불과한 200여 기의 전술핵을 갖고 있다. 중국은 약 400여 기 전술핵을 보유하고 있는 것으로 알려져 있으며, 2030년까지 1000기 확보를 목표로 하고 있다. 1990년 초반까지 미국의 전술핵이 남한 내 미군 기지들에 분산되어 있었지만, 북한의 제한적 도발은 끊임없이 이어졌기 때문이다. 나아가 설령 한국이 독자적 핵무장에 성공하더라도 한국의 핵무장이 북한의 핵무기 사용을 억제할 것이라고 누구도 확언할 수가 없다. 비유적으로 말해, "억제의 거주지는 심리적 공간이다(Deterrence resides in psychological spaces)"(Edel, 2023). 억제와 관련한 불편한 진실 중 하나가 '억제는 실패할 때까지만 작동하며, 그리고 억제가 실패하면 그 실패는 재앙적'임은 부인할 수 없는 사실이다.

5. 결론

많은 사람들이 보기에 북한이 원자력 발전에서 핵무기 개발로 전환한 것은 합리적 결정으로 보이지 않았다. 지구상 어느 국가도 핵무기를 보유한 북한을 지지하지 않는다. 북한은 전쟁이 끝나고 황폐해진 상황에서도 에너지 자립을 위해 원자력에너지 분야에서 끈질기게 노력해 성과를 일군 한국의 원자력 발전 경로를 도중에 이탈해 이제는 사실상의 핵보유국 대열에 진입했다. 의도했든 아니든, 북한의 핵무기는 이제 북한 정권의 생존과 불가분의 관계에 놓여 있다. 국제정치의 주류인 현실주의자들에 따르면 생존(survival)을 최고의 목표로 삼는 국가는 외부의 위협으로부터 국가를 보호하고 이익을 최대화하기 위해 합리적으로 행동한다. 따라서 국가 지도자의 신념, 심리, 의도, 경험 등은 상대적으로 경시되었다. 이런 점에서 '국가는 어떻게 생각하는가(how states think)'와 '국가 지도자는 어떻게 생각하는가(how statesmen think)' 사이에 분명 간극이 존재함에도, 북한과 같은 독재국가에서 지도자의 생각이 곧 국가의 정책으로 이어지는 구조에서 개별 지도자의 판단, 세계관 등을 분석하는 일은 대단히 중요하다. 이를테면, 김일성부터 김정은에 이르기까지 각자가 지니고 있는 '관념적 필터'가 어떠하며, 나아가 어떻게 변해왔는지를 살펴보는 일은 쉽지 않기는 해도 가치가 있다. 김일성, 김정일, 김정은이 보고, 듣고, 경험했던 수많은 사건으로 짜인 인지적 직조(織造) 패턴이 동일하지 않을 것이기 때문이다. 이는 김정은의 미래 행동을 예견하는 것과 결코 무관하지 않다.

완성도를 점차 높여가는 북한의 핵무기 개발은 한반도라는 냉전의 먹구름 속에서 전하(電荷)를 축적하고 있는 번개이다. 2006년 1차 핵시험을 한 이래 거의 완성 단계에 도달한 북한의 핵무기 일체를 강제적으로 해체하는 것은 이제 난망(難望)한 일이 됐다. 오히려 북한은 제재가 해제되는 결말로 이어지는 '사실상의 핵보유국' 지위를 확보하고자 핵무기 고도화를 목표로 관련 분야의 연구·개발을 급속히 진행시키고 있다. 이미 2003년 10월 NPT를 탈퇴한 북한은 20년이 지나도록 복귀는커녕 지금까지 여섯 차례의 핵시험과 「핵무력 정책법」이 이를 증명하고 있다. 북한은 미국이 북한의 핵보유국 지위를 인정하지 않는 한 미국과 협상하지 않겠다고 여러 차례 공언했다. 북한 지도부 역시 북한이 국제사회로부터 핵보유국 지위를 인정받을 가능성이 없다고 판단하면서도 그 길만이 북한이 장기적으로 생존할 수 있는 유일한 선택지라고 간주하고 있을 것이다.

북한은 2018년 4월 당 7기 3차 전원회의에서 채택한 결정서에서 "국가에 대한 핵위협이나 핵도발이 없는 한 핵무기를 절대로 사용하지 않을 것이며, 어떤 경우에도 핵무기와 핵기술을 이전하지 않을 것"이라고 천명했다. 한마디로 미국의 위협이 사라지지 않는 한 북한으로서는 최소한의 핵무기만큼은 보유하겠다는 강력한 의지표명이면서 동시에 핵무기를 스스로 먼저 포기할 의사가 없음을 드러낸 것이다. 김정은의 국가 핵전략은 '핵무기 미니멀리즘(nuclear minimalism)'으로 요약할 수 있다. '핵무기 미니멀리즘'은 북한 핵무장이 방어적 목적 이상의 공격적 성격을 내포하고 있다. 즉, 북한의 핵무기 보유 동기가 미국을 협박해 유사시 한국과 일본을 지원할 수 없게끔 위협하는 것이다. 하지만 핵무기 위협으로 상대방의 양보를 얻기는 어렵다. 나아가 북한의 핵무기 용도는, 북한이 애초에 가졌을 것으로 추정되는 현상변경에서 이제는 현상 고착용으로 귀결될 가능성이 높아 보인다. 달리 말해, 북한으로서는 핵무기가 미국의 억제력에 기여했다고 판단하겠지만 미국의 대북정책 변화까지 예상했다면 그 의도의 화살은 과녁을 확실히 비켜난 셈이다.

그럼에도 불구하고, 북한이 핵무기 제조 기술 분야에서 알파와 오메가까지 모두 섭렵하고 핵무기 잠재력(latency)을 지닌 국가를 넘어선 지 오래되었으며, 이제는 핵무기 완성국의 문지방을 건넜다는 사실에 더 이상 이의를 달기가 어렵게 되었다. 북한은 이미 여섯 차례의 핵시험과 수백 차례의 미사일 시험 발사 등으로 핵무기와 미사일 관련한 각종의 데이터를 확보했고, 핵무기 잠재력에 의도(intention)까지 더해진 핵무기 헤징(hedging) 능력을 정교하게 높이는 데 치중해 기대 성과를 얻고 있는 것으로 보인다. 따라서 대외적 위협이 빠르게 증가하지 않는 이상 추가 핵실험은 긴요하지 않아 보인다. 여기에다 북한은 2023년 9월 헌법 제58조에 "책임적인 핵보유국으로서 나라의 생존권과 발전권을 담보하고 전쟁을 억제하며 지역과 세계의 평화와 안정을 수호하기 위해 핵무기 발전을 고도화한다"라는 내용을 보완했다. 한마디로 2022년 9월 최고인민회의에서 핵 선제공격 등 핵무력 정책을 '법령화'한 데 이어 불과 1년 만에 헌법에 포함시켜 핵무기 포기가 불가능함을 다시금 각인시켰다. 김정은 위원장은 최고인민회의 제14기 제9차 회의(2023년 9월 개최)에서 핵무력 강화 정책을 "국가의 기본법으로 영구화", "불가역적인 국법으로 고착", "국가 최고법에 명명백백히 규제"한 것이라며 "일단 보유한 핵은 세월이 흐르고 대가 바뀌어도 국가의 영원한 전략자산"이라고 강조했다.

북핵이라는 핵 정령이 요술 램프 속으로 자발적으로 들어가지 않는 한 이를 강제적으로 집어넣기가 불가능해진, 문자 그대로 북핵의 존재는 적어

더 보기 **선제공격**

선제공격(preemptive strike)은 잠재적 위협국이 언제 자국에 대해 침공을 감행할지 모르는 급박한 상황에서 잠재적 위협국에 대해 먼저 공격을 감행하는 것을 의미한다. 이에 반해, 예방공격(preventive strike)은 잠재적 위협국이 자국에 대한 무력도발을 감행할 능력을 거의 확보했다고 판단될 때 이러한 능력을 제거할 목적으로 문자 그대로 예방적 차원에서 공격을 감행하는 것을 뜻한다.

도 우리에게 희망이 없는 묵시록에 가깝다. 비유적으로 말해, 김정은 정권은 핵무기를 탑재한 (제재 등으로) 연료가 부족한 비행기이다. 경착륙, 연착륙, 자체 폭발, 외부 충격에 의한 폭발 중 어느 것도 이를 정확하게 예측하기가 쉽지 않다. 무엇보다 기장(김정은)이 어떤 매뉴얼에 따라 운항을 하고 있는지 외부에서 이를 올바르게 파악하기가 매우 어렵다.

나아가 북한 핵무기 교리에 따른 핵무기 버튼을 누를 수 있는 (현장 군사지휘관들을 포함해서) 잠재적 주체들의 증가와, 계획적 또는 우발적인 핵공격 가능성도 점차 증가하고 있다. 동시에 북한의 미래 핵 능력(개발) 속도와 방향은 과거 수십 년간 그래왔던 것처럼 국제사회의 압력에 크게 영향을 받을 것이다. 이를 위해 예리해지고 있는 북한의 군사적 모험주의의 칼날을 실질적으로 둔하게 만드는 전략을 마련해야 한다. 이를테면, 북한 비핵화는 북한이 핵을 포기했을 때 주어지는 혜택을 최대치로 보장해 주는 방법이다. 역대 어느 정부도 북한이 핵을 완전히 포기했을 때 얻을 수 있는 가시적 혜택을 북한이 납득할 만한 수준으로 제안하지 못했으며, 그리고 동맹으로부터 확장억제 수단을 확보하는 데 미흡했다. 설상가상으로 도널드 트럼프 전 미국 대통령은 주한미군 철수 가능성까지 내비춰 동맹에 대한 의구심을 키웠다. 따라서 '미국이 서울을 지키기 위해 뉴욕을 포기할 수 있느냐'는 이

야기가 나오는 것이 우연만은 아니다.[11]

이제 북한 비핵화가 단기간에 이뤄질 기대치는 매우 낮아졌다. 그렇다면 비핵화 달성 목표 시점을 멀리 정해놓고서 미래 어느 시점에 해결책이 나오리라는 기대를 갖고서 당장은 적극적인 줄탁동기(啐啄同機)의 노력을 경주해야 할 때이다. 핵억제가 결코 쉽지 않은 작업임에도 불구하고, 마치 치료약이 채 개발되지 않은 환자의 악성 종양이 더 이상 확산되지 않도록 안정적으로 관리하는 것과 같은 일이다.

우선 억제 작동력과 관련해 예방전쟁과 선제공격에 관한 연구가 다양하게 이루어지고 있으나 (공격과 반격을 포함하는) 북한 핵 능력과, 방어체계, 북핵에 대한 신뢰할 만한 정보의 축적, 북한 보복 가능성과 방법, 국내외 여론 등을 종합적으로 고려하지 않은 재래식 무기의 사용은 위험하며, 무모하다. 북한 핵능력이 고도화되면서 공세적으로 전략을 펼칠 가능성이 높아 보이기 때문이다. 그렇다면 미국이 한창 개발 중인 레이저 무기와 AI를 복합적으로 활용한 초정밀 첨단무기 사용과 전략자산의 한반도 전개 등을 활용한 간접적 압박은 북한의 핵무력 의지를 약화 내지 제어하는 데 도움이 될 수 있다.

둘째, 외교적·제도적 수단을 이어가는 방법이다. 북한에 대한 안전보장, 원자력의 평화적 사용을 위한 기술 지원, 수출 통제를 포함하는 각종 제재 등을 종합적으로 재점검하는 작업을 서두르는 일이다. 외교적 수단을 각종 국제 규범 내지 제도적으로 뒷받침하는 기제로 국제원자력에너지기구와 핵비확산조약 체제 준수는 물론, 쟁거위원회(Zangger Committee), 런던 핵공급자그룹(Nuclear Suppliers Group, NSG) 그리고 각종 비핵지대 규범 관련 국

---

11 드골 프랑스 대통령이 1961년 케네디 미국 대통령을 만났을 때 "파리를 지키기 위해 뉴욕을 희생할 수 있습니까?"를 빗대 했던 말이다. 당시 미국은 소련 핵 공격을 핵우산으로 막아주겠다며 프랑스의 핵개발을 만류하고 있었다. 그러나 드골은 핵개발 후 NATO(북대서양조약기구)를 탈퇴했다. 미국 핵우산에 대한 의심 때문이었다.

더 보기 **쟁거위원회**

NPT 3조 2항 규정에 따라, 안전조치하에 있지 않은 핵물질 및 장비의 핵 비보유국으로 수출 금지 의무를 이행하기 위해 1974년 8월에 설립된 수출통제체제이다. 2020년 12월 기준, 한국(1995년 10월 가입)을 포함한 38개국이 회원국이며, EU가 옵서버로 참가하고 있다.

더 보기 **런던 핵공급자그룹**

당시 NPT 비회원국이었던 프랑스의 참가하에 원자력 관련 민감 품목의 수출통제와 물리적 방호에 대한 기준을 결정하고, 1978년 1월에 설립되었다. NSG는 2020년 12월 기준, 한국(1995년 10월 가입)을 포함한 48개국으로 구성되어 있으며, EU가 옵서버로 참가하고 있다.

더 보기 **비핵지대**

중남미·카리브해 지역 트라텔롤코(Tlatelolco) 조약(1967), 남태평양 지역 라로통가(Rarotonga) 조약(1985), 동남아시아지역 방콕 조약(1995), 아프리카지역 펠린다바(Pelindaba) 조약(1996), 중앙아시아 지역 세메이(Semey) 조약(2006)

제적 활동에 한국이 적극적으로 참여하는 일이다. 이는 북한 비핵화는 물론 나아가 한국의 핵무장에 대한 국제적 의혹을 불식하는 데 기여한다.

원자력에서 출발한 북한이 어떤 동기에서 핵무기 개발로 노선을 변경했는지를 개괄적으로 살펴보았다. 북한 핵개발 동기를 설명하는 많은 이론들이 있지만, 어느 특정 이론 하나만으로 이를 온전히 명쾌하게 밝히는 일은 쉽지 않다. 여러 변수를 여러 각도에서 세밀히 검토하고, 나아가 여러 요인으로 설명하는 것이 외교정책 과정의 블랙박스를 여는 과정이다. 따라서 정치학, 심리학, 경제학, 사회학 등 학제적·통합적 접근은 불가피하다. 외교정책 결정의 복잡한 동학을 이해하기 위해서 '망원경'과 '현미경' 시각이 필요하다. 그래야만 오늘날 우리가 직면하고 있는 북한 핵문제의 심각함과 중대함을 깨달아 이를 해결하기 위한 더 정교하고 효율적인 해결책을 제시할 수 있을 것이다.

참고문헌

국방부. 2023. 『2022 국방백서』.

김보미. 2016. 「북한의 핵전력 지휘통제체계와 핵안정성」, ≪국가전략≫, 22(3), 37~59쪽.

김태형. 2019. 『인도-파키스탄 분쟁의 이해』. 서강대학교 출판부.

김태형 외. 2020. 「파키스탄의 핵 보유 이후 전략 변화」. 『북한이 핵보유국이 된다면 어떻게 달라지는가』. 사회평론아카데미.

유성옥. 1996. 「북한의 핵정책 동학에 관한 이론적 고찰」. 고려대학교 정치외교학과 박사학위 논문.

이삼성. 2018. 『한반도의 전쟁과 평화』. 한길사.

≪인민교육≫, 1955-6. 평양: 교원신문사.

조선중앙통신.2022.9.8. '최고인민회의 제14기 7차 회의 김정은 시정연설'.

천영우. 2022. 『대통령의 외교안보 어젠다』. 박영사.

통일부. 2022. https://www.yna.co.kr/view/AKR20220909015452504(검색일: 2023년 11월 20일).

푸터, 앤드루(Andrew Futter). 2017. 『핵무기의 정치』. 고봉준 옮김. 명인문화사.

한국원자력통제기술원. 2019. 『2019 북핵 총서』.

헤커, 시그프리드(Siegfried Hecker) 외. 2023. 『핵의 변곡점』. 창비.

Bell, Mark S. 2021. *Nuclear Reactions: How Nuclear-Armed States Behave*. Cornell University Press.

Bermudez, Joseph S. Jr. 1994. "Military-Technical Report for Los Alamos National Laboratory." August 29.

Bracken, Paul. 2012. *The Second Nuclear Age: Strategy, Danger, and the New Power Politics.*

Times Books.
Gerson, Joseph. 2017. *Empire and the Bomb: How the U.S. Uses Nuclear Weapons to Dominate the World.* Pluto Press.
Hecker, Sigfried S. 2023. *Hinge Points: Inside Look at North Korea's Nuclear Program.* Stanford University Press.
Jervis, Robert. 2017. *Perception and Misperception in International Politics.* Princeton University Press.
______. 1984. *The Illogic of American Nuclear Strategy.* Cornel University Press.
Narang, Vipin. 2022. *Seeking the Bomb: Strategies of Nuclear Proliferation.* Princeton University Press.
Perrow, Charles. 1999. *Normal Accident: Living with High-risk Technologies.* Princeton University Press.
Sagan, Scott D. 1993. *The Limits of Safety: Organizations, Accidents, and Nuclear Weapons.* Princeton University Press.
Sagan, Scott D. and Kenneth N. Waltz. 2003. *The Spread of Nuclear Weapons: A Debate Renewed.* W.W. Norton & Company.
Schlosser, Eric. 2013. *Command and Control.* The Penguin Press.
Snyder, Glenn H. 1961. *Deterrence and Defense: Toward a Theory of National Security.* Princeton University Press.
Spector, Leonard. 1987. *Going Nuclear: The Spread of Nuclear Weapons 1986-1987.* Massachusetts: Ballinger.
Waltz, Kenneth. 1981. "The Spread of Nuclear Weapons: More May Be Better." *The Adelphi Papers*, 21, p.1.
Warren, Aiden and Philip M. Baxter. 2020. *Nuclear Modernization in the 21st Century.* Routledge.

□ 토의 주제

1. 김일성은 처음부터 핵무기 개발을 염두에 두고 소련과 원자력 협력을 추진했을까?
2. 이미 여섯 차례 핵시험을 한 북한이 추가로 핵시험을 하려는 이유는 무엇일까?
3. 북한의 핵무기 개발이 중국 또는 러시아의 개입이나 지원을 촉진(catalyze)하기 위한 전략의 성격을 지니고 있지는 않은가?
4. 북한의 핵무기 보유에도 불구하고 한반도 비핵화공동선언은 여전히 유효한가?

□ 더 읽을거리

1. 김태형 외. 2020. 『북한이 핵보유국이 된다면 어떻게 달라지는가』. 사회평론아카데미.
2. 돈 오퍼도퍼(Don Oberdorfer) 외. 2014. 『두 개의 한국』. 길산.
3. 송민순. 2016. 『빙하는 움직인다』. 창비.
4. 이삼성. 2018. 『한반도의 전쟁과 평화』. 한길사.
5. 정세현. 2020. 『판문점의 협상가』. 창비.
6. 전봉근. 2023. 『북핵 위기 30년』. 명인문화사.
7. 한용섭. 2022. 『핵비확산의 국제정치와 한국의 핵정책』. 박영사.
8. John J. Mearsheimer et al. 2023. *How States Think*. Yale University Press.
9. Vipin Narng. 2022. *Seeking the Bomb*. Princeton University Press.

4
CHAPTER

북한 핵개발과 국제 핵질서
패권대항 국가의 전략

김정(북한대학원대학교 교수)

| 학습목표

탈냉전 이후 높은 수준의 제재 비용 및 평판 비용에도 불구하고 북한이 지속적으로 국제 핵질서에 순응하지 않고 있는 이유를 '패권대항 국가'라는 국가 정체성, '전략적 일탈'이라는 국가전략, '레짐 이동'이라는 외교정책 차원에서 다각적으로 이해할 수 있도록 한다.

1. 서론

북한은 왜 국제 핵질서에 순응하지 않고 일탈하는가? 국제사회는 어떻게 북한의 국제 핵질서 복귀를 추구했는가? 북한은 어떻게 국제사회의 국제 핵질서 복원 노력에 대응했는가? 이 장은 이상의 질문에 대한 답을 구하려는 하나의 시도에 해당한다.

이 장에서는 북한 핵개발을 국제 핵질서에 대한 '전략적 일탈'로 포착한다. 이는 국제 핵질서에서 독특한 지위를 갖는 북한이 규범 위반 행위를 통해 자신의 지위를 상승시키려는 행동을 뜻한다. 국제 핵질서에 대한 전략적 일탈은 미국의 '적대시 정책'에 반대하는 북한의 '패권대항 국가(counter-hegemonic state)'의 정체성에서 비롯한다.[1] 국제 핵질서를 자국을 배제하려는 패권국의 의도적 설계로 인식하기 때문에 국제 핵질서 규범 위반 행위가 자국의 국제적 지위를 낮추는 것이 아니라, 오히려 높이는 효과가 있다고 인식한다. 전략적 일탈 논리는 규범 위반의 단기적 비용과 장기적 편익의 상쇄 관계를 계산하면서 보상의 가능성이 높을 경우 국제 핵질서로부터의 전략적 일탈을 지속하고, 징벌의 가능성이 높을 경우 잠정적 순응으로 회귀하는 북한의 행위 패턴을 설명한다.

두 번째 절에서는 국제 핵질서 구성의 핵심인 핵억제(nuclear deterrence), 핵군비통제(nuclear arms control), 핵비확산(nuclear non-proliferation) 및 핵군비폐기(nuclear disarmament) 등 네 가지 레짐(regime)을 제시해 국제 핵질서의 맥락에서 북한 핵개발의 의미를 핵비확산 레짐으로부터 핵억제 레짐으로

1 이 글에서는 패권대항 국가를 "자국의 이익과 규범에 더욱 부합하는 체제를 창출하기 위하여 현재의 패권 질서에 기꺼이 부분적 파열을 내려고 하는 현상변경 국가"라고 정의한다. 드레즈너(Drezner, 2019) 참조.

더 보기 **'그랜드 바겐'으로서 핵확산금지조약**

1968년에 합의된 핵확산금지조약(NPT)은 이 시점에 이미 핵무장을 달성하고 있었던 미국, 소련, 영국, 프랑스, 중국 등 5개국만을 국제법적으로 정당한 핵보유국으로 간주하여 일정 기간 핵무기 보유를 지속할 수 있도록 공인했다. 그 밖의 나라들은 비핵보유국으로서 NPT 가입을 촉구하는 내용으로 구성된 조약인데, 그 불평등 구조가 눈에 띈다. 그럼에도 불구하고 다수 국가들이 NPT에 가입하고 그 조약을 지지했던 이유는 핵확산 방지라는 안보적 공동이익을 공유했던 점과 NPT 제6조에 들어간 '성실한 핵군비 폐기 교섭 의무'에 기초하여 공인된 핵보유국이 핵군비 폐기라는 최종 목표에 근접할 것이라고 기대했던 점이 주효했다.

제6조는 "조약당사국은 조속한 일자 내의 핵무기 경쟁 중지 및 핵군비 축소를 위한 효과적 조치에 관한 교섭과 엄격하고 효과적인 국제적 통제하의 일반적 및 완전한 군축에 관한 조약 체결을 위한 교섭을 성실히 추구하기로 약속한다"라고 규정하고 있다.

그러나 핵군비 폐기의 방법 혹은 기한 등에 대한 구체적인 내용은 없다. 그렇기 때문에 비핵보유국은 1975년 이후 5년마다 열리는 NPT 재검토 회의에서 제6조의 핵군비 폐기의 실행을 요구해 왔다. 중요한 성과 가운데 하나가 2010년 NPT 재검토 회의에서 핵보유국을 포함한 가입국 전체가 합의하여 채택한 최종 문서에는 핵군비 폐기에 대한 핵보유국의 '명확한 약속'이 명기되었다.

비핵보유국을 유인하려는 또 하나의 중요한 조문인 NPT 제4조에는 원자력의 평화적 이용이 '불가양의 권리'로 규정되어 기술 협력 또한 촉구하고 있다. 그 결과 NPT에 가입한 비핵보유국은 원자력의 평화적 이용을 원하는 경우 자국의 권리를 주장하여 원자력 발전소 및 관련 기술 도입에서 협력을 얻을 수 있는 국제법적 근거를 갖는다.

〈그림 4-1〉에서 보여주는 것처럼 NPT는 핵군비 폐기, 핵비확산, 원자력의 평화적 이용이라는 3가지 축에 기초한 '그랜드 바겐(grand bargain)'의 형태로 맺어진 다자 조약이라고 할 수 있다. 이 '그랜드 바겐'이 잘 기능하고 있는 동안에는 원자력을 평화적으로 이용하면서 NPT에 내장되어 있는 핵 없는 세계를 실현하는 노선이 지속가능한 성격을 띨 수 있다. 다만, 3가지 축 가운데 하나라도 크게 흔들린 경우 NPT의 실효성은 크게 손상되어 NPT에 실망하여 탈퇴하는 국가가 늘어나는 사태가 현실화할 수도 있다.

NPT는 사실 두 개의 측면을 가지고 있다. 그 하나는 '핵우산 공여국과 핵우산 수원국의 관계에 기여하는 안보조약'으로서의 측면이다. NPT는 핵보유국이 핵우산 수원국에 확장 핵억제를 제공하는 일과 핵보유국이 핵우산 수원국 영토 내에 핵 배치를 하는 일을 모두 금지하고 있지 않다. 핵억제에 의존한 집단 방위체제 혹은 양자 방위체제를 용인하고 있는 셈이다. 그 결과 NPT는 핵보유국과 핵우산 수원국의 입장에서 매우 유리한 조약으로 기능하고 있다. NPT가 다양한 시련에 직면하더라도 지금까지 유지되어 온 이유 가운데 하나가 여기에 있다.

그림 4-1 **핵확산금지조약의 3가지 축**

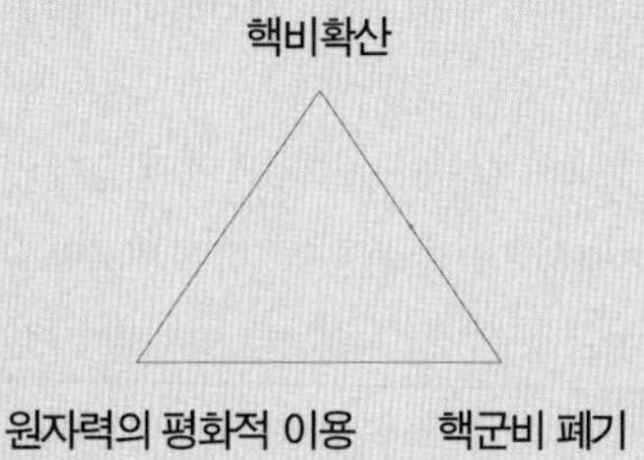

다른 하나는 '핵군비 폐기를 향한 군비통제 조약'으로서의 측면이다. 핵군비 폐기에 기대를 걸고 있는 비핵보유국 입장에서 NPT는 기능 부전에 빠져 있는 조약이다. NPT가 제6조에 명시한 핵보유국의 핵군비 폐기와 관련한 실적이 거의 없기 때문이다.

이행하는 '레짐 이동'으로 포착해 그 배경을 설명한다.[2] 세 번째 절에서 사실상의 핵보유국 지위를 추구하는 북한의 핵개발 전술을 규범 위배, 도발, 기만으로 유형화하여 전략적 일탈 행위가 어떻게 사실상의 핵보유국 지위 추구 전략으로 이어지는지를 살펴본다. 국제사회가 '적응적 학습'을 통해 양보를 통한 북한의 핵비확산 레짐으로의 복귀를 추구하는 국제 협상 레짐에서 강제를 통한 북한의 핵비확산 레짐으로의 복귀를 추구하는 국제 제재

2 이 글에서는 레짐을 "국제관계의 특정한 쟁점 영역을 둘러싸고 행위자의 기대가 수렴되는 명시적이거나 묵시적인 원칙, 규범, 규칙 및 정책 결정 절차의 총체"로 정의한다. 크래즈너(Krasner, 1983) 참조.

레짐으로 이행했는지와 관련한 논의도 전개한다. 결론에서는 이상의 내용을 요약하고 북한 핵개발과 국제 핵질서가 일종의 교착 상태에 빠져 있다는 진단을 내리면서 이 장을 마무리한다.

2. 국제 핵질서의 구성 레짐과 북한의 대항 전략

1) 국제 핵질서의 구성 레짐: 핵억제, 핵군비통제, 핵비확산, 핵군비 폐기

국제 핵질서의 근본 목적은 '전략적 안정(strategic stability)'을 획득하는 것이다. 전략적 안정은 군비경쟁, 국가 간 전쟁 및 핵전쟁으로의 확전을 방지하는 것에 의존한다. 국제 핵질서 관리에 영향을 미치는 중요한 국가 행위자에는 미국, 러시아, 중국, 영국, 프랑스 등 '핵보유국(nuclear weapon states)'과 인도, 파키스탄, 이스라엘, 북한 등 '핵무장국(nuclear armed states)'이 있다. 이 가운데 미국은 최고, 최대, 최신 핵보유국으로서 국제 핵질서의 '수호자(custodian)' 역할을 수행하고 있고, 러시아, 중국, 영국, 프랑스 또한 국제 핵질서의 '보증자(guarantor)' 역할을 수행하고 있다. 국제 핵질서 관리에 영향을 미치는 중요한 비(非)국가 행위자에는 국제연합(UN) 안전보장이사회(이하 '안보리'), IAEA, 테러리스트 조직 등 국제기구 및 초국적 단체가 있다. 또한 히로시마 및 나가사키 원폭 투하에서 후쿠시마 원전 오염수 방류에 이르기까지 1945년 이후 다양한 사건이 국제 핵질서의 역사적 진화에 영향을 미쳤다. 그 결과 국제 핵질서는 다양한 규범, 조약, 법률적 준수 사항, 신뢰구축 조치 및 조직 등을 포함하고 있다.

〈표 4-1〉에 정리하고 있는 것처럼 국제 핵질서를 구성하는 네 가지 핵심

표 4-1 국제 핵질서의 구성 레짐

← 국제 핵질서 현상유지 지향		국제 핵질서 현상변경 지향 →	
핵군비통제	핵억제	핵비확산	핵군비 폐기
균형을 통한 전략적 안정	공포를 통한 전략적 안정	제도를 통한 전략적 안정	규범을 통한 전략적 안정

요소에는 핵억제 레짐, 핵군비통제 레짐, 핵비확산 레짐, 핵군비 폐기 레짐이 있다. 네 가지 핵심 레짐은 전략적 안정을 추구하는 방법에서 상호보완적일 경우도 있고 상호경쟁적일 경우도 있다. 핵억제와 핵군비통제 그리고 핵비확산과 핵군비 폐기가 레짐으로서 대체적으로 상호보완성을 갖는 반면, 핵군비 폐기는 핵억제 및 핵군비통제와 레짐으로서 상호경쟁성을 갖는다. 네 가지 핵심 레짐은 국가 안보 의제 우선순위에 따라 그 상대적 중요성에 변화가 있었지만 전략적 안정을 추구한다는 점에서 공동의 역사 및 목표를 공유한다. 핵억제 레짐이 공포를 통한 전략적 안정을, 핵군비통제 레짐이 균형을 통한 전략적 안정을 각각 추구하면서 국제 핵질서의 현상유지를 지향한다면, 핵비확산 레짐이 제도를 통한 전략적 안정을, 핵군비 폐기 레짐이 규범을 통한 전략적 안정을 각각 추구하면서 국제 핵질서의 현상변경을 지향한다(Miller and Arbatov, 2021).

첫 번째 핵심 요소인 핵억제 레짐은 핵보유국 간 전략적 안정을 유지하는 조건이자 전략에 해당한다. 핵억제 레짐은 핵전쟁의 승리 가능성을 부인하고 핵전쟁에서 발생할 수 있는 수용 불가능한 비용에서 비롯한 징벌 가능성을 강조하면서 공포를 통한 전략적 안정을 추구한다. 미국이 한국과 일본에 제공하는 확장억제(extended deterrence), 북한의 실존억제(existential deterrence), 중국의 최소억제(minimal deterrence) 등은 동아시아의 평화를 유지하는 일에 핵억제가 얼마나 중요한 역할을 하고 있는지를 보여주는 사례이다. 냉전의 종식 이후 핵억제가 가지는 가치와 관련한 신뢰의 위기가 발생하고 있고, '핵무기로부터 자유로운 세계(A World Free of Nuclear Weapons)'를 주창하는 세력에게 도전을 받고 있다(Shultz et al., 2011).

두 번째 핵심 요소인 핵군비통제 레짐은 핵전쟁의 위험, 비용 및 손실의 축소를 목적으로 삼는다. 상호 억제를 유지할 수 있는 한 핵군비통제 레짐은 핵 능력의 감축을 의미하며 균형을 통한 전략적 안정을 추구한다. 핵군비통제 레짐은 핵억제 레짐이 제공하는 안정을 보존하도록 작동하고, 핵군비 폐기 레짐은 핵무기 및 다양한 형태의 핵억제를 해체하도록 작동한다.

'전략 무기 제한 협상(Strategic Arms Limitation Talks, SALT)', '탄도탄 요격 미사일 조약(Anti-Ballistic Missile Treaty, ABM)', '중거리 핵전력 조약(Intermediate-Range Nuclear Forces Treaty, INF)' 등이 냉전 시기 대표적 핵군비통제 사례에 해당한다. '전략 무기 감축 조약(Strategic Arms Reduction Treaty, START I)'과 '전략 공격무기 감축 조약(Treaty on Strategic Offensive Reduction, SORT)'이 탈냉전 시기 대표적 핵군비통제 사례에 해당한다. 2002년 미국이 ABM 조약에서 탈퇴하고 2009년 START I이 실효하자 핵군비통제 레짐은 그 추진력을 잃을 것으로 여겨졌으나, 2010년 미국과 러시아가 '신전략 무기 감축 조약(New START)'을 비준하면서 반전에 성공했다(Kühn and Williams, 2023).

세 번째 핵심 요소인 핵비확산 레짐은 미국의 우선적 안보 의제였을 뿐만 아니라 핵무기 반대 운동, 비동맹 운동, 중립국의 우선적 안보 의제이기도 했다. 핵억제 레짐 혹은 핵군비통제 레짐과는 달리 핵비확산 레짐은 핵확산금지조약(NPT) 및 핵비확산 규범을 중심으로 한 '고밀도(dense)' 국제 레짐이며 제도를 통한 전략적 안정을 추구한다. 핵비확산 레짐에는 개별 국가들의 핵 수출 통제 체제 및 '대량살상무기 확산방지 구상(Proliferation Security Initiative, PSI)'과 유엔 안보리 결의 1540과 같은 반확산(counter-proliferation) 강압 조치가 작동하고 있다. 또한 다양한 도전에 직면하고 있는데 무엇보다 NPT 자체가 차별적이고 취약하다는 비판에 시달린다. PSI와 같은 반확산 전략이 선제적·공격적·강압적 성격을 띠고 국제법 및 국가 주권과 잠재적으로 충돌하고 있어 핵비확산 레짐에 걸맞지 않다는 점도 지적할 수 있다. 핵비확산 레짐은 핵군비 폐기를 통해 국제 핵질서를 변환한다는 목적을 내장하고 있지만 지금까지의 실적으로 평가하면 국제 핵질서의 보존에 더욱 기여하고 있다는 비판 또한 가능하다(Dalton and Levite, 2022).

네 번째 핵심 요소인 핵군비 폐기 레짐은 1950년대 이후 핵사용과 관련한 '금기(taboo)'를 확산시키는 시민 핵군비 폐기 운동에서 비롯했다. 도덕 및 윤리적 차원에서 핵군비 폐기를 지지한다는 점에서 규범을 통한 전략적 안정을 추구한다. 과학자들과 평화운동가들이 핵군비 폐기 레짐에 미친 영향은 지대하고, 그 결과 1955년 '러셀-아인슈타인 선언(Russell-Einstein Manifesto)' 및 2000년 '핵폐지 선언(Abolition Statement)' 등이 등장했다. 2000년대 핵군비 폐기 논쟁에서는 국제 핵질서가 핵억제 레짐에서 핵군비 폐기 레짐으로 방향을 바꿨다고 주장하는 측과 핵 없는 세계가 핵무장한 세계보다 더 위험할 수 있다고 주장하는 측이 맞섰다. 더군다나 핵군비 폐기 이후의 세계는 곧 핵 재무장을 준비하고 있는 세계라는 점에서 핵군비경쟁이 다시 펼쳐질 가능성이 상존한다는 지적 또한 존재한다. 무엇보다도 핵 없는 세계로의 이행은 핵보유국 및 핵무장국의 협력에 기초를 둔 강력한 강제 및 검증 체제가 필요하다는 점에서 매우 급진적인 변화가 필수불가결한데 그 변화는 국제 핵질서를 지탱하는 핵심 요소인 핵억제 레짐에서 탈피해야 한다는 난관이 있다(Egeland, 2022).

이상의 논의를 통해서 국제 핵질서를 핵비확산 레짐과 등치할 수 없다는 점을 확인하는 일이 중요하다. 핵비확산 레짐은 국제 핵질서의 하위 구성 요소이고 그 작동을 촉진하는 역할을 수행한다. 핵비확산 레짐은 국제 핵질서와 비교하여 그 범위에서 제한적이다. 만약 국제 핵질서를 핵비확산 레짐과 등치할 경우 핵억제 레짐, 핵군비통제 레짐, 핵군비 폐기 레짐 등 중요한 구성 요소를 분석에서 배제하는 결과를 가져온다. 국제 핵질서는 한 국가의 핵과 관련한 행위를 분석하는 일에서 전체적인 배경으로 작동한다(Knopf, 2022).

마찬가지로 지역 핵질서는 국제 핵질서의 하부 단위로 보아야 한다. 예를 들어 동아시아 지역에서 미국, 중국, 일본, 남북한, 대만 및 '아시아태평양 안보협력회의(Council for Security Cooperation in the Asia-Pacific)', '동북아 안보협력 대화(North East Asian Security Cooperation Dialogue)', '아세안지역 안보포럼(ASEAN Regional Forum)', '동아시아 정상회의(East Asia Summit)' 등이 대표적 지역 핵질서를 구성하는 제도적 틀이다. '한반도 에너지 개발기구(Korean Peninsula Energy Development Organization, KEDO)'와 '6자회담(Six Party Talks)' 등은 지역 핵질서를 구축하기 위한 제도적 틀이라고 할 수 있다(Sobecki and Frazier, 2023.9.26).

요컨대 국제 핵질서에는 전략적 안정이라는 목적 지향적 조건 및 패턴이 존재한다. 국제 핵질서는 또한 그 상위 체제인 국제질서의 안정을 촉진하는 기능이 있다. 1945년부터 1959년까지 초기 국제 핵질서는 전후 국제질서의 수호자 역할을 수행했고 1949년까지 유일한 핵보유국이었던 미국의 패권적 지위를 중심으로 구축되었다. 냉전 시기 1960년부터 1989년까지 국제 핵질서가 공고화되었는데, 그 이유는 미국이 1962년 쿠바 위기를 겪으면서 핵 기술의 국제적 확산을 방지하고자 노력한 데 있다. 이 시기는 '핵금기'가 국제 핵질서의 핵심적 조약 및 제도에 확립된 시기와 일치한다. '부분 핵실험 금지 조약(Partial Test Ban Treaty, PTBA)', IAEA 및 NPT가 이 시기에 체결되거나 만들어진 제도에 해당한다. 냉전 시기 핵무기의 억제 가치 및 상호 절멸 공포가 어떻게 전략적 안정을 가져왔는지는 전후 '장기 평화(long peace)'와 대국 간 '열전(hot war)'의 부재라는 경험적 증거에 의해 뒷받침된다(Miller, 2020).

2) 북한의 대항 전략: 핵비확산에서 핵억제로의 레짐 이동

'패권대항 국가'의 정체성을 갖는 북한에게 패권국 미국이 수호자 역할을 하는 국제 핵질서의 안정은 자국의 전략적 이익에 매우 불리한 것이었다. SALT, INF 등 냉전 시기 대국의 군비통제 관련 조약을 통해 국제 핵질서가 안정적으로 관리되고 있는 기간에도 북한에서는 이에 대한 반발 의식이 무르익고 있었다. 미국 패권 및 핵비확산 레짐이 금지한 핵무기 획득에 대항하는 북한은 이미 자체 핵개발 및 취득을 시야에 넣고 있었기 때문이다. 1964년 중국이 핵무기 개발에 성공하고 1974년 한국의 핵무기 개발 시도가 공개되자 북한의 핵개발 야망은 더욱 커졌다.

1991년 소련이 붕괴하고 냉전이 종식되자 국제 핵질서의 안정성과 관련한 확신이 증폭되었다. 남아프리카공화국, 벨로루스, 우크라이나의 핵군비 폐기가 성공리에 종료되자 그 확신은 더욱 강화되었다. 1995년 NPT 평가회의에서 NPT의 무제한 연장이 승인되고 1997년 IAEA의 사찰 권한을 강화하는 추가 프로토콜(Additional Protocol)이 채택되자 NPT에 대한 확신은 매우 상승했다. 이 국면은 미국이 국제 핵질서의 수호자로서 기존의 핵보유국이 아닌 국가가 핵무기를 취득하지 못하도록 하는 일에서 매우 중요한 시기였다. 북한이 이 시기 국제 핵질서의 취약성을 노출하도록 행동한 일은 그러한 이유에서 주목할 만하다. 1985년 비핵보유국으로 NPT에 가입한 북한은 1994년 미국과의 제네바 합의에도 불구하고 플루토늄 개발을 지속했고, 핵 물질 및 미사일 은닉 거래에 나섰으며, 고농축 우라늄을 생산했다.

2003년 북한의 NPT로부터의 탈퇴는 국제 핵질서의 핵심 요소인 핵비확산 레짐과 관련하여 NPT에 자발적으로 가입한 국가가 스스로 가입을 부인했다는 점에서 결정적 국면에 해당한다. 북한은 파키스탄 및 이란과 더불어 은밀한 핵 확산 네트워크를 구성하여 NPT 밖에서 핵개발 및 취득이 가

그림 4-2 **북한의 대항 전략**

능하다는 공포를 확산시켰고 그 결과 국제 핵질서의 핵심적 규범 가운데 하나를 성공적으로 약화시켰다. 2006년 북한의 핵실험은 국제 핵질서가 북한에 대한 순응을 복구할 최소한의 강제 집행 능력이 있는지와 관련한 우려를 악화시켰다(Panda, 2020).

앞서 설명한 국제 핵질서와 관련하여 북한의 핵개발을 하나의 패권대항 전략으로 이해한다면 〈그림 4-2〉과 같은 해석이 가능하다. 1985년 NPT에 가입한 북한은 국제 핵질서 차원에서 '비핵보유국(non-nuclear weapon state)'의 지위를 부여받았다. 비핵보유국은 핵억제 레짐 혹은 핵군비통제 레짐에서 중요 행위자로 부상할 수 없다. 물질적 차원에서 핵 능력을 가진 국가들만이 핵억제 레짐 혹은 핵군비통제 레짐의 중요 행위자가 될 수 있기 때문이다. 마찬가지로 비핵보유국은 핵비확산 레짐 혹은 핵군비 폐기 레짐에서 중요 행위자로 등장하기 어렵다. 사회적 차원에서 핵보유국으로 인정받고 있지 못한 국가들이 핵보유국이 NPT가 전제하고 있는 핵군비 폐기를 실행에 옮기지 않더라도 그것을 제도적 혹은 규범적 차원에서 비난하는 것 이상의 영향력을 행사할 수 없기 때문이다. 비핵보유국으로서의 북한은 NPT 가입을 통해 국제 핵질서에 편입하는 순간부터 '패권대항 국가'로서의 정체성에 부합하기 어려운 물질적 제한 및 사회적 한계에 직면했던 셈이다

(Wunderlich, 2020).

2003년 북한이 단행한 NPT 탈퇴는 비핵보유국이 준수해야 할 제도적 및 규범적 제약에서 탈피하여 국제 핵질서의 핵비확산 요소가 부과하는 사회적 한계에서 벗어나는 전략적 선택이었다. 일단 국제 핵질서의 사회적 한계를 탈피한 북한은 2006년 제1차 핵실험을 단행하고 그 물리적 능력을 과시하면서 국제 핵질서의 핵억제 요소로 진입했다. 국제 핵질서가 부과하는 물질적 제한을 돌파하면서 핵억제 요소에서 중요 행위자로 인정받는 첫걸음을 떼었다. 사회적 차원에서는 '불량국가(rogue state)'라는 부정적 지위로 전락했으나 물질적 차원에서는 핵무장국 지위로 올라섰던 것이다(McEachern and McEachern, 2018).

물질적 차원의 핵무장국이면서 사회적 차원의 불량국가인 북한은 국제 핵질서에서 매우 독특한 지위를 점하고 있다. 첫째, 북한은 핵비확산 레짐이 국제법적 정당성을 부여하는 핵보유국도 비핵보유국도 아닌 국제법적 정당성을 갖지 못하는 핵무장국이다. 둘째, 애초에 핵비확산 레짐에 가입하지 않았던 인도, 파키스탄, 이스라엘은 국제법적 정당성을 갖지 못하는 핵무장국이지만, 국제 핵질서의 수호자인 미국의 인정을 통해 '사실상의 핵보유국(de facto nuclear power)'이라는 점에서 북한과는 상이한 국제적 지위를 갖는다. 요컨대 북한의 핵개발은 국제 핵질서 차원에서 핵비확산 레짐에서 이탈하고 핵억제 레짐으로 진입한 일종의 '레짐 이동(regime shifting)' 전략에 해당한다.[3]

북한은 국제 핵질서에서의 레짐 이동을 통해 정권 안보 및 국가 생존을 위한 물질적 차원의 담보물로서 핵개발을 제한했던 핵비확산 레짐을 이탈

3 이 글에서 레짐 이동은 "자국의 상대적 협상 지위를 개선하려는 목적에서 하나의 레짐을 다른 하나의 레짐에 대치시키는 전략"이라고 정의한다. 베르디에(Verdier,2022) 참조.

해 핵 능력을 가진 국가들이 중요 행위자로 등장하는 핵억제 레짐에 핵무장국으로 진입했다. 핵비확산 레짐 이탈에는 사회적 차원의 비용이 뒤따랐는바 불량국가라는 낙인이 그것이다. 그러므로 현시점에서 북한 핵개발 전략의 초점은 어떻게 물질적 차원의 핵무장국 지위를 유지하면서 사회적 차원의 불량국가 지위를 탈각할 것인지에 맞춰져 있다. 그것은 인도 혹은 파키스탄이 경유했던 경로인 핵무장국에서 사실상의 핵보유국으로의 국제적 지위 상승을 달성하는 일이다. 그 핵심에 국제 핵질서의 수호자인 미국으로부터의 승인이 있는 것이다. 다만, 인도 혹은 파키스탄과는 달리 패권대항 국가의 정체성을 갖는 북한은 사실상의 핵보유국 승인을 미국에 대한 핵억제 능력 확보를 통해 달성하려 한다는 점이 중요하다. 국제 핵질서에서 북한이 추구하는 사실상의 핵보유국 승인 획득 전략이 한반도에서 커다란 '지정학 리스크(geopolitical risk)'를 발생시킬 수밖에 없는 연유가 여기에 있다.

한반도 지정학 리스크의 고점과 저점은 정확히 북한이 국제 핵질서로부터 전략적으로 이탈한 시점과 잠정적으로 순응한 시점에 조응하고 있다는 사실을 확인할 수 있다.

더 보기 **북한의 핵개발과 한반도 지정학 리스크**

북한이 핵개발을 본격화한 이래 한반도에서 발생한 '지정학 리스크'의 상승과 하락은 모두 북한이 국제 핵질서를 전략적으로 이탈하거나 잠정적으로 순응하는 사건들과 깊은 관련이 있다. 〈그림 4-3〉는 1990년 1월부터 2023년 10월까지 한반도에서 일어난 북한발 지정학 리스크 지수의 추이를 월간 단위로 나타낸 것이다.[1] 한반도 지정학 리스크 지수 값이 1.0 이상으로 상승한 시기는 모두 여덟 번이 있다. 시간적 순서대로 1994년 6월 제1차 한반도 핵 위기가 최고조에 달한 시점(1.35), 2003년 1월 제2차 한반도 핵 위기가 최고조에 달한 시점(1.09), 2006년 10월 북한이 제1차 핵실험을 단행한 시점(1.22),

2017년 7월, 8월, 9월 제3차 한반도 핵 위기가 최고조에 달한 시점(1.17; 1.61; 1.56), 2018년 5월과 6월 제1차 북미정상회담이 좌초할 위기에 처한 시점(1.22; 1.22) 등이 이에 해당한다.

반대로 한반도 지정학 리스크 지수 값이 0.05 이하로 하락한 시기는 모두 아홉 번이 있다. 시간적 순서대로 1990년 1월, 3월, 7월 제1차 남북고위급회담 의제, 시기, 장소 등이 합의된 시기(0.03; 0.04; 0.04), 1992년 7월 '남북기본합의서' 및 '비핵화 공동선언' 합의 이후 남북연락사무소 및 남북화해위원회가 설치되어 운영을 시작하는 시점(0.03), 1995년 11월 '한반도에너지개발기구(KEDO)'가 설립되어 북한과 경수로 공급협정을 맺기 직전 시점(0.04), 1997년 3월, 6월, 7월, 11월 KEDO가 북한 함남 신포-금호 지구에서 경수로 착공식을 개최한 전후 시점(0.04; 0.02; 0.04; 0.03) 등이 이에 해당한다.

그림 4-3 한반도 지정학 리스크(1990.1~2023.10)

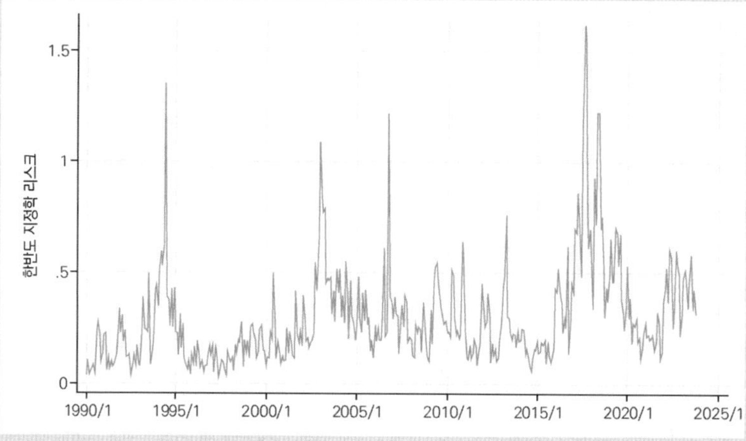

자료: Country-Specific Geopolitical Risk Index, https://www.matteoiacoviello.com/gpr_country.htm (검색일: 2023.11.30).

주: 1) 한반도 지정학 리스크 지수는 ≪뉴욕 타임스(New York Times)≫, ≪시카고 트리뷴(Chicago Tribune)≫, ≪워싱턴 포스트(Washington Post)≫ 등 세 가지 미국 신문의 전자 아카이브에서 생성한 자동 검색 결과를 반영한다. 지수는 매달 전체 기사 수에서 지정학적으로 부정적인 사건과 관련한 기사의 수가 차지하는 비율에 해당한다. 검색은 전쟁 위협, 평화 위협, 군비 증강, 핵 위협, 테러 위협, 전쟁 개시, 전쟁 확대, 테러 행위 등 여덟 가지 범주에서 이루어진다. 보다 자세한 내용은 칼대라 외(Caldara et al., 2023) 참조.

3. 북한의 핵개발 전술과 국제사회의 적응적 학습

1) 북한의 핵개발 전술: 전략적 일탈과 잠정적 순응

어느 국가가 무기화한 핵 능력을 보유하는지, 국가의 핵교리는 무엇인지, 명령 및 통제 체제는 무엇인지, 민간 핵 기술의 국제 교환은 어떻게 이루어지는지 등이 물질적 차원의 국제 핵질서와 관련이 있다. 핵비확산 규범이 어떠한 영향을 미치는지, 중요 행위자들의 역할과 책임은 무엇인지 등이 사회적 차원의 국제 핵질서와 관련이 있다. 그 귀결이 전자는 대체로 핵억제 레짐의 변화로 이어지고, 후자가 대체로 핵비확산 레짐의 변화로 이어지는 이유이다. 전후 자유주의 국제질서의 한 단면으로서 국제 핵질서를 관장하는 패권국 미국이 투사하는 물질적 능력과 사회적 규범에 기초하여 창출되었고 시간이 지나면서 다른 국가들도 그것을 내면화했다(Cooley and Nexon, 2020).

국제 핵질서에서 핵을 가진 국가와 핵을 가지지 못한 국가의 권리와 책임은 핵보유국, 비핵보유국, 핵무장국에 각각 상이한 국제적 지위를 부여한다. 핵비확산 레짐에서 핵보유국은 비핵보유국에게 핵무기를 사용하지 않아야 하는 의무가 있다. 비핵보유국과는 달리 핵보유국은 핵무기의 정당한 소유자로 인정되며 국제 핵질서의 지지자로서 중요 행위자의 지위를 부여받는다. 핵비확산 레짐 및 국제 핵질서에 순응하는 핵보유국 및 비핵보유국은 책임 있는 국제 행위자로 인정받는다. 핵무장국은 국제 핵질서를 교란하는 행위자로 질서 수호자로부터 낙인이 찍힌다. 핵무장국 가운데에서도 미국과의 친밀한 관계 덕분에 이스라엘, 파키스탄, 인도 같은 경우 북한과는 달리 적절한 국제적 대우를 받는 '사실상의 핵보유국' 지위를 부여받는다.

국제 핵질서는 국가가 국제사회로부터 존경받고 인정받는 정체성을 추구한다는 전제에 기초한다. 국제 핵질서의 안정성은 참여국이 실질적으로 '패권순응 국가(conforming-to-hegemony state)'의 정체성을 갖는 것을 전제한다는 의미이다. 북한은 핵비확산 레짐에서 핵억제 레짐으로 레짐 이동을 단행하여 독특한 지위를 점하고 있지만, 패권국 미국으로부터 사실상의 핵보유국이라는 국제 핵질서의 중요 행위자로 인정받고 있지 못하다. 북한은 국제 핵질서의 규범을 위반함으로써 이 질서에 속한 다른 행위자들의 대항 행동을 유인하고 질서의 부분적 파열을 일으키고자 한다. 국제 핵질서에 대한 도전자들은 핵무기가 대국 지위의 상징이라는 관념에 대항하고자 한다. 역설적으로 그 대항의 핵심 수단이 핵무기 획득에 있기 때문에 국제 핵질서 현상변경 지향의 핵비확산 레짐에서 동요를 일으키고, 국제 핵질서 현상유지 지향의 핵억제 레짐의 공고화를 초래한다(Popoola, Oluwadara and Adesegun, 2019).

북한의 패권 대항 행위가 갖는 특이성은 국제 핵질서를 미국의 '적대시 정책'의 맥락에서 규정짓는다는 점이다. 북한은 국제 핵질서에서 자신이 점하고 있는 낮은 지위를 상승시키기 위해 국제 핵질서 규범을 위반하는 행위로 반응하고 있다. 북한의 규범 위반 행위는 이를 통해 긍정적 결과를 획득할 수 있다는 '전략적 일탈(strategic delinquency)'로 개념화할 수 있다. 질서의 규범에서 일탈하는 행위는 일단 국가의 지위를 저하하는 효과가 있지만, 국가는 기꺼이 지위와 관련한 단기적 부정 효과를 감수한다. 전략적 일탈은 특히 패권국의 징벌을 유발할 수 있는 위험을 갖지만 장기적 차원에서 그것을 상쇄하는 보상을 기대할 수 있다는 계산에 서 있다. 규범 위반 행위의 단기적 손실과 장기적 보상 사이의 상쇄 관계에서 득실이 후자로 기울 때 전략적 일탈을, 득실이 전자로 기울 때 국제 핵질서의 규범을 따르는 것처럼 행동하는 '잠정적 순응(temporal compliance)'을 각각 선택한다.

북한이 국제 핵질서에서 차지하는 지위에 반응하는 일은 미국을 적성국으로 인지하고 그 '적대시 정책'에 대한 패권 대항이라는 이념적 틀을 매개로 이루어진다. 국제 핵질서에 대한 북한의 전략적 일탈은 그 질서의 규칙 및 규범이 북한의 이익을 배제하도록 의도적으로 설계되었다는 인식에서 비롯한다. 북한은 국제사회에서 부정적 속성을 갖는 핵개발 행위에 대해, 자국을 배제하는 국제 핵질서의 규칙을 의도적으로 위반해 패권에 대항한다는 긍정적 속성을 가진 행위로 재정의한다. 국제 핵질서에 대한 전략적 일탈과 잠정적 순응을 반복하면서 다양한 방식으로 미국을 비롯한 국제사회로부터 양보를 획득하려는 행동에 나선다.

요컨대 북한의 전략적 일탈 행위는 첫째, 불량국가라는 사회적 낙인 혹은 국제 제재 등 물질적 징벌의 가능성에도 불구하고 보상으로 얻을 수 있는 편익이 크다는 손익 계산에 기초한다. 규범 위반 행위는 단기적 차원의 비용을 충분히 고려하면서 장기적 차원의 편익을 획득하려는 전략적 선택의 결과이다. 둘째, 과거의 행위 결과에 대한 학습으로부터 미래의 행동 선택을 결정한다. 어떠한 조건에서 규범 위반 행위가 보상을 받을 수 있고 또한 어떠한 조건에서 규범 위반 행위가 징벌을 초래할 수 있는지를 면밀히 파악하는 것이다. 보상의 가능성이 크면 전략적 일탈을 지속하고, 징벌의 가능성이 크면 잠정적 순응으로 전환하는 패턴이 이러한 득실 계산에서 비롯된다(Spaniel, 2019).

북한이 행사하는 전략적 일탈은 '규범 위배(norm transgression)', '도발(provocation)', '기만(deception)' 등으로 구성된다. 북한은 국제 핵질서의 다양한 범위 내에서 억제, 정권 안보, 중요 국제 행위자로서의 인정 등 특정한 결과를 얻기 위해 전략적 일탈 행위 가운데 어느 하나 혹은 다양한 조합을 행사한다. 세 가지 전략적 일탈 행위는 상호배제적이지는 않다. 전략적 일탈은 북한이 '벼랑끝 전술(brinkmanship)'과 같이 비용이 편익보다 큰 행위에 빈번히 나서는지를 설명할 수 있는 실마리를 제공한다. 잠정적 순응은 북한이 국제 핵질서 규범을 준수하는 일이 상당한 편익을 가져온다고 판단하면 규범 위배를 멈추지만 그것은 일시적 조치에 지나지 않는다는 점을 강조한다. 북한이 완전하게 국제 핵질서 규범에 순응한다면 그것은 북한이 핵개발 프로그램을 포기하는 일을 의미하고 그 결과 사실상의 핵보유국 지위 획득이라는 패권대항 전략의 궁극적 목표에 배치되기 때문이다.

'규범 위배'는 국제 핵질서의 지배적 규범을 명시적 혹은 묵시적으로 어기는 행위를 말한다. 국제 핵질서에서 자신들이 인지한 불의(injustice)에 대항해 불만을 표현하는 행위이며 국제 행위자들로부터 관심을 얻고 행동 공간의 창출을 목적으로 삼는다. 호전적 규범 위배는 일탈 행위 가운데 가장 포괄적인 속성이 있으며 국가의 국제적 지위에 부정적 영향을 끼친다.

비핵보유국이 은밀하게 핵 및 미사일 개발을 추진하거나 공공연하게 핵실험에 나서는 행위가 대표적 규범 위배이다. 북한이 1985년 NPT 가입 이후 1992년까지 IAEA 안전조치 준수를 거부한 일은 또 다른 대표적 규범 위배에 해당한다. 북한은 규범 위배를 통해 대안적 국제 핵질서 규범을 창출하거나 다른 규범 위배 국가들과의 이념적 연대 네트워크를 구성하려는 의도를 가지지 않는다. 북한이 추구하는 일은 다른 규범 위배 국가들과의 핵기술, 핵 물질, 핵 제조 방법 등의 교환을 통해 금전적 이득을 얻거나 전문적 지식을 획득하여 자신들의 핵개발을 가속화하는 것이다.

규범 위배 행위는 국가의 지위를 하락시켜 불량국가로 불리게 만드는 부정적 효과가 있지만 중요 국제 행위자들로부터의 관심을 증진시킬 수 있는 긍정적 효과가 있다. 국제 핵질서와 관련한 북한의 규범 위배 행위는 핵비확산 레짐에 북한을 복귀시키려는 미국의 관심을 촉발시켜 북미 고위급 협상을 성공시킨 바 있다(Wunderlich, 2017).

'도발'은 가시적이거나 수사적 형태로 의도적인 위협을 명시적 혹은 묵시적으로 가하는 행위를 말한다. 북한의 도발은 패권대항 전략에서 비롯되는 것이며 미국, 한국, 일본뿐만 아니라 미국이 수호자 역할을 하고 있는 국제 핵질서를 표적으로 삼는다.

북한의 핵실험은 도발이면서 규범 위배에 해당하는 행위이다. 다만 도발이 항상 규범 위배를 저지르는 것은 아니다. 벼랑끝 전술은 미국으로부터 양보를 얻어낼 때 빈번히 사용하는 도발의 한 사례에 해당한다. 북한이 한미연합훈련에 대해 빈번히 위협하는 '대항 조치'는 궁극적으로 미국을 호전적 행위자로 묘사하여 그 국제적 지위에 '대항 낙인'을 찍으려는 행위이다. 규범 위배와 마찬가지로 도발 또한 국제적 중요 행위자의 관심을 끌어 사실상의 핵보유국 지위 인정을 위한 전술로 기능한다.

도발은 엄격한 의미에서 국제 규범을 위배하지 않는 선에서 다른 국가의 지도자들에 대한 수사적 위협을 포함한다. 북한의 호전적 수사는 한반도에서의 전쟁 위협 및 미국과 한국을 표적으로 삼은 군사 위협을 그 내용으로 한다. 안보리 제재에 대해 미국이 부당하게 날조한 조치라고 깎아내리는 위협적 수사 또한 도발의 한 유형이다.

도발은 경제 재제와 같은 물질적 비용 혹은 불량국가와 같은 사회적 비용을 포함한 다양한 형태의 부정적 영향을 북한에게 미친다. 그러나 도발은 장기적 차원에서 북한에게 중요 국제 행위자의 지위를 부여하는 긍정적 영향을 발생시키기도 한다. 도발이 장기적 차원에서 국제적 지위 상승이라는 편익을 가져오는 이상 북한이 국제 핵질서 및 그 수호자 역할을 하는 미국에 대한 위협을 지속하는 이유가 생긴다. 수사적 위협은 북한이 가지고 있는 물질적 능력의 취약성을 은폐하고 불량국가의 이미지를 국제사회에 각인하는 효과도 있다. 1990년대 북한의 미약한 핵 능력에도 불구하고 그 수사적 혹은 가시적 도발 때문에 국제사회에서 그 '미치광이' 행위의 예측불가능성을 각인시켜 북미고위급회담 혹은 6자회담에 참여하는 중요 국제 행위자 지위를 획득한 바 있다(Hess, 2018).

'기만'은 위장 규범 순응 행위라고 정의할 수 있다. 규범 위배 혹은 도발 행위는 자국이 만족하지 못하는 국제 핵질서의 부분에 파열을 낼 수 있지만, 그 자체만으로 그 행위가 가져올 물질적 혹은 사회적 비용을 완화할 수 있는 편익을 확보하기는 충분하지 않다. 규범 위배 혹은 도발을 통해 국제 핵질서를 교란한 국가는 동시에 국제 핵질서의 규범을 준수하는 행위를 보여주기도 한다. 국제 핵질서에 대한 도발과 국제 핵질서에 대한 관여는 상호 배타적이지 않다.

기만은 다양한 형태를 취할 수 있다. 그것에는 규범 일탈 혐의에 대한 전면 부정, 적대시 정책에 대한 필요 행동으로 일탈 행위 정당화, 국제 행위자에 대한 국가의 의도, 동기, 능력과 관련한 오도 등이 포함된다. 국제 규범에 대한 위장 순응은 실제 의도를 은닉하는 기만의 전형적 사례 가운데 하나이다.

북한이 2002년 이전 김일성 및 김정일 시기 핵개발 의도를 지속적으로 부인해 왔던 일은 대표적 기만행위에 해당한다. 그 이후 북한의 핵개발이 미국의 적대시 정책에 대한 자위적 대응이며 자국은 평화를 추구하는 정의로운 핵 강국이라고 공언했던 일 또한 기만행위의 일종이다. 기만은 규범 위배 및 도발에서 발생하는 물질적·사회적 비용을 완화하는 수단으로 활용된다.

국제 규범에 위장 순응하는 행위는 첫째, 국제 행위자의 관심을 명시적 일탈 행동에서 전환시켜 국제사회의 비난을 완화하고, 둘째, 미국 등 중요 국제 행위자로부터 양보를 이끌어낼 협상의 지렛대 가운데 하나로 활용한다는 목적에 부합한다. 북한이 1994년 제네바 합의 이후 영변에서 플루토늄 생산을 동결했지만 은밀하게 고농축우라늄 생산을 지속해 왔던 일은 국제 핵질서와 관련한 위장 순응의 대표적 사례에 해당한다(Park, 2023).

이상의 내용을 정리하면 〈그림 4-4〉와 같이 북한의 핵개발 전술을 도해할 수 있다. 첫째, 북한은 국제 핵질서를 교란하는 규범 위배를 통해 중요 국제 행위자, 특히 이 질서의 수호자 역할을 수행하는 미국의 관심을 환기

그림 4-4 북한의 핵개발 전술

하는 행동에 나선다. 둘째, 미국과의 대화를 염두에 두고 가시적 및 수사적 위협의 수위를 높여 협상 우위를 차지하는 도발 행동으로 이어진다. 규범 위배 및 도발은 경제제재와 같은 물질적 비용 및 불량국가와 같은 사회적 비용을 초래하지만 국제 핵질서 수호자 역할을 수행하는 미국과의 협상장에 진입할 수 있을 정도로 북한을 중요 국제 행위자의 지위에 올려놓는 사회적 편익을 가져온다. 셋째, 국제 핵질서 규범에 잠정적으로 순응하는 미국과의 협상 타결을 통해 중요 국제 행위자 지위라는 사회적 편익과 더불어 에너지 및 식량 등 물질적 편익이라는 양보를 획득한다. 국제 규범에 대한 위장 순응이라는 기만행위는 무엇보다도 핵 능력 고도화를 위한 시간을 벌어준다는 의미에서 북한의 핵개발 전술에서 매우 중요하다.

요컨대 규범 위배, 도발, 기만으로 이어지는 전략적 일탈과 잠정적 순응의 주기적 순환 과정에서 북한은 미국의 관심을 환기시키고, 협상의 우위를 점하며, 양보를 획득하는 핵개발 전술에 나섰던 것이다. 그 귀결로 북한은 경제제재의 난관과 불량국가의 낙인이라는 비용을 치러야 했지만, 물질적 차원에서 핵 능력 고도화를 위한 시간을 벌 수 있었고, 사회적 차원에서 미국과의 협상 상대라는 중요 국제 행위자 지위를 얻을 수 있었다.

2) 국제사회의 적응적 학습: 국제 협상에서 국제 제재로 레짐 이동

규범 위배, 도발, 기만의 주기를 반복하는 핵개발 전술에 국제사회는

1990년대 및 2000년대의 시기 국제 협상을 통해 북한의 핵비확산 레짐으로의 복귀를 기도했다. 1994년의 제네바 기본합의 및 2005년의 6자회담의 9·19 공동성명은 그 대표적 결과물이다. 2010년대 및 2020년대의 시기 국제사회는 국제 제재를 통해 북한의 핵비확산 레짐으로의 복귀를 시도하고 있다. 북한의 핵실험에 대응한 유엔 안보리 대북제재 결의 1718호를 기점으로 1874호, 2094호, 2321호, 2375호 등이 그 대표적 결과물이다. 국제사회는 국제 협상 레짐에서 국제 제재 레짐으로 레짐 이동을 통해 북한의 핵개발 전술에 대응하고 있는 것이다. 그것은 국제사회가 양보를 통한 북한의 핵비확산 레짐으로의 복귀가 비효과적 정책이라는 사실을 '적응적 학습(adaptive learning)' 과정에서 배운 귀결이라고 할 수 있다.

첫째, 제1차 한반도 핵 위기의 해결책으로 제시된 1994년 제네바 기본합의의 이행 과정은 북한이 NPT 탈퇴 위협 및 위장 순응이라는 규범 위배, 도발, 기만행위에 미국과 국제사회가 어떻게 대응하는지 지속적으로 학습할 수 있었던 기회였다. 제네바 기본합의의 이행 과정을 통해 북한은 국제 규범에 대한 위장 순응이 미국과의 협상이 가능한 중요 국제 행위자 지위를 부여한다는 사실을 확인했다. 잠정적 순응이 지속하는 동안 북한은 고농축 우라늄 생산을 은밀하게 지속하면서 핵 능력의 고도화를 위한 시간을 벌었다. 단기적으로 불량국가라는 부정적 지위를 얻었지만 전략적 일탈 행위는 결국 더 많은 편익을 북한에게 안긴 셈이다. 이 과정은 부정적 지위가 긍정적 결과를 가져오는 지렛대 역할을 한다는 북한 핵개발 전술의 원형을 만들었다.

미국의 양보는 북한을 핵비확산 레짐으로 복귀시키지 못했다. 의회 권력이 민주당에서 공화당으로 넘어가고, 클린턴 행정부가 부시 행정부로 교체되면서 북한은 미국의 '적대시 정책'을 이유로, 미국은 북한의 '핵 위협'을 이유로, 제네바 합의 이행에 종지부를 찍었다. 북한은 미국이 경수로를 제공할 의향이 없고 국교 정상화에 나설 의향이 없다는 의심을 강하게 품었고, 미국은 북한이 핵개발 프로그램을 포기할 의사가 없다는 의심을 강하게 품었다. 북한은 국제사회가 자국의 궁극적 목표인 사실상의 핵보유국 지위 추구를 받아들이지 않는다면 핵비확산 레짐에서 이탈하겠다고 위협했고, 2003년 실제로 NPT에서 탈퇴했다(Lawrence, 2020).

둘째, 제2차 한반도 핵 위기의 해결책으로 제시된 2005년 6자회담의 9·19 공동성명 이행 과정에서 북한은 미국과의 국교 정상화 및 핵 능력 고도화를 동시에 달성하고자 했다. 이 두 가지 전략적 목표는 상충적인 속성을 띤다고 생각할 수 있지만, 북한은 그러한 규범 위배 행위가 미국의 적대시 정책에 대한 필요불가결한 반응이라고 정당화했다. 전략적 일탈이 가져올 단기적 비용에도 불구하고 북한은 장기적 차원에서 그 편익이 더 크다는 판단을 내렸던 셈이다.

2006년 제1차 핵실험 이후 사회적 차원에서 북한은 미국과의 협상이 가능한 중요 국제 행위자 지위뿐만 아니라 핵무장국 지위까지 획득했다. 물질적 차원에서 북한은 핵억제의 신빙성을 제고했을 뿐만 아니라 국제사회의 경제지원도 확보했다. 북한은 핵비확산 레짐의 취약성을 활용하여 국제 핵질서의 파열 규모를 키웠다. 역사상 처음으로 NPT에서 탈퇴한 이후 핵무기 개발에 성공한 사례를 국제사회에 제시한 것이다.

제2차 한반도 핵 위기에서 북한은 첫째, 규범 위배 및 도발 행위가 여전히 물질적 및 사회적 편익을 가져온다는 것을 확인했지만, 둘째, 국제 규범에 대한 위장 순응을 통해 국제사회를 기만하는 것이 어려워졌다는 것 또한 확인했다. 그 결과 부시 행정부를 대체한 오바마 행정부의 대북정책 기조가 북한의 전략적 일탈 행위에 대한 선행 양보는 하지 않는다는 원칙에 기초한 '전략적 인내(strategic patience)'로 전환했다(Smetana, 2020).

셋째, 2009년 6자회담의 틀이 붕괴하고 미국에 오바마 행정부가 들어서자 국제 협상을 중심으로 북한의 핵비확산 레짐으로의 복귀를 유인했던 국제사회가 국제 제재를 중심으로 북한의 핵비확산 레짐으로의 복귀를 강제하기 시작했다. 북한의 연이은 핵실험과 미사일 발사를 포함한 도발 행위에 국제사회는 물질적 혹은 사회적 차원의 양보를 더 이상 허용하지 않았다. 다자 및 양자 수준의 국제 제재가 북한의 전략적 일탈에 대한 국제사회의 대응으로 부상했다.

오바마 행정부 기간 동안 북한의 규범 위배 및 도발에 대한 국제사회의 대응은 협상이 아니라 징벌이었다. 북한은 '전략적 인내'를 미국의 적대시 정책이 형태를 바꾼 것이라는 이해에 기초해 더 빈번하고 강도 높게 규범 위배 및 도발 행위를 지속했다. 특히 북한의 비핵화가 미국과의 대화를 위한 선행 조건이라는 오바마 행정부의 입장에 강하게 반발했다. 그 결과 북한은 제1차 및 제2차 한반도 핵 위기 때와 같은 물질적 및 사회적 편익을 손에 넣지 못했다. 그럼에도 불구하고 북한은 핵 능력의 고도화를 위한 시간을 벌었다는 점에서 사실상의 핵보유국 지위 획득이라는 자국의 전략적 목표를 지속적으로 추구할 수 있었다(Jackson, 2019).

넷째, 트럼프 행정부의 등장 이후 북한은 사실상의 핵보유국 지위를 미국으로부터 인정받기 위한 결정적 기회를 얻었다. 2018년 및 2019년 두 번에 걸쳐 트럼프 미국 대통령과 김정은 북한 국무위원장의 정상회담이 그것이다. 북한은 2017년 핵실험과 대륙간탄도미사일 발사 등 전략적 일탈 행위의 고점을 찍은 이후 2018년 평창 동계 올림픽을 계기로 잠정적 순응으로 전환한 결과였다.

북미 하노이 정상회담이 실패로 끝나자 북한의 국제 규범에 대한 위장 순응도 종지부를 찍었다. 북한은 다시 규범 위배 및 도발의 주기로 회귀했고 트럼프 행정부를 교체한 바이든 행정부는 사실상 '전략적 인내 2.0'을 대북정책의 기본 기조로 삼았다. 그 결과 국제사회는 북한의 전략적 일탈 행위에 대한 선행 양보는 없고, 다자 및 양자 차원의 국제 제재를 지속하고 있다(Snyder, 2024).

요컨대 국제사회는 '적응적 학습' 과정을 통해 북한의 전략적 일탈 행동에 대한 정책 대응을 변화시켜 왔다. 제네바 기본합의 및 6자회담의 9·19 공동성명으로 대표되는 국제 협상 레짐을 구축하여 양보를 통해 북한을 핵비확산 레짐으로 복귀시킨다는 적극적 유인 정책의 비효과성을 학습했다. 학습을 통한 적응의 결과로 국제사회는 유엔 안보리의 결의로 대표되는 국제 제재 레짐을 구축하고 강제를 통해 북한을 핵비확산 레짐으로 복귀시킨다는 소극적 유인 정책으로 전환했다. 그 결과 북한의 핵 능력 고도화를 통한 사실상의 핵보유국 지위 추구와 국제사회의 다자 및 양자 제재를 통한 북한의 핵비확산 레짐으로의 복귀 추구가 대치하면서 북한 핵개발과 국제 핵질서는 일종의 교착상태에 빠져 있다.

4. 결론

이 장은 북한이 국제 핵질서에 순응하지 않는 이유를 북한이 가지고 있는 '패권대항 국가' 정체성에서 비롯되는 것으로 보았다. 북한이 국제 핵질서에서 일탈하는 것은 그것이 미국이 주도하는 패권 질서의 일부를 이루고 있어 자국에게 불리하게 짜여 있기 때문이다. 미국의 적대시 정책에 반대하는 패권대항 국가로서 북한은 중요 국제 행위자로 자국의 지위를 격상하는 데 물질적 제한을 부과하는 핵비확산 레짐을 탈퇴하는 대신 불량국가라는 사회적 낙인을 얻으면서 핵억제 레짐으로 이행했다. 레짐 이동 전략을 통해 단기적 차원에서 경제제재 부과 및 불량국가 낙인이라는 비용을 감수하면서도 장기적 차원에서 사실상의 핵보유국 지위를 추구한다는 패권대항 국가의 대전략을 수립했다.

사실상의 핵보유국 지위 추구를 위한 북한의 핵개발 전술은 규범 위배, 도발, 기만으로 이루어진 전략적 일탈 및 잠정적 순응 행위로 구성된다. 규범 위배를 통해 국제사회의 관심을 환기시키고, 도발을 통해 국제사회와의 협상에서 우위를 점하며, 기만을 통해 국제사회로부터 양보를 얻어내는 북한의 핵개발 전술은 제1차 및 제2차 한반도 핵 위기 시점까지 대체적으로 의도한 효과를 거두었다. 국제사회는 양보를 통한 북한의 핵비확산 레짐으로의 복귀를 추구하는 국제 협상 레짐이 비효과적이라는 사실을 적응적 학습 과정을 통해 인지했다. 그 이후 국제사회는 강제를 통한 북한의 핵비확산 레짐으로의 복귀를 추구하는 국제 제재 레짐을 구축하여 북한의 핵개발 전술에 대응하고 있다. 북한과 마찬가지로 국제사회도 레짐 이동 전략을 통해 북한의 핵개발을 저지하려는 노력을 기울이고 있는 셈이다.

현시점에서 북한의 사실상의 핵보유국 지위 추구와 국제사회의 제재를 통한 북한의 핵비확산 레짐으로의 복귀 강제는 상호 교집합이 부재한 관계로 일종의 교착 상태에 빠져 있다. 양자가 선행 양보를 통한 교착 상태의 타개에 정치적 유인이 부재할 때 북한 핵개발과 국제 핵질서는 정면에서 충돌할 위험에 지속적으로 직면할 것으로 보인다.

참고문헌

Caldara, Dario et al. 2023. "Do Geopolitical Risks Raises or Lower Inflation?" Working paper.

Cooley, Alexander and Daniel Nexon. 2020. *Exit from Hegemony: The Unraveling of the American Global Order*. Oxford University Press.

Dalton, Toby and Ariel Levite. 2022. "The Nonproliferation Regime Is Breaking: Fixing

It Will Require Tougher, Smarter Inspections." *Foreign Affairs*, January 13, https://www.foreignaffairs.com/articles/world/2022-01-13/nonproliferation-regime-breaking(검색일: 2023.11.30).

Drezner, Daniel W. 2019. "Counter-Hegemonic Strategies in the Global Economy." *Security Studies*, 28(3), pp.505~531.

Egeland, Kjølv. 2022. "A Theory of Nuclear Disarmament: Cases, Analogies, and the Role of the Non-proliferation Regime." *Contemporary Security Policy*, 43(1), pp.106~133.

Hess, Ashley A.C. 2018. "Why Does North Korea Engage in Provocations?" *Journal of Asian Security and International Affairs*, 5(1), pp.57~83.

Jackson, Van. 2019. "The Rebalance, Entrapment Fear, and Collapsism: The Origins of Obama's North Korea Policy." *Asian Perspective*, 43(4), pp.593~619.

Kim, Min-hyung. 2021. "Why Nuclear? Explaining North Korea's Strategic Choice of Going Nuclear and Its Implications for East Asian Security." *Journal of Asian and African Studies*, 56(7), pp.1488~1502.

Knopf, Jeffrey W. 2022. "Not by NPT alone: The future of the global nuclear order." *Contemporary Security Policy*, 43(1), pp.186~212.

Krasner. Stephen. 1983. "Structural Causes and Regime Consequences: Regime as Intervening Variables." in Krasner(ed.), *International Regimes*. Cornell University Press.

Kühn, Ulrich. 2023. "Strategic Stability in the 21st Century: An Introduction." *Journal for Peace and Nuclear Disarmament*, 6(1), pp.1~8.

Kühn, Ulrich and Heather Williams. 2023. "A New Approach to Arms Control: How to Safeguard Nuclear Weapons in an Era of Great-Power Politics." *Foreign Affairs*, June 14. https://www.foreignaffairs.com/united-states/new-approach-arms-control (검색일: 2023.11.30).

Lawrence, Christopher. 2020. "Normalization by Other Means: Technological Infrastructure and Political Commitment in the North Korean Nuclear Crisis." *International Security*, 45(1), pp.9~50.

McEachern, Patrick and Jaclyn O'Brien McEachern. 2018. *North Korea, Iran and the Challenge to International Order: A Comparative Perspective*. Routledge.

Miller, Steven E. 2020. "A Nuclear World Transformed: The Rise of Multilateral Disorder." *Daedalus*, 149(2), pp.17~36.

Miller, Steven E. and Alexey Arbatov. 2021. *Nuclear Perils in a New Era: Bringing Perspective to the Nuclear Choices Facing Russia and the United States*. Cambridge, Mass.: American Academy of Arts and Sciences.

Panda, Ankit. 2020. *Kim Jong Un and the Bomb: Survival and Deterrence in North Korea*.

Oxford University Press.

Park, Hwee-rhak. 2023. "North Korea's Nuclear Armament strategy and Deception." *Defense Studies*, 23(1), pp.126~147.

Popoola, Michael Akin, Deborah Ebunoluwa Oluwadara and Abiodun A. Adesegun. 2019. "North Korea Nucler Proliferation in the Context of the Realist Theory: A Review." *European Journal of Social Sciences,* 58(1), pp.75~82.

Shultz, George P. et al. 2011. "A World Free of Nuclear Weapons." in Karin Lofthus Carrington and Susan Griffin(eds.). T*ransforming Terror: Remembering the Soul of the World,* pp.28~31. University of California Press.

Smetana, Michal. 2020. *Nuclear Deviance: Stigma Politics and the Rules of the Nonproliferation Game.* Springer.

Snyder, Scott A. 2024. *The United States-South Korea Alliance: Why It May Fail and Why It Must Not.* Columbia University Press.

Sobecki, Nicholas Kirk and Derrick V. Frazier. 2023.9.26. "Negotiating regional order: regional power influences on nuclear nonproliferation in East Asia." *International Politics.* https://link.springer.com/article/10.1057/s41311-023-00505-0(검색일: 2023.11.30).

Spaniel, William. 2019. "Bargaining and North Korea." in Lauren Ice, James Scouras, Kelly Rooker, Robert Leonhard and David McGarvey(eds.). *Game Theory and Nuclear Stability in Northeast Asia,* pp.63~67. Johns Hopkins University Applied Physics Laboratory.

Verdier, Daniel. 2022. "Bargaining Strategies for Governance Complex Games." *Review of International Organization*, 17(2), pp.349~371.

Wunderlich, Carmen. 2017. "Delegitimisation à la Carte: The 'Rogue State' Label as a Means of Stabilising Order in the Nuclear Non-Proliferation Regime." in Svenja Gertheiss, Stefanie Herr, Klaus Dieter Wolf and Carmen Wunderlich(eds.). *Resistance and Change in World Politics: International Dissidence*, pp.143~186. Springer.

______. 2020. *Rogue States as Norm Entrepreneurs: Black Sheep or Sheep in Wolves' Clothing?* Springer.

□ 토의 주제

1. 1945년 미국의 핵무기 개발 이후 국제 핵질서를 하나의 '레짐 복합체'로 이해한다면, 그 구성을 이루는 핵억제, 핵비확산, 핵군비통제, 핵군비 폐기 등 각각의 레짐의 성격은 무엇인가?
2. 탈냉전 이후 북한의 핵무기 개발이 국제 핵질서의 안정성에 미친 영향을 핵비확산 레짐에서 핵억제 레짐으로 이행하려는 하나의 '레짐 이동'으로 이해하면, 어떠한 국제정치적 함의가 있는가?
3. 핵비확산 레짐을 이탈한 이후 북한이 치러야 할 제재 및 평판 비용에도 불구하고 지속적으로 핵개발을 추구하고 있는 현상을 '패권대항 국가'라는 정체성에 기반을 둔 사실상의 핵보유국 지위 획득 전략으로 이해하면, 그 국제정치적 함의가 무엇인가?
4. '전략적 일탈'과 '잠정적 순응'이라는 북한의 핵개발 행위에 대한 국제사회의 대응을 '협상 레짐'에서 '제재 레짐으로 이행하는 하나의 '레짐 이동'으로 이해하면, 그 이행 과정의 메커니즘을 '적응적 학습'의 귀결로 볼 수 있는가?

□ 더 읽을거리

1. Jeffrey M. Kaplow. 2022. *Signing Away the Bomb: The Surprising Success of the Nuclear Nonproliferation Regime*. Cambridge University Press.
2. Matthew Q. Clary. 2020. *From Pariah to Phoenix: Improving a National Reputation from the Ashes of the Past*. Lexington Books.
3. Scott Snyder and Kyung-Ae Park(eds.), 2022. *North Korea's Foreign Policy*. Rowman & Littlefield Publishers.
4. Siegfried S. Hecker and Elliot A. Serbin. 2023. *Hinge Points: An Inside Look at North Korea's Nuclear Program*. Standford University Press.
5. Vipin Narang and Scott D. Sagan(eds.). 2023. *The Fragile Balance of Terror: Deterrence in the New Nuclear Age*. Cornell University Press.

5
CHAPTER

북한 핵문제와 대외경제정책 변화

임을출(경남대학교 극동문제연구소 교수)

| 학습목표

이 장에서는 핵문제가 북한의 대외경제 부문에 미친 영향을 분석하고, 이에 대한 김정은 정권의 대응을 대외경제정책 변화와 대외경제 활동 중심으로 살펴보고자 한다. 핵문제는 곧 대북제재와 직결된 문제이고, 대북제재는 북한의 대외경제정책 변화에 결정적인 영향을 미친 변수였다. 따라서 우선 핵과 제재의 상관관계를 짚어보면서 2006년 이후 시기별 대북제재의 유형과 특징들을 제재효과와 더불어 설명한다. 이어 대북제재가 북한의 대외경제 각 부문에 미친 영향을 살펴보고 김정은 정권의 대응을 대외경제정책의 변화들을 중심으로 고찰한다. 이를 토대로 향후 김정은 정권 대외경제정책의 방향을 전망한다.

1. 서론

이 글에서는 핵문제가 북한의 대외경제 부문에 미친 영향을 분석하고, 이에 대한 김정은 정권의 대응을 대외경제정책 변화와 대외경제활동 중심으로 살펴보고자 한다. 핵문제는 곧 대북제재와 직결된 문제이고, 대북제재는 북한의 대외경제정책 변화에 결정적인 영향을 미친 변수였다. 따라서 우선 핵과 제재의 상관관계를 짚어보면서 2006년 이후 시기별 대북제재의 유형과 특징들을 제재효과와 더불어 설명한다. 이어 대북제재가 북한의 대외경제 각 부문에 미친 영향을 살펴보고 김정은 정권의 대응을 대외경제정책의 변화들을 중심으로 고찰한다. 이를 토대로 향후 김정은 정권 대외경제정책의 방향을 전망한다.

북한은 2006년 1차 핵실험을 시작으로 2023년 현재까지 여섯 차례의 핵실험을 단행했다. 핵실험과 지속적인 미사일 시험 발사를 통해 고도화를 성취하면서 미국 본토까지 직접 타격할 수 있는 핵무력을 증강시켜 왔다. 한반도 주변국을 비롯한 국제사회는 북한의 지속적인 도발을 강력히 규탄해 왔으며, 동시에 북한의 핵 고도화 역량을 축소시키기 위해 다양한 경제제재를 시행해 왔다. 유엔 안전보장이사회(이하 안보리) 결의를 통한 제재를 비롯 미국, 일본, 한국, 유럽연합(EU) 등이 개별 국가 차원에서도 대북제재 조치를 잇달아 내놓았다. 특히 양자 간 제재와 다자 간 제재는 2016년 북한의 4차 핵실험을 계기로 이전과 다른 성격과 강도를 보여주었다. 4차 핵실험이 이뤄진 이후에는 북한 경제 전반에 영향을 미치는 포괄하는 전방위적 제재, 특히 '민생'은 거의 고려하지 않는 '포괄적 제재'로 변화한 것이다. 제재의 강도 면에서도 더 광범위하고 강력한 제재로 바뀌었다. 북한은 이에 대응해 2018~2019년 사이 두 차례의 북미정상회담과 다양한 실무회담에서의 비핵화 협상을 통해 제재완화를 이끌어내려 시도했지만 결국 의도를 관철하지는 못했다. 그 뒤 북한은 제한적·단계적 비핵화와 제재완화 교환은 어렵다고 판단하고 제재의 장기화를 상수로 놓고 대외정책을 수립, 추진하고 있다. 연구자들 사이에서 대북제재의 영향과 관련해 다소 의견이 엇갈리지만, 가장 강력하고 실효적이라고 평가받은 유엔 안보리 결의 2270호 채택 이후부터는 더 이상 '제재무용론'은 찾아보기 어렵다. 제재의 효과는 정책적 효과와 정치경제적 효과로 구분해서 살펴볼 필요가 있다. 제재의 정책적 효과는 경제적 압박이 북한의 핵개발 중단 결정이나 진전 여부에 어떤 영향을 미치고 있는지를 통해 파악할 수 있다. 정책적 효과는 현 단계에서는 없어 보이지만 좀 더 시간을 두고 판단할 필요가 있다는 점에서 여전히 논쟁 중이다. 그러나 최소한 경제적 효과에 대해서는 이견이 생기기 어려워 보인다. 북한의 무역통계나 한국은행에서 발표하는 북한의 경제성장률 추계치를 보면 제재의 경제적 효과는 분명하게 드러나기 때문이다(임수호, 2019: 12~13).

이 글에서는 2006년 1차 핵실험 이후부터 핵문제와 대북제재, 특히 대북제재의 강도가 최고조에 달했던 2016년 이전과 이후로 구분해 핵문제와 제재가 북한의 대외경제정책에 어떤 영향을 미쳤는지에 대해 상세히 설명하고자 한다. 유엔 차원의 본격적인 대북제재 역사는 2006년 7월 북한의 장거리로켓 대포동 2호 발사에 따른 결의 1695호부터 시작된다. 당시엔 북한 핵과 미사일, 대량살상무기(WMD) 개발 금지와 관련된 자금의 동결, 기술 이전 금지 등에 초점이 맞춰졌다. 그해 10월 1차 핵실험에 의해 채택된 결의 1718호에서도 유엔 대북제재 결의는 북한을 향해 군사적 도발을 자제하라고 촉구하는 수준에 그쳤다. 유엔 안보리 차원의 대북제재가 남북경협에도 직간접적 영향을 미쳤지만, 개성공단 사업 등은 중단 없이 추진되고 있었다. 하지만 북한이 핵역량 고도화에 시동을 걸기 시작한 2016년부터는 상황이 달라졌다. 북한이 연속적인 핵실험을 강행하면서 핵능력을 고도화해 나가면서 유엔 안보리에서는 비군사적 제재 결의로는 가장 강력하고 실효적이라고 평가받은 결의 2270호를 만장일치로 채택했다. 이 결의는 무기거래, 제재 대상 지정, 해운·항공 운송, 대외교역, 금융거래 등 기존 제재 조치들을 대폭 강화했으며, 석탄·금 등 광물분야 금수 조치와 같은 북한 관련 제반 측면에 심대한 영향을 줄 수 있는 새롭고 강력한 제재 조치들을 포괄적으로 망라하고 있었다(국무조정실, 2016).

특히 안보리 결의 2270호는 북한 우방국인 중국, 러시아를 포함한 15개 이사국들이 모두 참가해 채택한 것이었다. 전통적인 우방인 중국과 러시아가 결의에 찬성하고 참여한 점에서 전례 없이 강력하고 실효적인 제재라는 평가를 받는 것이다. 따라서 결의 2270호는 북한의 대외경제 관계에도 심각한 타격을 준 것으로 판단된다. 기존의 안보리 대북제재 결의는 북한의 대량살상무기(이하 WMD) 개발에 집중적으로 초점이 맞춰져 있었으나, 결의 2270호는 북한의 WMD 개발에 대응하는 것은 물론, WMD 대응 차원을 넘어서, 특히 북한의 대외경제 측면에 심대한 영향을 줄 수 있는 데 초점을 맞춘 제재 조치들이 포괄적으로 망라되었기 때문이다(외교부, 2016). 대북 경제제재는 북한 경제 전반의 변화에 영향을 미치고, 이에 따른 경제 변화가 다시 북한의 대외경제관계의 변화로 이어진 것으로 평가된다. 더구나 2270호의 취약점을 보완하는 방향으로 2017년엔 4개의 결의가 연속적으로 채택되었다. 사실상 "민생 목적은 예외"라는 규정이 사라졌다. 유엔을 비롯한 국제사회의 대북제재가 강화됨과 동시에 미국 의회에서 처음으로 북한만을 대상으로 하는 '2016 대북제재 및 정책강화법(North Korea Sanctions and Policy Enhancement Act of 2016, H.R.757)'이 제정된 것도 대북제재의 효과성을 높인 것으로 판단된다. 미국의 선도적 조치는 국제사회로 하여금 북한과의 경제관계를 사실상 차단시키는 데 적지 않은 기여를 한 것으로 보인다. 2020년에는 기존 제재 외 코로나19 팬데믹 변수로 인한 셀프 국경봉쇄

조치도 대외경제 부문에 상당한 부정적 영향을 미친 것으로 파악되고 있다.

이 글의 구성은 다음과 같다. 2절에서 핵문제와 대북제재의 인과관계와 대북제재 실태를 소개하고, 3절에서 대북제재가 대외경제 부문(무역, 원조, 경제개발구를 중심으로 한 외국인직접투자, 관광사업 등)에 미친 영향을 살펴볼 것이다. 이어 4절에서는 대북제재에 대한 김정은 정권의 대응과 대외경제정책의 변화를 논의한다. 마지막 결론에서는 분석 결과를 요약하고 대외경제정책의 향후 방향을 전망한다.

2. 핵문제와 대북제재

1) 대북제재의 목적

'경제제재'란 일반적으로 상대국의 이익을 침해하거나 국제규범을 위반하는 행위자의 정책 변화를 이끌어내는 강압적인 경제조치로 정의된다(Carter, 1988). 제재 부과국이 경제제재를 통해서 달성하고자 하는 정치적 목표를 북한에 적용할 경우 추가 도발을 억제하는 제한적 수준의 정책변경, 핵·미사일을 비롯한 대량살상무기 확산 억제, 더 나아가 정권 교체 등이 될 수 있다. 북한에 적용된 대북제재는 북한의 상습적인 도발 행위가 안보리의 권위에 대한 심각한 도전임을 확인하면서, 북한의 잘못된 행동을 엄벌하고 셈법을 완전히 바꿔놓겠다는 단호한 의지를 반영한 것으로 평가받고 있다(외교부, 2016). 즉, 북한의 무모한 핵·미사일 도발을 중단시키려는 데 초점이 맞춰진 셈이다. 북한의 도발에는 반드시 대가가 따를 것이라는 점을 분명히 인식시키고, 도발에 따른 북한 측의 비용을 높이는 것이 중요한 목표다. 이에 따라 한국 정부도 북한이 이러한 사실을 분명히 깨닫고 긴장 조성 행위를 중단하고 비핵화 대화에 나오도록 미국, 일본을 비롯한 국제사회와 긴밀한 공조를 지속적으로 강화해 나갔다(외교부, 2023). 이런 맥락에서 보면 제재는 원칙적으로 압박의 수단이면서 대화와 협상 테이블로 견인하는 지렛대의 성격을 함께 내포하고 있다.

제재는 주민의 봉기를 유도해 피제재국 정권을 교체하는 목적도 추구한다. 유엔 안보리 제재는 제재 조치의 부과 대상과 범위에 따라 포괄적 제재와 맞춤형 제재로 나눌 수 있다. 포괄적 제재란 제재 대상국의 수출입 상품 및 서비스, 금융거래 제한 등을 통해 불특정 주민 모두를 제재 대상으로 삼는 것으로서, 이 같은 포괄적 제재로 고통을 받는 국민들이 봉기를 일으켜 기존 정권을 흔들 수 있을 것이라는 기대까지 포함하고 있다. 유엔 안보리는 2006년 10월 채택한 제재 결의 1718호부터 2016년 이전까지는 민생에 영향을 미치지 않는 범위 내에서 국소적·제한적 제재를 시행하다가, 2016년 3월에 채택한 제재 결의 2270호부터는 북한의 주력 수출입 품목에 대한 제재를 포함해 노동자 파견 제한 등 민생에도 영향을 미치는 포괄적 제재로 전환했다. 결국 포괄적 제재는 북한에 유입되는 모든 자금을 직접 통제하고 압력을 높이기 위한 목적을 갖고 있다. 이는 결국 주민들에게도 상당한 경제적 고통을 전가함으로써 정권에 대한 불만을 고조시키는 효과를 거두려는 기대가 내포되어 있다고 할 수 있다. 요컨대 대북제재는 북한의 비핵화를 촉진하는 데 초점이 맞춰져 있지만, 이 외에도 북한의 인권 개선, 생화학무기 위협 제거, 재래식 안보위협 제거, 비전통 안보위협(자금 세탁, 사이버 위협, 마약 거래, 위폐 거래 등) 제거, 체제 변화 등 광범위한 목적을 겨냥하고 있다고 볼 수 있다.

2) 시기별 핵 이슈와 대북제재: 유형과 특징

유엔 안보리가 최초로 북한의 핵과 미사일 문제와 관련해 결의를 채택한 것은 1993년 5월 11일이다. 제825호를 통해 북한의 핵확산금지조약(Nuclear Non-Proliferation Treaty, NPT) 탈퇴 재고를 요청하는 결의였다. 그렇지만 본격적인 대북제재는 북한의 핵실험과 미사일 발사에 대한 안보리의 대응으로 시작되었는데 2006년 유엔 안보리 결의 1718호를 시작으로 총 10차례 결의[1]가 채택되면서 점점 수위가 높아졌다. 주유엔 베네수엘라 대표부는 2023년 9월 21일 제78차 유엔 총회 고위급 회의 부대행사를 열고 지정학적 제재 지도 보고서를 발표했는데, 이에 따르면 2023년 8월까지 전 세계에서 제재를 가장 많이 받은 나라는 1만 7582건의 러시아이고, 북한이 세계에서 6번째로 가장 많은 제재를 받는 국가로 나타났다. 2위가 이란(2474건)과 3위 시리아(1343건), 4위 우크라이나(1194건), 5위 베네수엘라(930건)였다. 이 장에서는 2006년 1차 핵실험 이후 2015년 이전 시기와, 차원과 성격이 다른 제재 결의, 즉 유엔 안보리 결의 2270호가 채택된 2016년부터 2023년 시기로 나누어 제재 부과 실태를 살펴볼 것이다.

(1) 유엔 안보리 결의 2270호 이전: 2006~2015년 기간

2006년 7월 5일 발사된 장거리 미사일 대포동2호는 유엔 안보리 결의 제1695호가 채택되는 직접적인 계기가 되었다. 북한은 미사일 발사 사흘 뒤에 미사일 발사에 대해 "자위적 국방력 강화를 위해 우리 군대가 정상적으로 진행한 군사훈련의 일환"이라고 밝혔으며(조선중앙통신, 2006.7.7), 이러한

1 핵실험으로 인한 대북제재 결의 1718호(2006), 1874호(2009), 2094호(2013), 2270호(2016), 2321호(2016), 2375호(2017)와 북한의 탄도미사일 발사로 인한 결의 1695호(2006), 2087호(2013), 2371호(2017), 2397호(2017)가 있다.

입장은 대북제재 결의에 반대하는 외무성 성명에서도 일관적으로 드러난다. 대북제재 결의 제1695호가 채택되고 사흘 후에 북한은 외무성 성명을 발표하는데(조선중앙통신, 2006.7.16), 이 성명을 통해서 북한은 미사일 발사에 대한 자주적 권리를 강조했다. 대포동2호 발사 이후 3개월 만에 북한은 1차 핵실험을 단행했고, 이에 대해 유엔 안보리는 탄도미사일과 WMD 관련 무기, 물자, 금융 지원을 금지하는 대북제재 결의 제1718호를 채택했다.

이에 아랑곳하지 않고 북한은 2009년에 2차 핵실험을 단행한다. 유엔 안보리 역시 무기 수출을 전면적으로 차단하는 내용의 대북제재 결의 제1874호를 채택했다. 이어 김일성 생일 100주년인 2012년 4월 13일 인공위성이라고 주장하는 광명성 3호를 발사했으며, 이에 유엔 안보리는 사흘 후인 4월 16일에 기존 북한에 가해졌던 대북제재 결의 제1874호 이행을 촉구하는 의장 성명을 발표했다. 북한은 이에 또 반발해 2012년 12월 12일 장거리 미사일 은하 3호를 발사했다. 이에 대응한 유엔 안보리의 대북제재 결의 제2087호가 채택되자 20여 일 뒤에 북한은 3차 핵실험을 감행했고, 이는 유엔 안보리 결의 제2094호를 이끌어낸다. 2094호는 핵과 탄도미사일 개발에 관련된 금융 거래를 차단하는 내용을 포함했다. 그러나 북한은 이에 또 반발해 '핵보유국 지위 영구화 선언'(3.9), '경제건설 및 핵무력건설 병진노선'(3.31) 채택, '자위적 핵보유국 지위 공고화 법 제정'(4.1) 등 핵보유국 지위를 더욱 공고하게 다지는 내부적 조치들을 취해나갔다.

(2) 유엔 안보리 결의 2270호 이후: 2016~2023년 기간

북한은 2016년 국제사회의 지속적이고 강력한 경고와 압박에도 불구하고 핵 프로그램을 고도화하기 위해 4차(2016.1), 5차(2016.9) 핵실험에 머물지 않고 2017년에도 6차 핵실험(2017.9) 및 ICBM급 탄도미사일 발사를 강행하면서 긴장을 고조시켰다. 2016년 1월 6일 북한은 3년 만에 4차 핵실험을 강행했고, 2월 7일에는 인공위성 발사를 명분으로 장거리로켓 광명성호를 발사했다. 북한은 미국의 대북 적대 정책 때문에 미국에 대한 '자위적 조치'로 수소탄 실험을 강행한 것이라고 설명했다(≪조선신보≫, 2016.1.7). 북한의 4차 핵실험과 광명성호 발사는 유엔 안보리 대북제재 제2270호를 채택하는 계기가 되었다. 이어 북한은 같은 해인 2016년 9월 9일 5차 핵실험을 연속적으로 강행했다. 이러한 핵실험에 대응해 유엔 안보리는 대북제재 결의 제2321호를 채택했다. 이후 2017년 김정은 위원장은 신년사를 통해 "대륙간탄도미사일(ICBM) 시험 발사가 마감 단계"라고 밝혔다(연합뉴스, 2021.6.10). 핵개발이 마지막 단계에 이르렀다는 자신감을 기반으로 4월 16일에는 화성12형을 발사함으로써 북미 간 긴장이 고조되었고, 북한 측의 잇단 탄도미사일 발사는 대북제재 결의 제2356호 채택으로 이어졌다. 거듭된 탄도미사일 발사에 심각한 우려를 표명한 유엔 안보리는 '가장 강력한 언어'로 북한의 핵·미사일 활동을 비난했다(연합뉴스, 2021.6.7). 이러한 국제사회의 압박에 반발한 북한은 강력하게 맞대응했다(조선중앙통신, 2017.4.21). 화성14형 ICBM 발사에 이어 북한은 6차 핵실험을 강행했고, 같은 해에 화성15형까지 발사했다. 북한은 특히 6차 핵실험을 통해 핵무력 완성 단계를 향해 가고 있음을 선언했다(조선중앙통신, 2017.9.5).

여기서 가장 주목할 제재는 4차 핵실험 이후 취해진 유엔 안보리 대북제재 제2270호이다. 한국 정부는 북한의 2016년 1월 6일 4차 핵실험과 2월 7일의 장거리 미사일 발사 이후 남북경협의 상징이었던 개성공단을 폐쇄하는 초강수를 두면서 국제사회의 대북제재 동참을 견인했고, 더불어 북한인권법 및 테러방지법을 통과시키고, 한미군사훈련을 고강도로 실시하는 등의 조치를 통해 북한을 압박했다. 국제사회는 유엔 안보리 차원의 다자제재 및 개별 국가 차원의 양자제재로 함께 북한 압박에 동참했다. 유엔 안보리는 3월 2일 민생 목적 혹은 대량살상무기(WMD)와 무관한 경우를 제외하고 철광석과 석탄, 금, 티타늄, 희토류 등 북한의 광물 거래를 금지하는 대북제재 결의 2270호(Resolution 2270/2016)를 통과시켰다(United Nations Security Council, 2016). 특히 2270호는 주목할 필요가 있는데, 이 결의에는 유엔 안보리 제재 역사상 처음으로 북한 수출입 모든 화물에 대한 의무적 검색을 실시하고, 북한의 핵·탄도미사일 프로그램 개발에 기여할 수 있는 자금 창출 및 기술 이전 등을 더욱 어렵게 만드는 다양한 조치들이 담겨 있었다(임을출, 2016: 31~32).

북한은 이와 같은 강력한 제재에 굴복하지 않고 반발하면서 2016년 9월 9일에는 5차 핵실험을 감행했고, 유엔 안보리는 5차 핵실험 강행 이후 82일 만인 11월 30일 유엔 헌장 7장 41조(비군사적 제재)에 따라 기존 안보리 대북제재 조치를 보다 강화한 결의 2321호(Resolution 2321/2016)를 만장일치로 채택했다(외교부, 2016). 이 안보리 결의에는 기존 결의의 틈새(loophole)를 보완하고, 북한에 실질적인 영향을 줄 수 있는 새로운 제재 조치를 추가하며, 제재 대상 개인·단체를 확대하는 다양한 조치가 포함되었다(외교부, 2016). 이 결의는 이전에 채택한 안보리 결의 2270호를 더욱 보완한 것으로 유엔 안보리가 북한에 부과한 것들 가운데 가장 강도가 높은 것이기 때문에 가장 실효적인 결과를 가져올 것으로 평가되었다. 결의 2270호에 포함되었던 일부 예외 조항을 최소화함으로써 지속적이고 거침없는 북한의 도발에 대한 엄중한 처벌 의지를 보여주는 의미도 담겨 있었다. 유엔 안보리 결의에 담긴 대북제재의 의도와 목적은 도발을 지속할 경우 상응하는 엄중한 대가를 치르도록 함으로써 추가적인 도발을 억제시키고 잘못된 셈법을 바꾸도록 영향력을 행사하는 것이었다. 북한이 국제적 의무, 즉 유엔 안보리 결의를 준수할 때까지 도발에 따른 비용을 높이기 위한 양자, 다자 차원의 제재는 특히 북한의 대외경제활동에 심각한 제약을 가했다.

3. 대북제재가 대외경제 부문에 미친 영향

북한은 스스로 한 국가의 경제발전에 필요한 자금은 내외부 자금의 형태로 동원된다고 분석하면서 내부 자금의 중요한 원천으로 무역(수출)을, 그리고 외부자금의 원천으로 원조, 차관 및 외국인직접투자를 열거한 바 있다(리성규, 2003: 40~41). 핵개발에 따른 국제사회의 각종 경제제재 부과로 말미암아 북한에 대한 내부 자금뿐만 아니라, 외부 자금 유입이 크게 축소되었는데, 이는 물론 북한의 경제발전을 지체시키는 핵심 요인으로 작용한 것으로 나타났다. 이 장에서는 무역, 원조, 경제개발구를 중심으로 한 외국인직접투자, 관광사업 등을 중심으로 본격적인 핵개발을 시작한 김정일 시대와 김정은 시대로 구분해 대북제재가 대외경제에 미친 영향을 살펴보고자 한다.

1) 2006년 이후 제재의 영향

2006년 이후에 전개된 북한의 핵·미사일 위협이 대외경제관계에 미친 부정적 영향은 북일경제관계가 잘 보여준다. 북한이 2006년 최초의 핵실험을 했을 때, 일본은 유엔 안보리가 대북제재 결의 1718호를 채택(2006.10.14) 하기 3일 전인 2006년 10월 11일 독자적·선제적으로 대북제재를 취한 점을 눈여겨볼 필요가 있다. 일본의 대북제재 조치의 주요 내용을 보면 모든 북한 선적의 일본 입항 금지, 북한으로부터의 모든 품목 수입 금지, 그리고 북한 국적자의 원칙적 입국 금지 등이었다(김상기, 2007: 35). 북일 간의 교역은 2002년 이후 급격히 감소되기 시작했고 일본 정부의 북한 선적 금지, 대북 수출 금지 조치에 따라 2007년 북한의 대일 수출 실적은 전무했고, 다만 수입만 이뤄져 2009년 양국 간 교역규모는 272만 달러에 그쳤다. 2001년도

표 5-1 **북한의 대일본 수출입(2001~2010)**

(단위: 천 달러)

	2001	2002	2003	2004	2005	2006	2007	2008	2009	2010
수출	225,618	234,404	173,818	163,372	131,115	77,776	0	0	0	0
수입	249,077	135,137	91,500	89,262	62,504	43,816	9,311	7,664	2,722	0
계	474,695	369,541	265,318	252,634	193,619	121,592	9,311	7,844	2,722	0

자료: KOTRA(2021).

에는 양국 간 교역이 4억 7000만 달러 수준에 이르렀고, 다른 해에도 2~4억 달러 수준에 머물렀으나 2006년 핵실험 이후 취해진 일본의 대북제재 조치는 2010년 마침내 전면 중단 상태에 직면하게 된다(미무라 마쯔히로, 2005: 60~61). 물론 북일 간 교역이 급감한 배경에는 핵문제 외에도 2002년부터 불거진 일본인 납북자문제 등이 영향을 미쳤다. 그러나 북한 입장에서는 일본과의 교역을 통해서 상당 기간 흑자를 실현해 외화 수입을 올렸고, 궁극적으로 경제발전에도 도움을 받았다는 점에서 핵개발은 북한경제에 적지 않은 손실을 유발시켰음을 실증해 주고 있다. 물론 나중에 북한은 일본과의 교역 중단으로 입은 손실을 한국 등 교역 파트너 전환을 통해 대부분 상쇄했다(이석, 2010: 140~141).

또한 북한의 2009년 5월 25일 2차 핵실험에 대한 유엔 안보리 대북제재 및 관련 금융제재는 북한의 무기 수출, 불법 활동 등을 통한 외화 수입을 크게 감소시켰을 것으로 예측되었다. 당시 통일부는 무기거래 금지와 관련 금융제재 조치로 북한의 무기 수출이 완전히 차단된다면, 연간 1억 달러가량인 무기 수출을 통한 수입이 소멸하게 될 것으로 분석했다. 2003~2004년 사이에도 미국의 대북제재 조치 강화에 따른 해상봉쇄(2003), 대량살상무기 확산방지조치(2004) 등으로 무기 수출액이 급감한 것으로 추정된 바 있다. 더불어 화물 검색 강화로 북한의 불법행위 적발이 용이해지면서 기타 불법행위로 인한 수익(1~2억 달러)도 감소된 것으로 파악되었다(통일부, 2009). 이뿐만 아니라 북한의 핵보유 시도는 국제사회로부터의 개발원조 유입을 급감시켰다. 국제사회는 북한 개발원조의 제공에 대한 판단 기준으로 인권 개선과 더불어 핵문제 진전 여부를 주목했다. 당시 대북 개발원조에 앞장서 온 스위스 정부는 2012년 1월 1일을 기점으로 사업을 중단했다. 이는 스위스 의회 의원들이 북한의 지속적인 핵무기 개발 시도를 이유로 대북 개발원조를 중단하라는 압박을 받아왔기 때문이다. 당시 스위스 의회는 북한이 국제사회의 호의에도 불구하고 극도로 비협조적인 태도를 보이며 핵·미사일로 동북아시아 지역의 안정을 위협하고 있다고 판단했다. 스위스 외교부 산하 개발협력처는 북한이 심각한 식량난에 시달리던 이른바 고난의 행군 시기인 1995년 대북지원사업을 시작했다. 1997년에는 평양에 상주 사무실을 개설하면서 식량 생산 증진을 위한 농업 프로그램과 북한 내 개혁 과정을 지원하기 위한 사업 등 본격적인 대북 개발 원조를 지원한 바 있다(VOA, 2010.1.13).

국제금융기구의 양허성 차관의 제공도 개발원조와 마찬가지로 핵문제 진전이 가장 기본적인 전제 조건이 되었다. 역사적으로 보면 북한의 국제금융기구 가입 여부는 회원국들의 충분한 정치적 지지에 달려 있었다. 이는 북한이 핵무기 개발을 포기함으로써 미국과 일본과 관계를 정상화하는 과정이기도 하다. 특히 북한은 핵문제의 해결 진전 등을 통한 미국과의 관계 개선이 핵심 관건으로 지적된다(임을출, 2007: 2). 중국이나 베트남의 국제금융기구 회원 가입 과정도 미국과의 관계 개선 과정과 일치하는 경향을 보인 바 있다(김성철, 2011: 24). 미국의 다양한 수준과 영역에서의 대북제재 조치는 북한과 교역 혹은 금융거래를 하는 다른 국가들이나 기업, 그리고 개인들에게 주는 직간접 영향이 적지 않았다. 더구나 미국은 북한의 비핵화 결단을 이끌어내기 위해 북한 기업과 거래하는 미국 국내 기관은 물론 해외 기업 및 금융기관들까지도 제재를 가해 거래를 차단하는 방식으로 북한을 경제적으로 고립시키려고 했다. 북한이 미국과의 협상 시 대화 재개의 전제 조건으로 금융거래 등 각종 경제재재의 해제를 줄곧 제시해 왔던 것도 미국이 주도하는 경제제재가 북한 경제에 실질적인 영향을 주고 있음을 방증해 준다. 실제 미국의 금융자산 동결, 거래 중단 권고 등으로 주요 금융기관들이 북한과의 거래를 차단한 뒤 수출대금, 해외 대북송금과 남북교역을 통한 수익의 상당량이 감소된 것으로 파악되고 있다. 북한의 주요 외화벌이 창구인 광산 업체들이 2009년 5월 핵실험 이후 취해진 국제사회의 대북 금융제재로 수출대금 회수에 어려움을 겪기도 했다. 5월 북한의 핵실험 이후 국제적인 대북 금융제재가 강화되면서 유럽계 은행은 물론 중국의 은행들조차 북한 무역업체들의 수출대금 송금 중계에 나서지 않았고, 유럽의 수입 업체들이 이미 아연괴 대금을 지급했으나 송금을 받을 길이 막혀 북한이 이를 회수하지 못하는 상황이 전개되기도 했다. 미국이 한발 더 나아가 '불법 활동'을 벌이는 북한의 모든 무역회사들까지 포함하는 추가 금융제재 조치에 나서면서 북한 경제가 입은 손실은 더욱 커졌다.

북한의 지속적인 핵개발과 이에 따른 국제사회의 경제제재는 남북경협의 양적·질적 발전을 가로막는 핵심 요소로도 작용했다. 북한의 핵개발 고수에도 불구하고 진행되고 있던 개성공단 사업(2005~2016)도 국제사회의 각종 제재로 인해 생산제품의 해외 판로가 크게 제한되어 있었고, 전략물자의 공단 내 반출 제한으로 고부가가치 제품을 생산하지 못했다. 이에 따라 개성공단의 경쟁력은 일정 수준 이상으로 발전하지 못했고, 이는 북한의 핵개발 고수가 남북경협 확대에 가장 큰 장애 요인으로 작용했고, 북한 경제발전 기여에도 상당한 제약이 가해졌음을 시사한다.

2) 2016년 이후 제재의 영향

김정은 시대에 더욱 강화된 대북제재는 역점사업으로 추진했던 관광, 경제개발구 개발사업 등에 심대한 악영향을 미쳤다. 국제사회는 유엔 안보리 대북제재를 비교적 충실히 이행하면서 북한은 수출입과 금융 활동에서 계속해서 타격을 받았고, 해외에서의 불법 활동도 제약을 받았으며, 노동자 해외 송출도 현지 국가들의 규제와 감시 강화로 인해 외화벌이 활동도 크게 위축되었다.

경제·핵 병진노선을 추진했던 2013~2017년 사이 김정은 정권은 대외무역 측면에서 무역자율화·분권화, 무역다변화, 국산화 등 여러 개혁정책을 추진했다. 초기에 섬유제품 위주로 가공품 수출이 증가하는 등 소기의 성과로 이어졌지만 북한의 핵개발 강행과 이에 따른 유엔 안보리의 강화된 대북제재 조치로 북한의 대외무역 환경은 급속도로 악화되었다. 2018년 4월 남북정상회담을 앞두고 사회주의 경제건설 총력 집중 노선을 새롭게 제시하기도 했지만,[2] 대외 환경이 악화되면서 대외무역의 거래 규모, 대상, 품목 등이 크게 줄었고, 초기 성과도 대부분 후퇴했다(최장호 외, 2022). 김정은 정권은 2018년 두 차례의 남북정상회담(4.27, 9.19)과 북미정상회담(6.12)을 개최하고 중국 시진핑(習近平) 주석과도 정상회담을 갖는 등 대외 환경 개선을 적극적으로 시도했다. 이전인 2013년 12월 당시 북중경제협력을 총괄하던 장성택 당 행정부장이 반당 행위, 분파책동 혐의로 처형되면서 북중관계는 악화일로를 걸었고, 중국인의 북한 관광도 중단되었다. 나아가 2016년 1월 북한의 4차 핵실험이 단행된 이후에는 중국이 유엔 안보리에서 대북제재

2 김정은 정권은 2018년 4월 21일 남북정상회담을 앞두고 병진노선의 종결을 선언하고 '핵무기 없는 세계에 대한 비전과 함께 전당, 전국이 사회주의 경제 건설에 총력을 집중하는 것'을 새로운 전략적 노선을 제시했다.

결의에 찬성하는 사태까지 벌어진 바 있다. 그러나 미국과의 비핵화 협상의 시작, 북중관계의 회복에도 불구하고 북한의 잇단 핵실험과 장거리 미사일 발사로 채택된 유엔 안보리의 대북제재 결의들은 변화가 없었다. 중국과는 대북제재로 인해 수출이 늘지 못하는 상황에서 수입만 증가했고, 이에 따라 무역적자는 한층 더 심해졌다. 또한 북한이 산업생산에 필요한 첨단 설비와 장비를 도입하는 것도 어려움을 겪으면서 경제성장의 둔화가 지속되었다(최장호 외, 2022).

김정은 정권은 관광을 북한의 대외 이미지와 전략적 위상을 과시하기 위한 핵심 수단으로 활용하고자 했다. 평양을 비롯한 북한 전역을 리모델링하면서 새로운 건축물을 만들어내고, 문명국가로서의 새로운 면모를 과시하려 했다. 국가적 차원에서 관광업 발전을 위한 다양한 조치를 취했다. 김정은 시대의 관광 활성화 전략은 그야말로 전방위적이고 파격적이었다. 전국적으로 관광특구 개발에 나섰고, 기존의 명승지 중심의 단체관광에서 체험, 테마 중심의 개별 관광까지 다양한 관광 상품을 내놓았다. 마식령스키장 등 겨울철 레저·스포츠형 관광자원을 비롯해 자전거, 맥주 여행 등 다양한 테마상품 개발이 이뤄졌다. 중국 여행객이 직접 자동차를 타고 북한을 여행할 수 있다거나, 인터넷 관광 상품 판매에 이르기까지 관광을 통한 치열한 생존 전략을 펼쳤다(임을출 외, 2017: 15~30). 이처럼 북한이 관광 활성화에 특별한 관심을 기울였던 이유는 국제사회의 제재 틀 내에서도 추진이 가능했을 뿐만 아니라 이른 시간 내에 외화 수입을 증대시킬 수 있는 최선의 경제발전 전략이라고 인식했기 때문이다. 김정은 시대의 관광정책은 2013년 당 중앙위원회 전원회의가 중요한 분기점으로 평가된다. 특히 이 전원회의에서 김정은 위원장이 원산지구와 칠보산지구 관광 육성을 강조했다. 최고인민회의 상임위원회는 정령을 통해 원산-금강산국제관광지대, 무봉국제관광특구 개발계획을 내놓았다. 이에 따라 각 도에서는 독자적인 고유한 관광지구 개발에 나섰고, 관광객 유치를 위한 호텔 건설과 도로, 비행장 등 관광인프라 정비에 집중했다. 또한 국제사회의 제재로 큰 차질을 빚으면서도 관광지 개발과 관광하부구조 건설에 대한 외국투자를 유치하려 시도했다. 2013년 5월 29일에는 처음으로 경제개발구법을 도입했고, 이어 연속적으로 11월에 13개 지방급 경제개발구를 지정한다는 파격적인 정책을 내놓았다. 2014년 6월 11일에는 '원산-금강산 국제관광지대(특구)'가 최고인민위원회 상임위원회 정령으로 발표되었다. 북한은 지방정부가 주도하는 16개의 경제개발구를 발표했는데, 그중에서 관광을 전문 목적으로 하는 청수관광개발구, 온성섬관광개발구, 신평관광개발구 등 3개이며, 관광 기능이 부분적으로 포함된 경제개발구는 모두 4개였다. 하지만 국제사회의 제재는 관광분야에서의 중국에 대한 의존도를 크게 높였다. 북한은 나름대로 관광파트너를 다변화하기 위해 미국인 등 서방 관광객을 초청하고, 러시아를 비롯해 일본 등 주변 국가, 말레이시아 동남아 관광객을 유치하고자 노력했다. 하지만 핵·미사일 개발의 고도화에 따른 제재 강화는 사실상 관광사업의 중단 사태를 초래한 것으로 보인다. 애초 2018년 4월까지 국제적인 관광도시 완공을 목표로 야심 차게 추진했던 '원산-금강산 국제관광지구' 건설 공사도 중단 상태에 있다.

김정은 정권은 관광과 함께 산업특구 개발에도 공을 들였다. 북한은 경제개발구의 유형으로 관광개발구 외 공업개발구, 농업개발구, 수출가공구, 첨단기술개발구 같은 경제 및 과학기술 분야의 개발구들을 제시한 바 있다. 북한이 지정해 놓은 중앙급/지방급 경제개발구는 2022년 기준으로 모두 29개에 이른다. 하지만 시간이 흐를수록 강화된 대북제재는 경제개발구 사업에 직격탄을 날렸다. 김정은 위원장의 핵심 사업인 경제개발구 개발은 대북제재, 코로나19 팬데믹과 내부 경제난으로 가시적 성과를 보여주지 못했다. 또한 대표적인 경제특구인 개성공단도 북한이 2016년 1월 6일 제4차 핵실험을 감행한 뒤 유엔에서 제재 결의가 논의되고 있는 와중에 2월 7일 장거리 미사일을 발사함에 따라 정부는 2월 10일 개성공단을 전면 중단했다. 당시 정부는 중단 사유에 대해 "지금까지 개성공단을 통해 북한에 총 6160억 원(5억 6000만 달러)의 현금이 유입되었고, 작년(2015)에만도 1320억 원(1억 2000만 달러)이 유입되었으며, 정부와 민간에서 총 1조 190억 원의 투자가 이루어졌는데 그것이 결국 국제사회가 원하는 평화의 길이 아니라, 핵무기와 장거리 미사일을 고도화하는 데 쓰인 것으로 보인다"라고 평가했다(통일부, 2016). 개성공단이 전면 중단된 이후 3월 2일 유엔 안보리 결의 2270호가 채택되었는데, 이때부터 북한의 석탄, 유류, 철광 등의 수출입 통제를 포함한 포괄적 대북제재가 시작되었고, 2017년 12월 채택된 2397호까지 제재 범위가 계속 확대되었다.

북중무역 규모 등 주요 지표를 통해 김정은 시대 10년간 실적을 살펴보면 2017년을 분기점으로 많은 변화를 보여주고 있다. 2017년부터 고강도 대북제재로 인해 실물경제가 영향을 받으면서 무역을 비롯해 주요 지표가 모두 하락하기 시작한 것이다. 김정은 집권 이후 북한 경제는 2012, 2013, 2014년 3년 연속 플러스 성장을 하다가 2015, 2017, 2018년 마이너스 성장률을 기록했다. 집권 초기에는 김정은 정권의 시장 활용 정책과 대외무역 및 경제 개선 조치의 추진에 힘입어 2016년에는 플러스 3.9%라는 높은 성장률을 보여주기도 했다. 실물경제에 영향을 미친 이전과 차원이 다른 고강도의 대북제재가 부과되기 시작한 2017년부터 주요 지표가 모두 하락하기 시작했다. 2016년 5월에 열린 7차 당대회에서 야심 차게 발표한 국가경제발전 5개년 전략의 성과 부진 원인도 강화된 대북제재의 영향에서 찾을 수 있다. 특히 2017년 12월의 유엔 안보리 결의 2397호는 북한에 대한 유엔 회원국의 기계, 금속, 전기·전자, 수송기기 제품 수출(북한 입장에서는 수입)을 금지했다. 이들 제품, 특히 투자에 이용되는 기계와 금속 등 자본재의 수입 중단에 따라 투자 사업의 진행에 차질이 생겼을 가능성이 크다(김석진, 2021: 2). 북한 당국도 공식적으로 대북제재의 강화가 경계목표 달성 실패의 원인이었음을 인정했다. 국가경제발전 5개년 전략은 북한에 대한 유엔 안보리의 제재가 연속적으로 부과되기 시작한 2016년 이전에 수립되었다. 당시에는 강화된 제재를 고려하지 않은 목표가 설정된 셈이다. 북한 당국은 2020년 8월에 개최된 당중앙위원회 제7기 제6차 전원회의 결정서에서 "혹독한 대내외 정세가 지속되고 예상치 않았던 도전들이 겹쳐 드는 데 맞게 경제사업을 개선하지 못해 계획됐던 국가 경제의 장성 목표들이 심히 미진되고 인민 생활이 뚜렷하게 향상되지 못하는 결과도 빚어졌다"라고 밝혀, "5개년 전략"의 목표 달성이 사실상 실패했음을 인정했다.

3) 2020년 이후 코로나19 영향

제재와 더불어 등장한 코로나19 팬데믹에 따른 비상방역조치 차원에서의 국경봉쇄 조치는 북한의 대외경제를 더욱 위축시킨 변수였다. 고강도 대북제재와 코로나19 차단을 위한 국경봉쇄 여파는 주요 산업의 생산 및 고용 악화, 물가상승 및 실질소득 감소, 평판 악화 및 국제사회의 지원 축소로 이어져 북한 주민의 삶을 어렵게 했다(조태형 외, 2022: 9~10). 김정은 위원장은 제8차 당대회 연설에서 코로나19 사태를 '사상초유의 세계적인 보건위기 상황'으로 규정하면서 "경제사업에 심각한 장애가 되고 있다"라고 토로한 바도 있다. 강화된 대북제재가 유지되는 상황에서 코로나19와 자연재해까지 겹치는 이른바 '3중고'를 경험하면서 코로나19가 발생한 2020년 실질 국내총생산(GDP)은 2019년에 비해 4.5%가 추락했다. 고난의 행군 시기인 1997년(-6.5%) 이래 가장 큰 폭으로 감소한 수치이다(통계청, 2021: 9).

4.5% 마이너스 성장은 이른바 '고난의 행군' 시기였던 1997년 -6.5% 이

그림 5-1 **2020년 코로나19 발생 연도 북한의 경제성장율 추이**

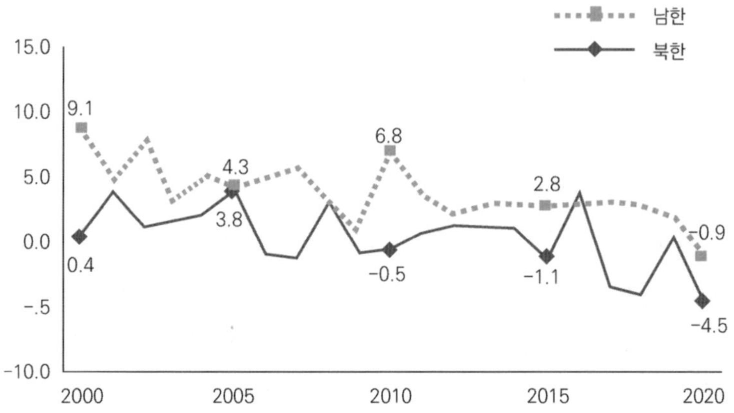

자료: 통계청(2021: 9).

후 23년 만에 기록한 최대 폭의 역성장이다. 김정은 집권 초기 완만한 성장세를 보였으나 국제사회의 대북제재 여파가 본격적으로 덮친 2017년부터 마이너스 성장으로 전환했다. 2019년도엔 0.4%로 3년 만에 반등했지만 코로나19의 발생으로 다시 역성장한 것이다. 무역 총액은 코로나19 발생연도인 2020년의 경우 전년 대비 73.4% 감소한 8억 6000만 달러로 집계되었다. 이는 계속된 유엔의 대북제재에 더해 신종 코로나19로 인한 국경봉쇄가 영향을 미친 것이다(KOTRA, 2021: 38). 물론 코로나19는 북중교역을 가장 크게 감소시켰다. 코로나19가 가뜩이나 침체된 북한의 대외경제 부문에 심각한 타격을 가한 셈이다. 코로나19가 발생한 2020년도 북한의 대외무역은 전년도 32.5억 달러에 비해 73.4% 감소한 8.6억 달러를 기록했다. 1990년부터 조사를 시작한 이후 최저치를 기록한 것이다(KOTRA, 2021: 3, 38). 물론 코로나19 확산이 줄어들면서 교역은 점차 회복되었다. 수출입 모두 증가세로 전환했으나 대중 무역 적자가 두 배 이상 확대되는 부작용이 생겼다(KOTRA, 2023: 37). 북한의 실질 국내총생산 대비 대외교역 비중 역시 2016

그림 5-2 **2020년 코로나19 발생 연도 북한의 무역 추이**

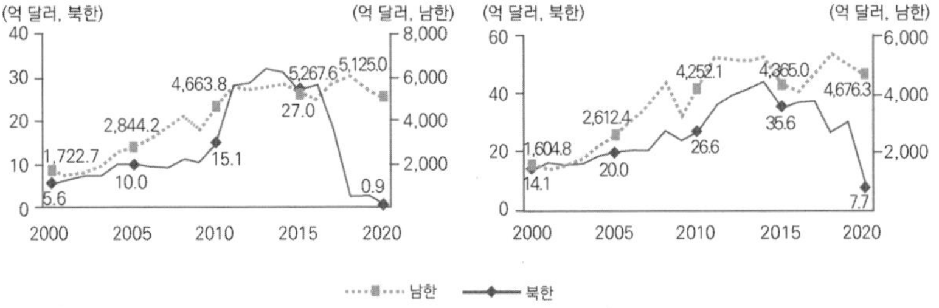

자료: 통계청(2021: 12).

년 21.9%(65억 3000만 달러)에서 2019년 10.9%(32.5억 달러), 2020년 2.9%(8억 6000만 달러)로 크게 하락했다(한국은행, 2021).

코로나19의 등장은 또한 모든 인적 접촉을 중단시키면서 관광산업에 직격탄을 안겼다. 2019년까지만 해도 북중 관광교류는 활발하게 진행되었다. 당시 중국 베이징에 본사를 둔 북한전문 여행사는 1일 관광프로그램을 포함해 이전보다 다양해진 북한 여행 상품을 소개하고 있었다. 단둥에 있는 여행사도 신의주, 금강산, 개성 등을 함께 둘러보는 5박 6일 상품까지 판매했다. 당시 북한 고려항공은 평양과 베이징, 상하이, 선양을 잇는 정기 노선 외에 다롄과 지난행 노선 등 북중 노선도 추가했다. 2019년 6월 시진핑 중국 국가주석은 평양을 방문해 김정은 위원장과의 정상회담을 갖고 북한 경제발전을 돕겠다고 약속하면서, 유엔 대북제재에 해당되지 않는 관광 분야에서 협력을 강화하겠다고 밝힌 바 있다(VOA, 2019.10.25). 하지만 2020년 전 세계를 덮친 코로나19가 발생하자마자 북한은 2020년 1월 21일 신속하게 중국 국경의 철로 및 육로, 해상, 항로 등을 전면 차단하면서 관광사업은 중단되고 말았다.

그림 5-3 **2013~2022년 북중 교역 변동 추이**

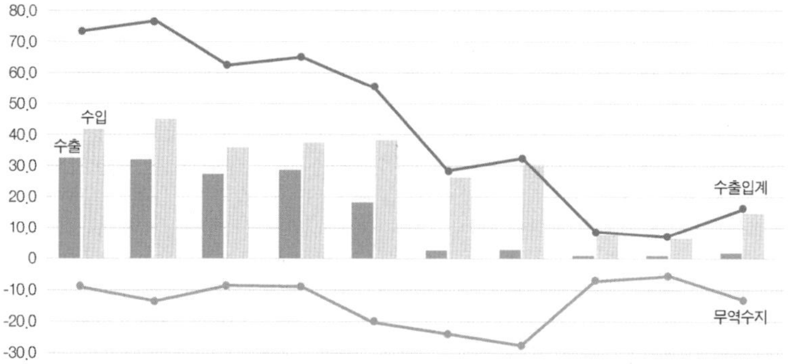

	2013	2014	2015	2016	2017	2018	2019	2020	2021	2022
수출	32.3	31.6	27.0	28.2	17.7	2.4	2.8	0.9	0.8	1.6
수입	41.3	44.5	35.6	37.1	37.8	26.0	29.7	7.7	6.3	14.3
수출입계	73.4	76.1	62.5	65.3	55.5	28.4	32.4	8.6	7.1	15.9
무역수지	-9.1	-12.8	-8.6	-8.9	-20.1	-23.6	-26.9	-6.8	-5.5	-12.7

자료: KOTRA(2022: 3).

4. 김정은 정권의 대응과 대외경제정책의 변화

북한은 대북제재에 적응하거나, 자력갱생 강화 기조에 기반한 국산화 정책과 같은 새로운 접근과 더불어 과학기술의 역할을 극대화하는 방식으로 유엔 안보리 제재를 극복하려고 한다. 김정은 정권의 대외경제정책은 전반적으로 자립경제토대 강화에 기여하는 방향으로 추진되고 있다. 북한의 핵·미사일 역량의 고도화와 국제사회의 대북제재는 북한의 대외경제정책의 운신의 폭을 크게 좁혀 놓은 상황이라 매우 제한적인 정책 수단만 제시된 상태이다. 대표적인 대외경제정책은 관광특구, 경제개발구, 국산화, 무역 구조 개선 등으로 요약할 수 있다.

자력갱생 기조의 변화에 가장 큰 영향을 미치는 요소가 대북제재 완화 여부라고 할 수 있는데, 이는 북미 간 협상 결과에 달렸다. 결국 2019년 2월 베트남 하노이에서의 2차 북미정상회담이 결렬되면서 북한은 자력갱생 외에는 대안이 없다는 결론을 내리게 된다. "수없이 닥쳐왔던 생사를 판가름하는 운명적인 고비마다 혁명의 명맥을 이어주고 비약의 원동력이 된 것은 자력갱생뿐"이라는 것이다(평양출판사, 2020: 143). 이런 맥락에서 북한에게 자력갱생은 혁명 전통이며 사회주의강성국가 건설의 원동력인 것이다. 국제사회의 경제적 압박에 대해 자력갱생의 창조 방식으로 대응하고, 주체적 힘을 무한히 증대시키는 것이 최선의 전략이고, 막연히 제재 해제를 기다리며 자강력을 강화하지 않는다면 적대세력들의 군사, 경제적 압박 공세는 더욱 거세지는 악순환이 끊임없이 계속될 것이라는 인식이다. 결국 자력갱생의 위력으로 적대세력들의 제재봉쇄를 무력화시키기 위한 정면 돌파전에 매진하는 것이 최선의 선택이 되는 것이다(평양출판사, 2020: 151).

같은 맥락에서 외부 원조에 대한 인식도 이전과 달라진 측면을 주목해야 한다. 외부 원조에 대한 ≪조선신보≫(2021.5.3)의 주장에 따르면 북한의 경제혁신은 자력자강의 노선, 스스로의 힘으로 강해지고 내적 동력의 발양으로 국력을 향상시켜 온 실천적 경험에 근거하고 있다. 외국의 자본과 자원, 기술의 도입을 전제로 하는 개혁·개방과 근본적으로 차이가 난다고 주장한다(≪조선신보≫, 2021.5.3). 이전의 자력갱생, 국가가 주민들에게 배급조차 줄 수 없었던 시기의 자력갱생은 각자도생을 할 수밖에 없었고, 따라서 외부 지원에 상당 부분 의존해야 했다. 그러나 오늘날 김정은 시대의 자력갱생은 외부 지원이나 원조에 의존하지 않겠다고 선언했다. 남의 지원이나 방조에는 한계가 있고 대가가 따르기 마련이라고 인식하고 있다. 따라서 "애로가 제기되면 국경 밖을 넘겨다보면서 협소한 당면 이익만을 추구할 것이 아니다"며 내부에서 문제를 해결하는 기풍을 세워야 한다고 역설한다(≪로동신문≫, 2021.4.23). 2020년에 8차 당대회를 앞두고 전개한 80일 전투 과정에서도 의존심이나 수입 등 손쉬운 방법으로 문제를 해결하려 하지 말고 자체적으로 해법을 찾으라고 강하게 요구하기도 했다(≪로동신문≫, 2020.10.9). 심지어 외부 의존심은 외부로부터의 위협보다 더 위험하다고까지 지적한다. 북한 매체는 "오늘 우리의 전진 발전에 지장을 주는 걸림돌, 적들의 책동보다 더 위험한 것은 남에 대한 의존심과 수입병, 패배주의와 회의주의, 본위주의와 특수화, 무능력과 무책임성"이라고 보도했다(≪로동신문≫, 2020.2.11). 김정은 정권이 고수하고 있는 자력갱생은 대외에 종속되지 않거나, 그것을 극복하고 국내의 분업과 관련해 국내 시장에 기초해 자기완결적인 재생산구조를 확립해 자기의 논리에 의해 운영되는 자립경제를 의미하는 것으로 평가된다.

그러나 북한도 대외거래를 부정하는 것이 아니라 대외거래를 추진하되 거래 상대국과 동등한 지위를 유지하며 해외부문에 의해 국민경제가 지배되지 않는 상대적 자급자족을 달성하는 것을 의미한다. 북한 입장에서 보면 자립경제의 장점과 개방경제의 장점을 부분적으로 취하는 것이 유리할 것이다. 그러나 북한은 국제거래를 하고 싶어도 고강도 제재로 인해 할 수 없다는 데 근본적인 한계가 있다. 자력갱생에 의한 자립경제 외에는 사실상 대안이 없는 것이다. 따라서 김정은 정권 10년 북한 경제성과는 거의 자력갱생에 의존한 결과물이라 할 수 있다. 북중무역을 제외하면 대외거래가 거의 이뤄지지 않았기 때문이다. 특히 김정은 정권은 핵개발을 우선시한 대가로 지속적으로 국제사회의 제재를 받아야 했고, 이에 따라 자력갱생에 더욱 의존할 수밖에 없었다.

한편, 김정은 시대의 가장 차별화된 경제정책으로서 국산화 및 재자원화를 주목할 필요가 있다. 국산화 정책은 외세에 덜 의존적인 경제시스템을 구축하려는 시도와 연관되어 있다. 김정은 정권은 출범 초기부터 장마당에

더 보기 **북한의 북미정상회담을 통한 대북제재 완화 시도**

북미 간 쟁점이 되고 있는 대북제재도 안보리 결의 2270호 이후에 채택된 5개 결의의 해제 문제다. 베트남 하노이에서 열린 제2차 북미정상회담이 결렬된 이후 미국과 북한은 각각 별도의 기자회견을 열고 북한 측의 대북제재 해제 요구 범위를 둘러싼 의견 차이가 쟁점이 되었다고 밝혔다. 트럼프 대통령은 "북한은 기본적으로 제재를 전체적으로 해제해 달라고 요구했지만 우리는 그럴 수 없었다"라고 했으나, 북한의 리용호 외무상은 "북한이 요구한 것은 대북제재의 일부 해제였으며, 구체적으로는 유엔 제재 결의 11건 가운데 2016년부터 2017년까지 채택된 5건 중 민수경제와 인민 생활에 지장을 주는 항목들만 먼저 해제하라고 요구했다"라고 밝혔다(미국의 소리, 2019.3.1). 이렇게 2016년 이후 북한에 가해진 5개의 유엔 제재, 그중에서도 민수경제와 인민 생활과 관련이 있는 부분들이 쟁점이 되었던 것은 미국과 북한이 서로 제재에 대한 인식이 달랐기 때문이다. 북한 측은 11건의 유엔 안보리 제재 결의 중 2016년 이후 부과된 5건 가운데서도 민생경제와 인민 생활에 지장을 주는 항목만 해제해 달라고 요구한 점에서 일부 제재 해제라고 주장했다. 반면 미국 측은 2016년 이후 부과된 민생경제에 대한 제재 압박이 북한으로 하여금 비핵화 협상에 나오게 만든 원인으로 평가하면서 민생경제 분야에 대한 제재가 핵심으로 인식했고, 따라서 북한 요구를 수용하는 것은 사실상 대북제재 전부를 해제하는 것이나 다름없다고 판단했기 때문에 북한 측 요구를 수용하지 않았다. 제2차 북미정상회담에서 북한이 영변 핵시설을 영구적으로 폐기하고, 상응 조치로 대북제재가 일부 해제되고 금강산 관광과 개성공단도 재개될 수 있을 것으로 기대를 모았으나 막판에 대북제재 해제 범위를 둘러싼 이견으로 인해 합의문 없이 회담이 결렬되었다.

과도하게 범람하고 있는 외국산 물품, 즉 중국산 물품을 대체하기 위한 국산화 정책을 강력하게 추진했다. 김정은 위원장은 2015년 육성 신년사에서 "수입병을 없애고 원료, 자재, 설비의 국산화를 실현하라!"라고 강조했다. 2014년 11월 내각 전원회의에서 김정은 노동당 제1비서는 '수입병은 망국병'이라고 규정했고, 이어 2015년 신년사에서 "우리의 것을 사랑하고 우리가 만든 소비품을 이용하는 것이 최대의 애국"이라고 역설했다. 국산화 대상은 주로 주민생활과 관련이 있는 경공업 제품들이었다. 북한의 국산화 정책은 점점 수위가 높아지는 국제사회의 대북 경제제재를 타개하기 위한 나름의 고육책으로 평가된다. 고립이 장기화하는 상황에서 국산품 소비를 늘려 국내 기업소·공장의 기술개발을 자극하고, 제품의 질 제고와 국산제품 소비 증가로 이어지는 선순환 구조를 만들겠다는 구상인 것이다.

대규모 관광특구 건설을 추진한 점도 눈여겨 볼 필요가 있다. 건설은 강성국가의 기초를 다지고 인민들의 행복의 터전을 마련하는 중요한 전선으로 간주된다. 김정은 정권은 평양시에 대규모 거리와 살림집을 비롯해 교육, 문화봉사, 위락시설 등을 건설했다. 관광사업 활성화는 인민들의 보다 높은 문명생활 향유와 나날이 변모되는 국가 모습을 세상에 과시하기 위한 중요한 사업으로 강조되었다(≪로동신문≫, 2021.1.9). 이와 같은 정책 기조에 따라 추진된 것이 관광특구 건설사업이다. 대표적인 사례들로 삼지연 지역 관광특구, 원산갈마해안관광지구, 양덕온천지구 등이 있다. 2018년 김정은 신년사에서는 원산갈마해안관광지구 건설을 최단기간 내에 완공하라는 과업이 제시되었다. 이러한 건설이 "조선의 관광업을 세계적 수준으로 올려세우는 데서 전환적 계기가 될 것"이라고 밝히기도 했다(조선중앙통신, 2018.1.25).

다른 한편, 삼지연 지역 개발은 지방균형발전 정책을 실천하기 위한 사업이면서 백두산지구 관광사업을 활성화하기 위한 목적을 내포하고 있었다. 북한은 2020년 코로나 팬데믹 이후 관광사업을 중단했으나 코로나 확산이 완화되자 2023년 8월 26일 방역 등급을 완화하고 다시 관광사업 재개를 준비하고 있다. 8월 30일 개최된 최고인민회의 상임위원회 제14기 27차 전원회의에서는 「관광법」까지 채택했다. 이 법에는 '국내관광을 활성화하는 것과 동시에 국제관광을 확대하고 관광객들의 편의를 보장하며 생태환경을 적극 보호할 데 대한 문제' 등이 포함됐다고 ≪로동신문≫은 전했다

(≪로동신문≫, 2023.8.31).

미국과의 비핵화 협상 중단을 결정한 이후 열린 제8차 당대회(2021.1.8~10)에서 김정은 위원장은 총화보고를 통해 대외경제사업의 실태와 방향을 제시했는데 사실상 관광사업 외에는 제시한 것이 없었다. 이는 현실적으로 그나마 제재 틀 안에서 관광사업 외에는 할 수 있는 것이 없었기 때문으로 해석된다. 다만 주목할 대목은 관광사업을 언급하면서도 특별히 금강산관광지구 개발을 구체적으로 지시한 점이다(≪로동신문≫, 2021.1.9).

한편, 대외 무역정책에서도 자립경제 기조가 반영되었다. 김정은 위원장은 2021년 9월 29일 최고인민회의 시정연설에서 "대외경제사업에 대한 국가적 지도를 심화시켜 모든 무역활동이 경제부문의 수입의존성을 줄이고 자립성을 강화하는 방향에서 확대발전시킬 것"을 강조했다(≪로동신문≫, 2021.9.30). 대외경제 부문에서 국가경제를 보호하고 자립성을 강화하는 견지에서 작성된 혁신적·합리적 방안들을 실행할 것을 강조했다. 2022년 2월 6일부터 7일 이틀간 개최된 최고인민회의 제14기 제6차 회의에서 김덕훈 총리는 대외경제 부문에서 국가의 유일무역제도 환원 복구를 강조했다. 수입의존성을 낮추려고 노력했지만 중국에 대한 교역의존도를 낮추기는 쉽지 않았던 것으로 보인다. 오히려 강화된 대북제재의 부정적 효과를 최소화하기 위해서는 중국에 의존하는 것이 불가피했다. 북한의 대중국 무역의존도는 2005년(52.6%) 이후 상승세를 지속하다 2014년 90%를 넘어섰으며, 2022년 최고치를 경신(96.7%)해 중국 편중이 갈수록 심화되고 있다(KOTRA, 2023: 15).

한편, 북한은 중국과 더불어 러시아와도 교역 및 경협을 적극적으로 추진하려는 정책을 펴왔다. 이른바 대외 경제협력 파트너로서 러시아와의 관계 개선을 도모했고, 2000년 이후 6차례의 정상회담, 1996년 이후 9차례에 걸친 북러 경제공동위원회 개최를 통해 다양한 분야에서 합의가 이뤄진 바도 있다. 하지만 지속적이고 가시적인 성과는 나타나지 않았는데 이는 유

그림 5-4 **대북제재 본격화 이후 북중 교역 추이**

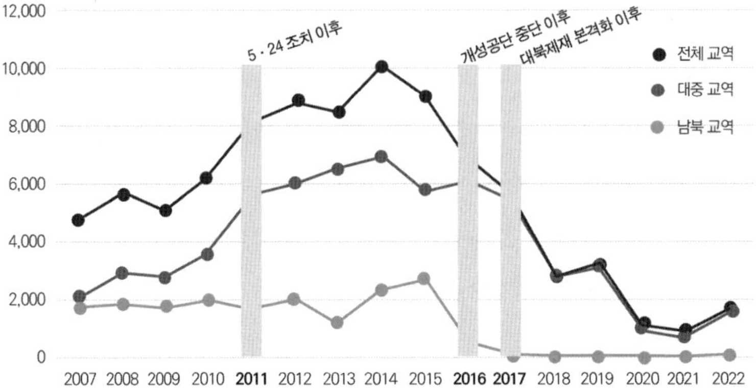

자료: 통일부(2023: 24).

더 보기 **북한의 대중국 무역의존도**

북한의 대중국 무역의존도는 처음으로 50%를 넘었던 2005년(52.6%) 이래 지속적으로 상승, 2014년도 처음으로 90%를 넘어선 데 이어 5년 연속 90%를 상회했다. 대중국 수출은 2017년, 2018년 연속적으로 크게 감소했다. 대중국 수입도 3년 만에 감소세로 전환했다. 유엔 대북제재 결의 영향으로 2018년 북중 교역규모는 전년 대비 크게 감소했으나 다른 국가와의 교역규모가 북중 교역규모보다 더 크게 축소되면서 북한의 중국에 대한 무역의존도가 심화되었다. 북한의 대중국 무역의존도는 2013년 89.1% → 2014년 90.2% → 2015년 91.3% → 2016년 92.7% → 2017년 94.8% → 2018년 95.8% → 2019년 94.9% → 2020년 88.2% → 2021년 95.6% → 2022년 96.7%를 기록했다.

자료: KOTRA(2019: 15).

엔 안보리 이사국인 러시아 자신이 찬성표를 던진 유엔 안보리 제재 결의들을 비교적 충실하게 이행했기 때문으로 평가된다. 예를 들면 북한의 나진 항구를 통해 러시아 물건을 수출하는 물류사업의 경우, 러시아는 라선에서 부두를 임대했고 부두를 광궤, 즉 러시아에서 쓰는 넓은 철도 궤도를 깔아

표 5-2 **김정은 집권 전후 북러 교역액(2011~2022)**

	2011	2012	2013	2014	2015	2016	2017	2018	2019	2020	2021	2022
수출	1,297	1,101	929	1,003	604	886	366	198	304	70	4	-
수입	9,985	6,493	10,343	8,216	7,831	6,082	7,420	3,211	4,487	4,195	-	-
총액	11,282	7,593	11,272	9,219	8,436	7,688	7,786	3,409	4,790	4,265	4	-

자료: KOTRA 각 연도 북한 대외무역동향.

러시아 철도와 연결했다. 그리고 라선을 통해 러시아 석탄을 한국과 중국을 비롯한 여러 나라에 판매할 계획이었지만 2017년 이후 유엔 안보리 결의 2375, 2397호가 채택된 이후, 노동자 파견 및 석탄 수출에 제약을 받았다. 북러 간 교역규모를 보면 지난 2011~2022년 사이 1억 달러를 넘긴 해가 2011년, 2013년뿐이었고, 대부분 1억 달러 미만에 머물렀다. 그나마 코로나19가 발생한 이후 국경을 봉쇄한 2021년, 2022년에는 제로에 가까웠다. 북한은 대러 수출보다 수입이 훨씬 많았다. 러시아가 북한에서 수입한 품목은 석탄과 같은 광물자원, 수산물 등으로 매우 제한적이었음을 확인할 수 있다.

그러나 2023년 북러 교역이 재개되었고, 기타 분야에서도 거래가 이뤄지고 있는 것으로 확인되고 있다. 또한 정제유 등 비공식적으로 이뤄지고 있는 거래에도 주목할 필요가 있어 보인다. 북러 사이의 경협은 2023년 5월 알렉산드르 마체고라(Aleksandr Matsegora) 주북한 러시아 대사가 러시아 국영 리아노보스티(RIA Novosti) 통신과 한 인터뷰를 통해서 비교적 자세하게 드러난다.[3] 그에 따르면 2020년 중단됐던 철도화물운송은 2021년 11월 북

3 코로나 발생 이후 북한 내부 소식을 외부세계에 전하는 몇 안 되는 창구 중 한 곳인 평양 주재 러시아 대사관은 5월 26일 알렉산드르 마체고라 주북 러시아 대사가 러시아 국영 리아노보스티 통신과 한 인터뷰를 SNS를 통해 공개한 바 있다. “주북 러시아대사, 연말께 북러 대표단 왕래도 가능할 것”, ≪통일뉴스≫, 2023.5.26.

한에서 우량종 말을 수입한 이래 정상적으로 지속되고 있으며, 2023년 1/4분기에 러시아 하산과 두만강국경역을 통한 화물수송량이 1만 3223t에 달했다. 러시아는 북에 4946t의 밀, 4309t의 강냉이(옥수수), 식물성기름, 당과류, 원유제품 등을 보내고 중국은 별도의 직통 수송으로 건설자재들을 보내고 있다고 했다. 이런 배경 아래에서 2023년 9월 13일 김정은-푸틴 정상회담이 개최되었고, 두 정상이 논의한 인도 지원, 경제협력 분야는 곡물 지원, 농업 협력, 나진-하산 프로젝트의 재개와 북·중·러 국경 지대에서의 물류 협력, 정기 항공 노선 재취항, 신두만강대교 건설 협상 재개, 교육 및 문화 교류 등 상당히 포괄적인 것으로 드러났다.

푸틴 대통령은 회담에서 '농업 발전', '동등하게 일할 기회', '교통망 및 삼각 물류', '항구 운영 재개'를 포함한 다양한 공동 프로젝트 등을 직접 언급했다. 러시아와의 포괄적인 교류협력 논의가 있었음을 확인하듯 김정은 위원장도 방러 직후 열린 정치국 회의(9.20)에서 "각 분야 협조를 다방면적으로 확대 발전시키기 위한 조로(북러) 해당 부문들 사이 긴밀한 접촉과 협동을 강화해 두 나라 인민들의 복리 증진에 실질적으로 이바지해야 한다"라고 강조했다. 북러 정상회담 합의는 정치, 외교적으로 뒷받침되고 있다. 2023년 10월 19일 북러 외교장관회담이 평양에서 열렸는데, 이 자리에서는 '2024~2025년 교류계획서'가 체결되었다. 양국 외교장관들은 정상회담 합의에 기초해 "국가간 관계를 새 시대와 현 정세의 요구에 맞게 '보다 높은 단계'에 올려 세우며 경제, 문화, 선진과학기술 등 각 분야에서의 양자 교류와 협력사업을 정치 외교적으로 적극 추동하기 위한 실천적 방향과 방도들을 구체적으로 토의"했다(≪로동신문≫, 2023.10.20).

양측 간 경협이 순조롭게 진행된다면 북한의 경제발전과 민생 개선에도 적지 않은 도움이 될 것으로 예상된다. 무엇보다 4년간 중단됐던 제10차 북러 경제공동위원회(무역경제 및 과학기술협조위원회)가 2023년 11월 15일 평양에서 개최된 점을 주목할 필요가 있다. 양측이 조인한 의정서 내용은 공개되지 않았지만 "2023년 9월에 진행된 조로 수뇌분들의 력사적인 상봉과 회담에서 이룩된 합의에 따라 무역, 경제, 과학기술 등 각 분야에서의 다방면적인 쌍무교류와 협력사업을 활성화하고 확대해 나가기 위한 대책적인 문제들이 구체적으로 토의확정"된 것으로 드러나고 있다(조선중앙통신, 2023.11.16). 12월 12일에는 올레그 코제먀코(Oleg Kozhemyako) 연해주 주지사가 방북해 북한 측 대외무역 전문기구인 조선국제무역촉진위원회와 연해주 정부 사이의 무역경제협조 상무실무그룹 제13차 회의 의정서를 조인했다.

또한 최선희 외무상은 2024년 1월 15일부터 17일까지 러시아 모스크바를 방문했는데 푸틴 대통령을 만났고, 세르게이 라브로프(Сергéй Лавpóв) 외무장관 등을 만나 북러 간 경제적 및 문화적 협조에 관한 협정 체결 75돌이 되는 올해에 경제, 문화 등 각 분야에서의 쌍무교류와 협력사업을 적극 추진하기 위해 두 나라 대외정책기관들 사이의 전략전술적 협력을 강화하기로 했다. 북한이 러시아에서 유류를 충분히 공급받을 수 있다면 만성적인 에너지난에서 벗어날 수 있는 계기도 마련될 수 있다. 북러 경협과 관련해서는 그동안의 경제협력 사업도 진전되지 못한 점, 김정은 집권 이후 북러 간 교역 규모가 축소된 점, 러시아는 1990년대 이후 시장 자본주의에 적응해 온 점 등을 고려할 경우 북러 간 경제협력의 확대는 제약이 있을 수 있다는 시각도 있다(통일부, 2023). 또한 여전히 유엔 안보리 제재는 북러 간 경협의 가시적 진전을 가로막을 가능성이 크다. 러시아 측은 일관되게 국제의무를 준수하고 있다고 강조하고 있다. 러시아 측 입장을 요약하면 북한과의 경협 추진을 하는데 일정한 제한이 있을 수 있지만 협의는 할 수 있고, 안보리 대북제재 틀 내에서도 추진할 수 있는 것들이 있다는 것이다.

실제 북러 간 경협이 국제사회의 제재에도 불구하고 어떤 가시적인 성과를 보여줄지는 지속적인 관찰을 통해 확인할 수 있을 것이다.

5. 결론과 전망

김정은 정권은 제재완화 견인을 통한 대외경제환경의 개선을 위해 미국과의 비핵화 협상에 나서기도 했다. 2018년 남북, 북미정상회담 개최 등을 통해 경제건설에 보다 집중할 수 있는 환경을 조성하고자 시도한 것이다. 그러나 세계적인 관심을 끌었던 미국과의 비핵화 협상은 2019년 2월 베트남 하노이에서 개최된 2차 북미정상회담에서 가시적인 성과를 내지 못했고, 이후 북한은 지속된 국제사회의 고강도 제재 아래에서 대외경제의 비중을 크게 축소할 수밖에 없었다. 협상 실패에 따른 불만의 표시로 핵무력 증강에 더욱 박차를 가하면서 대외경제환경은 더욱 악화된 상태다. 2022년 핵무력정책의 법령화에 이어 2023년 9월 26일부터 이틀간 열린 제14기 제9차 최고인민회의에서는 핵무력정책을 헌법화하는 결정까지 내렸다. 경제부문에서의 손실을 감수하더라도 핵 포기 불가와 핵능력 고도화 의지를 더욱 명확하게 표출한 것으로 해석된다. 강력한 핵억제력에 의거해 경제건설과 인민생활 향상에 총력을 집중하겠다는 기존 노선을 견지하려는 의도로 보인다.

앞에서 살펴본 바와 같이 2006년 이후 북한의 핵개발 프로그램의 지속에 따라 부과된 국제사회의 대북제재는 점증적으로 강화되어 왔고 이에 따라 북한의 대외경제활동을 크게 제한했다. 엎친 데 덮친 격으로 2020년 발생한 코로나19는 북한 경제의 고립화를 더욱 촉진시켰다. 김정은 정권은 대외경제를 경제발전의 중요한 부문으로 인식하고 나름대로 적극적으로 활용할 필요가 있다고 인식했다. 이러한 인식에 기초해 제도와 정책을 수립해 왔다. 그러나 김정은 정권이 가장 적극적으로 추진했던 대외경제정책인 관광특구와 경제개발구 사업은 제재의 높은 벽을 넘지 못했다. 그나마 중국과의 대외 무역, 노동자 파견, 제한된 관광 사업 등이 추진되어 왔지만 이 역시 유엔 안보리의 대북제재 결의 틀 안에서 진행되다 보니 북한 경제발전과 민생 개선에 크게 기여했다고 평가하기는 어려워 보인다. 향후에도 북한의 핵무력 강화 기조가 지속되고 이에 수반해 고강도의 제재가 유지되는 한 경제개발구에의 외자 유치 등 대외경제 활성화는 기대하기 어려울 것이다.

지금과 같은 제재 상황에서 추진할 수 있는 대외경제활동은 제재 틀 안에서의 제한적 교역과 관광사업이 유일해 보인다. 대외 원조도 자력갱생 기조 아래에서는 활성화되기 쉽지 않을 것으로 전망된다. 북한은 2021년 7월 유엔의 '지속가능한 발전을 위한 2030 의제'의 이행 상황을 보고하는 자발적 국별 리뷰(VNR)를 제출해 국제사회와의 협력을 진지하게 모색해 왔으나 이 역시 진전되지 못하고 있는 상황이다. 다만 향후 북한의 제재 회피 활동은 지속될 가능성이 크다. 국제사회의 제재 압박이 강화될수록 지금까지 꾸준히 진행해 온 암호화폐 해킹, 광물 밀수출, 어업권 판매, 정제유 밀수입 등 여러 제재회피 활동은 더욱 활발하게 이뤄질 수 있다. 또한 북한은 국산화, 재자원화 등 자력갱생 기조에 기반한 대외경제정책을 더욱 강화해 나갈 것으로 전망된다. 북한이 제재는 자신들의 자강력을 강화해 줄 뿐이라고 강조하고 있는 측면에서 본다면 자립적 민족경제건설 노선과 이의 실천 강령이라 할 수 있는 연료, 원료, 설비를 중심으로 한 국산화정책은 더 강력하게 추진될 수밖에 없다. 자력갱생 방식의 과학기술에 의존한 연료, 원료, 설비, 자재 등의 국산화를 통해 에너지(전력), 금속, 기계, 화학공업, 농업 등 중요 산업의 발전을 견인하는 구조가 더욱 고착화될 것으로 전망된다. 자력갱생 노선 자체가 제재를 극복하기 위한 불가피한 전략적 선택이지만, 다른 한편, 지금까지 그래왔듯이 제재는 자력갱생 성과를 제한하는 핵심 요소가 될 것이다. 핵무력 강화와 제재 변수는 북한의 무역, 금융, 산업, 기술 등의 확대발전에 커다란 제약을 가함으로써 자립경제건설 노선의 미래에도 적지 않은 부정적 영향을 미칠 수밖에 없다.

참고문헌

김상기. 2007.『대북경제제재의 유효성 분석: 실태와 효과』. KDI.

김성철. 2001.『국제금융기구와 사회주의 개혁·개방』. 통일연구원.

국무조정실장(국무조정실·기재부·외교부·통일부·해수부·금융위). 2016. "우리 정부의 독자적 대북제재 조치 발표문".

남북교류협력지원협회. 2019.『대북제재 참고 자료집』. 남북교류협력지원협회.

리성규. 2003.「대외무역의 발전은 발전도상나라들의 경제건설에서 나서는 중요한 요구」. ≪경제연구≫, 1. 평양: 과학백과사전출판사.

미무라 마쯔히로(三村光弘). 2005.『일본의 대북한 경제제재의 경제적 효과분석』. 지역연구회 시리즈 05-04. 대외경제정책연구원.

이석. 2010.「대북 경제제재와 북한무역: 2000년대 일본 대북제재의 영향력 추정」. ≪Journal of Economic Policy≫, 32(2).

이준서. 2021.6.3. "안보리 대북결의 2356호 채택... 개인 14명, 기관4곳 추가제재". 연합뉴스.

임을출. 2007.『국제금융기구의 북한 개입: 조건, 시나리오 및 과제』. 통일연구원.

______. 2017.「대북제재의 이행평가와 북한 경제에 미친 영향: 유엔 안보리 결의 2270, 2321호를 중심으로」. ≪통일연구≫, 21(1).

______. 2021.『김정은 시대의 자력갱생: 계승과 변화』. 한울엠플러스.

임을출 외. 2017.『북한관광의 이해』. 대왕사.

임을출 외. 2021.『개성공단 중단 이후 후속조치 현황 및 향후 과제』. 정책연구용역 최종보고서. 경남대학교 극동문제연구소.

외교부. 2016. "유엔 안보리 대북한 제재 결의 2270호 채택". 외교부 홈페이지 보도자료.

______. 2016.11.30. "유엔 안보리 대북한 제재 결의 2321호 채택". 외교부 홈페이지 보도자료.

______. 2023. "우리 정부의 대북 독자제재 지정". 공동보도자료.

임수호. 2019.『대북 경제제재의 중장기 효과: 북한경제의 미래에 대한 정치경제학적 추론』.

국가안보전략연구원.
조태형·김민정·이종민. 2022.「최근 5년(2017~2021)의 북한 경제 및 향후 전망」. ≪BOK 이슈노트≫, 2022-31. 한국은행.
최장호 외. 2022.『김정은 시대 북한의 대외관계 10년: 평가와 전망』. 대외경제정책연구원.
최소망. 2023.8.31. "국제관광 확대…국경 전면 개방 준비하는 북한, 관광 재개 본격화". ≪뉴스1≫.
코트라(KOTRA). 2020.『북한 대외무역 동향』.
______. 2021.『북한 대외무역 동향』.
______. 2022.『북한 대외무역 동향』.
탁용달. 2022.「김정은 시대 대외경제부문의 변화와 과제」. ≪수은 북한경제≫, 통권72.
통계청. 2021.『2021 북한의 주요 통계지표』. 통계청.
통일부 내부자료. 2009.6.12.
통일부 장관 정부성명. 2016.2.10.
통일부 정세분석국. 2023. "북한은 왜 그럴까?". 테마브리핑. 통일부.
______. 2023. "최근 북한의 경제·사회 특이 동향." 테마브리핑. 통일부.
평양출판사. 2020.『위인과 강국시대』. 평양출판사.
한국은행. 2021. "2020년 북한 경제성장률 추정 결과". 보도자료.
≪로동신문≫. 2017.12.2. "사회주의강대국의 위상 떨치며 최후승리를 향하여 총돌격, 총매진하자".
______. 2019.3.1. "북한이 요구한 '일부 제재 해제' 사실상 전면적 해제…'민수용'과 핵개발 자금 구별 어려워".
______. 2020.10.19. "사설, '80일 전투에서 노동당원의 혁명적 기상과 본때를 힘있게 떨치자".
______. 2021.1.9."조선로동당 제8차대회에서 하신 경애하는 김정은 동지의 보고에 대하여".
______. 2021.4.22. "논설, 자력갱생은 우리 당의 일관한 정치로선".
______. 2021.4.23. "정론, 우리 당은 영웅적인 시대의 정신으로 살며 투쟁할 것을 요구하고 있다".
______. 2021.5.3. "조선경제 부흥을 위한 혁신 〈4〉 세계에 유일무이한 자력자강의 발전방식".
______. 2021.9.30. "김정은 원수님께서 력사적인 시정연설 ≪사회주의 건설의 새로운 발전을 위한 당면투쟁방향에 대하여≫를 하시였다".
______. 2023.10.20. "조선민주주의인민공화국 외무상과 로씨야련방 외무상사이의 회담 진행".
______. 2023.11.16. "조선정부와 로씨야정부사이의 무역경제 및 과학기술협조위원회 제10차회의 진행".
조선중앙통신. 2006.7.7. "미싸일발사는 정상군사훈련의 일환".
______. 2006.7.16. "UN안보리≪결의≫를 전면배격".
______. 2013.3.18. "김정은 동지께서 전국경공업대회에서 하신 연설".
______. 2017.4.21. "평화를 위해서라면 특단의 선택도 마다하지 않다".
______. 2017.9.5. "미국의 제재압박책동에 우리 식의 대응방식으로 대답".

______. 2018.4.21. "결정서: 경제건설과 핵무력건설병진로선의 위대한 승리를 선포함에 대하여".
______. 2019.1.1. "김정은 신년사".
VOA. 2019.10.25. "북중 관광 교류 증가 추세.. 항공 노선도 추가".

Carter, Barry E. 1998. *International Economic Sanctions: Improving the Haphazard U.S. Legal Regime*. Cambridge University Press.

□ 토의 주제

1. 유엔 안보리의 포괄적 대북제재가 북한 대외경제에 미친 영향은 무엇인가? (의도한 효과와 의도하지 않은 효과)
2. 북한의 제재 회피 전략과 파급 영향은 무엇인가?
3. 중국, 러시아의 대북제재 정책 및 입장의 변화와 북한의 대외경제에의 영향은 무엇인가?
4. 포괄적 제재 이후 김정은 정권의 대외 경제정책 변화의 내용과 함의는 무엇인가?
5. 북한 무역의 대중국 의존도가 갖는 함의와 향후 전망은 어떠한가?

□ 더 읽을거리

1. 경남대학교 극동문제연구소·북한대학원대학교 심연북한연구소 엮음. 2016.『대북제재의 정치경제학』.
2. 손현진. 2018.『대북제재와 해제에 관한 법적 문제』. 한국법제연구원.
3. 이석 외. 2021.『대북제재의 영향력과 북한의 경제적 미래』. KDI.
4. 박효민. 2019.「유엔 안보리의 대(對)북한 제재 연구: 분야별 주요 내용 및 주요국의 이행을 중심으로」. ≪법제연구≫, 57.
5. 찐저(金哲) 외. 2015.『중·북 경제협력과 북한의 경제발전 전망』. 대외경제정책연구원.

6
CHAPTER

북한 핵 보유와 북중관계의 변화

이상만(경남대학교 극동문제연구소 교수)

| 학습목표

북한과 중국 사이에는 사회주의적 정치 시스템을 운용하는 유사성이 있고, 전통적 혈맹으로서 동류의식과 연대의식이 깊게 자리 잡고 있다. 북중관계는 평시에 갈등과 협력의 이중성이 나타나지만 양국 간 공동의 안보위기가 등장하면 극적으로 결속하는 반전 상황을 연출한다. 북중관계의 역사를 돌이켜 보면, 북한은 중국이 자신들의 이익을 침해하는 간섭 행위에 대해서는 노골적으로 대립각을 세웠고, 중국은 북한이 전략적으로 이용가치가 있을 경우에만 우호적으로 접근하고, 그렇지 않거나 전략적으로 부담이 되는 경우에는 북한을 철저히 무시하는 경향을 보였다. 북중은 필요에 의해 서로 상대방을 무시하지도 못하고, 절대적 지지도 아닌 선택적 접근을 하지만 궁극적으로는 상호 생존을 위해 제한적 관계를 지속한다. 비록 북중은 전통적 우호 관계이지만, 북중관계의 역사는 국가 이익과 국제환경의 변화에 따라 우호협력과 긴장갈등이 교차했으며, 그 과정에서 양국의 전략적 선택만이 중요하게 작용했다. 이 장의 목적은 김정은 시기와 시진핑 시기 10년간의 북중관계를 이해하는 데 도움을 주는 것이다.

1. 서론

북한과 중국의 관계는 역사적 혈맹으로서 동류의식과 연대 의식이 깊게 자리 잡고 있다. 북중관계를 규정하는 가장 기본적 요인은 지정학적 '위치권력(位置权力)'에 따른 순망치한(唇齿相依)적 갈등, '미 제국주의'에 대한 공동 안보 위협 인식, '항미원조(抗美援朝)' 시기 혈맹(血盟)적 유대관계, 사회주의 정치·경제 시스템과 이념적 유사성 등이 있다.

북중관계의 역사는 협력으로만 이뤄진 것은 아니며, 국제환경의 변화와 양국 국익의 경중 계산에 따라 우호와 협력, 그리고 긴장과 갈등의 연속이었다. 중국은 그러한 북한과의 관계가 전략적으로 이득이 되면 우호적으로 접근하고, 그렇지 않거나 부담이 되면 철저히 무시했다. 중국은 북한의 모험적인 행동에 대해 매우 우려하면서도 그것이 중국의 핵심 이익에 부담으로 작용하지 않는 한 북한의 비이성적인 행위를 때로는 묵인하고, 때로는 영향력을 행사하기도 하면서 상황을 통제할 수 있는 수준으로 관리하고자 했다. 즉, 북중은 필요에 따라 제한적으로 협력할 뿐이었다. 이러한 북중관계의 기본적 인식을 다음 몇 가지를 통해 이해할 수 있다.

첫째, 북중관계는 평시에는 갈등과 협력의 이중성을 보이지만, 공동의 안보 위기가 등장하면 극적으로 결속하는 반전 상황을 연출한다. 북한과 중국은 8월 종파 사건(1950년대), 문화대혁명 시기 홍위병의 김일성 비판(1960년대), 한중수교(1990년대) 등 사건으로 대립하는 가운데서도 중러분쟁 시 북한의 중국 지지, 미중경쟁 시 중국 지지와 협력 강화, 북핵문제에 대한 중국의 북한 지지, 한반도 문제 발생 시 북중공조 등 서로의 형세가 불리할 때 지원·지지하는 경향을 보여 왔다.

둘째, 한반도가 차지하는 지정학적 위치권력(Geo-political location power)

의 중요성과 지정학의 회귀로 인해 중국의 대북한 영향력 딜레마(dilemma of influence)가 나타나고 있다. 중국은 북한에 대한 영향력을 일시적이나마 발휘할 수 있을 것이나, 이 경우 북한은 중국의 영향력을 줄이기 위해 지정학적 위치권력을 활용해 중국과 대립하거나 응당한 대가를 얻어내려 할 것이므로 중국의 영향력은 역설적으로 약화한다. 중국의 대북한 영향력에는 미중관계의 현실, 이념적 요인, 대북 경제적 유인, 북한의 대중국 인식, 동해 출해권 이용 관련 지정학적 위치권력, 국제체제상 긴장도 등 요인들이 작용한다. 다시 말해 최근 진행 중인 북중관계 재정상화는 중국의 차이나 패싱(China Passing) 극복 욕구와 북한의 지정학적 위치권력 추구 행위가 맞아떨어져 진행되고 있는 것이다.

셋째, 북한과 중국이 지닌 공통의 이념과 역사 인식은 변화하고 있다. 북중은 미 제국주의자들과 전쟁 과정에서 '피로써 맺어진 혈맹(鲜血凝成的)', '중조양군연합사령부(中朝两军联合司令部)와 같은 이념과 선대(최고지도자)들의 역사적 관계를 형성했다. 그러나 북한이 지닌 대중국 협력과 자주 노선의 딜레마, 중국이 지닌 대북한 전략적 가치론과 부담론의 딜레마 사이의 충돌은 북중 간 우호와 갈등, 그리고 다시 관계 정상화가 반복하는 자연스러운 과정을 거치며 북중 사이의 공통적 이념과 역사 인식은 북중 지도부의 전략적 선택을 정당화하는 부차적 요인이 되고 있다.

넷째, 한반도 위기는 중국의 중대한 국가 이익에 부합하지 않는다. 한반도는 미중 전략적 경쟁이 심화한 상황에서 중국의 핵심 이익에 위협을 줄 수 있는 중요한 지역이다. 중국은 "한반도 문제의 '뿌리'는 북한이 직면한 '외부 안보 위협'이 장기간 해소되지 않아 북한의 '합리적 안보 우려'가 좀처럼 해소되지 않는 것"이라고 인식한다. 중국은 한반도 문제 해결에 '각자의 방향성이 필요'함을 강조하면서 한반도 문제는 "미국 측이 어떤 구체적 행동을 내놓거나 반대로 한반도 문제를 지연 전략의 카드로 활용하느냐에 따라 달라질 수 있다"라는 입장을 보인다(中国政府网, 2022.3.8).

다섯째, 중국의 대한반도 전략은 한반도의 안정을 바탕으로 북한과의 관계를 유지함으로써 미중 사이의 완충지대로 관리하는 것이다. 중국은 공식적으로 한반도 통일을 지지하지만, 여기에는 한반도 통일 과정이 평화적이고 외세의 개입 없이 독립적으로 이뤄진다는 전제를 깔고 있다. 한반도에서 갈등과 충돌이 끊이지 않는다면 그 지정학적 영향을 가장 직접적으로 받는 나라가 바로 중국이기 때문이다. 중국은 북한이 붕괴하거나 한국 주도의 통일국가가 탄생하는 상황, 한반도 통일전쟁 상황 등 모든 시나리오를 가정해 중국이 얻을 이익과 감내해야 할 손해를 계산해야 한다(王翔, 2014).[4] 다시 말해, 중국은 자국의 이익이 확실하게 보장되는 상황에서만 한반도 통일을 지지한다.

이러한 기본적인 시각에 기초해, 이 장에서는 김정은·시진핑 시기의 북중관계를 바라보는 합리적인 시각을 정립하기 위한 기본적인 요인들을 설명하고, 현시점에서 동북아시아 역내 문제를 넘어 전 세계적 문제로 부상한 북한의 핵 보유가 북중관계에 어떠한 영향을 미치는지를 분석하고 전망하고자 한다.

---

4 중국군 전략연구자 왕샹(王翔)은 2014년 '제등계획-한반도전략≪提灯计划——朝鲜半岛战略≫'을 통해 한반도의 궁극적 목표인 통일·번영·민주·비핵·대중국 우호적인 한반도를 목표로 하고 있으며, 목표 달성이 중국에 유리한지 아닌지 6가지 선결조건을 제시했다. ① 중국은 통일된 한반도와 구속력 있고 높은 수준의 영구평화협정 체결, ② 중국은 통일된 한반도와 모든 미해결 영토와 영해 분쟁을 해결해 미래의 불안요소 제거, ③ 한반도는 완전한 비핵화를 실현, ④ 한반도에서 외국군 철수, ⑤ 중국은 한반도 재건사업에서 경제적 이익 제공, ⑥ 미국이 보증하는 미중협정과 미·중·한 3자 협정 체결 등 이 6개 조건이 중국이 한반도 통일을 지지하고 촉진하는 전제 조건이자 중국의 대(對)한반도 정책 목표이며, 통일된 한반도는 중국의 불이익을 줄여야 한다고 주장한 바 있음.

2. 지정학적 전략가치와 북중 국가관계의 변화

1) 동북아 국제체제 구조 개편

(1) 동북아지역 국제 정세의 변화

향후 10년을 두고 미국은 '결정적인 10년(a decisive decade)'이라고 했고, 중국은 같은 시기를 '관건적 시대(关键的时代)'로 규정함으로써 미중 강대국 경쟁 시대의 개막을 계기로 천하가 합종연횡하는 시기가 다가오고 있다. 미국은 「국방안보전략(NSS) 보고서」(2022.10.12)에서 탈냉전기의 종결과 새로운 시대로의 진입을 선언함과 동시에 중국을 유일한 경쟁 대상이자 최대 위협 국가로 규정했다. 미 국방부의 「국방전략(NDS) 보고서」(2022.10.27)에서도 중국을 "기존의 국제질서를 바꾸려는 의지와 이를 달성할 수 있는 경제력, 군사력, 외교력과 기술력 등을 모두 유일하게 갖춘 나라"로 '다양한 영역에서의 위협(multi-domain threat)'을 가하고, 미국을 위협할 수 있는 국가로 규정했다(The White House, 2022; U.S. Department of Defense, 2022).

미중 간 전략적 경쟁은 한반도에서 북중관계와 남북관계를 결정할 수 있는 아주 중요한 고리이다. 미국의 영향력에 종속되어 있는 한국과 중국의 영향력을 적절히 이용해야 하는 북한의 입장은 남북한 모두 미중관계를 고려하지 않으면 안 된다. 미국의 한국에 대한 영향력 행사보다 중국의 북한에 대한 영향력 행사가 훨씬 적다. 적어도 북한은 한국보다 대중 및 대미 관계에서 자율성이 상당히 많이 확보되어 있다.

미중 간 경쟁 관계는 안보(군사력)-경제(기술)-민주(가치) 간 갈등 표출이 1차적 원인이며, 중국 굴기에 대한 견제는 중국의 성장이 미국이 의도한 대로 전개되지 못한 데 대한 미국 조야의 누적된 중국 관찰 결과에 기인한다.

미국의 대중국 정책은 오바마 정권, 트럼프 정권, 바이든 정권을 거치며 변화했으나, 이들은 중국의 부상을 견제해야 한다는 시각을 담고 있다는 점에서 공통적이었다. 과거 미중 간 협력의 기조가 점차 중국의 굴기에 대한 미국의 우려가 현실로 나타나면서 미중관계는 돌이킬 수 없는 패권경쟁으로 치닫게 되었다.

미중 간의 전략적 경쟁은 동북아 국제사회에 신냉전 국면을 만들어가고 있다. 20세기 미소 대립으로 인한 제1차 냉전체제의 1순위는 '가치 대립', 2순위는 '이익 대립'에 기초한 대외협력이었으나, 21세기 미중 대립 과정에서 나타나는 제2차 신냉전체제의 1순위는 '이익 대립', 2순위는 '가치 대립'의 성격이 강하다. 한·미·일 정상회담과 북러-중러 정상회담의 결과로 인해 한·미·일과 중북러의 대립 구도가 가시적으로 형성되는바 이는 정치 영역과 경제 영역에서의 연대와 신냉전의 개시를 의미하는 것이다.

즉 한미, 한일, 미일의 양자관계가 한·미·일 공조의 제도화라는 3자 관계로 변화되면서 남쪽으로 '오커스+2', 북쪽으로 '한·미·일' 공조로 중국과 북한을 압박하는 구도를 형성하게 되어, 북·중·러 간의 연대도 은연중 가시화되고 있다.

북·중·러는 이미 한·미·일 협력을 3각 군사협력이자 '아시아판 나토결성'으로 규정하고 연대적 군사행동을 강화하는 논의를 진행 중이다. 이에 대한 중국의 전략적 선택은 북·중·러 3자 연대보다는 북중-북러-중러 양자관계를 적당히 유지하는 것이 중국의 영향력 발휘에 더욱 유리하다고 인식한다.

결국 이러한 인식이 북중 간 각자의 국제적 위상과 전략적 이익에 대해 서로 다른 인식으로 표출되어 각자도생의 길을 모색하고 있다.

(2) 북핵문제의 영향

북한의 핵무기와 미사일 실험은 국제사회의 광범위한 우려와 비난을 불러일으켜 북한이 국제사회의 제재 압박에 직면하게 했다. 유엔 안전보장이사회 상임이사국인 중국조차도 북한을 비판하고 제재해 왔고, 이는 중국과 북한의 갈등을 심화시켰다. 핵문제에 관한 북한의 분명한 목표는 "핵을 가짐으로써 스스로를 보호"함과 동시에 "핵을 통해서 자국의 입지를 강화"한다는 것이다. 북한 정권은 어떠한 경우라도 강대국들의 간섭에도 굴하지 않고 핵무력 완성을 체제수호의 최고의 선으로 인식하고 있다.

북핵문제의 원인이 과연 미국에만 있는 것일까? 핵확산에는 국가의 자기보존 본능이 작용하며, 국제사회의 무정부적 속성은 이러한 본능을 억제하기 어렵게 한다(이남주, 2022: 108). 북핵문제에 대해 건설적 역할을 다하지 못한 중국도 이 문제에서 자유롭지 못하다. 중국이 유엔 안보이사회 상임이사국임에도 북한의 핵개발을 저지하는 데 적극적으로 관여하지 않고 방치한 것도 핵확산의 원인 중 하나다.

핵무기 보유국들은 상대국을 공격하기 위해 핵무기를 사용하는 것이 아니라 상대국이 자국을 공격하지 못하도록 억지(deter)하기 위해 핵무기를 운용한다고 주장하지만, 억지 목적의 핵무기와 공격 목적의 핵무기는 구분되지 않는다. 핵무기 개발에는 방어적인 고려가 더 중요하게 작용할 수 있지만 핵무기를 보유한 상황에서 핵무기를 방어 목적으로만 사용하지 않을 가능성도 있다(이남주, 2022: 109; 황지환, 2018: 34).

현재 중국은 북한을 완전히 통제할 수 없는 상황으로 보이고, 확장억제가 가장 현실적인 대북 압박 수단이다(Park, 2022: 4). 중국의 입장에서 보면 북한이 원하는 체제보장이 '미북수교'라고 할 때 중국은 미북수교가 이루어지면 완충지대로써 북한을 상실하는 결과에 대해 불만이 가득하다. 북한이 생존을 위해 미북수교로 방향을 갑자기 선회하면 중국의 입장에서 최악의 상황이 되는 것이다. 중국이 호시탐탐 온갖 방법을 동원해서 한반도를 중국의 영향권 아래 복속시키려 하는 이유가 여기에 있다(주재우, 2022: 104~111).

최근 미중의 전략적 대결이 더욱 심화되고 강대국 정치가 부활하고 군비경쟁 시대가 재도래하고 있어 한반도 비핵화에 대한 기대감은 최저이다. 북한은 2013년에 '경제건설과 핵무력 건설의 병진노선'을 선포했고, 김정은 집권 이후에만 네 차례, 총 6번의 핵실험을 실시했다. 2017년 11월에 대륙간탄도미사일(ICBM) 화성-15형을 발사하고 핵무력 완성까지 선포하기에 이르렀다.

2018년과 2019년 한반도에서의 평화 무드가 무산된 이후 2019년 5월 화성-11A형 발사를 시작으로 2022년 12월까지 한 해 동안 화성-17형 ICBM을 비롯해 41번에 걸쳐 80여 발의 SRBM, IRBM, ICBM, SLBM 미사일을 발사했고, 2023년에도 화성-15, 17, 18형과 화성-11A, 11D형을 발사해 한반도 정세를 불안하게 하고 있다. 향후 북미관계의 진정 여부에 따라 7차 핵실험을 할 가능성도 여전하다.

2) 북중관계의 전략적 선택과 변용

중국이 북한을 가치 있게 생각하는 것은 바로 지정학적 위치 때문이다. 북한 정권의 불안과 붕괴 위험은 중국의 평화적 발전을 저해하는 요인이다. 미국과 패권경쟁에 돌입한 중국으로서 북한에는 포기할 수 없는 지정학적 가치가 존재한다(Timothy, 2003: 29~35). 중국은 북한의 전략적 완충지(strategic buffer)로서 가치를 높이 평가하고 있다. 중국은 북한이 붕괴하면 자국의 안보를 위한 완충지대가 없어지는 것을 우려해 북한을 지원해 온 것이다.

북한 또한 중국의 이러한 상황을 이해하고, 자신들이 지닌 지정학적 위치의 이점을 활용해 중국의 대북 정치·외교적 영향력을 방지해 왔다. 지정

표 6-1 북중 특수관계의 5대 관행

구분	주요 내용
일관된 동맹관계 유지	• 이념적 동질성, 공동투쟁의 경험, 지리적 인접성 등을 토대로 1949년부터 일관된 동맹관계 유지 • 양국 간 '두터운 정으로 맺어진 전우이자 형제' 관계 형성
굴곡의 내면관계	• 동맹관계에도 불구하고 내면에서는 상당한 갈등·화해가 점철
내정불간섭의 전통	• 오랜 역사적 경험 속에서 1970년대 이후 철저하게 상호 내정불간섭 원칙 견지
중국의 북한 노선 견인	• 북한은 많은 부분에서 중국의 노선·현상을 따라 배움 - 마오쩌둥 사상, 후계 체제 확립, 경제 개방노선 등
중요 관계 비공개 관성	• 중요한 현안 문제를 대부분 비공개로 협의, 처리 • 양국 간 갈등·긴장, 군사·경제지원 등을 비밀 관리

자료: 이종석(2004: 82~91).

학적 전략 가치는 1958년 8월 종파 사건, 1967년 홍위병의 김일성 비판 대자보 사건, 1992년 한중 국교 정상화 등으로 대립하는 과정에서 북중관계가 '적대적 동맹'으로 표현되는 시기가 있었음에도 위기의 순간마다 상호 협력하는 이유가 된다.

북한과 중국은 표면적으로 양자관계의 공고함과 특수성을 강조하지만, 실질적으로 이들의 관계는 국가 이익과 국제환경의 변화에 민감하게 반응하는 일반적 외교관계와 다르지 않다. 하지만 북중관계는 긴장과 갈등 속에서도 지난 70년 동안 위기의 순간마다 굳건한 동지적 유대를 이어오고 있다. 이러한 이중성은 북중관계를 보는 우리의 시각과 인식 그리고 접근법이 더 냉철하고 객관적이어야 함을 시사한다.

중국의 한반도 전문가들 사이에서 나타나는 북중관계에 대한 입장을 분류해 보면 혈맹관계(순망치한)론, 전통적 선린우호관계(중국의 공식적 표현)론, 전략적 협력관계론, 정상적 국가관계(최근 중국 정부가 강조)론 등으로 나눌 수 있다(김흥규, 2009).

첫째, 혈맹관계(순망치한)론은 북중 간의 특수한 유대와 지정학적 중요성이 탈냉전 후에도 절대 변하지 않는다는 사고에 기초한 것이고, 전통적 선린우호관계론은 탈냉전기 중국이 1990년대 중반부터 북중관계를 지칭할 때 새롭게 사용한 개념이다.

둘째, 북중관계에서 '전통적'이란 표현은 북한에 대한 특수 표현이라기보다는 과거 사회주의 우방국에 적용되는 개념으로 쿠바, 알바니아, 베트남 등에도 사용하고 있다.

셋째, 전략적 협력관계론은 북중은 서로 신뢰하지 않지만, 동북아 지역에서 유지되고 있는 신냉전적 구도 속에서 북중이 생존을 위해서는 결국 전략적으로 협력해야 한다는 주장이다.

넷째, 북중 간 정상국가론은 국가 이익에 따라 관계를 형성한다는 것으로 후진타오(胡锦涛) 시기에 제기되었으나, 시진핑 시기에 들어 이러한 입장이 점차 강조되고 있으며 북한은 이러한 중국의 태도에 크게 반발하고 있다.

북중관계가 일반적인 외교관계를 지향하게 된 데는 두 가지 사건이 주요했다. 그중 하나는 김일성 시기 1992년 한중 국교 수립으로, 당시 북중 우호 관계는 회복할 수 없는 결정적인 타격을 입었다. 다른 하나는 2006년 7월 북한의 미사일 시험 발사와 같은 해 10월 핵실험으로, 당시 중국 내부에서는 북한과의 동맹관계는 물론 일반적인 우호 관계도 사라졌다고 평가하기도 했다(조영남, 2009: 19~20).

여기서 주목할 점은 북한의 핵 보유 시도가 현재 및 미래 한반도 상황의 불확실성을 통제하는 균형자 역할을 통해 동북아시아에서 전략적 입지를 강화하려는 중국의 입장과 충돌한다는 점이다. 중국은 북한의 핵무기 개발로 인해 한반도 정세 불안이 조성되어 운신 폭이 좁아지는 것을 원치 않으며, 북한을 예측 가능한 수준에서 통제 가능하도록 정상국가화하는 것이 중국에는 더욱 중요한 문제였다.

현재 북중관계는 정상적 국가 간의 발전 방향으로 전개되고 있다. 중국은 이른바 '중국의 꿈' 실현과 전면적인 소강사회 건설에 총력을 가하고 있으며, 인근 국가들의 안정화를 통해 중국의 이익을 극대화하려고 한다. 북한의 입장에서 본다면, 정치 외교적으로 중국의 이해와 지지를 확보해야 하며, 안보적으로 중국이라는 안정된 후방이 필요하고, 중국으로부터 더 많은 경제적 지원을 얻어내야 하는 위치에 있다.

이러한 전략적 이익 때문에 북한은 외교 전략에서 중국을 계속 중시하고 있다. 향후 북중 양국이 새로운 관계를 정립한다면, 북중관계는 새로운 시대에서 더욱 큰 발전 공간을 찾을 수 있을 것이지만, 북중 간의 긴장과 갈등은 21세기에도 진행 중이다. 중국은 과거와 달리 북한에 대한 불만을 공개적으로 표출할 뿐만 아니라 국제사회의 대북제재에 동참하는 등 강압적인 방법도 동원하고 있다. 북한이 5번(2006, 2009, 2013, 2016년에는 2회)에 걸쳐 핵실험을 했을 당시 중국은 이를 공개적으로 비난하며 유엔 안보리 결의안을 통과시켰는데, 이는 중국이 북한을 '전략적 부담'으로 인식하고 국제사회에서 공개적으로 강압적 조치에 편승한 대표적인 사례이다.

3. 북중관계 변수와 정책 기조

1) 북중관계 주요 변수

한·미·일과 북·중·러는 '신냉전의 초입'[5]이라는 새로운 국제질서에

---

5 헨리 키신저 전 미국 국무장관은 2019년 11월 21일 미중이 장기적 '신냉전의 초입(Foothills of a Cold War)'에 들어섰다며, 이대로 방치하면 제1차 세계대전보다 더 심각한 결과를 나타낼 수 있다고 경고하면서 미중 양국이 서로의 차이를 이해하기 위한 '공약'에 합의할 것을 촉

직면하고 있다. 북한 정권 탄생 이후 오늘날에 이르기까지 3대 세습정권의 지속은 북중의 전통적 우호 관계를 기본 축으로 해 북중 간 전략적 선택과 변용을 통해 면면히 이어져 왔다. 북한 정권은 중국에 대한 종속도 배반도 아닌 적절한 상황 관리를 통해 북한 정권의 이익을 극대화하는 것이다.

북한 정권은 중국과 소련이라는 두 사회주의 대국 사이에서 등거리 접근 전략을 구사하면서 나름대로 정통성을 확보했다. 김일성은 이 두 강대국 어느 한쪽에 종속되는 것을 거부하면서 독자적인 노선을 확보했다. 이후 김일성은 주체사상이라는 자주노선을 확립해 북한 사회의 사상통일을 완성했다. 김정일은 부친의 사상통일 위에 한 걸음 더 나아가 군사력만이 안정을 보장할 수 있다는 생각에 군(軍)을 모든 것에 앞세우는 선군정치를 시행해 체제안정에 일정한 성과를 거두었고, 김정은 시기에는 경제·핵 병진노선의 승리를 선언하며 사회주의 경제 강국건설의 기치 아래 대오를 군건히 하고 있다.

중국의 대북정책을 구성하는 요소는 체제안정, 비핵화, 개혁개방, 대북 영향력임을 감안하면 김정은과 시진핑 시기의 북중관계가 김일성과 마오쩌둥(毛泽东) 통치시기의 북중관계처럼 이른바 '신(新)혈맹관계' 시대에 진입했다고 볼 수 있다. 북중관계를 묘사하는 '혈맹', '순치', '한 참모부' 등 북중 고위급 지도자 간 회자되는 공식적인 단어를 비교해 보면 '신시대-신혈맹'이라는 구조를 이해할 수 있다.[6]

구하기도 했다. Bloomberg News, 2019.11.21. https://www.bloomberg.com/news/articles/2019-11-21/kissinger-says-u-s-and-china-in-foothills-of-a-cold-war?leadSource=uverify%20wall(검색일: 2023.8.4).

6 6·25 전쟁 당시 중공군은 북한군과 '중조양군연합사령부(中朝两军联合司令部)'를 1950년 12월 구성해 미국과 유엔연합군에 대한 전투 효율성을 높였다. 한반도에서 냉전이 최고조에 달했던 전쟁 당시 할아버지 김일성 시대의 단어를 손자 김정은이 부활시킨 것이다.

첫째, '혈맹(鲜血凝成的友谊)'의 관점에서 보면 2018년 3월 베이징에서 열린 북중정상회담에서 중국은 북한과의 관계를 설명하며 "선혈이 응고된"이라는 표현을 사용하는데, 이는 '혈맹'이라는 단어보다 강화된 표현이다. 이후 중국 관리들은 공개적으로 이 용어를 사용하고 있다.[7]

둘째, '순치관계(唇齿相依-搬不走的隣国)'적 관점에서 보면 2018년 5월 중국 다롄(大连)에서 열린 두 번째 북중정상회담에서 시 주석은 "정세가 어떻게 흐르든 중조관계를 공고히 발전시키려는 것은 두 나라 당과 정부의 확고부동한 입장이며 유일하게 정확한 선택"이라고 말하면서 중국과 북한은 "변함없는 순치의 관계"라고 말했다.

셋째, '한 참모부(中朝联合指挥部)'라는 용어 사용의 측면에서 보면 2018년 6월 베이징에서 열린 3차 북중정상회담에서 김 위원장은 북한과 중국이 "역사적인 여정에서 중국 동지들과 '한 참모부'에서 긴밀히 협력"할 것이라고 말했다.

시진핑 시기에도 중국이 외교적으로 고립되고 경제적으로 정체된 북한의 거의 유일한 후원자이자 동맹국임은 분명하다. 북한 지도부는 중국의 대북한 지원과 후원이 국제질서의 변화에 따라 얼마든지 변할 수 있다는 것을 잘 알고 있다. 즉, 북한의 입장에서 중국은 당장 도움을 받을 수 있는 국가이지만 언제든지 위험한 이웃이 될 수 있을 만큼 거대하고 강력한 국가이기도 하다.

김정은 시기 북한은 한동안 중국을 의지하고 많은 정책을 추진할 것이나 마음속 의심은 쉽사리 거두지는 않을 것이며, 이에 따라 중국의 대북 영향력은 언제나 한계가 있을 수밖에 없다. 그럼에도 불구하고 북중관계의 우

7 예를 들어 리진쥔(李进军) 주북한 중국대사는 2016년 10월 중국인민군 6·25전쟁 참전 66주년 기념식에서 이 용어를 사용했다. 리 대사는 중국과 북한의 우정은 "선혈이 응고된 공동의 소중한 재산(鲜血凝成的共同宝贵财富)"이라고 말했다.

호적 발전은 미중 패권경쟁 속에서 중국이 한·미·일 삼각공조에 의한 중국 봉쇄를 돌파하며, 중국의 안보를 담보하는 지정학적 전략자산으로 작용할 수 있을 것이다.

2) 시진핑 정권의 대북한 정책 기조

(1) 중국의 대한반도 정책 3원칙

중국은 기본적으로 동북아의 안정과 평화, 한반도 비핵화, 북한 정권의 안정과 유지라는 입장하에 한반도에서 '불확실성'을 초래할 수 있는 '현상변경'보다는 예측 및 관리가 가능한 '현상유지'가 자국의 이익에 더욱 부합한다고 판단하고 있다.

주지하듯이 중국 대외정책의 핵심은 지속가능한 국가발전을 위해 대외환경을 유리하게 조성하는 '현상변경'에 있다. 그러나 중국은 한반도가 미중 전략적 경쟁의 무대로 비화할 수 있는 가능성으로 인해 한반도에서 현상변경 기조를 관철하는 데 제약이 있다는 점을 인식하고 있다.

중국의 한반도 정책을 분석하려면 중국이 주장하는 대한반도 정책과 중국의 대외전략을 명확하게 이해해야 한다. 중국의 한반도 정책은 중국의 국가 청사진에 따라 유동적으로 변화한다. 중국의 공산당 시스템은 변하지 않기 때문에 국내외 정치 상황에 따른 전략 전술의 변화와 지도부 변동에도 불구하고 정책의 일관성은 유지된다. 즉, 중국은 지도부 변동과 관계없이 국가 발전 로드맵에 따라 움직인다.

2011년 9월 7일 발표한 2012년 『중국평화발전백서』에서 언급된 중국의 변치 않는 6대 국가 이익은 국가주권, 국가안정, 영토안정, 조국통일, 중국 헌법이 확립한 국가 정치 제도와 사회 전반의 안정, 경제 사회 지속 가능한 발전의 기본 보장이다(中国国务院新闻办公室, 2011). 이러한 관점으로 중국의 입장에서 분석하면 한반도 통일문제, 북한문제 그리고 북핵문제는 6개 국가 이익 중 두 번째 '국가 안정' 항목에 해당함을 알 수 있다.

이러한 국가 발전 로드맵에서 보면 중국의 대한반도 정책은 '3원칙'과 '3불 1무' 원칙을 통해 이해할 수 있다.

첫째, 평화(不战), 안정(不乱), 비핵화(无核)의 3원칙에 근거해 한반도 비핵화, 한반도 평화와 안정, 대화를 통한 평화적 해결이 북핵문제에 관한 중국의 기본 입장이다. 즉, 한반도의 평화와 안정이 정책의 핵심이며 이는 북한에도 그대로 적용되어 북한의 '안정'과 '비핵화' 중에서 안정에 더욱 비중을 두고 있다.

둘째는 '3불 1무' 원칙(8자 방침)은 한반도 내에서의 전쟁 반대(不战), 북한체제의 급격한 붕괴 반대(不乱), 한국에 의한 흡수통일 반대(不统), 한반도의 비핵화(无核)를 의미한다(新华社, 2018.3.15). 결국 중국의 시각은 한반도 전체가 비핵화되어야 한다는 북한의 '조선반도 비핵지대화' 주장에 동조하고 있다.

(2) 신시대 북중관계 원칙

시진핑 시기 북중관계의 기본원칙은 '3개 불변의 조건' 아래 '대북정책 4대 기조'와 '신시대 북중관계 4대 원칙'이 작용하고 있다.

시진핑이 주창하는 북중관계 신시대의 전제 조건은 양국 모두가 사회주의 정치체제를 견지하는 것을 기반으로 하며, 중국판 대북 체제보장인 중국의 북한 지지는 '3가지 불변' 제시로 나타났다(2018년 6월 3차 베이징 북중정상회담). 그 내용은 북한과 중국의 협력은 국제 정세가 어떻게 변하든 북중관계의 공고한 발전을 위한 당과 정부의 노력은 변하지 않는다. 조선인민에 대한 중국인민의 우호적 정의(情谊)는 변하지 않는다. 사회주의 조선에 대한 중국의 지지는 변하지 않는다는 3개 조건이다(搜狐, 2018.6.20). 이는 선대 정권으로부터 지금까지 이데올로기적 유대와 전통적 우호 관계에 근거한 북중관계 기준이 되고 있다.

중국의 대북정책 4대 기조는 북한체제의 안정 유지, 북핵문제 해결과 비핵화, 대북 영향력 유지, 북한의 개혁개방 유도이다. 그리고 '신시대 북중관계'의 4대 원칙은 2018년 5월 8일 제2차 다롄 북중정상회담에서 언급한 것으로 북중 우호협력관계는 양국의 귀중한 자산이며, 이를 발전시키는 것이 확고부동한 방침이자 유일하게 올바른 선택이다. 사회주의 국가인 양국의 관계는 중대한 전략적 의의를 가지며, 단결과 협력, 교류의 상호인식을 강화해야 한다. 양국의 고위층 교류는 양자관계에서 중요한 역할을 하며, 이를 통해 양국은 전략적 소통을 강화하며, 이해를 증대시키고 상호이익을 수호해야 한다. 다양한 방식을 통해 양국 인민의 우호와 교류의 기반을 다지는 것은 북중관계 발전을 위한 중요한 길이다(中国政府网, 2018.5.8).

(3) 북핵문제와 중국의 관점

중국은 북한을 포기하지 않고(不弃), 혼란 상태에 있도록 방관하지 않으며(不乱), 붕괴하도록 놔두지 않는다(不亡)는 3불 원칙을 유지하고 있다. 특히 중국은 "한반도(북한)에서의 혼란과 전쟁은 절대 허용할 수 없다"라는 것을 레드라인으로 삼고 있다(時永明, 2014). 시진핑 정부의 대북정책 목표는 핵을 가지지 않은 북한이, 자국의 영향력하에서, 개방·개혁을 통해 국제사회의 일원으로 발전하는 것이다.

중국은 북한문제와 북핵문제를 분리해서 관리한다. 중국이 주장하는 '북핵문제 해결 원칙'은 한반도 비핵화(半岛无核化), 한반도의 평화와 안정(维护半岛和平与稳定), 대화를 통한 문제 해결(通过对话解决问题) 등 기본적으로 세 가지를 바탕으로 설정되어 있다.[8]

---

8 중국의 이와 같은 기본원칙은 2003년 3월 18일 부시 대통령이 후진타오에게 전화를 걸어 북

중국의 입장에서 보면 북한은 주체사상에 의한 모험적 행동을 수시로 감행했고, 이러한 행동으로 인해 중국과 북한과의 기존 관계가 계속 유지될 경우 중국에 부담으로 작용할 것이라는 인식을 갖게 되었다. 중국은 현재의 북중관계를 매우 비정상적인 것으로 인식하기 때문에 결국 북중관계는 양국의 국익이라는 전략적 이해관계에 따라 매우 가변적인 상황이 되는 것이다.

이러한 기본적인 인식하에 중국은 일관되게 북핵문제 해결 방안을 '쌍잠정(双暂停: 북한의 핵·미사일 발사와 한미의 연합군사훈련 잠정 중단)'과 '쌍궤병행(双轨竝行: 한반도 비핵화와 평화협정 동시 병행)'을 제안했고, 이 방안은 한미의 '선비핵화와 후 평화보장'과 북한의 '선평화협정 후비핵화', 그리고 러시아의 '단계적 해법'을 결합한 중러 공동 이니셔티브로 해석할 수 있다.

중국은 북한과의 '전통우호협력관계'를 중시하고, '16자 방침'[9]을 계승하고, 북중 경제협력의 '12자 원칙'[10]하에 북중 경제협력관계를 증진하며, 북한의 합리적 안보 우려 해소와 '우리식 사회주의' 건설 및 자주평화통일과 대화를 통한 한반도 비핵화, 그리고 북한의 평화적 핵 이용에 관한 권리를 지지한다. 그러나 중국은 북한의 핵(核) 보유에 대해서는 반대 입장을 분명히 하고 있다.

중국은 북한의 핵실험과 같은 북핵문제에는 제재로 대응해 징벌적 의미와 불만을 명확히 표시하되, 북한체제가 불안해질 우려가 있거나 한·미·일 삼각 협력으로 인한 우려가 커지면 북한을 지원하는 양방향의 대북전략으로 상황을 관리한다.

핵문제를 논의하는 과정에서 처음으로 공식화되었다. ≪人民日報≫, 2003.3.19.

9 중국의 북한에 대한 '16자 방침'은 2001년 9월 장쩌민(江泽民)이 북한을 방문했을 당시 김정일과의 정상회담에서 제시한 것으로서 양국 간 "전통계승(继承传统), 미래지향(面向未来), 선린우호(睦隣友好), 협력강화(加强合作)"를 내용으로 한다. ≪人民日報≫, 2001.9.4.

10 '정부인도(政府引导), 기업참여(企业参与), 시장운용(市场运作)' 12자 방침은 2006년 1월 김정일 방중 시 원자바오(温家宝) 총리가 제시한 것이다. ≪人民日報≫, 2006.1.19.

향후 중국의 대북정책 향방은 어떻게 진행될까? 대체적으로 다음과 같이 정리할 수 있을 것이다.

첫째, 철저히 북한을 포기하는 방법이다. 북한이 중국의 국익을 저해할 수준의 국제적 문제를 지속적으로 야기할 경우, 중국은 전략적 부담으로 인해 북한을 포기할 수도 있다.

둘째, 북중 간 특수관계를 유지하는 방법이다. 북중관계의 역사적 연원을 볼 때 비록 북한이 지역적 수준에서든지 글로벌 수준에서든지 내심 못마땅한 존재이지만, 고유한 전략적 가치가 있다고 판단해 그 특수한 북중관계를 지속시키는 것이다.

결국 국제 정세의 변화에 따라 북중관계를 계속 조정하며 현상을 유지하는 방법은 중국이 현실적으로 가장 선호할 만한 방법이며, 중국이 북한을 국제사회의 일원으로 참가시키면서 중국의 우방으로 존치시키는 것을 합리적 대안으로 보고 있다.

시진핑 시기 북중관계는 북미관계와 미중관계 그리고 한반도 비핵화라는 주요 변수를 상정하면서 작용과 반작용의 변증법적 나선형하에 '현상유지 → 단절 → 회복'의 기복 과정을 거치면서 재조정되고 있다. 중국의 북한에 대한 인식은 중국의 지정학적 최전방에 위치한 국가이고, 미국의 아시아 전략에서 상당히 중요한 연결고리이며, 북한을 적극적으로 포기하는 것은 중국의 현실적 선택이 될 수 없을 것임이 자명하다.

우호적인 북중관계는 중국이나 북한 모두가 공유할 수 있는 가장 기본적인 안전장치이므로 북중 간에 발생하는 일정한 마찰에 대해서 과도하게 걱정할 필요는 없다. 북중관계는 과거 중소 관계와 같이 파괴적인 길을 가지 않을 것이고, 문제가 발생한다 해도 관계를 회복할 수 있는 능력이 양국 간에 존재하는데 그 근거는 중국은 소련처럼 북한을 통제하려는 생각을 가지고 있지 않고, 북한 역시 중국에 대항할 만한 역량이 없기 때문에 북중관계는 우호적 관계를 형성하는 것이 훨씬 유리하기 때문이다.

하지만 북중관계는 다음과 같은 조건하에서 다르게 전개될 수도 있다. 첫째, 북한이 계속해서 중국의 국익을 침해하는 무모한 행동을 할 것인가? 둘째, 미중관계의 향배에 따라 북한에 대한 중국의 인식과 정책 방향이 결정될 것인가? 셋째, 한중 간의 정치적·안보적 신뢰가 얼마나 축적될 수 있는가에 따라 달라질 수도 있다.

이와 관련해 중국의 대한반도 정책은 현시점에서 구체적으로 정해진 것은 없으나 시진핑 집권 2기에 접어들어 미중관계의 변화, 한국의 대외정책, 북한의 태도, 한중관계 등 여러 변수들과 링크되는 정책이 모색되고 있다. 북한의 핵무력이 고도화되는 현실에서 중국이 주장하는 쌍잠정과 상궤 병행은 현실성이 없고, 경제와 핵은 등가 교환의 문제가 아니며, 북한의 잠재적 핵보유국으로의 진화는 협상의 패러다임 전환이 요구되는 사안이다. 이제 북핵문제는 북한의 안보 불안을 고려한 '군비통제적 해결 수단'을 모색해야 한다. 한미가 대북정책에서 강하게 드라이브를 걸수록 중국의 대북 압력은 더욱 어려워진다(이상만, 2023: 81).

북중관계는 결코 동맹은 아니지만 경우에 따라서 북한과 동맹 수준으로 관계 개선을 추진할 가능성이 있다. 다만 문제는 북핵 딜레마이다. 북한의 핵 보유에 대한 북중 간 이해관계에 상당한 차이점이 존재하고, 중국은 북한의 핵을 결코 공인할 수 없다. 이러한 인식의 기초 위에서 중국이 북한을 압박하는 1차 목표는 비정상적인 북중관계를 정상적인 것으로 돌려놓는 것이며, 2차 목표는 북한의 생존 방식이 중국이 추구하는 신형대국관계에 걸림돌이 되지 않도록 현재의 상황을 바꿔 한반도의 평화와 안정을 도모하는 방향으로 북중관계를 재정립하는 것이다.

(4) 북핵문제와 중국 역할

북미관계 개선은 선대로부터 이어지는 북한체제 보장의 안전핀이다. 중국은 어쩔 수 없이 북한 비핵화라는 국제사회의 공론을 저버리지 못하고 동참하고 있지만 북한이 진정 핵을 포기할 경우 한반도에서 중국의 전략적 완충지대의 유실과 중국의 대미 입지 축소라는 부정적인 결과를 피할 수 없을 것이다. 북한은 핵실험에 대한 제재와 압박에 중국이 동참했다는 사실에 상당한 실망감을 보였으며, 이를 계기로 북한은 미국을 통해 중국을 견제하는 방안을 모색하게 된 것으로 보인다.

이러한 상황이라면 북미 수교는 북한의 입장에서는 중국의존을 탈피할 수 있고, 중국을 전략적으로 견제할 수 있는 가장 효율적인 수단이 될 수 있기 때문이다. 북한이 비핵화를 통해 북미관계가 정상화되면 미국 정부는 중국을 전략적으로 견제할 수 있는 또 하나의 강력한 무기가 갖추어질 것이고, 북한이 비핵화 의지를 표명하면서 주한미군 철수를 거론하지 않고 수용하는 뉘앙스를 풍기는 것도 중국의 의중과는 배치되는 것이다.

북미관계 개선에 따라 예상되는 북한의 비핵화 이행 대가는 종전 선언, 정전협정의 평화협정 전환, 북미 수교, 북일 수교, 북한의 개방에 다른 경제건설 지원 등을 포함하며, 이들은 어느 하나도 중국의 이해관계가 매우 크기 때문에 소홀히 할 수 없는 중차대한 어젠다들이다. 이처럼 북한이 주한미군 철수에 소극적 태도를 보이는 것은 북한과 미국이 적대적 관계일 때 주한미군은 위협적인 존재지만 북미 수교 이후 주한미군은 북한이 중국을 견제하는 우군으로 작용할 수 있기 때문이다.

중국은 유엔의 대북제재에 참가하는 것 외에 북핵문제 해결에 있어서 책임 있는 당사자로서 역할을 다하지 못하고 북한체제의 생존전략에서 일익을 담당했다. 국제사회에서는 중국이 북한에 영향력을 행사할 수 있는 지위에 있다는 '중국책임론'이 공론화되었지만 중국은 북핵문제 해결에 대한 책임은 회피하고 국제사회에서 대북 발언권만은 포기하고 싶지 않는 이율배반적인 행태를 보였다.

중국 외교부는 2016년 9월 북한이 5차 핵실험을 감행한 직후부터 2018년 1월까지 5번에 걸쳐 '북핵문제가 북미 간의 모순이 실질적인 모순이기 때문에 당연히 미국이 책임을 져야 한다'고 주장해 왔다. 중국은 북핵문제가 한국과 미국 주도에 의해 실마리가 풀리고 현상변경 가능성이 가시화되자 '한반도에 대한 영향력' 확보를 위해 적극적으로 개입하고 있는 것이다.

지난 2018년 3월 25일 1차 북중정상회담에서 시진핑 주석은 북중관계의 실질적 복원(정상화)을 통해 중국은 한반도 문제에 있어서 '중국주도권'과 '중국개입권', 즉 '그 누구도 중국과 상의 없이 한반도 문제를 함부로 결정할 수 없다'는 메시지를 대외적으로 분명히 했다.

또한 2차 북중정상회담에서 '중국은 북한의 한반도 비핵화 견지와 북미 간 대화를 통한 한반도 문제 해결을 지지한다'라고 하면서 '중국은 관련 각국과 함께 한반도 문제의 평화적 해결 프로세스를 추진하고 역내의 영구적 평화 평화를 실현하는 데 적극적인 역할을 발휘하길 원한다'라고 말함으로써 한반도 문제 해결에 있어 '당사자'로 등장하겠다는 보다 강한 '중국역할론'을 들고 나왔다.

중국역할론을 고려하면 중국이 북핵문제 해결에서 보여주었던 행태는 모순이 아닐 수 없다. 중국이 그러한 사실을 알면서도 한반도 문제 해결에 있어 당사자임을 자처하는 것은 예사로운 일이 아니기 때문에 중국이 주장하는 한반도 문제 해결의 '당사자론'은 간과할 수 없다. 중국은 이렇게 북중관계를 재정립하기 위한 수단으로 비핵화를 위한 안보리 제재를 적극 수용하면서 주변국들과 협력하고, 동시에 중국이 북한에 제공하고 있는 식량과 에너지 공급을 조절하면서 북한 당국을 은연중에 압박할 것이다.

- 김일성은 스탈린이 심은 나무와도 같다(마오쩌둥).
- 중국은 주머니를 4개나 가지고 있다. 그 안에 무엇이 있는지 알 수 없다. 중국을 믿지 마라(김일성).
- 중국은 황색(자본주의 색채) 바람을 우리에게 들여보내려고 애쓰고 있다. 중국은 멀리 있는 미국보다 더 나쁜 나라이다. 중국을 믿지 마라(김정일).
- 중국인들의 경제 전략이 영토나 제도나 경제 분야에서는 동북 3성(省)이 아니라 북을 염두에 두고 동북 4성으로 생각한다(김정일).
- 일본이 백 년의 적이면, 중국은 천년의 적이다(김정은).

3) 김정은 정권의 신중국정책 기조

(1) 북한의 중국 불신

김일성 시기에 북한은 중국을 크게 믿을 수 없는 우방으로 인식했으며, 중국이 언제라도 북한을 무시할 수도 있다는 위기감이 팽배했다. 북한 정권 탄생 과정, 사회주의 건설 시기 북중 간 견해차, 그리고 한중 수교 과정에서 중국이 보여준 이중적 태도 등으로 인해 북한은 중국에 대해 수정주의적 비판 인식을 가지고 독자적인 생존의 길을 모색하게 되었다.

북중관계는 원천적으로 상호 불신의 비대칭 갈등이 장기간 존속되고 있는 상태이다. 이런 현상은 일시적 현상이 아닌 냉전 시기부터 지속된 북중 간 비대칭 갈등으로 보이며, 강국 중국의 약국 북한에 대한 자국 이익에 대한 복종 요구와 약소국 북한의 강대국 중국에 대한 자율성 추구가 핵심인바 비대칭 갈등을 해소하기 위한 약소국의 불평등 관계 완화를 위한 방법[11]으

11 약소국의 불평등 관계 완화를 위한 방법은 ① 다자적 연합이나 합의에서 강대국과 같이 참여하는 것, ② 지역 연합에서 또는 공동 이익의 문제에 대해 다른 약소국과 같이 참여하는 것, ③ 약국이 강국에 도전할 만한 다른 강국과 동맹을 맺는 것, ④ 약소국 북한이 스스로가

로 약소국 북한이 스스로가 핵무기를 개발하는 것을 선택했다.

2021년 1월 제8차 조선노동당 대회에서 김정은 위원장은 북한의 대중국 종속 위험을 언급하기도 했다. 북한은 "과학기술의 힘으로 …… 자재의 국산화를 적극 추동해 대외경제 활동을 자립경제의 토대와 잠재력을 보완, 보강하는 …… 새로운 5년 계획은 …… 국가경제의 자립적 구조를 완비하고 수입의존도를 낮추며 …… 여전히 자력갱생, 자급자족이다"(≪로동신문≫, 2021.1.9: 4). 또한 북한은 중국의 우방국이면서도 중국이 야심 차게 추진하는 일대일로 구상에 대해서조차 소극적 자세를 견지하고 있다. 최근 북러관계가 급속도로 진전되는 것도 북한에 대한 중국의 역할이 소극적이기 때문이다.

(2) 북한 정권 안정화

김정은의 대중국 전략적 선택은 중국의 영향력을 차단하면서 자국의 지정학적 위치와 전략적 가치를 활용해 국가 이익을 극대화하는 방향에서 결정된다. 김정은의 대외정책은 김정일 시기 경제난 극복과 체제 생존이라는 방어적인 대외정책에서 벗어나 핵보유국 지위 확보와 북미관계 정상화를 목표한다. 김정일 시기의 '핵-안보 교환' 전략이 김정은 시기에 와서 '경제-핵 병진' 독자 방위 능력 향상 전략으로 전환되면서 핵무기는 더 이상 체제 안전보장을 위한 교환의 대상이 아니라 보유 그 자체가 목표로 전환되었다.

북한은 국제적, 동아시아, 한반도 차원의 대외 안보 환경 변화에 능동적으로 대처하려는 경향이 있다.

첫째, 국제적 차원에서 미중 전략경쟁 장기화 및 강대국 정치 부활, 우크라이나 사태로 각자도생의 군사우선주의, 이분법적 진영화와 무극적 신냉

핵무기를 개발하는 것 등이 있다.

전 시대의 도래이다.

둘째, 동아시아 차원에서 한·미·일 군사협력 강화와 일본의 군사 대국화, 대만문제, 남중국해 등 영토분쟁, 다자지역주의의 부재와 군비경쟁 가속화이다.

셋째, 한반도 차원에서 현 한국과 미국 정부의 대북 강경정책 일치, 한미동맹, 한미연합훈련, 확장 억제를 위한 미국 전략자산의 한반도 전개, 남북 대결구도 심화 속에 군사적 충돌 가능성 고조이다.

북한은 국제적으로 인정은 받지 못했으나 '준핵보유국(Quasi-Nuclear State)으로 진화했고, 북핵문제가 해결되지 않는 이유는 다음과 같다. 북한의 핵무력 질적 강화는 핵무력을 탈선군과 사회주의 부강조국건설을 위한 필요충분조건으로 등치시키고 있다. 병진노선에서 경제 집중 노선 전환에 따른 군사력 약화 방지와 군심 이반을 차단하고, 노동력과 자원을 경제에 집중하면서 북한 주민들의 안보 우려를 해소 및 체제 결속시키며, 마이 웨이식 핵무력 강화와 선택적 재래식 군사력 현대화를 계획표대로 진행하고 있다.

핵무력은 한국 및 미국에 대한 방위적 차원, 중국에 대한 경계 및 북한 정권의 체제 결속을 위한 수단이기에 김정은에게 양보할 수 없는 절대성을 가지고 있으며, 북미관계와 북중관계를 주도적으로 이끌어갈 수 있는 전략적 수단으로 북핵 보유는 북한체제의 안전보장을 위해서는 반드시 고수해야 할 보검으로 인식하고 있다(Ku, Yangmo, 2017: 182).

특히 2003년 이라크 전쟁과 2011년 리비아 내란(사태) 시 양 국가가 핵무기 개발을 포기해 군사적 침략을 당하고 체제가 붕괴되었다는 학습효과(learning effect)를 터득했다.[12]

---

12 이라크의 사담 후세인은 1990년대 핵무기를 개발하다가 그만둔 후 미국에 의해 무력으로 제거되었고, 리비아의 카다피 정권도 서방 국가들의 설득과 압력으로 인해 2003년 핵 프로그램을 자발적으로 포기한 뒤 NATO가 군사적으로 개입하면서 카다피는 반군세력에 의해 죽

표 6-2 **북한이 원하는 '체제보장' 구성 내용**

구분	소극적 보장	적극적 보장
국가 (영토적 주권적 안정성)	• 미국의 핵 및 군사공격 금지 약속, 북한의 주권 보장	• 미국의 대북한 공존 정책의 수립 및 발표
체제 (노동당 일당체제)	• 북한의 일당체제에 대한 언급 및 개선요구 금지	• 사회주의 북한과 국교 수립, 경제 지원 및 교류 확대
정권 (백두혈통정권)	• 김정은 정권에 대한 도덕적 비난 자제 약속	•북미 간 정상회담, 관계정상화

자료: 전재성(2016: 12).

한반도 비핵화 논의 과정에서 한반도 정세의 유동성을 고려한 이중 헤징(double hedging)이 필요했고, 미중 간 경제 통상마찰이 본격화되는 시점에서 중국이라는 경제적 후견국이 필요했다. 북한의 입장에서 미중관계의 변화, 후견국인 중국의 현실권력의 한계, 대중국 경제의존도 고조 등을 고려해 '안보의 외부효과(security externalities)'[13]를 극대화하고 있다.

4. 북중관계의 작용과 반작용

1) 북중관계 단절과 악화(2012~2015)

(1) 김정은 정권의 출범과 북중관계

1992년 한중수교로 북중관계는 정치적 냉각기(1992~2000)가 도래해 최악의 상태에 직면했으나 중국은 북한의 고난의 행군시기 물자를 지원했고, 6자

임을 당했다.

13 국가의 경제 활동이 경제 분야뿐만 아니라 안보 분야에도 영향을 미치는 것을 의미한다.

회담(2000~2006)을 통해 북중관계 개선이 가능했다.

북한의 제1차 핵실험(2006)에 따라 후진타오 주석이 미국과의 공조를 통해 대북제재를 감행하자 중국의 대북한 영향력은 감소했고, 중국은 이런 불편한 북중관계를 해소하기 위해 김정은 후계구도를 지원하고 대북 인프라 투자를 실시하는 등 북한과의 관계 개선(2009~2013)에 심혈을 기울였다.

이러한 결과로 제2차 핵실험에도 불구하고, 후진타오-시진핑의 대북 유화정책은 지속되었고 마침내 2011년 북중수교 60주년에 원자바오 총리의 평양 방문, 2012년 8월 왕자루이(王家瑞) 당 대외연락부장의 방북, 동년 11월 리전귀(李建国) 전인대 상무위 부위원장(시진핑 친서 전달)의 방북, 2013년 5월 김정은의 친서를 들고 이뤄진 최룡해 총정치국장의 방중, 2015년 류윈산(刘云山) 정치국 상무위원의 방북은 잠시 북한과의 관계 회복의 길을 여는 의지를 보여준 것이다.

제3차 핵실험, 장성택 숙청, 제6차 핵실험, 화성 15호형 발사실험과 역대 최강의 대북제재 유엔 안보리 결의안 채택, 고위급회담 중단(2013~2017)이 있었지만 시진핑 정권은 김정은에 대한 경제협력 지원을 함으로써 북한체제의 생명선 연장을 대가로 대북 영향력을 확대할 수 있게 되었다.

김정은 집권 6년 3개월만인 2018년 3월 김정은의 첫 방중으로 이러한 긴장관계에 대전환을 가져왔다. 김정은은 4차례에 걸친 방중을 통해 북중관계의 '재정상화'와 '전략적 의사소통'을 극대화하는 계기를 만들었고, 김정은 정권으로서는 대중국 관계를 조정 → 악화 → 재설계를 거치면서 전통적 우의를 어느 정도 회복했다.

총 다섯 차례의 북중정상회담에도 불구하고 양국 관계는 정상적인 국가관계의 회복이라는 '비정상의 정상화'에 도달했을 뿐, 지난 시기의 반목을 털어내기에는 그동안 쌓였던 불신과 2019년 2월 하노이 합의 불발이 부정적으로 작용했다. 이후 비록 북미 간 비핵화에 대한 합의는 이루지 못했지만, 미중이 장기전을 지속하는 상황에서 북중관계는 네 차례의 김정은 방중과 시진핑의 평양 답방으로 더욱 밀착했다. 2017~2018년에는 쑹타오 대외연락부장의 평양 방문을 비롯해 학자 교류 재개 등 북중 간에는 고위급뿐 아니라 다양한 인적 교류가 활발히 진행되었다. 시진핑 주석은 2019년 6월 방북해 북중관계의 '3불변(三不変)' 방침을 재차 강조했으며, 북한도 이에 대해 공동의 인식을 가지고 북중관계 재정상화(renormalization)로 화답했다.

김정은의 네 차례에 걸친 중국 방문의 결과는 북한에 대한 중국의 체제 보장 암시와 경제적 지원이었고, 시진핑 정부는 한반도 문제(평화협정 체결 과정)에서 장기적 영향력을 행사할 수 있는 성과를 얻었다.

2018년 이후 북중관계는 남북관계 진전과 북미 비핵화 협상 재개라는 한반도 질서의 급변 상황에 편승해 극적으로 회복됐다. 미중 간 전략적 경쟁이 고조되는 상황에서 중국은 확실한 우방이 필요(미중 대립에 따른 북한의 전략적 중요성)했고, 서로의 필요에 의해 역사상 최상의 북중협력 관계(2018년~현재)를 만들었다.

이를 양국 관계의 완전한 밀착으로 평가하기도 하지만, 사실 북중관계는 뿌리 깊은 불신과 대립의 역사적 경험으로 인해 그 잠재적 갈등 기제가 해소되기 어렵다. 최근의 양국 관계는 잠복된 불만과 갈등 표출을 자제하는 가운데 각자의 국가 이익을 위해 전략적으로 협력하는 행태를 보일 뿐이다.

북한은 역사적으로 중국의 영향력 행사에 불응해 거부와 이탈을 반복했으며, 현실적인 제약과 세력균형의 불가피성 때문에 중국과의 의존 관계를 허물기 어렵지만, 항상 대외관계 균형을 꿈꾸며 의존과 거부 사이에서 대중국 이니셔티브를 발휘하고 있다. 북중관계의 본질적 속성은 전략 이익을 공유하는 공생관계에 있기 때문에 시기마다 정도의 차이가 있을 뿐, 기본적으로 협력과 갈등의 측면이 병존하며, 양자관계는 상대국에 대한 전략적 가치 인식에 의해 좌우되고 있다.

결국 북한은 '체제 생존'과 '전략적 이익'을 위해 중국과의 공존이 필요하지만 중국에 대한 근본적인 불신과 불만을 거둬들인 것은 아니며, 갈등 속에서도 협력의 틀을 유지하며 적절하게 북중관계를 관리하려는 의지가 강하다. 북한이 체제 생존을 위해서 미국과의 관계 정상화는 물론, 중국과의 전략적 협력이 꼭 필요했기 때문에 큰 틀에서 보면 북중관계 지향점은 '북한의 체제 안정 유지 및 보장'과 '중국의 한반도 안보 이익'을 상호 공유하는 '전략적 공존'의 절충점을 찾아 이익 균형을 추구하는 방향으로 전개되고 있다.

2) 북중관계 복원과 재조정(2016~2017)

(1) 핵전력 강화와 김정은 정권의 공고화

북한은 김정은 집권(2011) 이후 네 차례의 핵실험을 실시했다. 북한의 주장에 따르면 고농축우라늄 실험(3차), 수소폭탄 실험(4차, 6차), 증폭탄 실험(5차) 등을 시도했고, 6차 핵실험(2017.9)에서 수소탄 실험과 탄도미사일에 탑재 가능한 핵 소형화를 마무리했다고 발표했다.

북한 「헌법」 전문(前文)에 핵보유국 지위를 명문화(2012.4)하고 최고인민회의 제12기 7차 회의에서 채택된 관련 법규를 통해 핵 보유 및 관리를 제도화(2013.4)했다. 또한 김정은 노동당 제7차 대회 당중앙위원회 사업총화보고(2016.5) 후 채택된 당 결정서(2016.5)에서 '경제와 핵무력 건설 병진노선'을 전략적 노선으로 내세웠다. 또한 이 결정서에서는 "제국주의의 핵위협과 전횡이 계속되는 한 경제건설과 핵무력 건설을 병진시킬 데 대한 전략적 노선을 항구적으로 틀어쥐고 자위적인 핵무력을 질량적으로 더욱 강화해 나갈 것"이라고 천명한 바 있다.

더욱이 2021년 8차 당대회에서 핵기술을 고도화해 "핵무기의 소형화와 경량화, 규격화, 전술무기화를 마쳤고, 이후에도 핵 고도화를 위한 노력을 멈추지 않겠다"라고 밝혔다(≪로동신문≫, 2021.1.9).[14] 2022년 9월에는 핵무기를 이용해 선제 타격할 수 있다는 새로운 '핵교리(nuclear doctrine)'를 담은 법령까지 채택함으로써 핵 포기와 대화의 가능성을 차단했다. 더욱이 북한은 유엔에서 핵무기를 포기하지 않겠다는 기본 입장을 재확인했다. 2023년 10월 16일 유엔 대표부 북한 서기관 김인철은 "제국주의자들의 핵무기가 존재하는 한 우리는 현재 핵보유국의 지위를 포기하거나 바꾸지 않을 것이다"라고 말했다.

북한이 핵보유국 지위를 분명히 하겠다는 점에서 한반도 비핵화는 새로운 고차원적 게임으로 전환되고 있다. 이러한 상황에서 북한이 핵 보유를 기정사실화함으로써 한반도 비핵화가 점점 어려워지고, 핵 강대국들의 핵과점(nuclear oligopoly) 논리와 핵 제국주의(nuclear imperialism) 경향 때문에 북한이 자위(自卫)를 위해 핵을 개발한다는 주장 사이에서 한반도 비핵화의 딜레마가 나타난다.[15]

북한의 핵무력이 현저하게 질량적으로 강화될 경우 중국이 가세해 어떠한 틀로 진행될지 예측하기 어려운 상황에서 한반도 비핵화는 핵군축이라는 새로운 경로를 향하게 될 수도 있다. 중국의 건설적 작용이 부재한 상태

---

14 김정은 위원장은 총화보고에서 국방공업부문의 '국가핵무력 완성'을 "가장 의의 있는 민족사적 공적"으로 높이 평가했다. 총화보고는 핵무력건설 이유를 "전쟁괴수인 미국에 맞서는 조선혁명의 특수성과 지정학적 특성은 핵무력건설을 중단 없이 강행 추진할 것을 요구했다"라고 밝다. 또한 "핵무력건설대업을 완성하는 것은 사회주의국가건설 행정에서 반드시 점령해야 할 전략적이며 지배적 고지였다"라고 언급했다.

15 핵 제국주의(nuclear imperialism)는 핵보유국의 핵무장 기정사실화와 타국의 핵 보유 금지라는 이중성의 핵 이기주의를 의미한다. 스톡홀름국제평화연구소(SIPRI) 2022 자료에 의하면 세계 핵탄두 보유량이 러시아 5997개, 미국 5428개, 중국 350개, 프랑스 290개, 영국 225개, 파키스탄 165개, 인도 160개, 이스라엘 90개, 북한 20개로 발표했다. 하지만 미 국방부가 지난 10월 26일 발표한 「중국군사력보고서」에서는 중국의 핵탄두 보유량이 약 400개, 북한은 90개로 추정했다. U.S Department of Defense(2022) 참고.

라면 북한의 핵 고도화는 심화될 것이고 북한의 핵 포기는 요원하게 되어 한반도를 둘러싼 리스크는 점점 가중될 것이다.

북한의 핵무력 고도화는 한반도 차원의 군비경쟁으로 이어지고, 미중패권경쟁이 군사 분야에서도 전개되고 있어 한반도와 동북아 차원에서 동시에 안보 딜레마(한국, 일본, 대만의 핵무장론 등장)가 부정적 작용을 일으킬 가능성 크다.

북한의 국가 이익이 '핵개발'이라면 중국의 국가핵심이익은 '비핵화', 즉 한반도의 안정(不战)과 평화(不乱)를 중국의 국가 이익에 대한 등가로 보고 있다. 중국은 국가핵심이익 차원에서 북한을 적절히 관리할 것으로 보이는데, 그 하나의 방안으로 과거 중국 측에서 북한에 핵우산을 제공해 북핵문제를 해결하려는 시도는 무위로 끝났다(戴旭, 2009, 2017; 廖锋, 2009; 郑永年, 2011). 더욱이 북한이 강대국과의 핵전력의 차이에서 동일한 테이블에서 핵군축 협상이 이루어 질 가능성은 높지 않기 때문에 중국이 주장하는 기존의 한반도 비핵화 프레임은 지속되기 어려워 보인다.

(2) 북한 핵무력 고도화

북한의 핵개발은 1958년 핵무기개발지침에 따른 중국의 초기 핵개발 이유와 매우 유사하다. 중국의 핵개발 연원은 중소분쟁하에서 소련을 억제하는 것과 미소 양극체제하에서 중국의 안보상 위협을 받고 있다는 인식에 기초하고 있다.

북한은 2013년 「자위적 핵보유국의 지위를 더욱 공고히 할데 대한 법」과 2022년 「조선민주주의인민공화국 핵무력 정책에 대하여」라는 법령을 통해 '억제'에서 '공격' 수단으로, '전략핵'에서 '전술핵'으로 교리를 변경했다. 이런 상황을 맞이한 중국은 "한국과 미국이 북한의 비핵화를 요구하는 정책을 계속하는 것은 달성 가능하지 않은 비현실적이며 무의미한 일로 시간과 기회의 낭비일 뿐이다"[16]라는 입장을 피력했다.

1993년 3월 북한이 핵확산금지조약을 탈퇴하면서 촉발된 제1차 북핵 위기 이후 30여 년이 지났으나 북한이 핵카드를 쥐고 변화하는 국제 안보 환경 속에서 누구와 어떠한 방식으로 정권의 생존을 보장받을 것인지에 따라 북핵 게임의 규칙은 변해왔다.

첫 번째 북핵 게임은 1차 북핵 위기가 발생한 1993년과 1994년 제네바 합의부터 2003년 6자회담 이전까지 이르는 기간으로 북미 양자 간 게임이다.

두 번째 게임은 6자회담 기간으로 북한이 미국을 통해 생존을 모색하면서도 의장국인 중국의 중요성을 인식하기 시작한 북한, 미국, 중국 간 불균형 3자 게임으로 한국과 일본, 러시아도 참가했지만 게임에 참여한 진정한 선수로 보기에는 역할이 미흡했다.

세 번째 게임은 2008년 김정일 와병 이후 6자회담이 결렬되면서 미중 전략적 대결의 시작과 함께 답보 상태를 지속하다가 2018년 평창올림픽을 통해 북핵문제 해결을 위한 대화가 시작되었다.

그사이 북한은 이미 김정일 시기 핵을 협상의 수단이 아니라 체제생존을 위한 목적 그 자체로 인식하고 핵무력 완성과 핵 보유 국가로 전략을 전환했다. 앞서 두 차례의 게임과 비교해 이미 북한의 핵무력 완성과 미중 전략적 대결 심화라는 두 가지 환경 변화는 게임 진행을 더욱 어렵게 만드는 요인으로 작용하고 있다.

이와 같이 북한은 핵무장을 통해 미국과 한국에 대해 전략적 우위를 과

16 11월 14일 인도네시아 발리에서 열린 G-20회의에서 시진핑 주석은 "북한의 합리적 우려를 균형 있게 풀어가야 한다"라는 반응을 보였다고 한다. 시 주석의 '미국으로부터의 군사적 위협에 따른 대응 수단으로서 핵·미사일을 개발해 왔다'는 북한 측 주장을 사실상 대변해 준 셈이다. 이 때문인지 바이든 대통령은 시 주석과의 회담 뒤 기자들에게 "중국이 북한을 통제할 수 있다고 확언하기 어렵다"라고 말했다.

표 6-3 **김정은 시기 핵무력 증강 로드맵(2012.4~2017.9)**

구분	핵무력 증강 내용
2012	• 광명성-3호 발사(4.13), 신형 원자로 신축(5.4), 헌법에 '핵보유국' 명시(5.30), 은하-3호 발사(12.12)
2013	• 미 태평양 군사시설 공격 위협(1.24), 제3차 핵실험(2.12), 대미 핵 선제공격 위협(3.7), 영변 원자로 재가동, 신형 원자로 구축 선언(4.2), 대미 핵전쟁 위협(4.3), 신형 미사일 동해안 이동배치, 태평양 미군기지 타격위협(4.4), 미국과 동맹국에 대한 미사일 공격 위협(4.11)
2016	• 북한의 제4차 핵실험(1.6), 수소폭탄 실험 성공, 장거리 미사일 '광명성' 발사(2.7), 북한의 중거리 미사일 화성-10 발사(6.22), SLBM 북극성-1 발사(8.24), 북한의 노동-1 미사일 발사(9.5), 제5차 핵실험(9.9)
2017	• 6차 핵실험(9.3), ICBM 장착 가능 수소폭탄 주장, IRBM 화성-12형 재발사(9.14), ICBM 화성-15 발사(11.29)

자료: 2012~2017년 각종 언론보도 자료 종합해 작성.

시하고 있으며, 이것은 이데올로기가 아니라 사실(fact)이다. 김정일 시기(1994~2011)에 탄도미사일 16발을 발사하고 핵실험을 2회(2006.9, 2009.5) 실시했으며, 김정은 시기(2012~2024년 현재) 탄도미사일 170발 발사와 핵실험 4회(2013.2, 2016.1, 2016.9, 2017. 9)를 실시했다.

2018년에는 북한이 핵실험과 미사일 시험 발사의 전면 중지(모라토리엄)를 선언하면서 한반도 평화 무드가 형성되었으나, 북미 간 싱가포르와 하노이 회담이 노딜로 끝나자 2022년에는 미국 본토를 공격할 수 있는 화성17호를 시험 발사했으며 2023년 2월 8일 인민군 창건 75주년 열병식에서 화성-18형을 등장시켰다.

북한이 핵무기를 포함해 지속적으로 방위력을 강화하는 것은 상대국 역시 방위력을 증강시키는 결과로 인해 오히려 안보의 상대적 약화를 초래하는 자기모순에 직면하는 역 결과(안보 딜레마)를 가져올 수도 있다. 북한의 핵무력 고도화는 한반도 차원의 군비경쟁으로 이어지고, 미중 패권경쟁이 군사 분야에서도 전개되고 있어 한반도와 동북아 차원에서 동시에 안보 딜레마(한국, 일본, 대만의 핵무장론 등장)가 부정적 상승작용을 일으킬 가능성이 증가하고 있는 것이다.

북한이 핵 능력을 포함해 군사력을 무리하게 강화하면 국제 경제제재 장기화 및 비효율적 투자를 급증시키고 결과적으로 총체적 국내 역량 약화를 초래해, 신념의 위기와 정통성의 위기를 불러와 체제 균열이 발생할 수도 있다.

북한의 핵무력이 고도화되는 현실에서 중국이 주장하는 '쌍잠정과 상궤병행'은 현실성이 없다. 경제와 핵은 등가교환의 문제가 아니며, 북한의 잠재적 핵 보유 국가로의 진화는 협상의 패러다임 전환이 요구되는 사안이다. 이제 북핵문제는 북한의 안보 불안을 고려한 '군비통제적 해결 수단'을 모색해야 할 것이다. 한미가 대북정책에서 강하게 드라이브를 걸면 걸수록 중국의 대북 압력은 더욱 어려워질 것이다.

(3) 중국의 국가핵심이익과 북핵문제

중국은 북핵문제에 대해 1990년대 소극적 태도 → 2차 북핵 위기 및 6자회담 시 중재자적 입장 → 북한 6차 핵실험 및 중국공산당 19차 당대회 이후 적극적 해결자로 입장을 전환했다. 중국 역시 스스로는 핵무기를 보유하면서, 여타 국가에 대해서는 핵 보유를 허용치 않으려는 이른바 '핵 이기주의'라는 제국주의적 이중적 태도를 견지하고 있다. 북한과는 아무리 전통적으로 긴밀한 관계를 지속해 오고 있다고 할지라도 국경을 접하고 있는 북한이 핵보유국으로 등장해 새로운 안보 위협이 되는 것을 원치 않는 것이다.

이는 미국과 중국의 북한 핵 보유를 불허하는 원칙과 의견이 일치하고 있는바 중국이 그간의 양자회담에서부터 3자회담, 4자회담, 6자회담에 이르기까지 북한 핵문제의 해결을 위해 직간접적으로 관여해 오면서 북한이나 한반도를 위해서라기보다는 자국의 이익을 위해 북한 핵문제를 다루어

왔고 한반도 비핵화 정책에도 크게 작용했다고 할 수 있다.

한반도 비핵화 문제가 중국의 핵심 이익이라고 공식적으로 언급한 적은 없지만, 중국의 대전략 차원에서 한반도 비핵화 문제는 중국의 핵심 이익을 위협할 수 있는 직접적인 요인이 될 수 있다. 즉, 윤석열 대통령은 북한 핵문제는 북중 국경에서 불안을 더욱 야기할 가능성이 크다면서 현시점에 북핵문제와 관련해서는 미국의 적극적인 관심과 함께, 한중 양국이 북핵 도발 억제를 위해 공동으로 협력할 필요가 있다고 언급했다.

북핵문제가 극단적 상황으로 바뀌어 중국의 핵심 이익 범주로 이슈화된다면 한반도를 중심으로 이해당사국 모두에게 갈등과 불안을 증폭시키고 해결의 실마리를 더욱 찾기 어려워질 수 있으므로 한반도 평화 정착과 비핵화 과정에서 중국 변수는 아주 중요한 요인으로 작용하기 때문에 북핵문제 해결에 있어서 중국의 건설적 역할을 강조할 수밖에 없는 것이다.

중국은 한반도정책 목표로 평화 안정, 한반도 비핵화, 대화와 협상을 통한 문제 해결을 표방하고 있다. 시진핑 집권 이래 불전불란(不战不乱), 비핵화, 대화와 협상으로 표현이 달라졌고 사드문제 이후에는 "중국의 안전이익 수호"를 추가했다. 중국은 북한의 핵무기 보유 불용과 북한의 핵문제의 평화적 해결 원칙 입장을 견지하면서도, 다른 한편으로는 미국이 보다 적극적으로 북한의 안보 우려를 고려할 것을 촉구하고 있다. 중국은 북한의 핵무기 보유가 동북아의 핵 확산을 초래하고 미국의 무력사용 가능성을 고조시킬 수 있기 때문에 북한의 핵무기 보유를 허용하지 않는다는 입장이다.

중국은 북한 정권 붕괴 시 부수되는 기회비용이 북한의 핵 보유로 인해 발생하는 기회비용보다 크다고 생각하기 때문에 북한 정권 붕괴보다는 북한의 핵 보유를 선택할 때 중국의 편익이 크다고 보고 있다. 중국은 이미 1차 북핵 위기 때부터 북핵문제를 미국과의 관계 속에서 국익 차원으로 인식하고 접근해 왔다.

중국의 국력과 국제적 지위가 높아지고 미중 간 대결이 심화된 상황에서 중국은 북핵문제와 한반도 비핵화를 그 자체 목적으로 보기보다 과거보다 더 강한 대미관계 차원으로 인식하며 대응하고 있다. 중국은 한반도 비핵화와 평화체제 등 한반도 문제에서 '소외'될 가능성(China Passing)에 대해서는 예민(최악의 상황)하게 반응하며 자신들의 의지와 역할을 표명하고 있지만, 현재까지는 실제 참여하기보다 미국을 의식해 적극적인 역할 수행보다 예의 주시하는 태도를 취하고 있는 것이다.

결국 중국의 입장은 미중 간 전략적 대결과 남북관계, 북한의 내부 사정 등 불확실성의 상황에서 당장 선불리 역할을 수행하기보다는 향후 상황에 따라 자신의 이해관계를 투영할 수 있는 입지를 확보하는 데 정책 결정과 행동의 유동성을 보일 가능성이 높다. 그러나 시진핑 주석이 말했듯이 "국제 정세가 어떻게 변하더라도 북한을 지지하겠다"라는 중국 입장은 북한 정권을 비호하는 비용이 아무리 크더라도 북한을 버릴 가능성은 거의 없으며, 향후 미중 간 전략적 경쟁이 첨예화되는 시점에도 북한이 여전히 중국의 전략적 완충지대로 남아 있기를 바란다는 것을 의미한다(이상만·김동찬, 2017).

북핵문제와 관련해 주의해야 할 것은 중국이 한반도 유사 시 북한 WMD 통제, 북한 내 중국인 보호를 목적으로 중국군의 한반도 지역 군사 개입 가능성이 매우 크다는 점이다(U.S Department of Defense, 2022). 한반도 지역에서 북한 정세가 급변하게 될 때 한·미·중이 사전 협의를 하지 못하고 상호 오판으로 인해 군사적 충돌 가능성도 배제할 수 없는 상황이다. 중국은 북핵 개발을 지원했다는 증거를 숨기기 위해서라도 평양을 먼저 접수할 수도 있을 것이고, 한반도 유사 시 중국은 북한 요인에 따라 국경 안정, 친중 정권 유지, 북한 WMD 통제, 북한 내 중국인 보호를 목적으로 국부 또는 전면적 군사 개입을 할 수 있다.

중국은 이를 위해 선양대군구를 북부전구로 개편해 78, 79, 80집단군과 칭다오의 북해함대, 공강군(空降军: 공수부대)을 이용 국경지역 차단, 상륙, 공수작전 및 제주해협 차단 작전까지 대한반도 작전의 규모를 확대하고 작전 형태를 다양화하고 있다. 중국의 군사력 범위가 확대됨에 따라 미군 전략무기의 한반도 전개 범위도 제한되며, 만약 미 전력 운용 시 충돌이 우려되고 동남중국해 및 대만해협 긴장 시에도 충돌 연루 가능성이 있는 것이다.

(4) 국제사회의 대북제재

2013년 3차 핵실험 후 북한의 북미 대화 의견 표명(4.18), 한국의 남북 대화 의지 표명(5.17), 개성공단 재개 관련 북한의 대화 요청과 한국의 호응(6.6), 북중의 6자회담 재개 요청(6.19) 등이 진행되면서 대화의 분위기가 형성되었다.

대북제재의 기원은 2016년 3차 핵실험으로부터 시작되어 북한의 2017년 핵 보유 선언, 2019년 북미 하노이회담 결렬로 북미, 남북 협상은 원점으로 회기해 제2차 한·미·일 vs 북·중·러 구도를 형성함으로써 한반도 주변지역에서 다층적 대결 구도가 가시화되고 있다.

하지만 북한의 관광업은 대북제재를 받지 않았다. 코로나19 전에 북한 관광업은 상당히 발전해 2018년에 북한의 외국인 관광객은 20만 명, 2019년에 30만 명을 초과했다(崔文·陈思琪, 2020). 북한이 북중 접경 도시에 대한 1일 관광을 진행했는데 북한이 중국에 개방하는 대표적인 관광도시는 평양, 원산, 개성, 신의주, 만포, 나선 등이다(이종석·최은주, 2019). 2023년 9월에 북한이 관광업을 재개한다고 선포함으로써 북한 관광업은 다시 주목받았다.

〈표 6-4〉에서 볼 수 있듯이 북한의 핵실험에 대한 중국 여론 반응은 결연반대(坚决反对) 기조였으며, 중국은 유엔 안보리의 대북제재 결의에도 동참했다. 북중 간의 고위층 교류도 제한적인 왕래만 진행됐고, 경제적인 협력과

표 6-4 **북한의 핵실험에 대한 중국의 대응 수준**

중국 대응 수준	1차 핵실험 2006.10.9	2차 핵실험 2009.5.25	3차 핵실험 2013.2.12	4차 핵실험 2016.1.6	5차 핵실험 2016.9.9	6차 핵실험 2016.9.3
중국 내 여론 추이	• 결연반대(坚决反对) • 동북3성을 중심으로 비판 여론이 발생함	• 결연반대(坚决反对) • 소극적 비판	• 결연반대(坚决反对) • 반북 여론 확산	• 결연반대(坚决反对) • 분노 수준의 반북 여론 대폭 증가	• 결연반대(坚决反对) • 분노 수준의 대북여론 악화	• 결연반대(坚决反对) 강렬 규탄(强烈谴责) • '한반도 비핵화' 의지 재확인
UN제재 동참 여부	• 안보리결의 1718호에 동참 • 결의안을 엄격히 준수하지 않음	• 안보리결의 1874호 동참 • 결의안 엄격히 준수하지 않음	• 안보리결의 2087호 동참 • 대북경제제재 엄격 준수 시행함	• 안보리결의 2270호 찬성 • 독자제재 반대	• 안보리결의 2321호 찬성 • 세컨더리 보이콧 반대	• 안보리결의 2375호 찬성 • 대북 원유 수출 전면 금지 반대
고위 지도층 교류	• 특사 및 지도부 간 상호 방문	• 지도부 간 또는 양당 간 전략 대화 진행	• 외교부 간 외교부문 전략 대화	•제한적 고위층 상호 교류	• 제한적 고위층 상호 방문	• 제한적 고위층 상호 방문
경제 교류협력 정도	• 일시적으로 축소했으나 제재됨	• 경제협력 및 인적 교류 확대	• 인적 교류 및 경제협력 축소	•일시적 경제협력 단절 •적극적 대북 제재 시행	• 민생 관련 교류를 제외한 품목 적극 제재	• 민생 관련 교류를 제외한 석탄 수입, 북한 인력 제한, 북한 설립 기업 적극 제재

자료: 각 시기 한중 매체의 보도자료 종합해 작성.

인적 교류도 축소되었으며, 2016년 6차 핵실험 이후 중국은 민생 관련 교류를 제외한 석탄 수입과 북한 인력 유입 제한, 그리고 북한 설립 기업에 대해 적극적으로 제재함에 따라 북중 교류는 2012년부터 2018년까지 특별한 왕래 없이 정체기에 접어들었다.

3) 북중관계 공조와 밀월(2018년~현재)

(1) 북중 채널 가동

북중 채널의 유용성은 첫째, 북한이 모험적 도발을 함으로서 한반도의 긴장은 고조되고, 중국의 안정적 경제성장을 저해하기 때문에 한반도의 안정적인 관리 차원에서 긴밀한 북중 채널 가동이 필요한 것이다. 둘째, 북핵 문제를 둘러싼 미국의 압박에 대응하거나 미국과의 이견 조정 등 한반도의 영향력 관리 차원에서도 북중 채널 확보가 필요한 것이다.[17]

가령, 이러한 '북중 신4원칙' 가운데 첫 번째가 고위층 상호 방문 및 전통 지속이다. 그만큼 북중 간 최고위급 지도자의 상호 방문은 커다란 의미를 지니고 있는 것이다. 이러한 최고위층의 상호방문은 북중관계가 원활하지 못할 때 등장하는 북중 간 소통의 채널이 되기도 했다.

하지만 2016년에는 북중 간 고위층 인사의 교류가 활발하지 못했다. 이는 김정은 정권 이후 계속된 북한의 핵실험에 따른 국제사회의 대북제재에 중국이 참여함으로써 북한과의 관계가 원활하지 못했음을 나타내는 것이다.

북중 간 최고지도자의 상호 국빈방문이 없는 가운데 2016년 6월 1일 중국 시진핑 총서기가 방중한 리수용 북한 노동당 중앙위 부위원장 등 북한 대표단을 접견한 것이 그나마 북한 고위층이 중국을 방문한 사례이다.

시진핑 총서기가 리수용 부위원장과 20분 남짓 짧은 회견을 통해 전한 메시지는 "중국은 중조(중북) 우호협력관계를 고도로 중시하며 북한과 공동으로 중조 관계를 잘 보호하고, 잘 다지고, 잘 발전시키도록 노력하기 바란

---

17 2005년 후진타오 주석이 방북하면서 김정일과의 정상회담에서 고위층 상호 방문 전통 지속, 협력 내용이 담긴 교류 영역 확대, 경제무역 협력을 통한 공동 발전 모색, 적극 협력을 통한 공동이익 추구 등을 내용으로 하는 북중관계 발전의 4원칙을 천명했다(中国政府网 2005.10.29).

표 6-5 북중 고위급 인사의 교류 현황(2000~2023)

시기	북중관계 주요 내용(연월)
2000~2002년 전략적 '관계 시동'	• 김정일 방중(2000.5) • 강택민 방북-중국 대안친선유리공장 건설지원(2001.9)
2003~2008년 전략적 '관계 추진'	• 김정일 방중(2004.4) • 후진타오 방북-50억 달러 개발협력지원설 등장(2005.10), 김정일 방중(2006.1)
2009~2011년 전략적 '심화기'	• 김영일 총리 방중(2009.3), •원자바오 총리 방북(2009.10), •김정일 방중(2010.5), 김정일 방중(2011.5)
2012~2016년 전략적 '재조정기'	• 최용해 방중(2013.5), • 장성택의 처형 중국반발(2013.12), • 북한 노동당 창건 70주년 기념식 류윈산·왕자루이 방북(2015.10), • 리수용 방중 시진핑 면담(2016.6)
2017~2019년 전략적 '복원기'	• 김영재 북한 대외경제상 제1회 '일대일로' 국제협력정상포럼 참석(2017.5), • 왕이(王毅) 외교부장 → 필리핀 아세안 포럼에서 이용호 북한 외무상 회담(2017.8), • 시진핑 특사 쑹타오(宋涛) 대외연락부장 중공 19차 당대회 결과설명 위해 방북(2017.11), • 김정은 위원장 비공식 중국방문 → 시진핑 총서기와 회담(2018.3), • 쑹타오 중국 대외연락 부장 중국예술단 인솔 북한 '4월의 봄' 국제우호예술제 참가(2018.4), • 왕이 외교부장 겸 국무위원 → 김정은 위원장 회견(2018.5), • 시진핑 총서기 → 김정은 위원장 간 중국 다롄 정상회담(2018.5), • 김정은 위원장 중국 방문 → 시진핑 총서기와 회담(2018.6), • 리잔수(栗战书) 전인대상무위원장 → 북한건국 70주년 경축식 참석 김정은 위원장 회견(2018.9), • 고중원(苟仲文) 중국 국가체육총국장 중국체육방문단 인솔 북한 방문(2018.10), • 이용호 북한 외무상 → 시진핑 총서기 회견 및 왕이 국무위원 겸 외교부장과 회담(2018.12), • 김정은 방중, 2차 북미정상회담 입장 조율, 북중수교 70주년 시진핑 초청(2019.1), • 김영재 북한 대외경제상 제2회 일대일로 국제협력 포럼 참석(2019.4), • 북한 검찰소장 김명길 방중(2019.6), • 김정은 위원장 초청 → 시진핑 방북, 북중 전략적 소통 및 협력 강화, 중국 최고지도자 14년 만에 방북(2019.6), • 북한 조국통일민주주의전선의장 김완수 방북 → 중국정치인민협상회의 주석 왕양(汪洋)과 부주석 양촨(杨传堂)과 회담(2019.6), • 북한 중앙재판소장 강윤석 방북 → 중국 중앙정법위서기 궈성쿤(郭声琨) 회견(2019.7), • 북한인민군총정치국국장 김수길 방중 → 중앙군사위 부주석 장요우샤(张又侠) 회견(2019.8), • 북한 대외경제상 김영재 제12차 중국-동북아박람회 참석(2019.8), • 중국 왕이 국무위원 겸 외교부장 방북 → 리수용 부위원장과 이용호 외무상과 회담(2019.9), • 중국 중앙군사위원 군사위 정치공작부 주임 먀오화(苗华) 방북(2019.10), • 북한 인민무력부 부부장 김형룡 방북 제7회 세계군인체육대회 및 제9차 베이징 향산 포럼 참석(2019.10), • 랴오닝성 당서기 천치우파(陈求发) 방북(2019.11), • 중국국가예술원 교향악단 북한 우호 방문 연출(2019.11), • 지린성 당서기 바인자루(巴音朝鲁) 방북(2019.12)

2020~2023년 전략적 '밀월기'	• 김정은 위원장 → 코로나 관련 시진핑 총서기에게 위문 서신 전달(2020.2), • 시진핑 총서기 → 김정은 위원장에게 구두 서신 전달(2020.5), • 시진핑 총서기 → 북한 72주년 건국절 축하전문 전달(2020.9), • 김정은 위원장 → 신중국 수립 71주년 맞아 시진핑 총서기에게 축전 보냄(2020.10), • 시진핑 총서기 → 김정은 로동당 총서기 선출 축전, 김정은 감사답신 보냄(2021.1), • 왕이 국무위원장과 이선권 북한 외무상 신년축전 교환(2021.1), • 김정은 위원장 → 중국공산당 창립 100주년 맞이해 시진핑 총서기에게 축전(2021.7), • 시진핑 총서기 → 중조우호협력상호원조조약 체결 60주년 김정은 위원장에게 축전(2021.7), • 김정은 위원장 → 중국국경절 72주년 시진핑 총서기에게 축전(2021.10), • 왕천(王晨) 중국 전인대 상무부위원장 → 김정일 서거 10주년 주중북한대사관 방문 헌화(2021.12), • 김정은 위원장 → 시진핑 총서기에게 베이징 동계 올림픽 개막 축전(2022.2), • 시진핑 총서기 → 김정은 위원장에게 북한 건국74주년 축전(2022.9), • 김정은 위원장 → 시진핑 총서기에게 중국 국경절 73주년 축전 보냄(2022.10), • 북한노동당 중앙위원회 중국공산당제20차 당대회 김정은 위원장 → 시진핑 총서기 재선 축하전문축전(2022.10), • 김정은 총서기 → 장쩌민(江泽民) (전)총서기 서거 시진핑 총서기에게 조문 보냄(2022.11), • 김정은 위원장 → 시진핑 국가주석 당선 축하전문 보냄(2023.3), • 중국전인대상무 부위원장 펑칭화(彭清华) → 중조우호협력조약 체결 62주년 기념 주중 북한대사관 초대회 참석(2023.7), • 중국전인대상무위원회 부위원장 리홍중(李鸿忠) → 6·25 전쟁 종전 70주년 기년 방북(2023.7), • 류궈중(刘国中) 중국 국무원 부총리 단장 → 북한 공화국 창건일(9·9절) 75주년 중국 당·정부 대표단 방북 김정은 면담(2023.9)

자료: 해당 연도 ≪인민일보≫와 ≪로동신문≫ 보도자료를 정리해 작성.

다. 중국의 한반도 문제에 대한 입장은 일관적이고 명확하다. 한반도 비핵화, 한반도의 평화 안정, 대화와 협상을 통한 문제 해결이란 '한반도 3원칙'을 함축했다. 유관 당사국들이 냉정과 절제를 유지하고 대화와 소통을 강화함으로써 지역의 평화와 안정을 수호하기를 희망한다"라는 지극히 원론적이고 수사적인 표현을 했다.

그 후 중공 중앙 대외연락부장 쑹타오도 리수용을 면담했고, 양측은 양국 간 전통적 우호 관계를 소중히 여기며 양당 간의 교류협력을 강화하고 양국관계의 발전과 지역 평화 안정을 촉진하기 위해 노력한다고 발표함으로써 북중 양측은 기타 공동 관심사에 대해서도 의견을 교환했다.

또한 전국정협 부주석 왕자루이(王家瑞)가 주중 북한대사관의 초청을 받아 대사관에서 열린 조선노동당 제7차 당대회 경축 활동에 참석했고, 6자회담 북한 측 부대표 최선희가 같은 해 6월 20일 중국에 도착해 같은 달 22일과 23일 베이징에서 개최되는 동북아 협력 대화(NEACD)에 참석해 동북아 지역 안보 형세와 지역 내 다자간 안보대화 협의체 구축, 대국 관계 등 의제에 대해 토론하기도 했다.

이후 2016년 7월 25일 중국 외교부장 왕이와 북한 외무상 이용호가 ARF 외무장관 회담에서 회견하고, 왕이 부장은 "중국과 북한은 이웃 국가로 전통적으로 우호 관계에 있으며, 중국은 양국의 우호협력관계 발전을 시종일관 중시해 왔고, 북한과 소통과 협력 강화를 희망한다"라고 하면서 중국은 한반도 비핵화를 견지하고 한반도의 평화와 안정 유지, 대화를 통해 문제를 해결한다는 기본 원칙에 변화가 없음도 재확인했다.

이용호도 "양국 간 우호 관계는 양국의 앞 세대 지도자들이 친히 약속하고 가꾸어 온 것으로, 북한도 중국과 교류를 강화하고 새로운 시대의 요구에 맞춰 양국 간 우호협력을 부단히 공고히 하고 발전시키기 위해 공동으로 노력해야 한다고 강조함으로서 한반도 형세에 관련해서는 북한이 중국과 소통을 유지하길 원한다"라고 언급했다.

김성남 조선노동당 국제부 부부장이 2016년 9월 8일 베이징에 도착해 중국을 방문한 사실만 확인되었고 누구와 면담했는지 어떤 사항을 논의했는지는 확인되지 않았다. 같은 해 9월 30일 북한이 주최한 중국 국경절 기념 초대회에 주북한 중국대사 리진쥔이 참석했고, 10월 1일에는 베이징에서 열린 중국 국경절 기념행사에 지재룡 주중 북한대사가 참석했다. 중국 건국 67주년 기념일인 국경절을 맞아 북한과 중국이 잇따라 기념행사에 교차 참석하면서 5차 핵실험 이후 냉각된 관계 복원에 나서는 모습을 보였다.

한편, 2016년 12월 18일 중국이 북한 장성택 처형 후 중단했던 북한군 장교들의 중국 내 연수를 재개해 북한군 상위와 대위급 장교 10여 명이 중국 강쑤성 쿤산에 있는 인민해방군 외국어학원과 중국군 난징 육군지휘학원에서의 북한군 연수도 재개했다. 비록 직접적인 무기나 군사적 지원은 아니지만 이런 (중국군) 학교에서 여러 가지 중국군의 최신 군사기술을 배움으로써 향후 한반도 유사 시 중국군이 지원 능력을 확대할 수 있는 가능성이 높고, 북한은 평안남도 회창군에 있는 중국 인민지원군 열사릉을 새롭게 단장하는 등 북중 간 군사 교류 움직임이 현실화되고 북중관계가 개선될 조짐이 감지되기도 했다.

(2) 북중관계의 '신시대' 개막

김정은 정권 시작과 더불어 북한의 핵실험(2013.2, 2017.9), 친중파 장성택의 처형(2013.12), 시진핑 주석의 방한(2014.7)은 북중관계 악화를 상징하는 사건들이었다. 북한은 중국이 싫어하는 타이밍에 탄도미사일을 시험 발사하기도 했다. 중국은 미국이 한국에 사드를 배치하자 한국 '제재'(2016)를 시작했다. 미국의 사드 배치는 북중 간 균열을 어느 정도 회복시킬 수 있는 계기를 제공했다. 미국의 사드 배치에 대해 한국과 중국 그리고 북한은 서로 다른 주장을 내놓았다. 한국은 대북 견제를 주장하고, 중국은 미국에 의한 중국 포위를 주장하며, 북한은 한국과 미국을 동시에 비난하는 태도를 취함으로 한반도 정세는 격랑 속으로 빠져들게 되었다.

시진핑 정권 등장 이후 북한을 길들이려는 중국의 시도는 무산되었고, 북중 간 인적·물적 교류는 약 6년간 중단되었다. 이러한 상황에서 북한은 중국의 우려에도 불구하고 핵실험과 탄도미사일을 발사했다. 2018년 2월 평창 동계 올림픽을 계기로 한반도에 평화 무드가 조성되자 중국은 김정은의 방중(2018.3, 5, 6)을 내심 기대하는 분위기였다. 결국 2018년과 2019년 싱가포르와 하노이에서 북미 접근이 가시화되자 중국은 북한을 상대로 움직이기 시작했다.

미국과 중국의 무역전쟁(2018.3)이 시작되자 중국 경제에 상당한 충격이

표 6-6 2018~2019 북중정상회담 주요 내용

기간		1차 정상회담 2018.3.25~28	2차 정상회담 2018.5.7~8	3차 정상회담 2018.6.19~20	4차정상회담: 2019.1.8~10	5차 정상회담 2019.6.20~21
장소		베이징	다롄	베이징	베이징	평양
참석자	북한	최룡해·박광호·리수용·김영철·리용호·조용원·김성남·김병호	리수용·김영철·리용호·김여정	최룡해·박봉주·김영철·리수용·리용호·노광철	김여정·김영철·리수용·박태성·리용호·노광철	최룡해·김재룡·리용호·리수용·김수길
	중국	왕치산·리커창·왕후닝·양제츠·딩쉐샹·황쿤밍·왕이	왕후닝·양제츠·딩쉐샹·왕이	왕치산·리커창·왕후닝·양제츠·딩쉐샹·궈성쿤·황쿤밍·왕이	왕후닝·양제츠·딩쉐샹·왕이·쑹타오	딩쉐샹·양제츠·왕이·허리펑·중산
목적	정치	• 전략적 소통 복원 •사전 남북, 북미 정상회담 대응 방안 논의	• 남북정상회담 결과 및 북미정상회담 대응 방안 논의 • 시 주석의 '신시대 북중관계' 제시	• 북미정상회담 결과 및 한반도 비핵화 문제 논의	• 한반도 비핵화문제 및 제2차 북미정상회담 전 사전 협의 • 중국은 적극적이고 건설적 역할 할 것 • 시진핑 답방 확인	• 한반도 비핵화를 위한 중국의 지지 및 역할 논의 • 중국은 '북한의 합리적 안보와 발전 문제'에 대한지지 확인
	경제	• 중국과학원 방문		• 북중경제협력과 투자 유치 • 중국농업과학원 방문 • 베이징시 궤도교통지휘센터 방문	• 동인당(同仁堂) 제약공장 방문	• 각 부문별 교류 확대(교육, 보건, 체육, 언론, 청년, 지방의 6개 부문)
양국 정상의 주요' 발언	김정은 위원장	• 북중관계 계승 발전은 우리의 전략적 선택 • 비핵화는 우리의 변함없는 입장 • 한미가 단계적·동시적 조치를 취한다면 비핵화 문제는 해결 • 첫 외국 방문이 중국 수도가 된 것은 매우 마땅	• 두 나라 영도자들의 신뢰·의리는 두 나라 인민들을 가를 수 없는 한 운명으로 결합 • 조중은 한 집안 식구 • 우리에 대한 미국의 적대시정책과 안보 위협은 제거되어야 함 • 중대한 사업과 관련 진정 어린 고견 감사	•중국은 우리 이웃, 조중은 한 식구·참모부 • 양국 관계는 동서고금에 유례없는 특별한 관계 • 사회주의 수호, 조선반도와 지역 문제에서 중국 동지들과 한 참모부에서 긴밀히 협력	• 중국에 자주와 발전상을 답사하고 교류하길 희망 • 지난해 중국이 중요한 역할을 한 것에 찬사를 보내며 감사 • 우리는 비핵화를 대화·협상을 통해 해결, 북미 2차 회동의 성과 위해 노력할 것임 • 중국 인민은 우리 형제	• 북중 우호의 새 시대가 열림 • 중국의 경험을 배워 발전에 적극 나서겠음 • 이번 방문은 조중 친선의 불변성·불패성을 과시한 결정적 계기 • 한반도 문제 해결 과정에서 중국 역할을 높이 평가, 중국과 계속 소통·조율강화

	• 조중 친선을 대를 이어 계승 발전시키는 것은 나의 숭고한 의무 • 시진핑 동지의 조선 방문 초청				• 나는 사회주의 제도 고수가 북중 우호의 핵심이며, 조중 친선의 특수성·불패성이 있다는 진리를 재확인함
시진핑 주석	• 피로 맺어진 전통적 친선은 세상에 유일무이 • 대를 이은 친선은 역사적·전략적 선택, 우리의 확고부동한 입장 • 중조 친선 계승 발전은 공동 이익에 부합되는 전략적 선택 • 고위급 왕래 강화, 전략적 의사소통 심화, 교류협력 확대 필요 • 친척같이 자주 왕래하자	• '신시대 북중관계' 4대 원칙(① 전통적 우의, ② 같은 사회주의 국가, ③ 전략적 소통, ④ 인민 교류 강화) 제시 • 북중은 운명공동체, 변함없는 순치관계 • 정세가 어떻든 양국 관계 발전은 양당·정부의 확고부동한 입장, 유일 정확한 선택	• 대북한체제보장안인 '변치 않는 3가지' 약속 천명. ① 북중관계 발전에 대한 중국 공산당과 정부 의지, ② 북한 주민에 대한 중국 인민들의 깊은 우의, ③ 사회주의 북한에 대한 지지 • 북한이 자국의 국정에 맞는 발전의 길을 걷는 것을 지지 • 김 위원장이 한반도 비핵화 실현과 평화 유지에 적극 노력	• 우리는 조선의 후방이며 견결한 동지 • 북중은 순치 관계 • 김정은 동지의 전략적 결심이 정확 • 조선 측이 주장하는 원칙적 문제들은 응당한 요구, 마땅히 해결돼야 함 • 유관국들이 이를 중시, 타당하게 문제를 처리해야 함	• 양국 공산당이 이끄는 사회주의 국가를 견지하는 것이 중조 관계의 본질적 속성 • 최고지도자의 우의 전승과 전략적 선도가 북중관계의 최대 강점 • 양국 간 전략적 의사소통 및 교류 강화, 국가 관리 경험 교류 • 북한의 합리적 안전·발전 우려를 위해 중국이 할 수 있는 모든 도움을 제공 • 중국과 북한은 한 집안(一家)임

자료: ≪인민일보≫, 2018.3, 2018.5, 2018.6, 2019.1, 2019.6; ≪로동신문≫, 2018.3, 2018.5, 2018.6, 2019.1, 2019.6; 이성현(2020: 4~10); 박병광(2019: 43~52) 등을 참조해 필자 작성.

다가왔다. 미국의 대중 첨단기술 차단으로 중국은 장기적 성장 동력을 확보하기 어렵게 되었고, 더욱이 중국 경제 상황의 반등이 불투명한 상태가 지속되므로 중국의 사회적 불안정이 표면화되어 시진핑 정권의 어려움이 가중되고 있다. 더욱이 중국의 헌법 개정(국가주석 임기 취소)과 맞물려 미중 갈등은 점점 고착화되었다.

〈표 6-6〉에서 볼 수 있듯이 트럼프-김정은 싱가포르 회담(2018.6)과 트럼프-김정은 하노이 회담(2019.2)은 김정은의 방중(2019.1)과 시진핑 방북(2019.6)으로 북중 정상 간의 셔틀외교가 정상화되는 계기를 만들었다. 트럼프·김정은 판문점 회담(2019.6) 결렬 후 북한은 탄도미사일 시험 발사를 증가시켰다.

미중 갈등은 분명히 북중 접근을 초래하는 요인으로 충분했다. 따라서 중국의 영향력 확산은 제약을 받게 되어 미중 갈등이 장기화되므로 한국을 비롯한 주변국들은 국익 위주의 전략적 선택이 필요불가결한 상황이다.

5. 결론

북중관계는 북한의 대중 인식과 전략, 중국 대북 인식과 정책·관계의 변화, 관계의 소원·경색에도 서로 등을 돌리지 않고 있다. 국제사회 제재 강화로 북한의 중국 무역의존도가 증가하고, 사회주의 국가관계는 강화되는 상황이다. 미중관계와 남북관계가 악화되면 북중관계는 호전되는 경향이 있다. 북중은 특수관계와 정상관계를 통한 변화와 지속 상황을 창출함으로써 국익을 사이에 두고 눈치 싸움을 하고 있다.

한·미·일의 대북한 정책의 핵심은 북한의 비핵화를 통해 북한의 무력도발을 방지하고 한반도의 평화와 안정을 추구하는 것이지만 중국의 한반도 정책의 핵심은 한반도의 비핵화이다. 즉, 중국의 대한반도 전략은 한반도의 안정(현상유지)을 바탕으로 북한과의 관계를 최고도로 유지(완충지대 지속)하면서 미중 사이에서 균형 관계를 유지하는 것이다.

한·미·일 정상회담(2023.8)과 북러(2023.9) 정상회담, 중러 정상회담(2023.10)으로 한미, 한일, 미일의 양자관계가 한·미·일 공조라는 3자 관계로 변화되면서 북·중·러 연대도 가시화하면서, 다수의 연구자들이 '신냉전' 상황 출현을 우려하고 있다. 그러나 중국은 북·중·러 3자관계의 군사적 연대를 제도화하는 것에 부정적 반응을 보이고 있다. 만일 북·중·러 3자 관계가 제도화되면 미국을 비판하는 '아시아판 나토결성'이라는 중국의 주장을 유지하기 난처한 입장에 빠질 것임을 알기 때문이다.

중국은 언제나 북·중·러 3국의 중심이 되기를 원하므로, 북한이 바라는 방식의 북·중·러 3자 연대를 중국이 수용할 수는 없다. 중국은 북·중·러 3자 연대보다는 북중-북러-중러 양자관계를 적당히 유지하는 것이 중국의 국익에 도움이 될 것으로 판단하기 때문에 북한의 군사적 움직임에 대해서 소극적인 반응을 보이고 있다.

적어도 북한이 핵보유국의 반열에 오르는 순간 중국의 북한에 대한 영향력은 급격히 하강할 것이고 상대적으로 북한의 대중국 레버리지는 증가할 것이기 때문에 중국의 입장에서는 바람직하지 않은 상황이 도래할 것이다. 더욱이 중국은 북·중·러 군사협력에는 적극적이지 않지만, 북한을 중국의 영향력하에 두기 위해 경제적 원조와 협력은 강화될 것이다.

당분간 중국의 친북정책에는 근본적으로 변화가 없을 것이고, 북한을 잘 관리해 북한이 한중관계의 걸림돌이 되지 않도록 하는 중국의 담대하고 건설적인 역할이 필요한 상황이다.

참고문헌

김홍규. 2009.「중국의 동반자외교 소고」. ≪한국정치학회보≫, 43(2), 287~305쪽.

박병광. 2019.「중국의 대북정책과 최근 북중관계의 변화」. ≪KDI북한경제리뷰≫.

이종석.2004.「탈냉전기 북한-중국관계: 지속성과 변화」.『김정일 체제의 북한: 정치·외교·경제·사상』. 아연출판사.

이남주. 2022.「한반도 비핵화는 가능한가?: 비핵화 협상의 쟁점과 비핵화에 대한 새로운 접근」. ≪평화들 PEACES≫, 창간호, 103~132쪽.

이상만. 2023.「중국의 핵, 북한의 핵, 그리고 한반도 비핵화 딜레마: 핵무장과 전술핵 도입 담론」. ≪국방과 기술≫, 527.

이상만·김동찬. 2017.「지전략(地戰略)적 시각에서 본 북·중관계의 지속과 변용에 대한 비판적 연구: 김정은 시기를 중심으로」. ≪한중사회과학연구≫, 15(4), 1~41쪽.

이상만·이상숙·문대근. 2021.『북중관계: 1945~2020』. 경남대학교 극동문제연구소.

이성현. 2020.「김정은·시진핑 다섯 차례 정상회담 복기(復棋)를 통해 본 당대 북중관계 특징과 한반도 지정학 함의」. 세종정책브리프.

이종석·최은주. 2019.『제재속의 북한경제, 밀어서 잠금 해제』. 세종연구소.

전재성. 2016.「5차 핵실험 이후의 북한 핵문제와 우리의 대응전략 방향」. ≪전략연구≫, 70, 7~38쪽.

조영남. 2009.「21세기 중국의 동맹정책: 변화와 지속」. ≪EAI 국가안보패널 연구보고서≫, 32, 1~44쪽.

주재우. 2022.「中이 韓에 고압적인 건 초조하고 불안하고 조급한 탓: '3연임' 시진핑은 韓 복속 꾀하나 예전 한국이 아니다」. ≪신동아≫, 12월 호.

황지환. 2018.「월츠(Kenneth N. Waltz)의 핵확산 안정론과 북한 핵 문제」. ≪국제지역연구≫ 27(1), 33~57쪽.

≪로동신문≫. 2021.1.9. "우리식 사회주의 건설을 새 승리에로 인도하는 위대한 투쟁 강령: 조선로동당 제 8차 대회에서 하신 경애하는 김정은 동지의 보고에 대하여." 4면.

≪인민일보≫ 및 ≪로동신문≫ 2018년 3월, 5월, 6월과 2019년 1월, 6월 각 년 및 각 월판.

Bloomberg News. https://www.bloomberg.com/news/articles/2019-11-21/kissinger-says-u-s-and-china-in-foothills-of-a-cold-war?leadSource=uverify%20wall(검색일: 2023.8.4).

______. 2000. A Report to Congress Pursuant to the National Defense Authorization Act for Fiscal Year 2000.

Ku, Yangmo. 2017. "Spear Versus Shild? : North Korea's Nuclear Path and Challenges to the NPT System." in Cohen, Michael D. and Kim, Sung Chull(ed.). *North Korea and Nuclear Weapons: Entering the new era of deterrence*. Georgetown University

Press.

Park, Jae Kyu. 2022.12.5. "Ex-unification minister casts doubts on China's role in North Korean nuclear issue." *The Korea Times*. https://www.koreatimes.co.kr/www/nation/2022/12/103_340980.html(검색일: 2023.7.20).

Savage, Timothy L. 2003. "Chin's Policy Toward North Korea." *International Journal on World Peace*, 20(3), pp.29~35.

U.S Department of Defense. 2022. Military and Security Developments Involving the Peoples Republic of China 2022.

戴旭. 2009. "朝鲜核危机走向战争还是和平?". 『中国与世界观察』.

______. 2017. "美国的终极目的是控制朝鲜半岛 — 朝核危机走向战争还是和平？".

廖锋. 2009. "国家地缘安全战略中的朝鲜因素 — 透视中国60多年对朝政策的基本点." 『全党校系统庆祝建国60周年理论研讨会资料集』.

李相万. 2016. 「萨德入韩与东北亚的安全困境 — 基于新现实主义的分析」. ≪东北亚论坛≫, 6(25), pp.1~15.

時永明. 2014. 「'紅線'爲朝鲜半島画出和平出路」. 海外網.

吴黎明. 2018. 『新华国际时评 — 在朝鲜半岛问题上的"中国坚持"』. 新华社.

王翔. 2014. ≪提灯计划 — 朝鲜半岛战略≫. 凤凰卫视. https://phtv.ifeng.com/program/comment/detail_2014_03/11/34646852_0.shtml(검색일: 2023.8.1).

王毅国务委员兼外交部长. 2022. "中国外交政策和对外关系回答中外记者提问." 新华网. http://www.xinhuanet.com/.

王洪光. "朝鲜若崩潰中國救不了." http://news.wenweipo.com(검색일: 2023.10.1).

郑永年. 2011. 「朝鲜问题与中美关系」. ≪中国国际命运≫. 浙江人民出版社.

中国国务院新闻办公室. 2011. ≪中国的和平发展≫. 白皮书.

崔文·陈思琪. 2020. 金正恩与朝鲜旅游新亮点 — 元山葛麻海岸旅游区. ≪世界知识≫, 11, pp.28~29.

学者沈志华: 中朝关系惊天内幕, http://wenku.baidu.com(검색일: 2023.10.1). https://cn.nytimes.com/china/20180326/shen-zhihua-china-history-north-korea/.

"三个不会变, 这是习近平的坚定态度." http://www. sohu.com/a/236739701_551709(검색일: 2023.8.2).

"习近平同朝鲜劳动党委员长金正恩在大连举行会晤." https://www.gov.cn/xinwen/2018-05/08/content_5289224.htm(검색일: 2023.8.1).

"胡锦涛就中朝关系提四点建议." 2005.10.30. http://news.sina.com.cn/c/2005-10-30/03417305138s.shtml(검색일: 2023.6.10).

□ 토의 주제

1. 북한과 중국 사이에는 정치 시스템 이외에 어떤 유사성이 존재해 순망치한의 국가관계를 유지하고 있는가?
2. 북중관계의 역사를 되돌아보면 평시에나 위기 시에나 북중이 결속할 수 있는 아주 중요한 요인이 있는데 두 국가 간에 상존하는 그 공통 요인은 무엇인가?
3. 북한 정권은 중국과의 유대관계를 강조하고 있는데 일반적으로 북중관계를 규정하는 가장 근본적인 요인은 무엇인가?
4. 시진핑 정권의 북·관계(대북한 정책 기조)는 중국의 '대한반도 정책 3원칙'과, '시진핑 시기 북중관계의 기본원칙('3개 불변의 조건')과 '대북정책 4대 기조', '신시대 북중관계 4대 원칙'에 의해 추진되고 있다. 이에 근거하여 시진핑 정권의 대북한 정책 기조를 어떻게 설명할 수 있는가?
5. 북핵문제가 중국이 주장하는 6개 핵심 국가 이익과 어떤 관계가 있는가?
6. 중국은 현실적으로 북한의 핵개발과 미사일 발사 실험을 통제하지 못하면서 국제사회가 바라는 중국의 건설적 역할에 대한 기대를 저버리고 있다. 중국이 북핵문제를 해결하기 위해 일관되게 주장하는 '쌍잠정'과 '쌍궤병행'의 의미와 한국과 미국이 주장하는 'CVID'란 무엇인가?

□ 더 읽을거리

1. 김성학. 2017.『전갈의 절규: 북한의 대미불신의 기원과 내면화』. 도서출판 선인.
2. 션즈화(沈志华). 2017.『최후의 천조: 모택동 김일성 시대의 중국과 북한』. 도서출판 선인.
3. 앤드류 퍼터(Andrew Futter). 2016.『핵무기의 정치』. 고봉준 옮김. 명인문화사.
4. 이상만·이상숙·문대근. 2021.『북중관계: 1945-2020』. 경남대학교 극동문제연구소.
5. 최명해. 2009.『중국과 북한 동맹관계: 불편한 동거의 역사』. 오름출판사.
6. 히라이와 슌지(平岩俊司). 2013.『북한·중국관계 60년: '순치관계'의 구조와 변용』. 이종국 옮김. 도서출판 선인.

7
CHAPTER

북한 핵문제와 북미관계의 변화

황지환(서울시립대학교 국제관계학과 교수)

| 학습목표

이 장에서는 북한 핵문제가 불거진 지난 30년간 북미관계 변화 과정을 설명한다. 북핵 위기가 진행되는 동안 북한과 미국은 1994년 제네바 합의, 2005년 9·19 공동성명, 2007년 2·13 및 10·4 합의, 2012년 2·29 합의, 2018년 싱가포르 공동성명 등 양자 및 다자 합의를 이루어 왔다. 하지만 북핵 이슈의 반복으로 인해 북미관계는 위기-협상-합의-위기의 사이클이 반복되는 모습을 보여주었다. 이 과정에서 북한은 핵능력을 강화시켜 왔고, 미국은 국제사회에서 대북 경제제재를 강화해 왔다.

1. 서론

1990년대 초반 북한 핵문제가 불거진 이후 비핵화를 위해 지속적으로 노력해 왔으나 여전히 그 가능성은 매우 낮아 보인다. 김일성부터 김정일까지 북한 지도자들이 여러 비핵화 공약을 언급했으며, 국제사회가 북한의 체제 안전보장을 위한 외교적 노력을 지속했음에도 불구하고 북한이 과연 완전한 비핵화로 나아갈 수 있을지 여전히 불확실한 상황이다. 그동안 북한과 미국은 1994년 제네바 합의, 2005년 6자회담 9·19 공동성명, 2012년 2·29 합의, 2018년 싱가포르 정상회담 공동성명 등 비핵화에 대한 여러 합의를 했지만 이행하지 못했다. 그런 점에서 지난 30년간 북핵문제와 관련된 북미관계를 논의하는 데 가장 중요한 질문 중 하나는 그동안의 합의를 어떻게 평가하느냐 하는 것이다. 북핵문제 관련 합의들을 보면 비슷한 패턴을 가지고 있다는 것을 알 수 있다. 위기가 발생하고 협상이 시작되지만 상당 기간 교착상태에 빠지게 되고, 합의에 도달하더라도 결국 결렬되는 과정이었다. 모든 합의는 이와 비슷한 패턴을 보여주었다. 위기는 협상의 촉매 역할을 했지만 합의 이행에는 이르지 못했다. 미국은 핵 위기를 해소하기 위해 북한과 외교적 협상을 시도했지만, 북한이 핵과 미사일 도발을 했을 때는 제재와 억지를 강화하는 데 집중했다.

이러한 양상을 이해하기 위해 이 장에서는 북미관계의 다양한 쟁점을 다루고자 한다. 특히 북미 간 합의 도출 과정은 위기와 협상이라는 서로 다른 두 단계를 포함하고 있는데, 북미 간 협상에서 매번 반복되는 위기의 원인이 무엇인지 탐색한다. 또한 위기 이후 비핵화 협상은 어떤 조건과 상황에서 진행되었는지 살펴본다. 비핵화 협상으로 이어지는 과정에서의 위기와 결국 합의 파기로 연결되는 이행 실패가 핵심적인 모습이다. 이 장에서는 북한의 비핵화를 위한 30년 이상의 북미 간 위기 국면과 협상 국면을 통해 실패한 비핵화의 노력을 다루고 있다. 우선 제네바 합의의 형성과 붕괴를 살펴본 뒤 2000년대 베이징 6자회담의 진행 과정에서 나타난 북미관계를 설명한다. 그다음으로 오바마 행정부 당시 '전략적 인내(strategic patience)' 정책 과정에서 북미 간 갈등과 북핵 위기가 심화되는 과정을 다룬다. 트럼프 행정부는 '미국 우선주의' 기조하에서 2018년 6월 싱가포르 북미정상회담을 통해 북핵문제의 새로운 돌파구를 마련하는 듯했으나, 2019년 2월 하노이 회담의 실패 이후 북미 갈등은 다시 심화되었다. 북한 핵 위기는 지난 30여 년 동안 해소되지 못했는데 바이든 행정부에서도 비슷한 모습을 보이고 있음을 지적한다. 또한 북미 협상의 실패가 비핵화와 체제보장 사이의 우선순위에 대한 인식 차이에 기인하고 있음을 지적하면서 북핵문제 해결의 어려움을 설명한다.

1) 1990년대 북핵 위기의 발발과 제네바 북미 합의의 형성

1990년대 초반 이후 북한은 미국으로부터 외교적 인정과 안전보장, 경제적 이익을 얻기 위한 협상 카드로 핵문제를 활용해 왔다. 북한은 IAEA와 갈등이 불거질 때마다 핵 위기를 고조시키고 국제사회와 갈등했는데, 이러한 전술은 북한의 협상력을 높이는 효과가 있었지만, 미국과의 갈등 구조를 고조시켰고 한반도 위기를 더욱 악화시켰다. 특히 1994년 6월 미국이 군사적 옵션을 고려할 정도로 핵 위기는 고조되었다. 당시 북한이 IAEA와 협의하지 않고 영변 원자로에서 연료봉을 제거하기 시작하자 미국은 유엔 제재에 대한 국제적 지지를 구축하기 시작했으며, 한반도 주변에 군사력을 증강하는 계획을 세우고 북한 핵시설에 대한 선제 타격을 포함한 여러 가지 군사적 옵션을 고려하기 시작했다. 클린턴 행정부의 윌리엄 페리(William Perry)

국방장관과 애슈턴 카터(Ashton Carter) 국방부 차관보에 따르면, 미국은 당시 북한 핵시설에 대한 타격 계획을 준비했고 전쟁에 대비해 수십만 명의 미군을 동원하는 방안을 논의했다(Carter and Perry, 2002.10.20; Wit, Poneman and Gallucci, 2004: 204~206; Oberdorfer, 2001: 324~326). 또한 미국은 유사 시 한국 내에서 미국 시민들을 대피시키는 훈련을 실시하기도 했다.

하지만 당시 위기는 김일성 주석과 지미 카터(Jimmy Carter) 전 미국 대통령의 1994년 6월 합의 이후 빠르게 해소되었고, 북미는 그해 10월 21일 제네바 기본합의(Agreed Framework Between the United States of America and the Democratic People's Republic of Korea)에 서명했다. 이 합의에서 미국과 북한은 정치적·경제적 관계를 정상화하고 핵문제를 해결하기로 약속했다. 미국은 북한에 대한 핵무기 위협이나 사용을 하지 않겠다고 보장했고, 다국적 컨소시엄인 한반도에너지개발기구(KEDO)를 통해 북한에 경수로를 건설해 주고 에너지 부족 문제에 대응하기 위해 중유를 제공하기로 합의했다. 이에 대해 북한은 기존의 흑연감속로를 동결하고 핵확산금지조약의 당사국으로 남으며, 남북 간 합의한 한반도 비핵화공동선언을 준수하기로 합의했다. 제네바 합의는 북한 핵 프로그램을 제거한 것이 아니며 대포동 미사일과 같은 재래식 무기 개발에 대해서 논의하지 않은 불완전한 합의였다고 비판받기도 했다(Armitage, 1999). 클린턴 행정부의 관료들 역시 제네바 합의가 한계를 가지고 있었다는 점에 대해서는 부인하지 않았다(Perry, 1999.10.12). 하지만 북한의 플루토늄 추가 생산을 중단시켰기 때문에 당시 제네바 합의가 없었다면 북핵 위기가 더 심각했을 것이라는 점에는 대부분의 학자들이 동의하고 있다.

물론 제네바 합의가 북미관계를 완전히 변화시킨 것은 아니지만, 클린턴 행정부 시절 북미관계의 전반적인 모습에 영향을 미친 것은 사실이다. 북한은 제네바 합의 이행이 지연되는 것에 대해 종종 불만을 토로하기도 했지

더 보기 **한반도에너지개발기구**

한반도에너지개발기구(Korean Peninsula Energy Development Organization, KEDO)는 1994년 북미 제네바 합의에 따른 대북 경수로 제공을 위한 재원조달을 목적으로 설립된 국제적 컨소시엄이다. 1995년 3월 9일 한국, 미국, 일본이 설립 협정에 서명함으로써 설립되었으며, 이후 유럽연합, 뉴질랜드, 호주, 캐나다, 인도네시아, 칠레, 아르헨티나, 폴란드, 체코, 우즈베키스탄 등이 참여했다. 1995년 12월 15일 북한과 경수로 공급 협정을 체결하고 2기의 경수로를 북한에 제공할 것을 규정했다. 하지만 2002년 10월 북한의 고농축우라늄(HEU) 프로그램에 대한 의혹이 불거진 후 북한에 대한 중유 공급을 중단했다. 북한이 경수로 공급협정에 필수적인 여러 단계를 수행하지 않음으로 인해 2006년 5월 31일 대북 경수로 지원 프로젝트를 공식적으로 종료하기로 결정했다.

자료: KEDO 홈페이지, http://www.kedo.org.

만(≪로동신문≫, 1999.10.21), 1990년대 중반 이후 북미관계는 1994년 핵협상 이전과는 상당히 달랐다. 북한의 과거 발언과 행태를 볼 때 북한 지도자들이 인식한 새로운 상황은 위협이 줄어들고 북미관계가 개선되고 있었다는 것이었다. 그러한 변화는 1990년대 후반에 두드러졌는데, 북한은 클린턴 행정부의 대북 포용정책을 긍정적으로 바라보기 시작한 것이다. 특히 1999년 5월 윌리엄 페리 전 국방장관의 대북 특사 방북과 1999년 10월 그의 정책 보고서를 통해 유화적 환경이 조성되었다. 페리 보고서는 북한에게 대결과 포용 사이에서 선택하게 함으로써 북한의 의도를 체계적으로 검증할 것을 제안했다. 또한 미국이 북한의 핵무기와 탄도미사일 관련 프로그램에 대해 포괄적이고 통합적인 접근법을 채택하고 상호 위협 감소 개념에 따라 구체적으로 협상을 개시해야 한다고 제안했다(Perry, 1999.10.12). 그러한 제안에는 북한과의 국교 정상화와 무역 제재 완화가 포함될 수 있었다. 북한 지도자들은 페리 전 장관의 방문과 제안에 상당히 만족하는 것으로 보였는데, 상당히 긍정적인 반응을 보여주었다(Albright, 2003: 458; 조선중앙통신, 1999.5.28).

클린턴 행정부의 마지막 해인 2000년에도 우호적인 환경이 지속되어 북미 관계는 과거와 비교할 수 없을 만큼 개선되었다. 2000년 6월 사상 최초의 남북정상회담에 이어, 10월 조명록 북한 국방위원회 제1부위원장이 백악관을 방문하기도 했다. 북미 간 회담 후 공동성명(Joint Communiqué)을 발표했는데, 양국은 북미관계가 완전히 개선될 수 있는 새로운 기회가 만들어졌다고 인식하며 서로에 대해 적대적인 의도가 없으며, 새로운 관계를 수립하고 과거의 반목에서 벗어나기 위해 모든 노력을 기울일 것이라고 발표했다. 조명록의 워싱턴 방문 직후 클린턴 대통령의 평양 방문을 추진하기 위해 매들린 올브라이트 미 국무장관이 평양을 방문해 김정일과 면담했다. 올브라이트는 김정일에 대해 "매우 결단력 있고 실용적이며 진지하다"라고 묘사했는데, 미국인들의 생각과는 달리 김정일은 비이성적이지도 않고 예측 불가능한 인물도 아니라고 설명하며 북한과 중요한 진전을 이룰 수 있었다고 평가했다. 당시 북한 또한 올브라이트의 방문과 김정일과의 회담에 상당히 만족해하는 모습이었다(조선중앙통신, 2000.10.23, 10.24). 비록 당시 클린턴의 방북과 북미정상회담은 무산되었지만, 북미관계는 상당 부분 개선되고 있다고 평가된다.

2. 베이징 6자회담과 북미관계

1) 부시 행정부의 등장과 제네바 합의의 붕괴

북한은 클린턴 행정부 동안 자신들의 외부 환경이 개선되고 있다는 것을 인식했고 그러한 상황이 계속될 수 있기를 희망했다(조선중앙통신, 2001.2.21). 그러나 2001년 1월 부시 행정부가 취임한 이후 미국에 대한 북한의 인식은 부정적으로 바뀌기 시작했다. 콜린 파월(Colin Powell) 국무장관이 김정일을 "북한의 독재자"라고 묘사하는 성명을 발표했을 때, 북한은 부시 행정부가 북미관계를 변화시키면서 이익을 얻으려는 불순한 의도를 가지고 있다고 비난했다(조선중앙통신, 2001.1.25). 김정일 스스로 부시 행정부가 한때 폐기됐던 적대적 대북정책을 재개해 북미관계 개선을 가로막고 있다고 비판했다(≪로동신문≫, 2001.7.28).

사실 부시 행정부는 북한을 무모하고 공격적인 팽창주의 국가로 평가하고 있었기 때문에 북미 간 협상이 가능하지 않았다. 부시 대통령 스스로 김정일을 좋아하지 않는다고 비판적인 인식을 드러내기도 했다(Woodward, 2002: 340). 사실, 부시는 김대중 대통령의 햇볕 정책에 매우 회의적이었고, 북한에 대해 환상에 빠지지 말고 보다 현실적인 견해를 가져야 한다고 강조했다. 부시 행정부의 대부분 관료들 역시 북한과의 협력이 가능한지 의문을 제기하곤 했다. 부시 대통령의 국가안보보좌관이자 후에 국무장관이 된 콘돌리자 라이스(Condoleezza Rice)는 북한 정권이 악의적이며, 국제사회에서 얻을 것은 없고 잃을 것만 많다고 주장했다(Rice, 2000: 60~61). 로버트 졸릭(Robert Zoellick) 국무부 부장관은 북한이 여전히 악하기 때문에 미국은 북한을 저지하고 심지어 정권 교체를 할 일관된 장기 전략을 제시할 필요가 있다고 주장했다(Zoellick, 2000: 76). 국방부 부장관이던 폴 울포위츠(Paul Wolfowitz)는 제네바 합의가 북한 핵문제를 해결하지 못하고 그 문제를 미루면서 해결책을 더욱 어렵게 만들 수도 있다고 비판했다(Wolfowitz, 1996).

부시 행정부는 북한과 양자회담을 하지 않았는데, 특히 2001년 9·11 테러는 대북정책에도 커다란 영향을 미쳤다. 실제로 2002년 부시 대통령의 국정연설은 북한을 테러 이후 훨씬 더 큰 위험으로 간주하고 강경책을 채택

더 보기 **악의 축**

'악의 축(Axis of Evil)'은 2002년 1월 29일 조지 부시 미국 대통령이 상하원 합동 연두교서(State of the Union)에서 이라크, 이란, 북한을 테러지원국으로 지칭하며 사용한 용어이다. 이 용어는 로널드 레이건(Ronald Reagan) 전 미국 대통령이 냉전기 구소련을 비판하면서 사용한 '악의 제국(Evil Empire)'과 제2차 세계대전의 전범국인 독일, 이탈리아, 일본을 칭하는 추축국(the Axis)을 조합해 만들어진 것으로 알려져 있다.

할 것임을 시사했다(Pollack, 2003: 27~28). 이 연설에서 부시 대통령은 북한이 이라크, 이란과 '악의 축(Axis of Evil)'을 형성한다며, 북한이 자국민들을 굶주리게 하면서 미사일과 대량살상무기로 무장하고 있는 정권이라고 비판했다. 부시는 한국의 반대에도 불구하고 새로운 국가안보전략이 북한에도 적용될 것이라고 공언했다(Larkin, 2001.12.14). 더구나 부시 행정부는 「핵태세검토보고서(NPR)」에서 북한 유사 시 핵무기를 사용할 수 있다는 내용을 포함하기도 했다(U.S. Department of Defense, 2002.1.8). 또한 국가안보전략서(NSS)에서도 북한을 미국의 결정적인 국가안보 위협의 하나로 규정했다(White House, 2002.9: 13~16). 부시 행정부의 강경책은 북한의 위협 인식을 악화시켰고, 이는 한반도에서 안보 딜레마를 야기했다(Hwang, 2003).

북한의 인식은 2002년 10월 초 제임스 켈리(James Kelly) 국무부 동아태 차관보의 평양 방문 이후 결정적으로 나빠졌다. 켈리 차관보는 북한이 2년 넘게 고농축우라늄 프로그램을 추진하고 있다는 미국 정보기관의 조사 결과를 가지고 북한 관리들에게 다그쳤다(Sanger, 2002). 미국의 정보가 정확하다면, 북한은 NPT와 IAEA 안전조치협정뿐만 아니라 북한이 항상 중시한다고 주장해 온 1994년 제네바 합의도 명백히 위반한 것이었다. 북한은 처음에는 HEU 프로그램을 가지고 있지 않다고 부인하면서 그것이 미국의

더 보기 **핵확산금지조약**

핵확산금지조약(Treaty on the Non-Proliferation of Nuclear Weapons, NPT)은 원자력 에너지의 평화적 이용을 위해 핵무기를 보유하지 않은 국가의 새로운 핵무기 보유를 금지하고, 기존 핵보유국이 비핵보유국에 핵무기를 확산하는 것을 금지하는 조약이다. 1968년 6월 12일 유엔 총회에서 초안이 가결되었고, 1970년 3월 5일 효력이 발생했다. 당시까지 핵무기를 보유하고 있던 미국, 소련, 영국, 프랑스, 중국 5개국의 핵무기 보유가 공식적으로 인정되었고, 그 외 국가의 핵 보유는 금지되었다. 인도, 파키스탄, 이스라엘은 NPT에 서명하지 않고 핵무기를 개발했고, 북한은 NPT 서명국으로서 탈퇴 이후 최초로 핵무기 개발에 성공한 국가가 되었다. NPT는 효력 발생 25주년인 1995년에 개최된 검토회의에서 조약의 무기한 연장을 결정했다.

조작이라고 주장하면서, 부시 행정부의 대북정책 때문에 제네바 합의가 무효화되었다고 비판했다(Kelly, 2002.12.11). 미국은 북한이 제네바 합의를 위반했다며 한반도에너지개발기구(KEDO)가 진행하던 대북 중유 공급을 중단했고, 북한은 핵확산금지조약(NPT) 탈퇴 선언으로 맞섰다. 이후 북미관계는 점점 더 악화해 가기 시작했다. 미국은 먼저 핵 프로그램을 포기하고 스스로 무장 해제하지 않는 한 북한과 직접 협상하기를 계속 거부했다. 또한 북한을 공격할 의도가 없다고 언급했음에도 종종 북한에 대해 모든 군사적 옵션을 열어두겠다고 경고하기도 했다(Sanger, 2002).

북한은 2003년 3월 미국의 이라크 공격 이후 부시 행정부의 군사적 의도를 더욱 심각하게 인식했던 것으로 보인다. 도널드 럼스펠드(Donald Rumsfeld) 미 국방장관이 북한을 테러리스트들과 불량국가들에게 핵무기 기술과 물자를 판매할 수 있는 테러 정권이라고 묘사했을 때(Dao, 2003), 북한은 이에 대해 미국이 비공식적으로 대테러 작전의 다음 목표로 북한을 침공하기로 결정했음을 보여준다고 비난했다(≪로동신문≫, 2003.2.13). 북한은 이라크의 상황을 자신들과 비교하면서 핵무기의 필요성을 강하게 시사했는데, 스스로 방어를 위해 무엇을 더 해야 하는지 알게 되었다고 주장했다(≪로동신문≫, 2003.3.22). 이라크 전쟁이 북한에게 더 위협적인 것은 미국의 주된 목적이 이라크 지도부를 제거하는 것이라는 점을 분명히 했다는 점이었다(≪로동신문≫, 2003.3.30; 조선중앙통신, 2004.3.18). 북한 지도자들은 미국이 좋아하지 않는 정권을 바꾸기 위해 전쟁을 할 준비가 되어 있기 때문에 전쟁을 막고 국가의 안보와 주권을 수호하기 위해 강력한 물질적 억지력을 보유하는 것이 불가피하다고 주장했다(≪로동신문≫, 2003.4.19). 이제 제네바 합의는 완전히 붕괴된 것이었다.

2) 베이징 6자회담의 형성과 붕괴

북핵 위기가 재개되자 중국의 중재로 2003년 4월 미국, 중국, 북한의 3자회담이 열렸으나 아무런 합의도 하지 못한 채 교착상태에 빠졌다. 이후 2003년 8월 말 베이징에서 미국, 일본, 러시아, 중국, 남북한 등 관련 6개국의 북핵 해결을 위한 6자회담이 열렸다. 미국은 북한을 침략할 의도가 없다고 재확인했지만, 북한은 미국의 약속을 신뢰하지 않고 미국이 불가침조약에 합의하지 않으면 핵억지력을 계속 추진할 것이라고 경고했다. 부시 행정부는 북한이 진지한 협상을 시작하기 전에 먼저 핵 프로그램을 폐기해야 한다는 기존의 입장을 고수했으며, 북한의 핵 프로그램에 대해 '완전하고 검증 가능하며 되돌릴 수 없는' 폐기(CVID)를 강조했다(Pomfret, 2003.8.28). 반면, 포괄적 합의에 의한 동시행동 원칙을 제시했지만, 미국은 이를 거부하고 CVID 전제 조건을 고수했다. 북한은 부시 행정부의 경직된 입장을 비난하며 6자회담을 부정적으로 바라보기 시작했는데, 미국이 관계 개선과 정책 변화의 의지가 없이 계속해서 북한을 무장해제하려고 하기 때문에 더 이상 회담에 관심이 없다고 선언하기도 했다(≪로동신문≫, 2003.9.1). 베이징 6자회담은 지속되었으나 북미 간 입장 차이로 인해 교착상태가 심화되었다. 특히 2004년 미국 의회에서 「북한인권법」이 통과되자 북한의 반발은 더욱 강해졌다. 이 법에 따르면, 미국은 2008년까지 매년 2400만 달러의 인도적 지원을 통해 북한의 인권을 증진하고, 북한이탈주민들의 인도적·법적 지원을 제공하고, 이들에게 미국이 정치적 망명을 제공할 수 있도록 하고 있다. 북한은 이 법이 북한 정권을 무너뜨리려는 미국의 의도를 법제화한 것이라고 맹비난하면서 핵문제에 대한 모든 대화가 무의미해졌다고 선언했다(≪로동신문≫, 2003.10.18).

북미 간 갈등은 심화되어 갔지만, 북한은 6자회담에 지속적으로 참여했고 마침내 2005년 9월 19일 베이징에서 공동성명이 합의되었다. 공동성명에서 북한은 모든 핵무기와 기존의 핵 프로그램을 포기하고 이른 시일 내에 NPT와 IAEA 핵안전조치협정에 복귀할 것을 약속했다. 미국은 한반도에 핵무기가 없으며 핵이나 재래식 무기로 북한을 공격하거나 침략할 의도가 없다고 재확인했다. 또한 참가국들은 '행동 대 행동' 원칙에 입각해 단계적으로 합의를 이행할 수 있도록 조율된 조치를 취하기로 했다. 사실상 9·19 공동성명은 위기 상황에서 북한의 체면을 세워주며 외교적 선택을 할 수 있는 방안을 제시한 것이었다(Kessler and Cody, 2005). 또한 9·19 공동성명은 북한이 오랫동안 주장해 온 한반도 평화체제에 대해 언급했는데, 6자회담 참여국들은 동북아의 항구적인 평화와 안정을 위해 공동 노력할 것을 약속했으며, 적절한 별도의 포럼에서 한반도의 항구적인 평화체제를 협상하기로 했다. 공동성명은 북한이 불법 비자금을 조성한 것으로 알려진 마카오 방코델타아시아(BDA)에 대해 미국이 금융제재를 가함으로써 1년 6개월 동안 이행되지 못했고, 북한이 2006년 10월 핵실험을 감행함으로써 위기를 맞기도 했다. 하지만 6자회담은 2007년 2월 13일 9·19 공동성명 이행을 위한 초기 조치에 합의했다. 이 합의에서 북한과 미국은 양국 현안 해결 및 완전한 외교관계를 위한 양자 회담을 시작할 것을 천명했으며 미국은 북한에 대한 테러지원국 지정 해제 및 적성국 교역법의 적용 종료 절차를 진행시킬 것을 약속했다.

북미관계의 이러한 변화는 주로 부시 행정부의 정책 변화에서 비롯된다. 부시 행정부의 새로운 대북정책 입안에 중요한 역할을 한 것으로 알려진 필립 젤리코(Philip Zelikow)에 따르면, 미국은 한반도 평화체제 구축을 위한 장기적 비전을 준비하고 있었다고 한다(Zelikow, 2007). 부시 대통령의 외교정책 참모들은 북한을 다루는 광범위하고 새로운 접근법을 권고했고, 북한의 핵 프로그램을 폐기하려는 노력이 아직 진행 중인 동안에도 한반도에서 평화협정 협상을 시작하는 것을 고려했다고 한다(Sanger, 2006.5.16). 부시 행정부가 '완전하고, 검증 가능하며, 돌이킬 수 없는' 방식으로 북한의 핵 프로그램을 먼저 폐기할 것을 주장해 온 것을 감안하면, 이는 놀라운 변화였다. 부시 행정부는 당시 핵 프로그램 폐기, 정상적인 경제협력 구축, 관계 정상화 문제 해결 및 6·25 전쟁의 해결되지 않은 문제들을 해결하는 등 다양한 이슈에 대해 동시적으로 해결을 모색할 것을 고려했다고 한다. 이런 맥락에서 부시 대통령은 2006년 4월 후진타오 중국 국가주석과 북한문제를 논의하면서 미국이 평화협정을 제시하면 김정일이 긍정적으로 받아들일 것인지 질문하기도 했다(Zoellick, 2007.2.26). 백악관은 미국이 경제 및 기타 협력 분야와 6·25 전쟁의 공식적인 종전과 같은 이슈에서 진전을 이룰 수 있을 것을 기대했다. 그러한 정책 변화가 북미관계의 변화를 가져와 2007년 2월과 10월 6자회담에서 합의가 가능하도록 한 것이었다.

하지만 6자회담은 2008년 들어 북한 핵시설과 물질의 신고 및 검증 문제로 교착상태에 빠졌고, 북한이 2009년 4월 탄도미사일을 발사하고 5월 2차 핵실험을 감행한 이후 상황은 급속히 악화되었다. 반면, 북한은 미국이 6자회담에서 합의한 테러지원국 지정 해제와 적성국 교역법 적용 종료 약속을 이행하지 않았다고 비판했다(조선중앙통신, 2007.9.3, 10.22; Myers and Sciolino, 2008.9.25). 이후 북한이 일련의 검증 조치에 합의하고 핵시설 불능화를 재개하자 미국은 테러지원국 지정을 취소했지만, 상황을 되돌리지는 못했다. 북한은 미국이 2007년 10·3 합의에 포함된 정치적·경제적 보상을 이행하는 책임을 가지고 있다고 강조했는데, 미국이 북한의 요구를 수용해야만 '행동 대 행동'의 원칙에 따라 합의를 이행할 수 있다고 주장했다. 6자회담 공동성명에 대한 입장 차이로 미국과 북한은 핵문제 해결에 어려움을 겪었고 결국 2008년 말 6자회담은 결렬되었다. 부시 행정부 당시 여러 합의에도 불구하고 6자회담은 자초되었고, 오바마 행정부에서도 역시 6자회담은 재개되지 못했다.

3. 오바마 행정부의 '전략적 인내' 정책과 북미관계

공화당이든 민주당이든 미국 정부의 관점에서 보았을 때 북핵문제 해결은 북미관계 정상화의 전제 조건이 된다. 따라서 오바마 행정부 역시 북한의 행동을 처벌하기 위해 경제적·외교적 제재를 지속적으로 부과했다. 오바마 행정부는 다른 국가들을 포용하려고 했던 것과 달리 북한에 대해서는 초기 핵문제 해결을 위한 협상을 공언했음에도 불구하고 협상을 시작하지 않았다(Stolberg and Cave, 2009.4.14). 이러한 정책은 '전략적 인내' 정책으로 알려졌는데, 북한의 행동이 변하지 않는다면 미국이 북한에 대한 외교적 관여를 하지 않겠다는 의미였다. 오바마 행정부는 북한을 핵무기 보유국으로 인정하지 않겠다는 점을 분명히 했다. 이런 점은 오바마가 2009년 4월 5일 북한이 장거리 미사일을 발사한 이후 체코 프라하에서 했던 연설에서 잘 나

더 보기 **전략적 인내**

'전략적 인내(Strategic Patience)'는 미국 오바마 행정부의 대북정책으로 북한이 국가전략을 변화시켜 핵 및 미사일을 포기하지 않는 한 미국도 대북 협상에 나서지 않겠다는 입장을 의미한다. 클린턴 국무장관이 처음 사용하기 시작한 이후 오바마 행정부의 대북정책을 설명하는 용어로 알려졌다. 오바마 행정부는 북한을 한반도 평화와 안정을 위협하는 불량국가라고 인식한다. 당시 미국은 북미 협상을 원했지만, 북한의 독재체제와 도발 때문에 불가능하다는 판단이었다. 미국은 1994년 제네바 합의와 2005년 6자회담 9·19 공동성명 등 북한을 포용하려고 노력했으나 북한이 항상 약속을 위반했다는 설명이다. 결국 미국은 북한이 국가전략과 대외 행동을 변화시키기를 기다릴 수밖에 없다는 인식이었다. 이 인식은 북한의 위협이 아직 미국에는 심각하지 않으며, 북핵문제에 대응할 시간이 더 있다는 판단에 기초하고 있다. 또한 중국이 대북 영향력을 통해 북핵문제 해결에 적극적으로 임하도록 압박하려는 의도도 담겨 있었다.

타난다. 이 연설에서 오바마는 북한의 로켓발사가 불법적이라고 비난하며 국제사회가 대북제재 강화를 천명했다(White House, 2009.4.5).

미국의 이전 정부들이 북한을 불량국가라고 칭했음에도 불구하고 오바마 대통령은 원래 미국의 정책을 변경시키려고 시도했다. 대통령 선거운동 당시 오바마는 적대국 지도자들을 만날 용의가 있음을 밝히기도 했다. 임기 첫해에 이란, 시리아, 베네수엘라, 쿠바, 북한 등의 지도자를 전제 조건 없이 만나 협의를 할 생각이 있느냐는 기자의 질문에 오바마는 긍정적으로 대답했다(Rutenberg and Jeff Zeleny, 2008.5.29). 실제로 자신의 임기 중에 과거 불량국가들에 대한 외교적 포용정책을 추진했다. 가령, 2012년에는 미국 대통령으로서는 최초로 미얀마를 방문했다(Baker, 2012). 2015년에는 쿠바와 외교관계를 정상화하기도 했는데, 이는 쿠바의 사회주의 혁명 이후 1961년 단절되었던 양자관계를 54년 만에 회복한 일대 사건이었다.

2016년에는 쿠바를 방문했는데 미국 대통령으로서는 88년만의 첫 방문이었다(Spetalnick, Trotta and Mason, 2016.3.19). 오바마 행정부는 또한 2015년 '포괄적공동행동계획(JCPOA)' 발표를 통해 이란과도 핵문제 합의를 이루었다. 불량국가들에 대한 오바마의 포용외교는 근본적인 대외정책 변화로 해석되는데 이는 기존의 적대국을 친구로 변화시키려는 노력이었다(Kupchan, 2010: 2). 하지만 북한문제는 오바마 행정부에서도 해결되지 못한 몇 안 되는 외교정책 이슈였다. 당시 오바마 행정부의 외교적 노력에도 불구하고 북한 핵문제와 양자관계는 해소되지 못했다.

북한이 2009년 4월 5일 장거리 미사일을 발사했을 때 오바마는 프라하에서 '핵무기 없는 세상(a world without nuclear weapons)'에 대한 역사적인 연설을 준비하고 있었다. 이러한 상황에서 오바마 행정부는 북한에 대한 전략적 인내 정책을 지속했는데, 이는 북한의 행동이 변화하지 않는 한 미국은 적극적으로 북한문제에 대해 노력하지 않는다는 일종의 '선의의 무시(benign neglect)' 정책이었다. 오바마는 미얀마, 쿠바, 이란 등이 국내정치적 변화를 보인 후 이들과 관계를 개선했는데, 이는 북한의 국내적 변화가 대북정책 변화에 중요한 조건이 됨을 보여준 것이었다. 가령, 비확산 의무를 성실히 수행하는 핵확산금지조약의 비핵 당사국에 대해서는 미국이 핵무기를 사용하거나 위협하지 않겠다고 선언하는 '소극적 안전보장(negative security assurances)' 원칙에 북한은 포함되지 않았다(US Department of Defense, 2010.4: 15). 오바마 행정부는 북한의 핵실험과 공격적인 군사도발로 인해 포용정책을 추진하기가 어렵다고 판단한 것이었다.

북미는 2012년 2월 29일 북한의 장거리 미사일 및 핵실험 중단, 영변 핵시설 활동 중단과 미국의 대북지원에 대한 합의를 하기도 했지만, 북한이 김일성 탄생 100주년을 맞아 로켓발사를 함으로써 이 합의도 바로 좌초되었다. 그 이후 오바마의 대북정책은 대화보다는 압박에 초점을 두게 되었다. 특히 오바마는 2015년 1월 2일 행정명령 13687에 서명했는데, 이는 재무부로 하여금 북한의 관리와 단체에 대한 제재를 부과할 수 있는 권한을 부여한 것이었다. 이 행정명령은 소니 픽처스를 사이버 공격한 북한에 대한 대응책이기도 했다. 성 김(Sung Kim) 대북정책 특별 대표는 미 하원 외교위원회 청문회에서 미국은 북한에 대한 환상이 없다며 제재를 지속적으로 강화할 것임을 천명하기도 했다. 오바마 행정부는 또한 북한이 핵 프로그램을 포기하도록 하기 위해 가능한 모든 수단을 동원하고 금융제재를 확대할 것임을 선언하기도 했다. 당시 오바마 행정부의 재무부 반테러 금융 차관이었던 대니얼 글레이저(Daniel Glaser)도 하원 외교위원회 청문회에서 북한을 국제 금융시스템에서 고립시키기 위한 압박을 강화할 것이라고 언급하기도 했다. 오바마 행정부는 북한을 핵무기 보유국으로 받아들이지 않고 오히려 글로벌 비확산 및 군축 레짐을 강화하려는 계획을 보여준 것이다.

4. 싱가포르 북미정상회담과 하노이 회담의 실패

1) 트럼프 행정부의 '미국 우선주의' 정책

2018년은 북한과 미국의 대외정책에 새로운 변화가 있었던 중요한 해로 기억된다. 북한은 평창 동계 올림픽에 선수단을 파견했으며 남북 단일 여자 아이스하키 팀을 구성해 참여하기도 했다(Choe, 2018.2.8). 평창올림픽 이후에는 문재인 정부가 대북 특사를 평양에 파견해 남북정상회담과 북미정상회담을 성사시키기도 했다. 2018년의 이러한 변화는 불과 몇 달 전까지만 해도 상상도 하지 못한 사건이었다. 사실 트럼프 행정부는 북한에 대

더 보기 **미국 우선주의**

'미국 우선주의(America First)'는 트럼프 행정부의 대외정책 기조로 미국의 국제적 개입과 역할을 축소하고 미국의 이익을 최우선으로 해 '위대한 미국을 재건(MAGA: to Make America Great Again)'하겠다는 정책 슬로건이다. '미국 우선주의'는 미국의 국내 경제 부흥을 최우선적으로 해 해외 군사 개입 축소, 동맹 및 우방의 방위 분담 확대 등을 꾀하는 정책을 추구했다. 안보적으로는 고립주의 노선을 취하고, 경제적으로는 보호무역주의를 전면 도입하려는 노력을 보여주었다.

한 '최대의 압박(maximum pressure)'을 천명해 왔는데, 이러한 모습은 국가안보전략서, 국방전략서, 핵태세검토보고서, 트럼프 대통령의 국정연설 등에서 여러 차례 강조된 것이었다. 북한 역시 2017년 6차 핵실험을 단행하고 대륙간탄도미사일인 화성-15형 발사시험을 통해 대미 핵억지력 완성을 선언해 위기를 고조하고 있었다.

하지만 놀랍게도 김정은은 2018년 신년사에서 남북한 관계의 새로운 변화를 천명했으며, 북한의 평창올림픽 참가를 선언했다. 김정은은 신년사에서 남북한 사이의 접촉과 협력을 통해 오해와 신뢰 문제를 해소할 필요가 있다고 주장했다(≪로동신문≫, 2018.1.1). 2017년의 위기에도 불구하고 2018년 초부터 북한은 새로운 평화 공세를 통해 한반도 상황을 변화시키려 한 것이었다. 당시 문재인 정부는 북한의 이러한 변화를 호의적으로 받아들였으며, 트럼프 행정부 역시 북한의 변화를 환영하며 대북정책 변화를 모색하기 시작했다. 하지만 당시 김정은이 왜 이러한 정책 변화를 갑작스럽게 보여주었는지 그 이유에 대한 의문점이 제기되곤 했다.

북한의 정책 변화 이유로는 우선 트럼프의 '미국 우선주의' 정책에 따른 인식 변화를 지적할 수 있다. 트럼프는 '미국 우선주의' 정책을 대내외 정책의 가장 중요한 원칙으로 선언하면서 미국이 국제기구와 조약에서 탈퇴할 수 있음을 시사했다. 트럼프는 2017년 1월의 취임사에서 이제 '미국 우선주의' 원칙에 따라 새로운 비전을 제시한다면서 미국의 노동자들과 가족들에게 이익이 되는 방식으로 외교, 무역, 이민, 조세 정책 등을 시행할 것이라고 천명했다(White House, 2017.1.20). 이는 상대국이 동맹국인지 파트너 국가인지, 과거 미국의 대외정책이 무엇이었든지 상관없이 앞으로는 대외정책에서 미국의 이익을 가장 우선적으로 두겠다는 선언이었다. 이후 트럼프는 오바마와는 달리 유럽과 동아시아의 미국 동맹국들과의 긴장을 고조시키고 러시아와의 관계를 강조하곤 했다(Fisher and Pecanha, 2017). 트럼프는 유엔 연설에서도 미국이 손해 보는 편파적인 협상을 하지 않고 미국이 이용당하지 않을 것이라고 강조하기도 했다(White House, 2017.9.19). 트럼프는 '미국 우선주의' 정책을 통해 이전 정부와는 완전히 다른 대외정책을 추구하고 있었던 것이다.

트럼프의 대외정책은 충격적인 것이었는데, 그의 '미국 우선주의' 정책은 한반도에도 커다란 변화를 일으켰다. 트럼프 행정부의 고립주의적 정책은 한반도 안보 환경에 중요한 영향을 미칠 수 있었는데, '미국 우선주의'는 미국의 해외 주둔 군대와 자원을 재배치할 수 있다는 의미였다. 이는 주한미군의 지위나 한국의 방위비 분담금에도 영향을 미치는 정책이었다. 결과적으로 한국은 한미동맹 체제 내에서 상당히 어려운 상황에 놓일 수 있었다. 트럼프는 2017년 김정은을 '로켓맨'이라고 부르며 자신과 정권에 대해 자살행위를 하고 있다며 북한을 완전히 파괴할 수밖에 없다고 비판한 바 있다(White House, 2017.9.19). 트럼프 행정부는 또한 2017년 말 북한에 대한 선제 정밀 타격 군사행동인 '코피(bloody nose)' 작전을 계획하기도 했다(Nakamura and Jaffe, 2018.2.27). 이러한 2017년 상황에서 2018년의 변화는 놀랄 만한 것이었다. 2018년 6월 싱가포르에서 김정은과 북미정상회담을 가진 이후에 트럼프는 북한에 대한 포용정책을 통해 충돌의 시기를 넘어 새롭고 담대한 평화를 추구할 것이라고 주장했다(White House, 2018.6.12a). 2018년 김정은의 새로운 대외정책은 트럼프의 정책도 변화시킨 것이다.

2) 싱가포르 및 하노이 북미정상회담

트럼프와 김정은은 2018년 6월 12일 싱가포르에서 역사적인 첫 북미정상회담을 개최했다. 김정은은 트럼프와 만난 자리에서 이 자리까지 오기 쉽지 않았고 수많은 장벽이 있었지만, 마침내 모든 것을 극복했다고 긍정적으로 평가했다(≪로동신문≫, 2018.6.13; White House, 2018.6.12b). 트럼프와 김정은은 역사상 최초의 북미정상회담이 수십 년의 긴장관계와 적대관계를 해소하고 새로운 미래를 여는 중요한 의미가 있는 사건이라고 언급했다(White House, 2018.6.12a).

싱가포르 정상회담 공동성명에서 트럼프와 김정은은 새로운 북미관계 구축과 항구적이고 안정된 한반도 평화체제 구축에 대한 의견을 교환했다. 김정은은 한반도의 완전한 비핵화에 대한 흔들림 없는 의지를 약속했으며, 트럼프는 북한에 대한 안전보장을 제공할 것임을 약속했다. 김정은은 또한 4월의 판문점 선언을 재확인하면서 한반도의 완전한 비핵화에 대한 공약을 보장했다. 2017년에 북한이 5차 핵실험과 화성-15형 미사일 발사 시험을 했던 것을 고려하면 싱가포르 북미정상회담은 엄청난 사건이었다. '미국 우선주의'에 기반한 트럼프의 대외정책 기조는 싱가포르 정상회담에서도 구체적으로 드러나는데, 그는 미국의 대(對)한반도 안보공약 약화와 한미동맹의 변화 가능성을 암시하기도 했다.

트럼프는 정상회담 기자회견에서 '미국 우선주의'가 한반도에도 적용될 수 있음을 시사했는데, 그는 과거가 미래를 결정하지는 않는다며 북한이 핵무기를 포기하면 얻을 수 있는 것에는 한계가 없다고 설명했다(White

House, 2018.6.12b). 트럼프는 또한 주한미군 철수와 한미연합 군사훈련 중단에 대해서 언급했는데, 특히 한미연합 훈련을 '워 게임'이라고 언급하며 중단하면 엄청난 돈을 절약할 수 있다고 말했다(Schmitt, 2018.6.12; White House, 2018.6.12b). 실제로 한미연합훈련은 2018년에 중단되었으며 2019년에는 축소된 규모로 진행되었다(Choe, 2018.2.8; Cooper, 2019.5.1). 이러한 모습은 트럼프의 '미국 우선주의'가 한반도 정책에도 커다란 영향을 미쳤음을 잘 보여주는 것이다. 북한은 이러한 트럼프의 정책 변화를 환영했으며, 김정은은 과거의 적대관계에도 불구하고 대화와 협상을 통해 북미관계의 문제를 해결하려는 트럼프의 의지와 노력을 긍정적으로 평가했다.

트럼프와 김정은은 2019년 2월 베트남 하노이에서 다시 만나 2차 정상회담을 개최했는데, 이번 회담은 실패로 끝나고 말았다. 김정은은 한반도의 평화가 비핵화를 이끌어 간다며 비핵화 이전에 북한에 대한 안전보장과 평화체제의 구축이 이루어져야 한다고 강조했다. 북한은 싱가포르 정상회담 공동성명이 이러한 대북안전보장-비핵화의 순서와 '행동 대 행동'의 원칙을 규정하고 있다고 주장했다. 싱가포르 공동성명에서 트럼프가 먼저 대북 안전보장에 대한 약속을 언급하고 김정은이 한반도의 완전한 비핵화를 약속했다는 이유였다. 북한은 싱가포르 공동성명에서 트럼프 대통령이 한미연합훈련을 중단하고 안전보장을 제공하면서 제재를 해제할 것을 약속했다고 주장했다. 사실 미국이 하노이 정상회담에서 그러한 협상을 받아들일 수 있다는 암시가 있었다. 당시 대북정책 특별대표였던 스티브 비건(Stephen Biegun)은 스탠퍼드 대학의 연설에서 2018년 싱가포르 공동성명에서 제시된 합의에 대해 트럼프 행정부는 '동시병행적(simultaneously and in parallel)' 추진을 할 준비가 되어 있다고 언급한 바 있다. 다만 비건의 연설은 북한과 미국의 약속 이행에 대한 순서를 의미한 것은 아니었다.

문제는 트럼프와 김정은 사이에 커다란 인식의 격차가 존재한다는 것이었다. 트럼프는 기자회견을 통해 김정은이 미국에게는 덜 중요한 부분에서 양보하기를 원했다고 언급했다. 트럼프는 또한 북한 내부에서 우라늄 농축, 미사일, 핵탄두 등 언론에 공개되지 않은 프로그램이 진행되고 있음을 미국이 발견했다고 암시하기도 했다(White House, 2019.2.28). 비건은 스탠퍼드 대학교 연설에서 '행동 대 행동'의 원칙을 언급했지만, 국가안보보좌관이던 존 볼턴(John Bolton)은 하노이 회담에서 합의하지 않도록 트럼프를 설득했다. 트럼프가 북한의 완전한 비핵화와 탄도미사일 및 생화학 무기 포기를 요구했을 때 김정은은 반발했다(Bolton, 2020). 하노이 정상회담에서 김정은은 트럼프가 북한의 초기 부분적 비핵화 조치에 동의할 것이라고 기대했다. 김정은은 영변 핵시설 영구 폐쇄를 약속함으로써 유엔 안보리가 2016년과 2017년에 부과했던 대북 경제제재를 해제하도록 트럼프를 설득시킬 수 있을 것으로 생각했다. 정상회담 직후 개최된 기자회견에서 북한 외무상 이용호는 영변 핵시설 폐쇄가 북한이 현시점에서 할 수 있는 최대치의 양보라고 언급하기도 했다(Wong, 2019.2.28).

김정은은 하노이에서 트럼프가 요구한 것을 거부했는데, 이는 자신이 기대했건 것과 다른 방식으로 트럼프가 협상을 프레임하려고 했기 때문이다. 싱가포르 정상회담에서는 트럼프는 북한의 점진적인 비핵화에 따라 대북 안전보장이 제공될 것을 보장했다고 김정은은 생각했다. 하지만 하노이 정상회담에서 트럼프는 북한이 당장 완전한 비핵화를 해야 미국이 안전보장을 제공해 줄 수 있다고 선언한 것이었다(White House, 2019.2.28). 김정은은 이런 트럼프의 변화를 예상하지 못했으며, 싱가포르에서 자신이 이해했던 것처럼 단계적 방식으로 '동시 병행적' 진행을 계획하고 있었다. 트럼프가 즉각적이고 완전한 비핵화를 요구할 것이라는 점을 김정은은 전혀 예상하지 못하고 있었던 것이다(Sanger and Wong, 2019.3.2). 싱가포르 정상회담 이후 북한은 트럼프가 '행동 대 행동' 원칙에 합의했다고 이해하고 있었다. 볼턴 역시 트럼프가 싱가포르에서 '행동 대 행동' 원칙에 합의했다고 비판하기도 했다(Bolton, 2020). 이런 이유로 최선희 북한 외무성 부상은 하노이 정상회담에서 보인 미국의 계산 방식을 김정은이 이해하지 못했다고 언급하기도 했다(Wong, 2019.2.28). 김정은은 경제제재 해제만으로 북한이 완전한 비핵화를 이행한다는 것은 도저히 받을 수 없는 조건이었다. 북한은 완전한 비핵화를 통해 완전한 안전보장을 얻고자 했기 때문에 하노이 정상회담에서 빅딜을 거부하고 단계적인 접근법을 요구했던 것이다. 북한은 미국의 대북 적대시 정책을 중단시키는 것이 가장 중요한 안보 현안이라고 생각하고 있었기 때문에 미국의 대(對)한반도 정책 변화가 가장 핵심적인 협상 목표였던 것이다.

하노이 정상회담의 실패 이후 2019년 6월 30일 트럼프와 김정은은 판문점에서 다시 한번 만났다. 당시 트럼프는 2분 정도의 만남도 좋다고 트위터에 언급했으나 당시 만남은 50분 이상의 회담이 되어 전 세계를 놀라게 했다. 북한 역시 판문점 회동이 하노이 정상회담 실패 이후 새로운 전환전이 될 수 있기를 기대했다(≪로동신문≫, 2019.7.1). 두 정상은 북미 간 실무급 회담을 개최하기로 합의했다. 하지만 이후 10월 스톡홀름에서 개최된 협상에서 아무런 합의를 도출하지 못하고 북미관계는 이후 경색되기 시작했다. 스톡홀름 협상에서 의견 차이가 큰 것으로 재확인되었고, 이후 북미관계에 대해 비관적 전망이 우세했다(Tan and Park, 2020: 194~209). 북한은 미국이 협상할 의도가 없이 국내정치에 협상을 이용하려 한다고 비판했다(조선중앙통신, 2019.10.6). 문재인 정부는 북한과 미국이 다시 한번 협상할 수 있도록 설득하려 노력했으나, 결국 북미는 협상 테이블로 돌아오지 않았다.

5. 바이든 행정부와 북미관계의 방향성

1) 바이든의 대북정책과 북미관계

바이든 행정부는 2021년 1월 취임 이후 북한에 대해 적극적인 정책을 펼치지 않았는데, 오바마 행정부의 '전략적 인내' 정책을 다시 채택한 듯한 분위기였다. 바이든 역시 북한의 정책 변화가 있지 않은 상황에서는 적극적인 대북정책을 취하지 않겠다는 모습을 보여주었다. 바이든 행정부는 대북정책 리뷰 이후 북한문제에 대해 한국과 조율된 전략으로 가지고 접근하겠다고 언급한 바 있다(White House, 2022.5.21). 바이든 대통령은 한미정상회담에서 한반도의 완전한 비핵화라는 공동의 목표를 강조하고 한미 간 빈틈없는 조율을 강화할 것임을 합의했다.

바이든의 대북정책은 '조율되고 실용적인 접근법(calibrated and practical approach)'으로 언급된 바 있는데, 이는 트럼프의 정상외교나 오바마의 '전략적 인내'와는 차이가 있다고 설명했다. 바이든의 대북정책은 구체적인 로드맵이나 행동 계획을 제시하지 않았기 때문에 얼마나 조율되고 실용적인 정책인지는 불확실하다. 바이든 행정부 역시 북한의 변화가 없으면 실질적인 정책 추진을 할 생각이 없는 것으로 보이기 때문이다(Einhorn, 2021.5.4). 바이든은 한반도의 완전한 비핵화를 위한 외교적 노력을 추구하겠지만 북한에 커다란 양보를 하지는 않겠다고 언급한 바 있다. 하지만 2022년 2월 러시아의 우크라이나 침공 이후 세계안보 환경이 급변하면서 바이든 행정부가 북한문제에 집중할 가능성은 더욱 축소되었다. 북한 역시 바이든 행정부와 적극적으로 협상할 가능성은 거의 없어 보인다(Choe, 2021.5.31). 따라서 북미 간 경색 국면은 한동안 지속될 것으로 예상된다.

바이든 행정부 들어서도 북한의 대미 공세는 지속되었다. 김정은은 2021년 1월 8차 당 대회 사업총화보고에서 이미 시작한 핵무력 건설을 중단 없이 강행 추진할 것을 요구했다. 특히 그는 핵기술을 더욱 고도화하여 핵무기의 소형경량화 및 전술핵무기 개발뿐만 아니라 초대형 핵탄두 생산을 추진하고, 극초음속 미사일, 다탄두 핵무기 기술, 핵잠수함과 수중발사핵무기, 군 정찰위성 등 다른 무기체계 개발도 지시했다(≪로동신문≫, 2021.1.9). 더불어 2022년 9월 북한의 「핵무력정책법」 입법화와 한반도에서 새로운 핵교리 선포는 북한 핵정책의 큰 변화로 인식된다. 북한 최고인민회의는 핵무력정책법을 입법화하여 핵무기 사용 조건을 구체화했는데, "국가 핵무력에 대한 지휘통제체계가 적대세력의 공격으로 위험에 처하는 경우 사전에 결정된 작전방안에 따라 도발원점과 지휘부를 비롯한 적대세력을 괴멸시키기 위한 핵타격이 자동적으로 즉시에 단행된다"라고 규정하며 5가지 상황을 상정했다(≪로동신문≫, 2022.9.9). 구체적으로 북한은 전쟁 임박 시의 선제타격(preemptive strike) 상황 세 가지와 전시 핵사용, 그리고 보다 포괄적인 위기 상황을 핵 사용 조건으로 규정했다. 「핵무력정책법」은 이전까지 언급한 대미 핵억지력으로서의 전략핵무기와는 달리 한반도에서 핵 선제 사용(nuclear first use)을 언급하여 핵 교리의 커다란 변화를 암시한 것이었다.

북한은 2022~2023년에도 대륙간탄도미사일을 포함하여 유례없이 많은 미사일 발사를 감행했다. 한미는 2021년 5월 열린 정상회담에서 미사일 사거리 지침을 완전 폐지하기로 합의한 바 있다. 또한 2023년 4월 한미정상회담에서 발표된 '워싱턴 선언'에서는 핵탄도미사일을 탑재한 미국의 전략핵잠수함의 한국 기항을 통해 한국에 대한 미국 전략자산의 정례적 가시성을 한층 증진시킬 것을 언급했다. 또한 2023년 8월 한·미·일 3자 정상회담에서 발표된 '캠프 데이비드 정신'에서도 한·미·일은 고도화되는 북한의 핵·미사일 위협을 더욱 효과적으로 억제하기 위해 미사일 경보 정보 실시간 공유를 위한 해상 탄도미사일방어 경보 점검을 실시했으며, 증강된 탄도미사일 방어 협력을 추진할 것을 합의했다.

북한은 대미 억지력 강화를 위해 2023년 11월 군사정찰위성 발사를 실시하기도 했다. 북한의 정찰 위성 발사는 그동안 절대적으로 열세였던 대미 군사 정보 영역에서 새로운 돌파구를 마련하려는 노력으로 해석된다. 북한이 냉전 종식 이후 핵무기 개발을 통해 '공포의 균형(balance of terror)'을 추구했듯, 군사정찰위성을 통해 한반도에서 '정보의 균형(balance of intelligence)'를 추구하고 있는 것이다. 2023년에 두 번이나 실패했던 군사정찰위성 발사를 11월에 성공한 것은 9월에 있었던 북러정상회담에서 언급된 것처럼 러시아의 도움이 있었던 것으로 보인다. 정찰위성 등 북러 사이에 다양한 군사협력을 진행하면서 북한은 미국에 대한 억지와 압박을 강화하려고 시도해 왔다.

2) 우크라이나 전쟁, 신냉전 구도와 북미관계

2022년 2월 러시아의 우크라이나 침공은 북미관계에 어떤 의미가 있을까? 북한은 우크라이나 사태에 대해 여러 차례 의견을 개진한 바 있다. 특히 북한 외무성이 러시아의 우크라이나 침공 직후인 2022년 2월 28일 조선중앙통신 기자회견을 통해 밝힌 입장은 주목할 만하다(조선중앙통신, 2022.2.28). 북한의 입장은 ① 우크라이나 사태의 근본 원인은 미국과 서방의 패권주의에 있으며, ② 러시아의 요구는 합리적이고 정당하지만, 미국과 나토는 동진해 문제를 일으켰으며, ③ 미국이 아프가니스탄, 리비아를 폐허로 만들어 놓고 우크라이나 사태에 대해 주권 존중과 영토 보전을 이야기하는 것은 어불성설이며, ④ 미국의 일방적인 이중 기준 정책이 평화를 해치고 있다는 것이다. 북한 외무성은 또한 '정당한 선택'이라는 글을 통해서도 "그 어떤 초강도 제재와 위협, 공갈로도 국가의 안전과 이익을 수호하기 위한 러시아의 선택을 결코 바꿀 수 없다"며 러시아를 옹호했다(연합뉴스, 2022.3.28).

물론 우크라이나 사태에 대한 북한의 인식과 대응은 크게 놀랄 만한 정도는 아니며, 예상을 크게 넘지 않는 수준이었다. 특히 미국과 서방의 패권주의, 미국의 일방적인 이중 기준 정책이 평화를 해치고 있다는 점은 북한이 그동안 지속적으로 주장해 오던 것이었으며, 이러한 기준이 우크라이나 사태에도 그대로 적용되고 있다. 그렇지만 이번 사태에 대한 북한의 논리가 뭔가 궁색해 보이는 측면이 많다. 북한이 그동안 일관적으로 주장해 왔던 내용이며 우크라이나 사태에도 그대로 적용되는 내용이지만 북한이 이번에 공식적으로 언급하지 않았던 것이 있다. 그것은 "강대국의 위협이 있을 때 핵무기를 포기하면 나라를 지킬 수 없다"라는 주장이다. 북한은 아마 러시아와의 관계를 고려해 이를 공개적으로 언급하지는 않았을 것이다. 하지만 그동안 자신들이 이라크, 리비아 사태에 대해 미국의 주권 침해와 영토 침범을 언급해 왔던 점을 고려할 때, 우크라이나 사태 역시 자신들의 기존 주장을 내심 재확인하는 계기가 되었을 것이다.

이러한 상황은 한반도 비핵화와 북미관계에 대해 북한이 가지는 내부 인식에 큰 영향을 미칠 수 있다. 우선 비핵화가 완료되면 되돌릴 수 없으며 이후에 주변 강대국의 위협을 억지할 수 없다. 또한 북한은 주변국들의 안전보장을 통해 평화를 보장받는 정책이 비현실적이고 순진한 사고라고 생각할 것이다. 우크라이나의 현실은 북한이 그동안 미국을 비판하며 주장해 왔던 상황과 일치하는 것이라고 생각할 것이다. 미국 및 러시아가 우크라이나의 안보를 보장한 우크라이나판 평화체제 문서라고 할 수 있는 1994년 '부다페스트 양해각서'가 무력화되는 상황에서 한반도에서도 종전 선언과 평화협정 체결이 자신들의 안보를 보장할 수 없다고 인식할 것이다. 이러한 우크라이나의 비핵화와 오랜 평화체제 구축 노력이 이번 러시아의 침공으로 물거품이 된 것이다. 러시아의 우크라이나 침공으로 '부다페스트 양해각서'가 휴지 조각이 됨으로써 북한 역시 비핵화와 평화체제 협상에 더욱 부정적인 인식을 가질 것으로 판단된다. 특히 북한이 그동안 강조해 왔던 주권 존중, 영토 보전, 군사력 사용 금지, 핵무기 위협 금지 등 조항이 '부다페스트 양해각서'에 모두 포함되어 있었지만, 하나도 지켜지지 않았음을 주목할 것이다.

우크라이나 사태는 대북제재에도 상당한 어려움을 야기해 왔다. 특히 북한이 감행한 ICBM급 장거리 탄도미사일 도발에도 불구하고 유엔 안보리 추가 제재는 러시아의 반대로 가능하지 않았다. 우크라이나 사태 이전에도 중국과 러시아가 추가 대북제재에 반대하고 제재 완화를 주장하면서 국제사회의 대북제재 레짐이 약화되는 경향이 있었다. 최근 미중관계 악화에 이어 우크라이나 사태로 인해 대북제재 효과는 감소될 가능성이 높다. 특히 러시아는 유엔 안보리에서의 비토(veto)권을 바탕으로 북한문제에서의 국제협력을 더욱 어렵게 만들 것이다. 대북제재가 대러 제재와 맞물릴 경우 큰 영향을 받을 수 있다. 향후 추가적인 대북제재가 있을 경우 미국 및 서방의 독자제재 가능성이 높으며, 이는 중국과 러시아의 반발을 가져와 북한문제 해결을 더욱 어렵게 만들 것이다.

결국 우크라이나 사태 이후 북한 비핵화 협상과 북미관계는 새로운 돌파구를 찾기 어려워 보인다. 북미 간 북한 비핵화 협상은 2020년 이후 전혀 진전이 없었다. 북한은 '정면 돌파전'을 주장하며 장기적인 버티기에 들어갔고, 바이든 행정부는 산적한 국내외 이슈에 사실상의 '전략적 인내' 정책을 유지하고 있다. 미국이 우크라이나 위기에 관심을 집중하는 동안 북한은 상대적으로 소외감을 느낄 가능성이 높다. 이러한 상황을 타개하고 한반도 문제에 관심을 집중시키기 위해 북한이 일련의 공세적인 정책을 이어나갈 가능성이 높다. 북한은 우크라이나 위기를 자신의 입장을 더욱 강화시키는 계기로 활용할 것이다. 이러한 모습은 북한의 대중국 및 러시아 접근에서도 잘 나타나고 있다.

다른 한편, 북한의 김정은은 신냉전 질서를 인식하기 시작하며, 최근 대미 전략을 실행하는 과정에서 북·중·러 연대를 강조하고 신냉전 세계질서 인식을 강화하고 있다. 김정은은 2021년 9월 29일 최고인민회의 시정 연설에서 "국제관계구도가 '신랭전' 구도로 변화되면서 한층 복잡다단해진 것이 현 국제 정세 변화의 주요 특징"이라고 분석한 적이 있다(≪로동신문≫, 2021.9.30). 김정은은 이를 "미국과 그 추종 세력들의 강권과 전횡이며 미국의 일방적이며 불공정한 편 가르기 식 대외정책으로" 인해 발생한 것으로 비판적인 인식을 보였다. 김정은은 2022년 최고인민회의 시정연설에서 한반도 주변 국제질서의 변화를 강조한 바 있는데, 그는 "현 국제 정세는 정의와 부정의, 진보와 반동사이의 모순, 특히 조선반도를 둘러싼 세력 구도가 명백해지고 미국이 제창하는 일극 세계로부터 다극 세계로의 전환이 눈에 띄게 가속화되고 있음을 보여주고 있습니다"라고 언급했다(≪로동신문≫, 2022.9.8). 물론 이러한 대결구도가 1990년대 초반 이후 지속되어 온 탈냉전의 미국 단극 시기와 비교하면 북한의 전략적 환경을 상대적으로 개선시킨 것으로 볼 수 있다. 북한은 1980년대 말까지 미소 냉전으로 인해 한반도에서 세력균형을 유지하다가 1990년대 이후 냉전의 종식으로 미국 단극 시대에서 체제 위기를 경험했던 점을 고려할 때, 새로운 냉전 구도는 북한의 대외 환경을 완전히 불리하게 만드는 것은 아니다. 이는 한국 입장에서 대북정책이나 남북관계를 운용하기가 더욱 어려워진다는 것을 의미할 수 있다.

물론, 김정은의 새로운 세계질서에 대한 인식은 미중 전략경쟁과 러시아의 우크라이나 침공 이후 달라진 국제 정세를 반영한다. 그는 변화된 세계질서가 한반도 안보 환경에 직접적인 영향을 줄 것이며 이는 북한에 유리한 방향으로 흘러갈 개연성이 높다고 믿는 것처럼 보인다. 미국 주도의 단극체제가 다극체제로 전환되면서 한반도를 둘러싼 권력구조도 크게 변화하고 있다. 북한은 변화된 국제질서에 매우 적극적으로 대응하겠다는 입장이다. 김정은은 외교 분야에서 현재 미국의 대북정책과 국내정치, 변화하는 글로벌 세력균형을 연구하고 전략적인 대미 정책을 실행하기 위한 전술적 조치를 마련하라고 지시했다. 같은 맥락에서 북한은 중국과 러시아와의 관계 강화를 위해 노력해 왔다. 그간 북한은 미중 갈등 속에서 중국을 적극 지원하고 러시아의 우크라이나 침공을 강력히 옹호하며 우크라이나 사태의 근본 원인이 미국과 서방의 패권 전략에 있다고 주장해 왔다.

물론 신냉전 질서가 고착화될지는 아직 확실치 않다. 다만 변화하는 세계 질서는 한국에 더 큰 도전을 제기할 것으로 보인다. 미국 주도의 단극체제에서 양극체제나 다극체제로의 세력균형 전환을 고려했을 때, 변화하는 역내 안보 환경에 대해 고민해 볼 필요가 있다. 한국은 특히 북한문제와 관련해 신냉전이 한반도에 주는 함의를 검토할 필요가 있다. 사실, 미국과 중국의 반복되는 갈등은 중국과의 협력관계를 유지하려는 한국에 복잡하고 어려운 도전을 안겨주고 있다. 지금까지 한국의 대북 접근 방식은 미국 주도의 단극 체계를 기반으로 한 탈냉전 지역안보 체제에 기반을 두고 있었다. 북한이 1990년대 초 냉전기 후원국이었던 소련과 중국을 잃고 고립되어 있던 동안, 한국은 우호적인 안보 환경을 활용해 강력하고 단호한 대북 정책을 추구해 왔다. 그러나 신냉전 상황에서 이러한 정책이 성과를 거두기는 쉽지 않다.

미중 간 우호적·협력적 외교관계의 조성이 한국에게는 가장 이상적인 시나리오일 것이다. 하지만 김정은이 예상하는 대로 국제관계에 냉전 질서가 다시 도래한다면 어떤 일이 벌어질 것인가? 신냉전이 한반도에 미치는 영향은 이미 나타나고 있다. 지난 몇 년간 유엔 안전보장이사회는 북한의 군사도발에 대해 단합된 대응을 이끌어내지 못했다. 북한의 탄도미사일 발사는 불법이며 유엔 안보리 결의에 위배되지만, 중국과 러시아는 최근 대북 추가 제재 결의안에 거부권을 행사하고 있다. 이는 2017년까지 북한의 핵, 미사일 실험에 압력을 가하기 위해 대북제재 결의안에 찬성표를 던진 것과는 상반되는 행보이다. 중국과 러시아는 강력한 제재가 오히려 북한의 행동을 변화시키는 데 도움이 되지 않을 것이며 이미 시행 중인 제재를 해제하거나 완화해야 한다고 주장한다. 미국, 러시아, 중국은 지금까지 유엔 안전보장이사회에서 북한의 군사도발과 핵과 미사일 프로그램의 책임이 누구에게 있는지를 놓고 논쟁을 벌여왔으며, 이러한 논쟁은 앞으로도 계속될 것이다. 러시아와 중국은 북한의 도발이 한반도 긴장을 고조시킨 한미동맹과 한미연합훈련에 대한 정당한 대응이라는 입장을 반복하며 대립각을 세워왔다. 이러한 분열은 국제사회가 북한의 군사적 도발에 대해 실제 행동을 취하는 것을 막는다는 점에서 많은 우려를 낳고 있다.

문제는 신냉전 긴장이 고조되면서 더 이상 북한문제를 탈냉전의 틀 내에서 다룰 수 없다는 점이다. 한반도 주변 지역 질서가 다시 한·미·일 대 북·중·러의 냉전 구도에 놓이게 된다면 북한은 더 이상 고립 국가가 아니게 된다. 북한은 러시아와 중국에 강하게 의존하면서 그들에게 지지를 받는 국가가 될 것이다. 물론, 러시아와 중국은 북한을 예전처럼 동맹으로 인식하지도 않고, 북한 또한 두 국가를 무조건적으로 신뢰할 수 있는 후원국으로 보지 않는다. 하지만 러시아와 중국은 미국을 상대하는 데 북한문제를 지속적이고 전략적으로 이용할 것이다. 북한은 러시아와 중국의 이러한 입장을 잘 이해하고 있으며, 북한의 전략적 이점을 위해 이를 활용할 가능성이 높다. 한국을 가장 난처하게 하는 것은 북한의 행동을 변화시킬 영향력 및 효과적인 레버리지가 없다는 점이다. 한미동맹은 북한이 군사적으로 도발하는 것을 억지할 수는 있지만 북한의 행동을 바꾸는 데는 한계가 있다. 신냉전 상황이 심화될 경우 중국과 러시아에 대한 북한의 의존도는 더욱 높아질 것이다. 특히 북한에 대한 중국의 영향력이 커질수록 한반도 전체에 대한 중국의 영향력 또한 자연히 커질 것이다. 국제 정세가 결코 유리하지 않게 흘러가는 신냉전 상황에서 한국은 어떻게 대응할 것인지에 대한 새로운 방안을 모색할 필요가 있다.

6. 결론

북미 간 협상 실패의 주요 요인은 사실상 비핵화와 평화체제 구축 사이에 존재하는 딜레마이다. 북한은 그동안 미국과 이 어젠다 사이에서 교환 게임을 해온 것이다(Hwang, 2018.10.14). 북한은 한반도에 핵문제가 시작된 것은 냉전기 미국이 한국에 전술핵무기를 도입했기 때문이라고 오랫동안 주장해왔다. 북한은 핵문제가 북한만의 문제라고 생각하지 않으며, 북한과 미국 사이의 문제로 규정한다. 북한은 한반도 평화를 위협하는 것은 자신들이 아니라 미국이라며, 북한은 한반도 전쟁을 막기 위해 핵억지력을 통해 노력해왔다고 주장한다. 따라서 북한의 주장은 비핵화 이전에 미국으로부터 완전한 안전보장을 받아야 한다는 것이다. 북한이 상정하는 한반도 비핵화는 자신들의 비핵화뿐만 아니라 미국을 포함한 다른 핵무기 보유국의 비핵화를 포함할 것으로 예상된다. 이는 미국의 대북 적대시 정책이 철폐되고 한반도에 평화체제가 정착되지 않는 이상 비핵화를 할 수 없다는 강한 의지의 표현이라고 할 수 있다. 미국은 북한 비핵화가 없는 한반도 평화는 불가능하다고 생각하지만, 북한은 자신들에 대한 완전한 안전보장 없이는 비핵화를 하지 않으려 할 것이다. 미국이 완전하고, 검증가능하고 되돌릴 수 없는 비핵화를 요구할 때 북한 역시 완전하고, 검증가능하고 되돌릴 수 없는 안전보장을 요구할 것이다. 이것은 아마도 북미관계 정상화뿐만 아니라 북미 간 적대관계의 종식을 포함하는 것이다. 하지만 이러한 조치는 한반도뿐만 아니라 아시아태평양 지역의 안보 환경이 근본적으로 변화할 때 가능한 것이어서 쉽지 않은 작업이다. 비핵화와 체제보장 사이의 이러한 딜레마가 현재의 북미관계를 규정하고 있으며, 향후 한반도 안보 환경에도 커다란 영향을 미칠 것으로 예상된다.

다른 한편, 미국은 그동안 북핵문제를 한반도 안보뿐만 아니라 국제 비확산 체제(nonproliferation regime)의 관점에서 다루어왔다고 할 수 있다. NPT 서명국이었던 북한이 탈퇴해 핵실험에 성공했다는 것은 향후 국제 비확산 체제의 약화를 가져올 수 있기 때문이다. 북한에 이어 이란 등 다른 국가들까지 NPT를 탈퇴하고 핵 보유를 시도한다면 전 세계적으로 핵확산이 확대되어 비확산 체제는 무너지고 전 세계가 핵위협의 소용돌이 속에 빠져들 수 있기 때문이다. 결국 북한 핵으로 인한 위기 가능성을 해소하기 위해서는 비핵화를 추진하거나, 혹은 최소한 북한의 핵능력을 통제하려는 노력이 필요하다. 하지만 그동안의 노력은 여전히 북핵문제 해결을 위한 충분한 방안을 내놓지 못했다. 한미는 지속적으로 한반도의 완전한 비핵화 달성이라는 공동의 목표를 추구해 왔지만, 실질적인 진전 없이 북한의 핵능력은 빠른 속도로 강화되어 왔다. '워싱턴 선언'을 비롯한 한미의 확장억제 강화 노력도 북한의 군사적 위협과 도발에 대한 대응 능력은 일부 향상시켰을지 몰라도 북한 핵문제 해결과 군사적 위협을 제거하기 위한 근본적 해결책은 제시하지 못했다.

이러한 관점에서 북핵문제에 대해서 완전한 합의가 아니더라도 일정 부분 북한과 미국의 전략을 결합하는 비핵화 협상을 모색하는 것이 필요하다. 미국이 요구하는 '완전한 비핵화'의 일괄 타결과 북한이 요구하는 '동시행동'의 원칙을 단계적인 이행의 틀에서 연결시키는 작업이 필요하다. 미국 내에서도 북핵 능력 동결과 협상을 위해 중간단계의 합의(interim agreement)가 필요하다는 논의가 진행되어 왔다(Einhorn, 2019.8.2; Cha, 2020.11.17; O'Hanlon, 2020). 북한 핵문제에 대해서 완전한 비핵화가 최종적인 목표이지만, 북미 간 간극을 좁히고 몇 가지 세부적인 의제를 교환해 합의하는 작은 단계에서 시작되도록 하는 환경 조성이 필요하다. 물론 북미 간에는 핵문제에 대한 이견 차이가 워낙 크기 때문에 단기간 내에 성과를 이루어내기는 쉽지 않을 것이다.

참고문헌

Albright, Madeleine. 2003. *Madam Secretary, with Bill Woodward*. Miramax Books.

Armitage, Richard L. 1999. "A Comprehensive Approach to North Korea." *The Strategic Forum*, 159. Institute for National Strategic Studies, National Defense University.

Arkin, William M. 2002.3.10. "Secret Plan Outlines the Unthinkable." *Los Angeles Times*.

Baker, Peter. 2012.11.18. "Obama, in an Emerging Myanmar, Vows Support." *The New York Times*.

Bolton, John. 2020. *The Room Where It Happened: A White House Memoir*. Simon & Schuster.

Carter, Ashton B. and William J. Perry, 2002.10.20. "Back to the Brink." *Washington Post*.

Cha, Victor. 2020.11.17. "Engaging North Korea Anew: A Bold Political Strategy Should Accompany Nuclear Negotiations." *Foreign Affairs*.

Choe, Sang-Hun. 2018.2.8. "Two Koreas, Split by War, Use Olympics to Make Rare Shows of Unity." *The New York Times*.

______. 2018.8.30. "Pause in Military Drills, Ordered by Trump, Leaves South Koreans Uneasy." *The New York Times*.

______. 2021.5.31. "North Releases Its First Response to Moon-Biden Summit." *The New*

York Times.

Cooper, Helene. 2019.5.1. "Pentagon Again Suspends Large-Scale Military Exercises with South Korea." *The New York Times.*

______. 2008.10.12. "North Korea is Off Terror List After Deal with U.S." *The New York Times.*

Dao, James. 2003. "Bush Administration Defends Its Approach on North Korea." *New York Times.*

Einhorn, Robert. 2019.8.2. "US-DPRK Negotiations: Time to Pivot to an Interim Agreement." Brookings.

______. 2021.5.4. "The rollout of the Biden administration's North Korea policy review leaves unanswered question." *Brookings.*

Fisher, Max and Sergio Pecanha. 2017.1.16. "What the U.S. Gets for Defending Its allies and Interests Abroad." *The New York Times.*

Hwang, Jihwan. 2003. "The Second Nuclear Crisis and U.S. Foreign Policy: Should the U.S. Resolve the North Korean Security Dilemma?" *Pacific Focus*, 18(2), pp.33~57.

Hwang, Jihwan. 2018.10.14. "Will Trump and Kim Make History?" *The National Interest.*

Kelly, James A. 2002.12.11. "U.S.-East Asia Policy: Three Aspects." *Remarks at the Woodrow Wilson Center.*

Kessler, Glenn, 2003.2.12. "IAEA Sends N. Korea Issue to Security Council." *Washington Post.*

Kessler, Glenn and Edward Cody. 2005.9.20. "N. Korea, U.S. Gave Ground to Make Deal." *Washington Post.*

Kim, Jong-un. 2018.1.1. "New Year's Address." *Rodong Sinmun.*

Kralev, Nicholas. 2005.1.19. "Rice Targets 6 'Outposts of Tyranny'." *Washington Times.*

Kupchan, Charles A. 2010. *How Enemies Become Friends: The Sources of Stable Peace.* Princeton University Press.

Larkin, John. 2001.12.14. "Seoul Balks at U.S. Push to Link North to Terror." *Wall Street Journal.*

Myers, Steven Lee and Elaine Sciolino. 2008.9.25. "North Koreans Bar Inspectors at Nuclear Site." *The New York Times.*

Nakamura, David and Greg Jaffe. 2018.2.27. "The White House's 'bloody nose' strategy on North Korea sounds Trumpian. So why do his aides hate it." *The Washington Post.*

Oberdorfer, Don. 2001. *The Two Koreas: A Contemporary History*, new ed. Basic Books.

O'Hanlon, Michael. 2020.1.2. "Why America Should Strike an Interim deal with North Korea." *Brookings.*

Perry, William J. 1999.10.12. "Review of United States Policy Toward North Korea: Findings and Recommendations." *Office of the North Korea Policy Coordinator, United States Department of State.*

Pollack, Jonathan D. 2003. "The United States, North Korea, and the End of the Agreed Framework." *Naval War College Review*, 56(3), pp.10~50.

Pomfret, John. 2003.8.28. "U.S. North Korea Don't Bend on Arms." *Washington Post.*

Rice, Condoleezza. 2000. "Campaign 2000: Promoting the National Interest." *Foreign Affairs*, 79(1), pp.45~62.

Rutenberg, Jim and Jeff Zeleny. 2008.5.29. "Obama Seeks to Clarify His Disputed Comments on Diplomacy." *The New York Times.*

Sanger, David. 2002.10.17. "North Korea Says It Has a Program on Nuclear Arms." *New York Times.*

______. 2003.3.1. "U.S. Sees Quick Start of North Korea Nuclear Site." *New York Times.*

______. 2006.5.16. "U.S. Said to Weigh a New Approach on North Korea." *New York Times.*

Sanger, David and Edward Wong. 2019.3.2. "How the Trump-Kim Summit Failed: big Threats, Big Egos, Bad Bets." *The New York Times.*

Schmitt, Eric. 2018.6.12. "Pentagon and Seoul Surprised by Trump Pledge to Halt Military Exercises." *The New York Times.*

Sherman, Wendy R. 2002.6.18. "Dealing with Dictators." *The New York Times.*

Spetalnick, Matt, Daniel Trotta and Jeff Mason. 2016.3.19. "Obama in Cuba on historic visit." Reuters.

Stolberg, Sheryl Gay and Damien Cave. 2009.4.14. "Obama Opens Door to Cuba, but Only a Crack." *The New York Times.*

Tan, Erwin and Jae Jeok Park. 2020. "The US-North Korean asymmetrical security dilemma: Past the point of nuclear no return?" *International Area Studies Review*, 23(2), pp.194~209.

U.S. Department of Defense. 2002.1.8. *Nuclear Posture Review.*

______. 2010.4. *Nuclear Posture Review Report.*

______. 2018.1. *Summary of the 2018 National Defense Strategy of the United States of America.*

______. 2018.2. *Nuclear Posture Review.*

White House. 2002.9. *The National Security Strategy of the United States of America.* Washington D.C.

______. 2009.4.5. "Remarks by President Barack Obama".
______. 2017.1.20. "Remarks of President Donald J. Trump, Inaugural Address".
______. 2017.9.19. "Remarks by President Trump to the 72nd Session of the United Nations General Assembly".
______. 2018.6.12a. "Joint Statement of President Donald J. Trump of the United States of America and Chairman Kim Jong-un of the Democratic People's Republic of Korea at the Singapore Summit".
______. 2018.6.12b. "Press Conference by President Trump." *Capella Hotel, Singapore.*
______. 2019.2.28. "Remarks by President Trump in Press Conference." *Hanoi, Vietnam.*
______. 2022.5.21. "U.S.-ROK Leaders' Joint Statement." [Biden] White House Briefing Room, Statements and Releases.
Wit, Joel S., Daniel B. Poneman and Robert L. Gallucci. 2004. *Going Critical: The First North Korean Nuclear Crisis.* Brookings Institution Press.
Wolfowitz, Paul. 1996. "The North Korean Nuclear Deal and East Asian Security." in Henry Sokolski(ed.). *New Concerns for the Nineties, Maxwell Air Force Base.* Air University Press.
Wong, Edward. 2019.2.28. "Trump's Talks with Kim Jong-un Collapse, and Both Sides Point Fingers." *The New York Times.*
Woodward, Bob. 2002. *Bush at War.* Simon and Schuster.
Zelikow, Philip. 2007.2.20. "The Plan That Moved Pyongyang." *Washington Post.*
Zoellick, Robert B. 2000. "Campaign 2000: A Republican Foreign Policy." *Foreign Affairs,* 79(1), pp.63~78.
______. 2007.2.26. "Long Division." *Wall Street Journal.*

□ 토의 주제

1. 북미관계가 위기-협상-합의-위기의 사이클을 반복하는 이유는 무엇인가?
2. 김일성, 김정일 시기와 비교해 김정은 시기의 대미 핵정책 특징은 무엇인가?
3. 2019년 2월 하노이 북미정상회담이 결렬된 이유는 무엇인가?
4. 다른 미국 행정부와 비교하여 트럼프 행정부 대북정책의 특징은 무엇인가?
5. 신냉전 구도는 북미관계에 어떤 영향을 미치는가?

□ 더 읽을거리

1. 조엘 위트(Joel S. Wit)·대니얼 폰먼(Daniel B. Poneman)·로버트 갈루치(Robert L. Gallucci). 2005.『북핵위기의 전말: 벼랑 끝의 북미협상』. 모음북스.
2. 한반도 포럼 엮음. 2021.『한반도 뫼비우스의 띠 풀기: 북한 비핵화와 평화 구축』. 한반도평화만들기.
3. 황지환. 2016.「이란 핵협상 타결과 북한 핵문제: 오바마의 적대국 관여외교와 한반도 통일문제」. ≪한국과 국제정치≫, 32(1).
4. 황지환. 2019.「한반도 평화체제 논의의 귀환: 미국우선평화 대 병진평화」. ≪한국과 국제정치≫, 35(1).
5. Jihwan Hwang. 2024. *North Korea, Nuclear Risk-Taking, and the United States: Kim Il Sung, Kim Jong Il, and Kim Jong Un*. Lexington Books.

8
CHAPTER

북한 핵문제와 북일관계의 변화

조진구(경남대학교 극동문제연구소 교수)

| 학습목표

2023년 10월 현재 193개 유엔 회원국 가운데 일본과 국교가 없는 유일한 국가가 북한이다. 북한과의 국교 정상화는 러시아와의 평화조약 체결과 함께 일본에 남겨진 유일한 전후 처리 과제라고 할 수 있다.
전후 북일관계는 국제 정세가 크게 변화할 때마다 주목할 만한 움직임을 보였다. 냉전 종식 후인 1991년 1월 북일 정부 간의 국교 정상화회담이 시작되어 12차례 열렸지만, 양측의 인식 차이는 컸다. 2002년 9월 김정일 국방위원장은 일본 총리로는 처음 평양을 방문한 고이즈미에게 북한에 의한 일본인 납치 사실을 인정하고 유감을 표명했다. 양국 정상이 서명한 평양선언은 북일관계를 규정하는 중요한 기본 문서라고 할 수 있으며, 양측 모두 평양선언의 원칙과 정신을 강조하고 있다.
이 글에서는 2006년 북한의 첫 번째 핵실험 이전 시기의 북일관계를 개관한 뒤 납치, 핵과 미사일 등 3대 현안을 중심으로 한 북일관계의 궤적을 당시의 국제관계를 염두에 두면서 역사적으로 살펴보고자 한다.

1. 서론

1972년 9월 다나카 가쿠에이(田中角栄) 총리가 미수교국 중국을 방문해 국교 정상화에 합의한 후 30년 만인 2002년 9월 17일에 일본 총리가 미수교국 북한을 방문했다. 북한을 방문한 고이즈미 준이치로(小泉純一郎) 총리와의 정상회담에서 김정일 국방위원장은 일본인 납치 사실을 공식적으로 인정하고 사죄했으며, 사실관계의 조사와 재발 방지를 위한 적절한 조치도 약속했다. 양국 정상은 북일 평양선언에서 현안 해결과 과거 청산을 통해 국교를 정상화하는 것이 양국 국익에 부합한다는 것을 확인하고 중단된 국교 정상화회담을 10월 중에 재개하기로 합의했다(≪로동신문≫, 2002.9.18).

북일 정상회담 약 한 달 뒤인 10월 15일 일본인 납치피해자 5명이 일본으로 귀국했는데, 이 시기를 전후해 일본 내각부가 한 여론조사에 따르면 북한과의 국교 정상화에 '찬성'한 응답자는 66.1%로, '반대'한 응답자(26.0%)의 2.5배에 달했다. 그러나 김정일 국방위원장의 일본인 납치 인정과 사죄 표명에도 불구하고 일본 국내에서 북한에 대해 부정적인 이미지가 확산하면서 2003년부터 내각부는 국교 정상화에 대해 찬반을 묻는 문항을 여론조사 항목에서조차 제외했다.

북일관계 개선을 저해하는 최대 요인은 일본인 납치문제다. 일본 정부는 이 문제를 "북한 당국에 의한 국가적 범죄 행위"로 규정하고 국민적 과제인 납치문제의 해결을 위해 최대한 노력하겠다고 했지만, 생존한 납치피해자 5명 이외에 추가 귀국자는 없다. 제1차 아베 신조(安倍晋三) 내각 출범 직후인 2006년 9월 29일 총리를 본부장으로 하는 납치문제대책본부가 내각에 설치되었으며, 10월 16일 열린 제1차 회의에서 '납치문제에서의 향후 대응 방침'을 결정했다. 일본 정부는 납치, 핵, 미사일 등 현안을 포괄적으로 해결하고 불행한 과거를 청산하고 국교를 정상화하려 하지만, 납치문제의 해결 없이 국교 정상화는 있을 수 없다는 것이 일본 정부의 일관된 입장이다.

제2차 아베 정권 출범 후인 2013년 1월 25일 납치문제대책본부가 결정한 '납치문제 해결을 향한 방침과 구체적 시책'에서 일본 정부는 납치문제의 해결이 무엇인지에 대해서, 북한이 사망했다고 통보한 납치피해자를 포함해 '모든' 납치피해자의 안전 확보 및 즉시 귀국, 납치에 관한 진상규명과 납치 실행범의 인도라고 명확하게 밝혔다. 이는 납치문제가 이미 해결되었다고 주장하는 북한 측이 받아들일 수 있는 내용은 아니다.

한편, 일본은 북한의 핵개발을 안보상의 중대한 위협으로 인식하게 되었다. 방위성이 매년 발간하는 『방위백서』 2007년판은 2006년 10월 9일 북한의 1차 핵실험에 대해서 일본만이 아니라 "동아시아 및 국제사회의 평화와 안정에 대한 중대한 위협"이며 "핵무기의 소형화·탄두화를 포함한 동향에 주목해 갈 필요"가 있다고 기술했다. 이후 북한이 핵실험과 탄도미사일 발사를 거듭해 감에 따라 북한의 군사적 동향이나 핵과 미사일 능력에 대한 일본의 경계심은 더욱 강화되어 갔다.

또한 일본은 유엔 안보리 결의에 입각한 대북제재와는 별도로 독자적인 제재를 가해왔다. 핵과 미사일에 더해 납치문제에 구체적인 진전이 없는 한 대북제재를 해제해서는 안 되며 철저하게 이행하는 것이 중요하다는 것이 일본 정부의 기본 입장이지만, 2014년 5월 스톡홀름에서의 북일 정부 간 합의에 따라 일본의 독자적인 대북제재의 일부를 해제했던 것처럼 독자적인 제재를 대북 카드로도 활용하고자 하는 모습도 보여왔다.

제2차 세계대전이 끝나고 70년 이상 지난 현재 북한을 제외하면 일본은 과거 전쟁을 하거나 식민지지배를 했던 국가들과의 관계를 모두 정상화했다. 일본이 승인한 195개 국가 가운데 유엔 회원국은 193개국이며, 유엔 회원국 가운데 일본과 국교가 없는 유일한 국가가 북한이다.[1] 아시아 국가로는 처음으로 하계 올림픽을 개최했던 1964년 일본인의 해외여행도 자유화되었지만, 언론사의 취재나 북한 측 초청을 제외하고 일본인이 관광 목적으로 북한을 방문할 수 있게 된 것은 1987년이 되어서다. 또한 1990년 9월 자민당과 일본사회당 대표단의 방문을 계기로 발표된 조선로동당과의 3당 공동선언에 따라 일본 외무성이 발급한 여권에 기재돼 있던 "이 여권은 북한을 제외한 모든 국가와 지역에서 유효"하다는 문구가 삭제되었다.

전후 북일관계를 되돌아보면 국제 정세가 크게 변화할 때마다 주목할 만한 움직임을 보였다. 스탈린 사망 이후 미소가 평화공존을 모색했던 1950년대 중반과 1970년대 초반에도 북일 간의 경제와 문화교류가 이뤄졌지만, 일본 정부는 정부 간의 공식적인 접촉에는 소극적이었다. 1990년 9월의 자민당·일본사회당·조선로동당의 공동선언에 따라 1991년 1월 정부 간 교섭이 처음 시작되었지만, 중단과 재개를 거듭했다. 2002년 9월과 2004년 5월 고이즈미 총리의 두 번의 방북 전후에도 실무자 협의, 포괄 병행 협의, 국교 정상화를 위한 작업 부회, 정부 간 협의 등 다양한 형태와 이름으로 북일 양국은 접촉과 대화를 해왔지만, 국교 수립에는 이르지 못했다.

북한이 일본과 국교를 정상화하려는 것은 일본과의 과거 역사를 청산하고 경제협력을 얻기 위해서인데, 북일 국교 정상화가 실현되어도 북한에 대한 경제제재가 해제되지 않으면 일본의 대북 경제협력은 기대할 수 없다. 재임 중 납치문제의 해결을 강조했던 아베 총리는 해결은커녕 북일 정상회

1 1951년 9월 체결된 샌프란시스코 대일평화조약(Treaty of Peace with Japan)은 이듬해 4월 발효되어 일본은 독립 국가가 되었지만, 유엔 안보리에서 소련이 거부권을 행사해 가입하지 못했다. 1956년 10월 소련과 국교를 정상화한 뒤인 12월 12일 유엔 안보리에서 일본의 유엔 가입이 승인되었으며, 12월 18일 제11차 유엔총회에서 만장일치로 일본의 가맹이 승인되어 80번째 회원국이 되었다. 한편, 1991년 9월 18일 제46차 유엔총회에서 남북한을 포함해 마셜 공화국, 미크로네시아, 발트 3국 등 7개국의 유엔 가입이 승인되었는데, 가입국 국명의 알파벳 순서에 따라 북한이 160번째, 한국이 161번째 가맹국이 되었다.

담조차 열지 못했다. 2023년 5월 27일 기시다 후미오(岸田文雄) 총리가 조건 없는 김정은 위원장과의 정상회담의 조기 실현을 위해 총리 직할의 고위급 협의를 하겠다고 표명하자 이틀 뒤인 5월 29일 북한 외무성 박상길 부상이 담화를 발표해 북일 양국이 "만나지 못할 이유가 없다"라고 호응했다. 5월 30일 북한은 군사정찰위성 발사계획을 국제해사기구(IMO)에 알렸는데, 전날인 29일 북한은 일본 해상보안청에 먼저 발사계획을 통보했다. 과거에 북한이 일본 해상보안청에 사전 통보를 한 적이 없었기 때문에 매우 이례적인 북한의 의도에 관심이 쏠렸다.

북한과의 국교 정상화는 러시아와의 평화조약 체결 문제와 함께 일본에 남겨진 유일한 전후처리 과제이기도 하다. 이 글에서는 일본의 안보와 직결된 북한 핵문제가 이전과는 다른 차원의 의미를 지니게 된 2006년 북한의 첫 번째 핵실험 이전 시기의 북일관계를 개관한 뒤 납치, 핵과 미사일 등 3대 현안을 중심으로 한 북일관계를 당시의 국제관계를 염두에 두면서 역사적으로 살펴보고자 한다.

2. 전사(前史): 2006년 이전의 북일관계

1975년 시작한 일본 내각부의 외교에 관한 여론조사에 북한이 추가된 것은 2001년이다.[2] 첫 조사에서 북한에 대해 '관심이 있다'는 응답은 62.9%로 '관심이 없다'는 응답(35.1%)보다 훨씬 많았다. '관심이 있다'고 응답한 사람

2 외교에 관한 내각부의 연례 여론조사 목록 참조. https://survey.gov-online.go.jp/index- gai.html(검색일: 2023.10.23).

들의 관심사를 묻자 경제교류와 문화교류, 관광이나 스포츠 교류보다 일본인 납치문제나 미사일 문제, 핵개발 문제, 식량 지원 등을 꼽았다. 일본인에게 북한은 가보거나 교류하고 싶은 대상이 아니라 식량 문제도 스스로 해결하지 못하면서 핵과 미사일을 개발하고 일본인을 납치하는 부정적 이미지가 강했던 것으로 생각된다(조진구, 2019: 194~195).

돌이켜 보면, 한일 국교 정상화 이후 일본은 북한과의 교류나 인적 왕래에도 유연한 태도를 보였다. 일본은 한일기본조약의 적용 범위를 한국이 통치하는 휴전선 이남 지역으로 한정해 상황 변화에 따라 북한과의 국교 정상화 가능성도 남겨두었지만, 북한과 외교관계를 맺지 않는다는 원칙은 견지했다. 한일기본조약 제3조에는 한국정부가 "유엔총회 결의 제195호(III)에 명시되어 있는 것처럼", 즉 1948년 당시 유엔한국임시위원회가 감시하고 협의할 수 있었던 38선 이남 지역의 한반도에서 유일한 합법 정부라고 인정했다. 1965년 10월 29일 사토 에이사쿠(佐藤栄作) 총리는 중의원 특별위원회에서 한반도에 실질적으로 두 개의 정부가 존재하는 상황에서 "한쪽 국가를 승인한 국가는 다른 한쪽과 외교관계를 수립하지 않는 것이 지금까지의 외교 관례"라고 말했다. 즉, 일본은 유엔총회 결의를 존중해 "북한과 외교관계를 갖지 않지만" 미래의 북일관계는 백지상태임을 분명하게 밝혔다고 할 수 있다(조진구, 2019: 196).

이 절에서는 1990년대 초반 냉전의 종식과 때를 같이해 시작된 북일 국교 정상화회담 전후로 시기를 나누어 2006년 이전의 북일관계를 개관하기로 한다.

1) 냉전 시기의 북일관계

전후 국교가 없었던 북한과 일본에 연결 고리가 되었던 것은 재일한국인과 일본 공산당과 사회당 등의 혁신세력이었다. 1955년 5월 25일 재일조선인총연합(한국에서는 '조총련', 일본에서는 '총련'이라 부름) 창립대회에서 채택된 강령에는 북일 간의 경제·문화 교류, 통신, 도항의 자유 및 국교 정상화와 우호친선을 위해 노력한다는 것이 포함되었다. 이것은 북한이 기존의 반일 노선에서 탈피해 일본과의 관계 개선을 모색하고 총련이 일본에서 실행하는 사실상의 북한 정부 대변인 역할을 하게 되었다는 것을 의미했다.

북한의 대일정책 변경은 총련 결성 3개월 전인 2월 25일 발표된 남일 외무상의 성명에 예고되어 있었다. 북한과의 경제관계 개선 의사를 밝힌 하토야마 이치로(鳩山一郎) 총리의 신년기자회견에 대한 답변 성격의 남일 성명은 일본 재무장과 미일의 군사적 협력관계에 반대의 뜻을 밝혔지만, 평화공존의 원칙에 따라 무역과 문화 분야 등 북일관계 발전에 관한 문제에 관해 협의할 의사가 있다고 밝혔다(≪로동신문≫, 1955.2.26). 한국과 국교 정상화 교섭을 하면서 북한과 접촉하는 것에 대한 한국 측의 반발을 고려한 일본 정부는 북한과의 교섭 의사가 없다고 밝혔지만(≪조선일보≫, 1955.6.23), 일본 정부가 직접무역을 승인하면서 북일 무역의 규모가 확대되고 문화교류도 활발해졌다.

특히 북일 양측 적십자사 간에 해방 후 일본으로 귀국하지 못한 일본인과 재일조선인의 귀국 문제가 논의되었다. 1956년 4월 북한은 48명의 일본인의 귀국을 허가했으며, 한국 측의 맹렬한 반발에도 불구하고 1959년 2월 일본 정부는 인도주의적 차원에서 재일조선인의 귀국 허가를 결정했다. 1959년 8월 북일 양국 적십자사 사이에 체결된 귀국 협정에 따라 12월부터 1980년까지 약 9만 3000명이 북한으로 귀국했다. 재일동포의 북송문제는

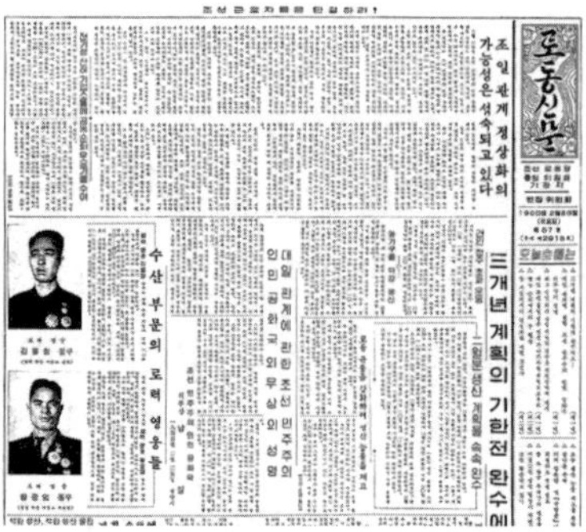
로동신문

조일 관계 정상화의 가능성은 성숙되고 있다

三개년 계획의 기한전 완수에

대일 관계에 관한 조선 민주주의 인민 공화국 외무상의 성명

수산 부문의 로력 영웅들

그림 8-1 ≪로동신문≫에 실린 남일 외무상의 성명과 논설, "조일관계 정상화의 가능성은 성숙되고 있다"
자료: ≪로동신문≫, 1955.2.26.

일본의 식민지지배를 정당화했던 구보타 망언으로 중단되었다가 1958년 4월 5년 만에 재개된 한일회담을 또다시 중단에 빠뜨렸다. 4·19 학생혁명과 이승만 정권의 붕괴, 박정희에 의한 5·16 군사 쿠데타 등 한국 정치 상황이 급변하면서 여러 번의 위기가 있었으나, 1965년 6월 22일 한일기본조약과 부속 협정을 체결하고 약 14년에 걸친 지난(至難)한 교섭 끝에 한국과 일본이 국교를 수립했다.

북한은 한일 국교 정상화에 대해 북한을 포위하려는 한·미·일 3국의 결탁이며, 한반도의 통일을 방해하고 남북 분단을 영구화하는 범죄적 음모라고 인식했다. 북한은 6월 23일 발표한 정부 성명에서 침략적이며 매국적인 한일기본조약과 부속 협정은 무효이기 때문에 인정하지 않을 것이며 끝까지 반대한다고 선언했다. 또한 성명은 일본 제국주의자가 조선 인민에게 끼친 인적·물적 피해에 대해 북한은 "대일 배상청구권을 보유하고 있으며" 일본 정부는 이를 이행할 법적 의무가 있다고 주장했다(≪로동신문≫, 1965.6.24).

한일 국교 정상화 이후 악화일로를 걸었던 북일관계는 1971년 후반부터 회복되기 시작했다. 9월 25일 현지 지도 중인 황해북도 사리원에서 이뤄진 아사히 신문 도쿄 본사 편집국장과의 회견에서 김일성 수상은 일본 역대 내각의 '침략적' 언동을 비판하면서도 일본이 대북 적대시 정책을 바꾼다면

전세계 로동자들은 단결하라!

우리 당의 유일사상은 위대한 수령 김일성동지의 혁명사상이다. 전당과 전사회에 당의 유일사상체계가 꽉 들어차게 하자!

로동신문

6개년계획의 2년분과제를 명년 4월 15일전으로 앞당겨 완수하자!

조선로동당 중앙위원회기관지

경애하는 수령 김일성동지께서 일본신문 《아사히신붕》 편집국장과 그 일행을 만나시였다

경애하는 수령 김일성동지께서 노로돔 시하누크친왕을 환영하는 평양시 군중대회에서 하신 력사적인 연설을 판자니아신문이 게재

그림 8-2

김일성의 회견은 이틀 후인 27일 ≪로동신문≫ 1면에 사진과 함께 보도되었지만, 내용에 관해서는 언급이 없었다.

이 회견은 9월 27일 자 ≪아사히신문≫ 두 면에 사진 3장과 함께 상세하게 보도되었는데, 북한 당국의 호의로 평양에서 베이징 경유 국제전화로 4시간 동안 기사를 송고했다고 한다.

평등과 내정 불간섭, 상호주의 원칙에 따라 우호 관계를 수립할 수 있으며 그것이 양국의 이익에 부합한다고 말했다.

특히 김일성은 6·25 전쟁에 유엔군으로 참전했던 프랑스, 영국, 네덜란드 등을 언급하면서 일방적인 일본의 대북 봉쇄 정책 때문에 북한 기술자는 일본에 갈 수 없고 공장이나 기계를 직접 볼 수도 없어 주문도 할 수 없다면서 국교 수립 이전이라도 무역, 자유 왕래, 문화교류, 기자 교환 등의 실현을 바란다고 말했다(≪朝日新聞≫, 1971.9.27).

김일성의 발언은 일본 국내에서 커다란 반향을 불러일으켰다. 10월 다나카 가쿠에이(田中角栄) 통상산업대신은 북한에 대한 일본 수출입은행의 융자를 승인했으며, 11월에는 234명의 초당파 의원들이 참여하는 일조우호촉진의원연맹이 결성되었다. 이듬해 1월 이 연맹 대표단이 평양을 방문해 1976년까지 양국 간 무역을 5억 달러로 확대하는 무역협정을 조선국제무역촉진위원회와 체결했으며, 2월에는 무역대표부 역할을 하는 조일수출입상사가 도쿄에 개설되었다. 1971년 6000만 달러에 그쳤던 무역 규모는 1972년에 1억 3000만 달러를 넘었으며, 1974년에는 3억 6000만 달러를 기록했다.

1960년대 중반 이후 한국경제가 고도성장하면서 남북한 경제가 역전되었는데, 침체한 경제를 재건하기 위해 북한은 일본, 서독 및 프랑스 등 서방 국가들과의 무역과 자본 및 기술 도입을 적극적으로 추진했다. 그렇지만,

1973년 제1차 오일쇼크 이후 북한은 서방 국가들에서 도입한 플랜트의 대금을 제때 상환하지 못했는데, 북한에 의한 대금결제 지연 문제는 북일 경제관계에도 악영향을 미쳤다. 북일 간에 관세협정이 체결되지 못해 북한산 물품에 높은 관세가 부과되면서 착실하게 증가하던 대일무역은 1974년부터 감소세로 돌아섰다. 1976년과 1979년, 1983년 세 번에 걸쳐 대금 상환 기한 연장에 합의했으나 1983년 이후 모든 지불이 완전히 정지되었다.

이러한 문제를 해결하기 위해 북한은 1984년 9월 합영법을 제정해 외자 도입을 추진하지만 기대했던 성과를 거두지는 못했다. 1984년 김일성의 소련 방문 이후 소련과의 관계가 개선되고 경제·무역 관계도 급격하게 호전되었지만, 1986년부터 북한의 대소련 무역이 전체 무역의 50% 이상을 차지하는 부작용이 발생했다. 더구나 1989년 가을부터 1990년에 걸쳐 동유럽에서 펼쳐진 정치적 지각변동은 북한에 강한 정치적 위기의식을 심어주었다.

1988년 7월 7일 노태우 대통령은 미국과 일본 등 우방국과 북한과의 관계 개선에 협력하고 한국도 사회주의 국가와의 관계 개선을 추진하겠다는 대통령 특별선언을 발표했다. 이른바 '북방정책'을 공식화한 이후 한국은 1989년 2월 동유럽 국가 가운데 처음으로 헝가리와 국교를 수립한 데 이어 폴란드(11월)와 유고슬라비아(12월)가 한국과 수교했으며, 1990년 3월에는 체코슬로바키아와 불가리아, 루마니아가 잇달아 수교했다. 1989년 11월 9일 유럽 냉전의 상징이었던 베를린 장벽이 붕괴한 뒤 1년도 지나지 않은 1990년 8월 31일 동서독은 통일을 위한 국가조약에 조인했다.

가장 충격적인 것은 1990년 9월의 한국과 소련의 국교 수립이었다. 1990년 9월 초 한국과의 국교 수립 방침을 통보하기 위해 셰바르드나제(Eduard Shevardnadze) 소련 외상이 평양을 방문했을 때 김일성은 면담을 거부했다. 김영남 외교부장은 한소수교는 양국의 이익과 관련되는 모든 중요한 국제문제에 대해 서로 협의한다는 조소우호협력상호원조조약 제3조 위반이라고 셰바르드나제에게 격렬하게 항의했으며, 한국에 미국의 핵무기가 존재하는 상황에서 자위를 위해 북한은 핵무기를 개발할지 모른다고 강하게 반발했다. 북한을 더 난처하게 만든 것은 소련이 한국과 수교하면서 무역대금의 현금 결제와 소련 상품에 대한 국제가격 적용을 일방적으로 통보한 것이다. 1991년 북한의 전체 무역 규모가 1990년도의 절반 수준인 25억 3000만 달러로 감소하는 상황에서 북한의 대소련 무역은 전년도의 32억 2000만 달러에서 3억 6000만 달러로 90% 이상 급감했다. 1980년대 말부터 국제정세가 급변하면서 북한은 외교적으로 고립되어 갔으며, 경제적으로도 매우 어려운 상황에 직면하게 되었다(조진구, 2019: 203~206).

2) 북일 국교 정상화회담의 경위와 쟁점

1988년 노태우 대통령의 7·7 선언은 북한과 일본이 접촉하는 촉매제 역할을 했다. 북한과 소련의 무역이 급감하면서 일본은 중국에 이어 북한의 두 번째 교역상대국이 되었으며, 외교적 고립과 경제적 어려움을 타개하는 돌파구를 모색하던 북한은 식민지지배에 대한 배상 명목으로 상당한 금액을 받을 수 있는 세계 2위의 경제 대국 일본과의 관계 개선에 기대를 걸게 된다. 일본 정부도 스파이 혐의로 북한에 억류되어 있던 화물선 제18후지산마루 선원들의 석방을 위해 적극적으로 움직였으며, 외교 채널이 없던 북한과 일본 사이에서 일본사회당이 중개자 역할을 했다.

우선 사전 정지 작업 차원에서 다케시타 노보루(竹下登) 총리는 1989년 3월 30일 중의원 예산위원회에서 북한을 정식 국호로 호칭하면서 북한과의 관계 개선 의사를 밝혔다. 또한 다케시타는 일본 총리로는 처음으로 북한을 대상으로 식민지지배에 대해서 "깊은 반성과 유감"의 뜻도 표명했다. 사회당 의원의 건의를 받아들여 9월 13일 일본 정부는 북한 외교관과의 접촉과 일본 공무원의 방북 금지, 북한 정부 인사들의 일본 입국 금지 등의 제재 해제를 발표했다. 1989년 1월에는 일본사회당 당대회에 참석하는 조선로동당 대표단의 일본 입국도 허가했다.

일본사회당은 자민당의 막후 실력자였던 가네마루 신(金丸信) 의원의 북한 방문을 추진했으며, 가네마루는 1990년 9월 24일 가이후 도시키(海部俊樹) 총리가 자민당 총재 자격으로 김일성에게 보내는 친서를 가지고 평양을 방문했다. 북한은 일본과의 과거 청산을 통한 배상에는 큰 관심을 보였지만, 배상 문제는 정부 간 교섭에서 다뤄져야 할 문제였다. 북한 측은 국교 정상화를 위한 정부 간 교섭을 일본 측에 제안했는데, 이것은 일본이 국교 정상화 이전에 배상이나 경제협력을 했던 전례가 없었기 때문일 것이다.

억류 중이던 일본인 선원 2명이 석방되었으며, 북한 측 초안을 바탕으로 3당 합의 사항이 9월 28일 공동선언의 형태로 발표되었다. 공동선언은 북일 간의 비정상적인 상태를 해소하고 조기에 국교를 정상화하고 현안의 해결을 위해 정부 간 교섭을 11월 중에 시작하도록 '강력하게' 권고하는 것을 포함한 8개 항으로 구성되었다. 공동선언에서 3당은 과거 36년간의 식민지 지배에 대해서만이 아니라 전후 45년 동안 끼친 손해에 대해 "공식적으로 사죄하고 충분히 보상해야 한다고 인정"했다(≪로동신문≫, 1990.9.29).

가네마루의 독단적인 판단으로 포함되었던 전후 45년에 대한 사죄와 보상 문제는 귀국 후 일본 국내에서 커다란 물의를 일으켰지만, 이 합의에 따라 11월과 12월 세 차례 열린 예비회담에서 북일 양국은 ① 국교 정상화에 관한 기본문제, ② 국교 정상화에 따르는 경제적 제 문제, ③ 국교 정상화와 관련한 국제문제, ④ 기타 쌍방이 관심을 가지는 문제(재일조선인 법적 지위, 일본인 배우자 문제 등) 등 네 가지 의제에 관한 합의 문건을 채택했다(≪로동신문≫, 1990.12.18). 예비회담에서는 본회담을 1월 하순에 시작하며 외교 당국의 부부장(차관급)이 단장(수석대표)을 맡기로 했다. 이에 따라 1991년 1월 30일 국교 정상화를 위한 북일 정부 간의 첫 번째 회담이 평양에서 개최되었는데, 수석대표의 모두 연설 등을 통해 나타난 양측 기본 입장의 차이는 컸다.

첫날 회의를 마친 뒤의 기자회견에서 전인철 북한 수석대표는 과거 식민지지배로 일본이 끼친 "재난과 손실"에 대해 "일본 국가 및 정부 최고 당국자의 공식적인 사죄"와 함께 그에 "상응한 물질적인 보상"이 있어야 하며, 보상 문제는 교전국 간의 배상과 재산청구권의 형태를 적용해 해결해야 한다고 주장했다. 또한 일본은 1910년의 '한일합병조약'을 비롯해 일본이 강요했던 모든 조약과 협정들이 '비법(불법)·무효'임을 선언해야 한다고 강조했다. 전후 45년에 대한 보상과 관련해서는 일본은 해방 후 과거의 피해에 대해 보상하지 않아 그 보상에 대한 이자라는 설명과 함께 6·25 전쟁 당시 미국의 보급, 공격, 수리 기지 역할을 하고, 전후 미국과 함께 적대시 정책을 취해 막대한 피해를 주었다는 이유를 들어 정당화했다. IAEA와의 핵 안전협정 체결 문제는 북일 간에 논의할 문제는 아니지만, IAEA와 원칙적인 합의가 이뤄져 언제라도 협정에 조인할 준비가 되어 있다고 말했다(≪로동신문≫, 1991.1.31).

반면, 일본의 나카히라 노보루(中平立) 수석대표는 과거 식민지지배에 대해서는 1989년 다케시타 총리의 국회 발언과 같은 내용의 유감을 표명했지만, 양국은 전쟁 상태에 있지 않기 때문에 배상이나 보상은 존재하지 않고 청구권 문제만 미해결 상태라고 반론했다. 또한 일본 정부는 3당 공동선언에 구속받지 않을 것이며, 북일 국교 정상화는 한일기본조약과 정합성을 유지하면서 추진되어야 하고 북한은 IAEA에 의한 핵사찰을 수용해야 한다고 주장했다(松本英樹, 2003: 32~33).

3월 중순에 예정된 팀스피릿 한미연합훈련을 이유로 북한은 남북고위급회담의 연기를 요구했지만, 북일 간의 회담은 예정대로 진행되었다. 일본과의 회담에 걸었던 북한의 기대감이 컸다는 것을 알 수 있다. 당에서 외교를 담당했던 김용순 비서는 2월 하순 일본을 방문해 가이후 도시키 총리를 예방하고 김일성의 친서도 전달했다. 특히 김용순은 북일 교섭의 연내 타결에 대한 희망을 피력하면서 "합의 가능한 것부터 합의하는 방법이나 의제 순서에 따라 협의하는 방법도 있다"라고 강조했다(小此木政夫, 1995: 101).

3월 도쿄에서 열린 제2차 회담에서 양측의 입장 차는 좁혀지지 않았는데, 5월 베이징에서 열린 제3차 회담에서 북한이 '중요한 제안'을 했다. 회담의 순조로운 진척을 위해 국교 정상화에 관한 기본문제를 토의하고 외교관계 설정에 먼저 합의한 뒤에 두 번째 의제인 보상 문제를 협의하는 식으로 진행할 것을 주장했다. 일본 측은 다른 의제와 분리해 국교 정상화 문제를 먼저 협의하자는 북한 측 제안을 거부하면서 의제의 포괄적 협의를 주장했다. 특히 일본 측이 남북 대화와 남북의 유엔 동시 가입, IAEA의 핵사찰을 사실상 전제 조건화하고 대한항공기 격추 사건의 범인 김현희에게 일본어를 가르쳤다는 일본인 여성(이은혜)의 신원 확인을 요청한 것에 북한이 강하게 반발하면서 평행선을 그었다(≪로동신문≫, 1991.5.21~23). 8월 말 재개된 제4차 회담과 11월 중순의 제5차 회담도 성과 없이 끝났지만, 제5차 회담에서 북한은 교전국 간의 배상이나 전후 45년간의 보상을 언급하지 않고 식민지지배에 따른 인적·물적 피해에 대한 '보상'만 요구했다. 일본과의 교섭에 속도를 내려던 것이었지만, 북한에 대한 핵사찰 문제가 국제사회의 관심사로 등장하면서 북일 교섭은 새로운 국면을 맞이하게 된다.

1991년 11월 노태우 대통령의 '한국 내 핵 부재 선언'에 이어 12월 31일 남북이 비핵화공동선언에 서명하면서 북한은 IAEA와 안전조치협정을 체결하고 사찰의 수용 의사도 밝혔다. 북한과 IAEA가 안전조치협정을 체결했던 1992년 1월 30일 재개된 제6차 회담에서 전인철 수석대표는 남북한 동시 유엔 가맹, 남북 대화, 핵사찰 문제가 모두 해결되었다면서 북한의 보상 요구를 수용하라고 일본에 강하게 요구했지만, 일본의 나카히라 수석대표가 협정의 성실한 이행을 통해 핵개발 의혹을 완전하게 해소하고 북한이 건설 중인 핵연료 재처리 공장의 포기를 요구하면서 회담은 성과 없이 끝났다. 5월에 열린 제7차 회담도 큰 성과 없이 끝났으며, 한중 국교 수립(1992.8.24) 이후 열린 제8차 회담은 북한 핵문제와 '이은혜 문제'를 둘러싸고 양측이 대립해 7년 5개월간 회담은 중단되었다.

그사이 1993년 3월 12일 북한이 핵확산금지조약의 탈퇴를 선언하면서 한반도에 긴장이 고조되었지만, 6월 처음으로 열린 북미고위급회담을 통해 북한의 NPT 탈퇴는 간신히 막았다. 김일성의 장례식 직후인 8월 5일부터 제네바에서 계속된 북미고위급회담에서 북한이 핵 활동을 동결하는 것을 조건으로 핵무기 개발에 적합하지 않은 경수로 2기와 연간 50만 톤의 중유 제공, 북미관계 개선 등에 북미가 합의했다.

1995년 3월 와타나베 미치오(渡辺美智雄) 의원을 단장으로 한 연립여당 대표단이 평양을 방문해 30일 김용순 당 비서와 북일 국교 정상화회담을 재개하기로 합의했지만, 일본 국내에서 사토 가쓰미(佐藤勝巳)를 비롯한 보수논객들이 국교 정상화와 교섭에 반대하는 운동을 벌였다. 특히 1997년 2월 3일 ≪산케이신문≫과 주간지 ≪AERA≫가 14세의 소녀 요코다 메구미(横田めぐみ) 납치를 보도하고, 3월에는 소녀의 아버지를 대표로 한 '북한에 의한 납치피해자 가족 연락회'가 결성되었다. 10월 4일 사토는 '북한에 납치된 일본인을 구출하는 모임'의 회장이 되었으며, 25일 잡지 ≪현대 코리아(現代コリア)≫ 11월 호에 "납치문제의 해결은 보류한 채 일본으로부터 쌀 100만 톤을 무상으로 얻어내고 국교 정상화회담을 즉시 재개해 사죄하게 하고 배상금 1조 엔을 받아내는 것이 북한의 속셈"이라고 북한과의 관계 정상화와 북일 교섭에 강하게 반대했다.

한편, 11월 8일 제1차 일본인 배우자의 고향 방문이 이뤄졌으며, 3일 뒤인 11일 모리 요시로(森喜朗) 의원을 단장으로 한 연립여당 대표단이 북한을 방문해 김용순 등과 만나 북일 간 9차 회담의 조기 재개를 위해 노력하기로 합의했다. 특히 북한은 납치문제를 인정하지 않았으나 '행방불명자'에 대해 조사하겠다고 처음으로 약속했지만, 납치문제는 일본 내 대북 여론을 크게 악화시켰다(와다 하루키, 2023: 62~83, 87~89). 1998년 8월 31일 북한이 일본 전역이 사정권에 들어가는 대포동 미사일을 발사하자 일본 국회는 이에 항의하고 개발 중지를 요구하는 결의안을 채택했다. 일본 정부도 북일 교섭 중단과 직항 전세기 운항 중지, 한반도에너지개발기구(KEDO)에의 자금협력 보류 등의 제재 조치와 함께 정보 수집을 위한 독자적인 위성 개발을 결정했다.

1999년 1월 오부치 게이조(小渕恵三) 총리는 국회에서 핵, 미사일 및 납치문제에 대한 북한의 적극적이며 건설적인 대응을 전제로 국교 정상화회담 재개 의사를 밝혔지만, 3월 북한의 공작선이 일본 영해를 침범하는 사건이 발생하고 6월 남북한 해군이 황해에서 교전을 벌이는 사건이 발생하면서 북일관계는 정체의 늪에서 벗어나지 못했다.

그러나 1999년 9월에 들어와 북미 베를린 미사일 회담 이후 미국의 대북 경제제재 완화와 북한의 미사일 발사 유예 발표에 이어서 유엔총회에 참석한 북한의 백남순 외상이 일본과의 관계 개선에 응할 용의가 있다고 밝혔던 것은 교섭 재개를 위한 긍정적 요인이 되었다. 12월 무라야마 도미이치(村山富市) 전 총리가 이끄는 초당파 의원단이 북한을 방문했으며, 김용순 비서가 일본인 납치문제에 대한 조사 의사를 밝히자 일본 정부는 대북 식량 지원 동결 조치를 해제했다. 2000년 3월 7일 일본 정부가 세계식량계획(WFP)을 통해 쌀 10만 톤의 지원을 결정하자 3월 10일 북한 적십자사는 일본인 행방불명자에 대한 조사를 시작했다고 발표했다.

이러한 과정을 거쳐 4월 5일 제9차 회담이 평양에서 열렸지만, 과거 청산을 중시하는 북한과 납치문제의 해결을 우선하면서 핵사찰 수용과 미사일

표 8-1 국교 정상화를 위한 북일 정부 간 회담에서의 쟁점과 양국 입장

		북한	일본
과거 청산	사죄 문제	• 일본국 및 정부 최고 책임자의 공식 사죄를 요구한다. 공식 사죄한 내용을 외교관계 설정을 위한 공식 문서에 명기한다(1차). • 식민지 시대의 조약·협정은 일본에 의해 강제된 것으로 무효였다(2회). • 과거의 식민지지배에 대한 사죄를 요구한다(9차).	• 과거의 한 시기 불행한 관계가 있었던 것은 유감이다(1989년 다케시타 총리의 깊은 반성과 유감의 뜻과 같은 취지를 말함)(1차). • 과거의 불행한 역사에 대해서는 무라야마 총리의 담화(1995.8.15)에 나타난 것과 같은 인식이다(9차).
	보상 문제	• 전전, 전쟁 중의 식민지지배 시대에 대해서는 교전국 간에 적용되는 '배상'과 '청구권'의 두 가지에 대해 보상해야 한다(1차). • 한일병합조약 등의 조약은 무력에 의한 것으로 무효다(2차). • 나치 범죄에 대한 옛 서독의 보상 사례를 제시하며 국제법과 국제관행에 따라 해결을 위해 진지하게 노력할 것을 요구한다(지금까지의 '교전에 의한 배상'이 아니라 '가해자로서 피해자에 대한 보상'을 요구한다)(5차). • 과거의 식민지지배에 대한 보상(인적·물적 손실에 대한 보상, 문화재의 반환과 보상, 재일한국인의 법적 지위 보장)을 요구한다(9차). • 한일 방식 대해서는 접점을 찾는 작업으로서 평가할 수 있다(10차).	• 재산청구권 문제는 북일 간에 미해결 상태라는 것은 인정하지만, 일본과 북한은 전쟁 상태에 있지 않았고 배상·보상에는 응할 수 없다(1차). • 한일병합조약 등 식민지 지배 당시의 조약과 협정은 합법적으로 체결, 실시되었다(2차). • 청구권에 입각한 보상 요구는 피해 사실관계를 증명하는 객관적 자료가 필요하다(4차). • 배상·보상에는 응할 수 없으나 재산청구권에는 응할 용의가 있다(9차). • 과거에 합의에 이른 사례로서 한일 국교 정상화가 있다. 당시의 한일방식(경제협력 방식)을 적절하게 연구해 양측의 접점을 찾고 싶다(10차).
	전후 45년	• 전후 45년간에 대해서도 보상이 필요하다(1차). • 전후 보상을 포함한 북일 3당 공동선언에 정부도 구속된다(2차).	•전후 45년간에 대해 북일 3당 공동선언에 포함되어 있지만, 일본 정부를 구속하는 것은 아니다(1차). •전후 양국의 비정상적인 관계는 동서 대립하의 엄중한 한반도 정세와 북한의 정책에 의한 것이다(2차).
일본의 현안	이은혜·일본인 납치 문제	• 공화국(북한) 정부를 국제적으로 신용할 수 없는 국가라고 선전하는 음모다(3차). • 납치는 있을 수 없고 논의해서는 안 된다. '행방불명자'의 조사에 대해서는 북한 적십자에서 대응할 것이다(9, 10차). •'행방불명자'의 조사는 북한적십자에서 대응하고 있어 정부 간 교섭의 의제로 해서는 안 된다(11차).	• 대한항공기 사건의 김현희 전 사형수에게 일본어를 가르쳤다고 하는 일본인 여성(이은혜)에 대해 조사를 요청했다(3, 4차)(8차 회담에 이어 열린 비공식협의에서 일본 측이 재차 '이은혜' 문제에 대해서 제기. 북한 측은 강하게 반발하고 교섭은 2000년 4월까지 중단).

			• 일본인 납치문제는 피해 갈 수 없다. 납득이 가는 결과를 얻을 수 있도록 성실하게 대응하기 바란다(9, 10차). • '행방불명자'의 조사는 현재 어떻게 되었나(11차).
안전 보장 문제	핵·미사일 문제	• 사찰 수용을 위해 미국의 핵 불사용 약속이 꼭 필요하다. 한국에 있는 미군 기지에 대한 동시 사찰도 필요하다(2차). • IAEA와 사찰 협정을 체결하고(1992.1.20) 사찰 대상이 되는 핵시설 목록을 제출(1992.5.4). 핵사찰협정 문제는 해결하고 있으며 국교 정상화의 조건으로 해서는 안 된다(7차). • 평화 이용 연구를 위해 아주 소량의 플루토늄을 추출했다(공식적으로 처음 인정)(7차). • 핵문제의 상대는 미국과 IAEA이며, 일본은 관계가 없다. 미사일 문제도 자주권에 속하는 문제다(9차).	• 북한은 핵사찰을 수용해야 한다(1, 9차) • 핵사찰 수용을 위해 IAEA와 즉각 협정을 체결하는 것이 NPT 조약상의 의무다(2차). • '한반도 비핵화에 관한 공동 선언'(1991.12.31)의 합의를 환영하지만, 핵무기 개발 우려는 불식되지 않았다. 이 문제의 해결 없이 국교 정상화 교섭의 다른 논점의 진전을 도모할 수 없다(6, 7차). • 탄도미사일의 개발, 생산, 배치, 수출의 자제를 요구한다(9차).
기타	관할권·종군 위안부 문제	• 외교관계 설정에 관할권 확인은 필요 없다(2회). • '국교 정상화에 관한 기본문제'에 대해서 우선적으로 토의하고, 외교관계를 설정한 뒤에 '경제적 문제' 이하 의제를 처리하고 싶다(3차). • 종군(일본군)위안부 문제의 진상규명과 사죄, 보상을 요구한다(6차).	• 북한에 거주하는 일본인 배우자의 고향 방문에 대해 배려해 주길 바란다(1차). • 북일 국교 정상화는 한반도의 휴전선 북측을 실효 지배하는 북한과의 정상화이며, 북한 측이 남측의 관할권을 주장하는 것은 인정할 수 없다(2차). • 미야자와 총리의 방한(1992.1.17) 당시 "사죄와 반성"을 표명했다. 가토 관방장관 담화(1992.1.13)를 소개하면서 북한도 포함해 한반도 출신의 종군위안부 전체를 대상으로 한 것이라는 것을 설명했다(6차).

자료: 松本英樹(2003: 35).

개발 의혹 등을 제기하는 일본 사이에 공방은 계속됐다. 역사적인 첫 남북정상회담 후인 8월에 재개된 제10차 회담에서 일본은 보상이 아니라 경제협력 방식에 의한 과거 청산을 공식적으로 제안했다. 제5차 회담 이후 교전국 간의 배상과 전후 보상을 고집하지 않았던 북한은 경제협력 방식에 대해 타협의 가능성도 열어두었지만, 납치문제와 미사일 문제로 회담은 평행선을 그었다. 2000년 10월 말 제11차 회담이 열렸으나 일본 측이 납치문제에 대한 성실한 대응을 요구한 데 반해 북한은 적십자사가 조사 중이며 정부 간 교섭에서 다룰 문제가 아니라고 반발하면서 의미 있는 진전은 기대할 수 없었다. 2년 정도의 중단을 거쳐 2002년 9월의 역사적인 북일 정상회담에서의 합의에 따라 10월 29일과 30일, 말레이시아에서 제12차 회담이 열렸지만, 국교 수립과 경제협력을 강조하는 북한과 납치문제를 '최우선 사항'으로 다루려는 일본 사이의 인식 차는 좁히지 못했다.

이상 살펴본 바와 같이 1990년 9월의 3당 공동선언 이후 11월과 12월 세 번 열린 예비회담을 통해 본회담에서 다룰 의제가 합의되고 1991년 1월부터 2002년 10월 말까지 북일 국교 정상화를 위한 본회담이 12차례 열렸는데, 의제별 양측 입장은 〈표 8-1〉과 같이 정리할 수 있다.

3. 북일 평양선언과 그 이후의 북일관계

고이즈미 총리는 2001년 5월 7일 취임 후 첫 번째 국회 소신 표명 연설에서 "한·미·일의 긴밀한 연계를 유지하면서 북동아시아의 평화와 안정에 기여하는 형태로 끈기 있게 북일 국교 정상화 교섭"을 추진하고, 북한과의 "인도적 문제 및 안전보장상의 문제에 관해 대화를 추진하는 가운데 해결을 위해 전력을 기울여 갈" 생각이라고 밝혔다.[3] 북일 정부 간 회담이 중단

3 일본의 총리는 정기국회 개회식 후에는 시정 방침 연설을, 임시국회나 특별국회 개회식 뒤에는 소신 표명 연설을 한다. 연설 전문은 일본 국회도서관에서 검색이 가능하며 이 글에서도 활용했다. 연설 목록은 https://rnavi.ndl.go.jp/research_guide/entry/post-562.php#top-(검색일: 2023.10.23).

상태였을 뿐만 아니라, 9월 11일 세계무역센터와 펜타곤 등에 대한 동시다발 테러가 발생한 이후 테러와의 전쟁을 선언한 부시 대통령이 2002년 1월 29일 연두교서에서 북한을 이란과 이라크와 함께 '악의 축'이라 지목하면서 북한과의 관계 개선을 추진할 수 있는 상황은 아니었다.

그러나 놀랍게도 2002년 8월 30일 고이즈미 총리는 김정일 국방위원장과의 정상회담을 위해 북한을 방문할 계획이라고 전격적으로 발표했다. 1956년 10월과 1972년 9월 두 번 일본 총리가 미수교국인 소련과 중국을 방문한 전례가 있었는데, 두 번 모두 국교 정상화로 이어졌다. 북한의 핵과 미사일 개발 문제, 납치문제, 과거 청산을 통한 국교 정상화 등의 문제는 일본의 안보와 국익에 직결한 중대한 문제였지만, 북한과의 국교 정상화를 바라지 않는 보수 세력의 공격 대상이 될 수 있었다. 2001년 9월 고이즈미 총리는 다나카 히토시(田中均) 외무성 아시아대양주 국장의 직소를 받아들여 북한 측 인사와의 접촉을 승인했는데, 비밀 유지를 위해 관방장관을 비롯한 극소수에게만 정보가 공유되어 아베 신조 관방부(副)장관도 배제되었다.

다나카 국장은 북일 국교 정상화회담에서 해결하지 못한 양국 간 현안들, 특히 일본이 중시하는 납치문제를 해결하기 위해서는 정상 간의 회담이 돌파구가 될 수 있다고 생각했다. 주말을 이용해 중국과 싱가포르의 호텔에서 30회 정도 북한 측 인사를 만났던 다나카는 북한에 의한 납치와 관련해 사실 인정과 진상규명, 생존자 귀국을 요구하고 총리 방북 이전에 납치문제를 인정할 것을 요구했다. 일본과의 국교 정상화회담에서 북한은 일본인 행방불명자의 형태로 북한 적십자사가 인도적 차원의 조사를 하겠다고 했을 뿐 납치문제를 인정하지 않았다. 총리 방북 이전에 납치문제를 인정하면 일본 내 여론을 악화시켜 총리의 방북 자체가 무산될 수 있고, 납치는 일본에 의한 날조라고 주장했던 북한에서 납치를 인정할 수 있는 사람은 김정일 위원장뿐이라는 입장을 굽히지 않았다.

특히 식민지지배에 대해 북한 측은 명확한 사죄와 배상을 요구하고 북한에 대한 적대시 정책의 변경을 행동으로 보여주기 위해서는 국교 정상화가 필요하다고 주장했다. 보상이 아니라 '청구권의 상호 포기'와 '국교 정상화 후의 경제협력'이라는 일본 측 주장에 대해 북한 측은 구체적인 보상 금액의 제시를 요구했지만, 결국 국교 정상화 후에 경제협력을 할 의사가 있다는 것에 양측이 합의하면서 고이즈미 총리의 방북이 실현되었다(田中均, 2009: 104~111).

후쿠다 야스오(福田康夫) 관방장관이 8월 30일 고이즈미 총리의 방북 계획을 공식 발표하기에 앞서 일본 정부는 한미는 물론이고 중국과 러시아에도 사전에 통보했다. 8월 27일 미일 전략 대화 참석을 위해 도쿄에 온 아미티지 국무 부장관을 만난 고이즈미 총리는 자신의 방북 계획을 전달했으며, 아미티지는 지지 의사를 밝히지 않은 채 파월 국무장관에게 전하겠다고 말했다. 베이징을 거쳐 평양에서 돌아온 다나카는 총리의 방북 계획을 아미티지에게 브리핑했으며, 28일 고이즈미의 전화를 받은 부시 대통령은 "총리의 판단을 지지"한다는 의사를 전했다(船橋洋一, 2006: 118~120).

미국은 표면적으로 북일 정상회담에 반대하지는 않았지만, 딕 체이니(Dick Chaney) 부통령이나 존 볼턴(John Bolton) 국무차관(군축 담당) 등은 북한의 고농축우라늄을 이용한 핵개발 의혹이 부상하고 있는 상황에서 국교 정상화가 이뤄지면 일본의 경제협력 자금이 대량살상무기 개발에 전용될 수 있다고 우려했다. 미국은 7월 31일 브루나이에서 열린 아세안지역안보포럼(ARF)을 계기로 열린 외교장관회담에서 '북한의 핵개발과 관련한 심각한 문제'에 대한 우려를 일본 측에 전달했다(田中均, 2009: 118~121; 船橋洋一, 2006: 128~132).

북한 핵문제는 일본의 안보와 직결된 중요한 문제이기 때문에 9월 17일 열린 북일 정상회담은 일본인 납치문제와 더불어 핵문제에 초점이 맞춰졌

다고 해도 좋았다. 오전 회담에 앞서 북한은 13명의 일본인 '행방불명자' 가운데 8명이 사망하고 5명이 생존해 있다는 정보를 일본 측 실무자에게 전달했는데, 일본 측이 전달했던 피해자 리스트에 없었던 소가 히토미(曽我 ひとみ)의 납치와 생존 사실도 포함되었다. 오후에 다시 열린 정상회담에서 김정일 국방위원장은 일부 맹동주의자에 의한 납치 사실을 처음으로 공식 인정하고 사죄했으며 관련자 처벌과 사실관계 조사 및 재발 방지도 약속했다. 또한 김정일 위원장은 북한을 '악의 축'으로 부르면서 적대감을 보이는 미국에 대한 적대감과 불만을 표시했지만, 미국이 대화를 원하면 응할 용의가 있다면서 미국의 동맹국인 일본이 중요한 역할을 해줄 것에 기대감도 표명했다.

고이즈미가 핵문제는 동북아시아 전체의 문제이며 북미관계 개선을 위해서는 미국의 핵 우려를 해소해야 한다고 강조했는데, 이에 대해 김정일 위원장은 북일 간의 기본문제는 과거 청산이라면서 진지한 일본의 대응이 필요하다고 역설하면서도 미사일 발사의 동결 조치를 2003년 이후로 연장할 뜻을 밝혔다. 특히 고이즈미 총리가 6자회담 참가를 권유하자 김정일 위원장은 4자든 6자든 다자협의체가 만들어져 대화가 이뤄지면 신뢰가 형성되지 않겠냐면서 참가 의사를 표명했다는 점에도 주목할 필요가 있다(NHK, 2009; 田中均, 2009: 124~128).

북일 양국 정상이 서명한 평양선언은 전문에서 "불미스러운 과거를 청산하고 현안 사항을 해결하며 결실 있는 정치, 경제, 문화적 관계를 수립하는 것이 쌍방의 기본 이익"이 되며 "지역의 평화와 안정에 큰 기여로 된다는 공통의 인식을 확인"했다. 4개 항으로 구성된 본문 제1항에서 양국이 평양선언의 정신과 기본원칙에 따라 조기 국교 정상화를 실현하기 위해 노력하고 이를 위해 10월 중에 중단 상태의 정부 간 회담을 재개하기로 합의했다. 제2항이 과거 청산과 관련한 내용으로 일본 측이 반성과 사죄를 표명하고, 국교 정상화 후에 북한에 경제협력을 제공하며 규모와 내용은 국교정상화 회담에서 협의한다는 것이 핵심이다. 제3항에서 '납치'라는 표현을 피하면서 북한은 '일본 국민의 생명 및 안전'과 관련한 문제가 재발하지 않도록 적절한 조치를 취하겠다고 약속했다. 또한 제4항에서 북일 양국은 한반도 핵문제의 포괄적인 해결을 위해 국제적 합의를 준수하고, 관련 국가 간의 대화를 통해 해결하며, 2003년 이후에도 북한이 미사일 발사 보류를 연장하기로 합의했다(≪로동신문≫, 2002.9.18).

11월 6일과 7일 일본 국회에서 가와구치 요리코(川口順子) 외상이 답변한 대로 "양국 정상이 합의한 중요한 정치 문서"인 평양선언에는 일본이 "포함하고자 했던 것이 모두 포함"되어 있었다(松本英樹, 2003: 37). 한국과의 국교정상화 방식을 북한에 그대로 적용하려는 일본 측 주장이 받아들여졌다는 점에서 일본의 외교적 성과라 할 수 있었지만, 일본은 과거사에 대한 반성과 사죄를 국정 최고 책임자인 총리가 서명하는 평양선언에 명문화했다는 점에서 북한의 체면을 세워줬다고 할 수 있다.

일본 정부 관계자를 취재해 펴낸 저서에서 후나바시 요이치(船橋洋一)는 평양선언의 조문을 둘러싼 최종 조율 과정(8.30, 베이징)에서도 북한은 2002년 안에 국교 정상화를 실현하고 싶다는 희망을 전했으며, 평양선언에도 최종 기한을 명기할 것을 강하게 요구했으나 일본 정부가 이를 거부했다고 지적했다(船橋洋一, 2006: 44). 김일성 사망 후 계속된 자연재해로 '고난의 행군'을 주민에게 강요해야 할 만큼 심각한 경제위기에 직면한 북한이 일본과의 경제협력에 거는 기대가 컸을 것으로 생각된다.[4] 부시 대통령이 이란, 이라

4 고이즈미 총리의 방북이 거의 확정적이었던 8월 25일 북일 국장급 협의를 위해 다나카가 처음으로 평양을 방문했을 때 강석주 외무성 제1부상은 과거 청산을 언급하면서 국교 정상화 후의 경제협력 금액을 구체적으로 제시할 것을 집요하게 요구했다고 한다. 강석주는 통역을 제외하고 유일하게 북일 정상회담에 배석했는데, 당시 북한 외무성의 유럽연합 담당 과장이

크와 함께 북한을 선제공격의 대상에 포함했던 것을 우려한 북한이 일본과의 관계 개선을 북한에 대한 미국의 공격을 피할 수 있는 '보험'으로 간주했거나 국교 정상화 실현 가능성을 지나치게 낙관적으로 봤을 가능성도 있다.

북일 국교 정상화에 관한 원칙이 양국 정상 간에 합의되었기 때문에 재개될 정부 간 회담에서 경제협력의 내용과 규모 등을 합의하는 것만 남은 것처럼 보였다. 고이즈미 총리와 헤어지면서 김정일 위원장은 국교 정상화가 이뤄지면 또 만나자고 인사를 건넸지만(와다 하루키, 2023: 130), 정상회담 이후의 상황은 북한의 기대와는 다른 방향으로 전개되어 갔다. 고이즈미 방북 직후 ≪요미우리신문≫의 여론조사에서 북한과의 국교 정상화에 대해 '가능한 조기에 국교를 정상화해야 한다'는 20.5%, '국교를 정상화해야 하지만 서두를 필요는 없다'는 68.4%로 나타나 긍정적인 평가가 압도적으로 많았다. 그러나 TV에서 거의 매일 납치피해자와 그 가족에 관한 방송을 하고 주간지와 월간지가 앞다퉈 정상회담이나 김정일 비판 특집 기사를 게재하면서 일본에서 북한에 대한 여론은 급격하게 악화해 갔다.

10월 15일 북한과의 합의에 따라 5명의 생존 납치피해자가 일시 귀국했지만, 일본 정부는 북한과의 약속을 어기고 이들을 북한으로 돌려보내지 않았다. 납치문제의 진상규명을 요구하고 북한에 남겨진 피해자 가족의 귀국문제에도 관심이 집중되었다. 다자간 대화와 압력으로 북한의 핵개발을 포기시키려는 부시의 대북정책에 강력한 지지자가 된 고이즈미 총리는 국교

었던 태영호 의원에 따르면 외무성 내에 북일 국교 정상화 후에 일본으로부터 '백억 달러 상당의 무상자금 협력'을 받을 수 있다는 이야기가 돌았다고 한다. 태영호 의원은 일본의 경제협력 자금으로 철도나 도로, 항만 등의 인프라를 현대화할 수 있고 일본과의 국교 정상화를 통해 테러와의 전쟁을 벌이던 미국의 대북 압력도 완화할 수 있다는 기대감이 중요하게 작용했다고 지적했다(増田剛, 2023: 82~90).

수립과 핵 및 납치 문제의 해결을 연계시켜, 두 문제의 해결 없이는 북한과 국교를 수립하지 않겠다고 밝혔다. 결국 10월 29일과 30일 말레이시아의 쿠알라룸푸르에서 속개된 제12차 북일 회담에서 북한은 국교 수립과 경제 협력을 강조했지만, 일본이 납치피해자 가족의 조기 귀국과 핵 및 미사일 문제의 해결을 강하게 요구해 아무런 성과 없이 끝났다.

한편, 북한 핵문제를 둘러싸고 북미 양자회담을 주장하는 북한과 다자간 협의를 굽히지 않는 미국 사이에 신경전이 계속되었다. 2003년 3월 중국의 첸지천(錢其琛) 외교부장이 북한을 방문해 설득한 결과 4월에 북·미·중 3자 회담이 열린 데 이어 8월에는 남북에 미·일·중·러가 참여하는 첫 6자회담이 베이징에서 개최되었다. 6자회담을 계기로 북일 양국 대표가 만나 납치 문제를 포함한 양국 간 현안을 논의했지만, 납치문제 해결을 위해서 일본은 직접 북한과 교섭할 필요가 있었다. 일본과의 국교 정상화를 실현해 경제 협력을 얻는 것이 북한 대일정책의 최우선 목표라고 한다면 납치문제를 피해 갈 수는 없었다.

북한은 일본이 미국의 대북 압박정책에 편승해 대북 경제제재와 봉쇄에 가담한다고 비판했지만, 납치문제에 관한 대화의 가능성을 닫지 않았다. 제1차 6자회담 기간 중 김영일 북한 수석대표는 일본의 야부나카 미토지(藪中三十二) 수석대표와의 접촉에서 납치문제를 포함한 양국 간의 문제를 평양 선언에 입각해 해결하기로 했다. 외무심의관으로 승진한 다나카는 2004년 2월 11일 평양에서 강석주 제1부상을 만나 피해자 가족의 귀국을 위해 정부 고관을 파견할 의사가 있다고 전했지만, 긍정적인 답변을 얻지 못했다(와다 하루키, 2023: 161~164). 강석주는 2월 9일 일본 국회에서 대북 경제제재를 가능하게 하는 외환·외국무역법(外国為替及び外国貿易法) 개정안이 통과된 것에 강한 불만을 표시하면서 6자회담에도 참가하지 않겠다고 경고했다.

북한 측은 피해자 가족의 귀국을 위해서는 고이즈미 총리가 한 번 더 북한을 방문하도록 요청하는 메시지를 비공식적으로 전달했으며, 피해자 가족 귀국과 교착상태의 양국 관계 타개를 위해 고이즈미는 자신의 두 번째 방북을 결정했다. 5월 24일 2차 북일 정상회담 후의 기자회견에서 고이즈미 총리는 "북일 양측은 평양선언이 양국 관계의 기본이라는 점을 확인했으며, 북한 측이 피해자 가족 5명의 귀국과 행방불명자 10명에 대한 재조사를 약속하는 대신 일본 측은 25만 톤의 식량과 1000만 달러 상당의 의약품 등의 인도적 지원을 약속했다"라고 설명했다(飯島勲, 2007: 172~175). 북한이 평양선언을 준수하는 한 대북제재를 발동하지 않고 6자회담의 진전을 위해서도 노력하겠다는 점을 확인했다는 점도 중요했지만, 김정일의 납치문제 재조사 약속은 납치문제가 미해결 상태라는 일본 측 주장을 북한이 인정했다고 비춰질 우려도 있었다.

총리의 2차 방북 후 여론조사에서는 67%가 '긍정적으로 평가한다'고 응답하고 내각에 대한 지지율도 상승했지만, 피해자 가족회와 '북한에 납치된 일본인을 구출하기 위한 전국협의회'[통칭 '구하는 모임(救う会)']는 귀국 대가로 쌀을 지원한 것이나 북한 정부가 통보한 사망자와 미입국자의 '생존' 가능성을 언급하지 않는 총리를 강하게 비판했다. "죽었다고 통보받은 사람이 살아 있다고 믿고 찾아오자"라는 가공된 사실이 일본 정부를 압박했으며(와다 하루키, 2023: 168~170), 가족회와 '구하는 모임'에 대한 비판은 일본 사회에서 점차 터부시되어 갔다.

8월과 9월 베이징에서 열린 실무자 협의에서 북한 측은 재조사 중간 결과를 일본 측에 설명했다. 11월의 제3차 실무자협의에서 일본은 북한 측 조사위원회와의 질의응답 이외에도 16명의 '증인'을 직접 만나고 납치 관련 시설도 시찰했다. 북한 측은 요코다 메구미의 유골을 일본 측에 전달했으며, 정보 제공을 요구했던 이른바 '특정 실종자' 5명의 입국 여부를 확인하지 못했다고 통보했다. 일본 측은 사망자 8명에 대한 북한 측 설명을 뒷받침하는 증거가 없고 전달받은 유골에서 요코다 메구미와 다른 DNA가 검출되었다고 의문을 제기하며 항의했다(政府拉致問題対策本部 2021: 6~7). 메구미 유골의 진위에 관한 공방전이 북일 간에 계속되면서 정부 간 협의도 중단되었다.

2005년 9월 19일 제4차 6자회담 2단계 회의에서 북한의 핵 포기와 미국의 불가침 보장 및 적절한 시기의 경수로 제공이라는 큰 틀의 합의가 이뤄지면서 북일 정부 간 교섭도 재개되었다. 일본은 납치, 핵 및 미사일 문제의 해결 없이 국교 정상화는 불가능하며, 납치생존자의 귀국과 진상규명을 위한 재조사 및 용의자의 인도를 집요하게 요구했으나 북한은 납치문제는 이미 해결되었다면서 거부했다.

2005년의 '9·19 합의' 뒤 방코델타아시아(BDA) 은행을 통한 북한의 위조지폐 유통 의혹이 부상해 6자회담도 공전을 거듭했다. 2006년 10월 9일 북한이 첫 번째 핵실험을 하면서 정부 차원의 북일 간 접촉은 중단되었는데, 2007년 2월 13일 제5차 6자회담 3단계 회의에서의 합의(2·13 합의)에 따라 '북일 국교 정상화를 위한 작업 부회'라는 명칭의 대화가 2007년 3월과 9월 하노이와 울란바토르에서 각각 개최되었지만, 북일 간의 인식 차는 좁혀지지 않았다.

자민당 간사장 재임 중 만경봉호의 입항을 금지하는 '특정선박입항금지법안'의 성립을 주도했던 아베 신조 총리가 건강상의 이유로 2007년 9월 1년 만에 퇴임했다. 북한에 대해 유연한 태도를 보였던 후쿠다 야스오가 총리가 된 뒤인 2008년 6월과 8월 북일 실무자협의가 개최되었다. 6월 협의에서 일본이 납치문제를 포함한 현안 해결을 위해 북한이 '구체적인 행동'을 취할 경우 대북제재의 일부 해제 의사를 표명하자 북한은 '납치문제의 해결을 위한 구체적 행동을 향후 취하기 위한 재조사'를 약속했다. 8월에는 북한의 조사위원회가 모든 납치피해자를 대상으로 조사하고 생존자 발견 시 귀국시킨다는 것을 전제로 전면적인 조사를 시작하는 것과 동시에 일본은 인적 왕래와 전세기 규제를 해제하고, 인도적 차원의 물자 수송을 위한 북한 국적 선박의 입항 문제를 협의한다는 것에 합의했다. 그러나 구체적 시기를 협의하는 과정에서 후쿠다 야스오(福田康夫) 총리가 갑작스럽게 사임을 표명한 후, 북한이 납치문제 재조사 연기를 통보하면서 북일관계는 정체 상태에 빠졌다(政府拉致問題対策本部, 2021: 7).

한편, 일본 외무성 발간 『외교청서』 2005년판에는 "평양선언에 입각해 납치, 핵, 미사일 같은 제 현안을 포괄적으로 해결하고 북동아시아 지역의 평화와 안정에 기여하는 형태로 북일 국교 정상화를 실현해 간다는 방침"이 처음으로 언급되었다. 2006년판에는 '북동아시아'라는 지역을 삭제한 채 같은 표현이 반복되었는데, "대화와 압력"이라는 표현이 처음 등장했다. 2007년판에서는 다시 '북동아시아'가 추가되고 '대화와 압력'이 언급되었는데, "대화와 압력"이라는 표현은 2008년판부터 북한이 3차 핵실험(2013.2.12)을 한 뒤에 발간된 2014년판에 다시 등장할 때까지 제외되었다. 주목해야 할 것은 2008년판에서 처음으로 "(북동아시아)지역의 평화와 안정에 기여하는 형태"라는 표현 대신에 "불행한 과거를 청산하고"라는 표현이 들어갔다는 점이다. 이렇게 해서 북일 평양선언에 입각해 "납치, 핵, 미사일 등의 현안을 포괄적으로 해결"하고 "불행한 과거를 청산"하여 "국교 정상화"를 추진한다는 일본의 대북정책의 기본 방향이 결정되었는데, 이것은 지금까지도 변함이 없다.

2009년 9월부터 2012년 12월까지 3년 3개월간의 민주당 정권, 특히 2011년 3월의 동일본 대지진과 후쿠시마 원전 폭발사고 후의 부적절한 대처와 위기관리 능력의 결여는 2012년 12월 치러진 총선거에서 민주당의 참패로 이어지고 자민당이 재집권하는 계기가 되었다. 2011년 12월 11일 김정일 국방위원장의 사망 뒤 28세의 김정은이 북한 최고지도자가 되었지만, 북한의 정책적 우선순위는 안정적인 후계체제 구축에 중점이 놓여 일본과의 국교 정상화를 추진할 상황은 아니었다. 결국 2012년 11월 15일과 16일 울란바토르에서 4년 만에 정부 간 협의가 개최되어 협의를 계속하기로 합의했지만, 의견 교환 이상의 성과를 거두지 못했고 북한이 미사일 발사를 예고해 12월 협의도 연기되었다.

4. 아베 시대의 북일관계

1) 현실성이 결여된 아베의 납치문제 해결 3원칙과 북일관계

2006년 9월 아베 신조가 전후 세대로는 첫 번째 총리가 되었지만, 대중적 인지도가 높았던 것은 아니었다. 북한의 핵과 미사일 및 일본인 납치문제에 대한 아베의 강경한 태도는 그의 정치적 입지를 확고하게 하는 데 도움이 되었다. 2003년 9월 고이즈미에 의해 자민당 간사장에 발탁된 아베는 자민당 내에 '북한에 의한 납치문제대책본부'를 만들고 자신이 본부장을 맡아 '외환법·대외무역법개정안'과 '특정선박입항금지법안' 등 대북 경제제재 법안 성립을 주도했다.

2012년 12월 2차 아베 정권 출범 직후인 2013년 1월 25일 총리가 본부장을 맡고 모든 국무대신이 참가하는 '납치문제대책본부'가 내각에 설치됐다. 또한 일본의 주권과 국민의 생명 및 안전에 관련한 중대 문제인 납치문제는 국가의 책임하에 해결해야 한다면서 납치문제의 해결 없이 북한과의 국교 정상화는 있을 수 없으며, "모든 납치피해자의 안전 확보와 즉시 귀국, 진상 규명, 실행범의 인도"를 요구한다는 기본 방침도 결정되었다(拉致問題対策本部決定, 2013). 납치문제의 성격과 더불어 납치문제의 해결이 무엇을 의미하는

지 구체적으로 밝힌 것인데, 3일 후인 1월 28일 아베 총리의 국회 연설에서 공개적으로 천명했다. 아베는 '대화와 압력'을 통해 모든 납치피해자가 가족의 품으로 돌아오는 날까지 자신의 사명은 끝나지 않는다고 역설했다. 10월 15일 연설(소신)에서도 아베는 "나의 내각에서 전면 해결을 위해 전력을 다할" 것이라고 강한 의지를 표명했지만, '평양선언'이나 '불행한 과거의 청산' '국교 정상화'라는 말 자체가 총리의 국회 연설에서 찾을 수 없었다.

2002년 북일 정상회담을 마친 뒤인 10월 18일 국회에서 고이즈미 총리는 "평양선언의 원칙과 정신이 성실하게 지켜지는 것이 교섭 진전의 대전제"라고 말했는데, 이후 아베를 제외한 모든 총리가 평양선언, 현안의 포괄적 해결, 국교 정상화라는 표현을 사용했다. 특히 2007년 10월 1일 소신 표명 연설에서 후쿠다 총리가 "불행한 과거를 청산하고"라는 표현을 처음 사용하면서 '최대한의 노력'을 하겠다고 지적한 이후에는 평양선언, 현안의 포괄적 해결, 불행한 과거의 청산, 국교 정상화 등 네 가지 키워드가 전부 혹은 복수로 사용되었다.

납치문제에 대해서는 고이즈미 총리는 "(조기) 전면 해결"을 위해 최대한 노력하고 북한에도 성의 있는 행동을 요구했지만, "모든 피해자의 조기 귀국"이라는 말을 사용하지는 않았다. 1차 아베 정권 때인 2006년 9월 29일 국회 소신 표명 연설에서 아베는 "납치피해자 전원이 생존해 있다는 전제에 서서 모든 납치피해자의 생환을 강하게 요구해 갈 것"이라고 강조했으며, 이듬해 1월 26일의 시정 방침 연설에서는 "모든 납치피해자의 안전 확보와 신속한 귀국"을 북한에 강력하게 요구하겠다고 말했다. 표현의 차이는 있었지만, 이후 모든 총리의 연설에는 '모든 납치피해자'의 '조기 귀국'이라는 표현이 빠지지 않고 사용되었다.

북한에 의한 일본인 납치는 중대한 인권 침해이자 국제법적으로도 개전의 사유가 될 수 있지만, 아베가 제시한 형태의 납치문제의 해결이 최선이며 실현 가능한 것인지는 별개의 문제다. 아베에 의해 납치문제는 어떠한 이의도 제기할 수 없을 정도로 성역화되고 북한은 대화와 교섭의 대상이 아니라 일본의 안전에 위협을 주는 존재라는 이미지가 고착되어 갔다. 물론 그런 데에는 북한이 핵과 미사일 개발에 박차를 가했던 것도 중요한 요인으로 작용했지만, 북일 정부 간 접촉이 없었던 것은 아니다.

2013년 5월 14일부터 17일까지 이지마 이사오(飯島勳) 내각관방참여가 평양을 방문해 김영남 최고인민회의 상임위원장, 김영일 당 국제문제 담당 비서, 송일호 대사를 만나 김정은-아베 정상회담의 가능성을 타진했다. 김영남 위원장은 북한이 평양선언의 정신과 원칙을 중요하게 생각하고 있다고 언급하면서 일본에서 외교대표부 역할을 하는 총련 회관 문제 해결을 위한 총리의 정치적 결단의 중요성을 강조했다. 5월 15일과 16일 이지마는 송일호 대사를 두 번 만났는데, 송일호는 정부 간 협의를 할 의사가 있다는 것을 정식으로 전달했을 뿐만 아니라 아베 총리가 방북한다면 2박을 했으면 좋겠다고도 했다. 이지마는 일본에서 납치문제의 상징이 돼버린 메구미 문제의 중요성을 강조했지만, 북한 측은 양측에 입장의 차이가 있다는 것은 인정하면서도 납치문제가 북일관계의 전부가 아니라면서 아베 총리의 정치적 결단이 교착상태의 북일관계의 돌파구가 될 수 있다고 강조했다(編集部·飯島勲, 2023).

2014년 3월 20일 비공식적인 정부 간 의견교환을 통해 양측은 정부 간 협의를 재개하기로 했으며, 5월 26일부터 28일까지 3일간 스톡홀름에서 북일 정부 간 협의가 진행되었다. "조일 평양선언에 따라 불행한 과거를 청산하고 현안 문제를 해결하며 국교 정상화를 실현하기 위해 진지한 협의를 진행"한 결과가 '스톡홀름 합의'라고 불리는 것이다(≪로동신문≫, 2014.5.30). 아베-김정은 시대에 들어와 평양선언이 양국 관계를 규정한 유효한 문서임을 공식적으로 확인한 것인데, 북한이 일본인 납치피해자를 포함한 모든 일본인에 대한 포괄적이고 전면적인 재조사를 약속하는 대신 일본은 북한에 대해 취했던 독자 제재 일부를 해제하기로 합의했다.

7월 북한이 포괄적 조사를 위한 특별조사위원회의 설치를 발표하자 일본은 인적 왕래 규제와 금융 제재 일부를 해제하고 인도적 목적의 북한 국적 선박의 일본 입항도 허용하기로 했다. 10월에는 이하라 준이치(伊原純一) 국장이 평양을 방문해 특별조사위원회 관계자를 직접 만나기도 했지만, 일본은 북한의 조사 상황에 불만을 표하고 "모든 납치피해자의 안전 확보와 즉시 귀국, 진상규명 및 납치 실행범의 인도"가 필요하다고 언급했다. 2016년 1월과 2월 초 북한이 네 번째 핵실험과 '인공위성'을 가장한 탄도미사일을 발사하자 일본 정부는 2월 10일 독자적인 대북제재를 발표했으며, 이에 반발한 북한이 특별조사위원회의 해체를 결정했다. 이로써 북일 정부 간 공식 협의는 단절되었으나 일본 정부는 스톡홀름 합의를 파기할 생각이 없다는 것도 북한 측에 전달했다(拉致問題対策本部, 2021: 8~9).

김정은 집권 이후 북한은 네 번의 핵실험을 하고 ICBM급을 포함해 170발의 각종 미사일을 발사해 양국 간의 진지한 대화를 불가능하게 했다. 특히 2016년 북한이 두 번의 핵실험과 20발 이상의 탄도미사일 시험 발사를 하자 일본 정부는 12월 2일 유엔 안보리 결의 2321호에 더해 인적 왕래의 규제를 강화하고 북한에 기항했던 일본 선박의 입항을 금지함으로써 사실상 북한에 기항했던 모든 선박의 입항을 금지했다. 또한 북한 핵과 미사일 관련 개인과 기업을 대상으로 자산 동결 대상을 확대하는 독자적인 대북제재를 추가로 발표했다.

2017년 9월 3일 북한이 6차 핵실험을 한 데 이어 11월 29일 화성-15형을 발사하고 '국가 핵무력의 완성'을 선언하자 아베 총리는 북한에 대해 최대한의 압력을 가해야 한다며 강경론을 폈다. 2018년 초 김정은 위원장의 신년사 발표 이후 남북 대화가 시작되고 남북정상회담에 이어 역사적인 북미

정상회담이 잇달아 개최되면서 아베의 대북 태도에 변화가 나타나기 시작했다. 판문점 남북정상회담 직전인 4월 21일 중의원 예산위원회에서 아베는 북일 정상회담의 개최 가능성에 대해 직접 언급하지는 않았으나 "북일 평양선언에 입각해 납치, 핵, 미사일 등의 제 현안을 해결하고 불행한 과거를 청산하며 국교 정상화를 추진하겠다는 생각에는 변함이 없다"라고 답변했다. 아베가 평양선언을 언급한 것은 처음이며, 북한에 대한 '압력'이라는 말도 사용하지 않기 시작했다(조진구, 2018: 231~235).

나아가 6월 18일 참의원 예산위원회에서 아베 총리는 조건부이기는 하나 '납치문제 해결에 기여'하는 정상회담의 개최 가능성을 처음으로 언급했다. 9월 25일 유엔총회에서는 격렬한 북한 비난으로 일관했던 2017년과 달리 상호 불신의 틀에서 벗어나 새로운 시작을 하고 싶다면서 김정은 위원장과의 정상회담에 의욕을 표명했다. 10월 24일 국회 연설에서 아베는 '전후 일본 외교의 총결산'을 외교 목표로 제시했는데, 러시아와의 평화조약 체결과 함께 북일관계 정상화를 과제로 들었다. 나아가 5일 뒤인 10월 29일 중의원 본회의에서 아베 총리는 납치문제의 조기 해결을 위해 어떠한 기회도 놓치지 않겠다는 결의로 북일 정상회담에 임할 생각이라고 말했는데, 종래의 '납치문제 해결에 기여하는 정상회담'이란 수식어가 사라졌다.

북한에 대한 아베 총리의 유화적인 태도는 계속됐다. 특히 2019년 5월 1일 보수적인 ≪산케이신문≫과의 인터뷰에서 아베 총리는 전제 조건 없이 김정은 위원장을 만나 솔직하고 허심탄회하게 논의하고 싶다는 기대감을 표시하면서 납치문제만이 아니라 북한이 중시하는 과거 청산 문제도 논의할 수 있음을 시사했다. 또한 김정은 위원장에 대해서도 '국가에게 무엇이 최선인지를 유연하고 전략적으로 판단할 수 있는 지도자'라고 추켜세우기도 했다(産経新聞, 2019.5.3).

그렇지만, 이러한 유화적인 태도가 일본 국민의 여론을 반영한 것이라고는 할 수 없었으며, 고도의 정치적 계산에 따른 것이었음은 의심의 여지가 없다. 2018년과 2019년 전반기까지 남북정상회담(2018.4·5·9)과 북미정상회담(2018.6, 2019.2, 2019.6)이 세 번씩 열렸으며, 그사이에 다섯 번의 북중정상회담(2018.3·5·6, 2019.1·6)과 한 번의 북러정상회담(2019.4)이 개최되었다. 남·북·미·중·러의 정상외교가 긴박하게 전개되는 가운데 "반드시 아베 내각에서 납치문제를 해결"하겠다고 공언하면서도 유일하게 김정은 위원장을 만나지 못했던 아베의 대북 외교를 "모기장 밖의 일본"이라고 비유하면서 비판하기도 했다.

2차 북미정상회담을 앞둔 2월 20일 트럼프 대통령과의 전화에서 아베는 납치문제에 관한 자신의 생각을 김정은에게 전달하도록 요청했으며, 2월 28일 하노이 정상회담이 결렬된 뒤 워싱턴으로 돌아가는 트럼프로부터 납치문제 해결을 위해 언젠가는 아베 총리와 만날 것이라는 김정은 위원장의 메시지를 전달받는 데 만족해야 했다. 아베가 납치문제의 해결을 최대 과제라고 강조해 왔던 만큼 납치문제 해결을 위해 노력하는 모습을 보여주는 '정치적인 제스처'가 필요했다. 5월 19일 납치피해자 가족들과 지원단체들이 개최한 집회에서 아베 총리는 "조건을 내걸지 않고" 김 위원장을 만나 "솔직하고 허심탄회하게" 이야기하고 싶다고 했지만, 실현되지 못했다. 2020년 8월 28일 건강상의 이유로 총리직을 사임하면서 아베는 재임 중에 "납치문제를 해결하지 못한 것은 통한(痛恨)의 극치"라고 말하지 않을 수 없었다.

대북 외교에서 납치문제를 가장 중요한 과제로 강조했던 아베는 납치피해자의 생존을 전제로 모든 피해자의 안전 확보와 귀국, 범인의 인도라는 납치문제의 해결 없이 북한과의 국교 정상화는 불가능하다는 비현실적인 목표를 설정함으로써 운신의 폭을 스스로 좁혔다. 납치문제가 미해결 상태라면 북일 정상회담에서는 의제로 다룰 수밖에 없으나 김정은 위원장은 아버지가 인정한 것 이상을 할 수 없을 것이기 때문에 납치문제와 핵·미사일

문제를 분리해 처리하는 것이 더 현실적이라 할 수 있다.

2) 방위백서에 나타난 일본의 대북 위협 인식 변화

1970년 10월 방위청(2007년 1월 방위성으로 승격)은 일본의 방위정책과 주변 정세 인식을 담은 방위백서를 처음 발간했다. 여기서는 북한의 핵·미사일 능력에 대해 방위백서가 어떻게 평가하고 일본이 어떻게 대응해 왔는지를 간략하게 살펴보고자 한다.

2006년 10월 9일 북한이 처음 핵실험을 실시했다고 발표했지만, 2007년판 방위백서는 북한 발표를 액면 그대로 받아들이지 않고 "핵실험을 했을 개연성이 매우 높다는 판단"에 이르렀다면서 "일본만이 아니라 동아시아 및 국제사회의 평화와 안정에 대한 중대한 위협"이 되기 때문에 "향후 핵무기의 소형화·탄두화를 포함해 동향에 주목할 필요"가 있다고 서술했다. "북한의 핵무기 계획이 이미 상당히 진전을 이뤘을 가능성"을 배제할 수 없다고 했던 2006년판에 비해 일본의 경계심이 높아졌다고 할 수 있다.

미국은 1945년 7월 첫 핵실험에 성공하고 1951년 4월에 소형화에 성공할 때까지 6년간 12차례 실험을 한 데 반해 소련과 영국은 4년, 프랑스와 중국은 2년밖에 걸리지 않아 소요 기간이 점차 짧아졌다는 점에 일본은 주목하고 있었다(防衛省, 2023: 4).[5] 2008년판 방위백서는 '비교적 단기간 내에' 북한이 핵무기의 소형화·탄두화를 실현할 가능성을 언급했는데, 2009년 5월 25일 북한이 두 번째 핵실험 사실을 발표한 것에 대해 2009년판에서는 "북한이 핵무기 계획을 더욱 진전시켰을 가능성이 충분히 있다는 것을 보여주

5 일본 방위성은 핵무기 소형화를 이루는데 영국과 프랑스는 5번, 소련과 중국은 각각 4번과 3번 핵실험을 했다고 지적한다.

는 것"이라고 평가하면서 일본의 안전에 '중대한 위협'일 뿐만 아니라 "동북아시아와 국제사회의 평화와 안전을 현저하게 훼손하는 것으로 절대로 용인할 수 없다"라고 강조했다.

2013년 2월 12일 북한의 3차 핵실험 후에 발간된 2013년판에서는 '능력 향상'과 '이전·확산'이라는 측면에서 북한의 핵과 미사일이 국제사회에 "보다 현실적이며 긴박한 문제"가 되고 있다고 기술했다. 나아가 2014년판에서는 일본에 대한 북한의 미사일 공격 등의 도발적 언동에 비춰 일본의 안전에 대한 '중대하고 긴박한 위협'이 되고 있다고 우려를 했다. 특히 북한이 추진하고 있는 장거리탄도미사일 개발이 진전을 보일 가능성이 크다면서 "핵무기의 소형화·탄두화를 실현할 경우 북한이 미국에 대한 전략적 억제력을 확보했다는 인식을 일방적으로 갖게 될 가능성이 있어" 그러한 '과신·오인'이 북한의 군사적 도발 행위의 증가를 초래할 수 있다고 경계했다.

2015년판에서 처음으로 북한이 '핵무기의 소형화·탄두화'를 실현했을 가능성이 있다고 봤으며, 2016년판에서도 북한의 핵과 미사일 개발이 지역과 국제사회의 안전에 '중대하고 긴박한 위협'이라는 인식이 견지되었다. 2016년 1월과 9월 북한이 두 번의 핵실험을 하고 2017년 7월 미국 본토를 위협하는 ICBM급 화성-14형 미사일을 두 번 발사한 뒤인 8월 8일 일본 각의를 통과한 2017년판 방위백서는 '새로운 단계의 위협'이라는 칼럼을 신설했다. 칼럼은 핵무기의 소형화·탄두화의 실현 가능성에 더해 일본이 사정거리 안에 들어가는 "핵탄두 탑재 탄도미사일이 배치될 위험이 증대"할 것이라는 인식을 바탕으로 북한에 의한 핵과 탄도미사일의 개발 및 운용 능력의 향상은 "일본을 포함한 지역과 국제사회에 대한 새로운 단계의 위협"이 되고 있다고 규정했다.

2017년 9월 3일 북한이 6차 핵실험을 하자 아베 총리는 북한의 군사적 위협과 소자(저출산) 고령화를 '국난'으로 규정하고 9월 28일 중의원을 해산했다. 10월 22일 실시된 총선에서 자민당과 공명당 연립정권이 압승을 거뒀는데, 11월 29일 북한이 '국가 핵무력의 완성'을 선언하자 아베는 북한에 대한 최대한의 압력을 가해야 한다는 강경한 주장을 폈다. 2019년 1월 22일 국회 시정방침연설에서 아베 총리는 "북한의 핵·미사일 개발은 지금까지는 없었던 중대하고 긴박한 위협이며, 우리나라를 둘러싼 안보 환경은 전후 가장 엄중하다고 해도 과언이 아니며", '완전하고 검증 가능하며 불가역적'인 방법으로 북한의 핵·미사일 계획을 포기시키기 위해 "어떠한 도발에도 굴하지 않고 의연한 외교를 전개"하겠다고 역설했다.

2018년 6월 싱가포르 북미정상회담 후인 8월 28일 각의에 보고된 2018년판 방위백서는 북한이 완전한 비핵화를 약속한 것을 평가하면서도 "북미정상회담 후의 현재에도 북한의 핵·미사일 위협에 대한 기본적인 인식에는 변화가 없다"면서 북한의 핵과 미사일은 "지금까지 없었던 중대하고 긴박한 위협"이라고 표현 수위를 높였다. 탄도미사일 개발 동향과 관련해서는 2017년판에서 처음 언급한 장사정화, 포화공격과 기습공격 능력 향상, 발사 형태의 다양화를 기도할 가능성이 있어 향후 "중대한 관심을 가지고 주시할 필요가 있다"라고 분석했다.

2019년에 들어와 북한은 한미와 정상회담을 하던 동안 중지했던 미사일 발사를 재개했는데, 예년보다 늦은 9월 27일 각의를 통과한 2019년판 방위백서는 북한에 대한 경계심이 더 강하게 드러났다. 북한은 5월 4일과 9일, 7월 25일과 8월 6일에는 '신형전술유도무기'를 8월 24일에는 '초대형방사포'를 각각 발사했는데, 모두 고체 연료를 사용했을 뿐만 아니라 전자는 통상 미사일보다 저공을 변칙적 궤도로 비행하는 러시아의 이스칸데르와 유사하다고 분석했다. 2018년판에 이어 북한 미사일의 실전적 운용 능력 향상에 대한 우려가 더욱 짙게 나타났고, "탄도미사일에 탑재하기 위한 핵무기의 소형화·탄두화를 이미 실현하고 있는 것으로 보인다"라고 처음으로 지적했다.

2020년판에서는 한발 더 나아가 북한 핵무기의 소형화·탄두화 기술 평가를 바탕으로 핵과 미사일 능력을 요약한 해설에서 "북한은 핵무기의 소형화·탄두화를 이미 실현해 이것을 탄도미사일에 탑재해 우리나라를 공격할 능력을 이미 보유하고 있는 것으로 보인다"라고 평가했다. 일본을 공격할 수 있는 능력 보유에 대해 언급한 것은 처음인데, 일본을 사정거리 안에 포함하는 '노동, 스쿼드 ER, 북극성(KN-11), 북극성-2(KN-15) 등 중거리탄도미사일의 경우 북한은 탄두의 대기권 재진입 기술을 '이미' '획득'한 것으로 보인다고 기술했다. 2019년판에서는 2017년 7월 4일과 11월 29일 ICBM급의 화성-14, 15형을 발사하면서 북한이 발표한 대기권 재진입 기술의 '확증' '재확증'에 대해 언급하면서 "관련 기술을 축적하고 있다"라고 기술하는 데 그쳤다. 사정거리가 길어질수록 최고 고도가 높고 대기권 재진입 시의 속도도 빨라지는데, 2023년 7월 28일 각의에 보고된 2023년판까지 대기권 재진입 기술에 관해 특별한 기술의 변화는 없다.

한편, 2020년 9월 11일 아베 총리는 담화를 발표하고 핵무기의 소형화·탄두화를 실현한 북한이 이를 탄도미사일에 탑재해 일본을 공격할 수 있는 능력을 이미 보유하고 있다고 다시 강조했다. 특히 아베는 북한이 일본을 공격할 수 있는 탄도미사일 수백 발을 보유하고 있을 뿐만 아니라 미사일 방위망의 돌파를 기도하고 있다고 지적하면서 억지력을 강화하기 위해 "미사일 저지에 관한 안보 정책의 새로운 방침을 검토해" 연말까지 제시하겠다고 밝혔다. 6월 15일 고노 다로(河野太郎) 방위상은 지상 배치형 요격 미사일 시스템인 이지스 어쇼어의 도입 중지를 발표했는데, 퇴임을 불과 5일 앞두고 아베는 이지스 어쇼어의 대체안을 검토할 것이며 요격 능력 향상만으로 충분한지에 대해서도 문제를 제기한 것이다. 이지스 어쇼어는 북한의 핵과 미사일 위협에 대처하기 위해 2017년 12월에 도입을 결정한 것인데,

이지스 어쇼어의 도입 중지 결정 후 아베는 안보 전략의 '새로운 방향성'을 제시하겠다고 표명했다. 아베는 담화 발표 후 기자회견에서 차기 정권을 구속하는 것은 아니라고 말했지만, 아베가 약 7년 8개월 집권했던 자민당 내 최대 파벌 출신이라는 점을 고려하면 차기 정권에 일종의 지침을 제시한 것이라고 봐도 무방할 것이다.

아베의 뒤를 이었던 스가 요시히데 총리는 아베의 외교·안보 정책의 계승을 표방했다. 그렇지만 2020년 12월 18일 국가안전보장회의와 각의에서 이지스 어쇼어 대신 이지스 시스템을 탑재한 함선 2척을 건조하고 적기지 공격 능력 보유 문제에 관해서는 육상자위대의 12식 지대함 유도탄의 사거리 연장과 스탠드오프 미사일의 정비와 연구개발을 추진한다는 기본 방침만 결정하는 데 그쳤다. 이것은 전후 일본 방위 정책의 근간이라 할 수 있는 전수방위에 반하는 것이라는 비판이 끊이지 않았던 것도 고려한 결과라 할 수 있었다. 무엇보다 확산하는 코로나-19에 스가 내각이 적절하게 대응하지 못하면서 내각 지지율이 급락해 자민당 총재 선거 출마를 포기할 정도로 구심력을 잃어가고 있는 상황에서 중대한 안보정책을 결정할 여력은 없었다.

5. 결론: 일본 안보정책의 대전환과 북일관계

일본 정부는 2022년 12월 16일 외교·안보 전략의 기본 지침인 '국가안전보장전략(NSS)'을 비롯한 안보 관련 정책 3 문서를 각의에서 결정했다. 이것은 일본 정치사에서 최장수 재임 총리라는 기록을 세우고 물러난 아베조차 실현하지 못했던 난제였다. 기시다 총리는 러시아의 우크라이나 침략 등 세계 각지에서 자유롭고 개방된 안정적인 국제질서가 중대한 위기에 직면하고 있는 '역사적 전환기'에 전후 일본의 안보정책의 대전환이 필요하다고 강조했다. 기시다가 안보정책의 대전환을 결단할 수 있었던 배경으로는 북한이 2022년 1년 동안 ICBM급 7회를 포함해 약 59발의 다양한 탄도미사일을 발사하고, 군사력을 증강하면서 해양 진출을 확대해 온 중국이 센카쿠열도 주변에서 빈번하게 일본 영해를 침범하고, 북한과 중국이 우크라이나를 침략한 러시아와의 군사협력을 강화하는 것에 대한 경계심이 크게 작용했다고 할 수 있다.

북·중·러의 군사적 위협에 대해 일본은 자국의 방위력 강화를 위한 준비도 면밀하게 추진했다. 2022년 4월 26일 자민당의 안전보장조사회는 북한, 중국, 러시아를 각각 '보다 중대하고 긴박한 위협', '중대한 위협', '현실적인 위협'으로 규정하면서 5년 이내의 발본적인 방위력 강화와 이에 필요한 예산 수준의 달성을 정부에 제언했다. 2012년 12월 제2차 아베 정권 출범 이후 감소 추세의 일본 방위비는 증가로 전환되어 이후 계속 증가했는데, 2022년 7월 각의에 보고된 2022년판 방위백서는 호주, 한국, 영국, 프랑스, 독일 등 주요국의 국민 1인당 국방비가 일본의 2~3배라고 강조하면서 '5년 이내의 일본 방위력의 발본적 강화'와 이를 위한 '방위비의 상당한 증액'의 필요성을 강조했다.

방위백서는 적기지 공격 능력을 반격 능력으로 바꿔 부르면서 '보유'를 검토하고 있다고 처음으로 명기했다. 이것은 자민당의 정책 제언을 받아들인 것인데, 제언서는 미사일 기술의 급속한 변화와 진화로 요격만으로 방위하지 못할 우려가 있다면서 반격 능력의 보유를 통해 일본에 대한 공격을 억지하고 대처할 것을 주문했다. 특히 제언서는 반격 능력의 대상 범위도 상대국의 미사일 기지만이 아니라 지휘통제 기능 등으로 확대할 필요가 있다고 했다.

이러한 과정을 거쳐 국가안보정책의 최상위 문서인 NSS는 9년 만에 개정되었는데, "전후 가장 엄중하고 복잡한 안보 환경"에 직면해 "전후 안보 정책을 실천면에서 크게 전환하는 것"이었다.[6] 개정 NSS는 핵과 미사일 능력을 급속하게 고도화하고 있는 북한에만 '위협'이라는 말을 사용했을 뿐 중국과 러시아에 대해서는 "심각한 우려"와 "강한 우려"라는 표현을 사용하는 데 그쳤다.

방위력의 발본적 강화를 위해 NSS는 5년 뒤인 2027년의 방위비를 GDP 대비 2%가 되도록 단계적으로 늘릴 것이라고 했는데, 방위력정비계획에서는 2023년부터 5년간의 방위비 총액을 구체적으로 '43조 엔 정도'라고 명기했다. 일본 정부 계획대로라면 2027년의 방위비는 현행 계획의 1.5배가 넘는 8조 9000억 엔이 된다.

일본 방위 정책 대전환의 핵심 가운데 하나가 반격능력 보유를 명기한 것이다. 일본이 반격 능력을 보유하게 되면 지금까지 전수방위원칙에 따라 자위대와 미군이 '방패(방어)'와 '창(공격)'의 역할을 해왔던 역할 분담에 커다란 변화가 발생한다. 일본 정부는 "일본에 대한 무력 공격이 발생하고", "무력 행사 3요건에 따라" (다른 적절한 수단이 없는 경우) "필요 최소한도의 자위 조치로서" 상대방의 미사일 기지 등을 공격한다고 설명하지만, 문제는 일본에 대한 무력 공격의 어느 단계에서 반격할 것인가 하는 점이다. 상대방이 일본에 대한 공격에 착수한 시점에서 할 것인지, 실제로 공격이 이뤄진 뒤에 할 것인지를 정확하게 판단하는 것은 매우 어렵다. 또한 반격능력 보유가 일본에 대한 침공을 억제하는 '열쇠'가 될지도 의문이며, 국제법이 금지하는 선제공격으로 비춰질 우려도 있었다.

윤석열 정부 출범 이후 악화한 한일관계가 개선되면서 기시다 총리는 미

---

6 NSS와 더불어 방위 목표와 달성 방법을 제시한 '국가방위전략'과 자위대의 체제와 5년간의 방위비 총액 등을 담은 '방위력정비계획'은 명칭을 바꿔 4년 만에 개정했다. 세 문서의 주요 내용과 의미 등에 대한 상세한 분석은 박영준 외(2023) 참조.

일동맹과 한미동맹이 연계를 통해 한·미·일 3국의 안보협력의 필요성을 강조하고 있다. 특히 기시다는 북한에 대한 대응이라는 측면에서 억제력과 대처력 강화, 그리고 대북제재의 완전한 이행을 위한 협력 강화를 넘어 자유롭고 개방된 인도·태평양의 실현을 위해 중요 전략물자 공급망 분야 등으로까지 3국 간 협력 범위를 확대함으로써 한·미·일 파트너십의 신시대를 열어가겠다는 의지를 표명하고 있다.

그렇지만, 한·미·일 협력은 북·중·러의 협력을 더욱 견고하게 할 수 있으며, 일본의 방위력 강화는 역내 군비경쟁을 초래할 수도 있다. 안보 환경의 악화를 우려하는 국가가 자국의 군사 능력을 강화하면 이것이 주변국의 군비 강화를 초래하기도 한다. 이것이 안보 딜레마라는 것인데, 상호 불신과 위협인식에 바탕을 둔 공포심과 불안이 원인이다. 안보 딜레마는 군비 증강 경쟁을 초래하고 때로는 선제공격의 충동을 부추기기도 한다.

북한은 '신냉전'의 구도 속에서 중러와의 협력을 강화하면서 한·미·일에 대한 공격적인 태도를 보여왔다. '하나의 중국' 원칙에 대한 변함없는 지지를 바탕으로 중국의 내정인 대만 문제에 개입하려는 미국이 지역 정세를 격화시키고 있다면서 대만에 대한 미국의 군사 지원을 비판하고 있다. 러시아의 우크라이나침공 이후 러시아와 서방 진영의 대립이 현재화하자 북한은 러시아 지지를 일관해서 표명해 왔다. 우크라이나 동부의 친러시아파 지역에서 도네츠크와 루한스크 공화국이 독립을 선언하자 북한은 시리아에 이어 두 번째로 이들을 승인하고 러시아와의 전략적 협력을 강화하고 있다. 2022년 9월 최고인민회의에서 북한은 핵무력정책을 법제화했으며, 김정은 위원장은 "절대로 먼저 핵포기, 비핵화는 없으며 그를 위한 어떤 협상도 없다"라고 선언했다. 김정은은 북한의 핵정책이 바뀌자면 "세상이 변해야 하고, 조선반도의 정치군사적 환경이 변해야 한다"라고 강조했다.

평양선언 20년을 앞둔 2022년 9월 15일 자 담화에서 북한 외무성의 송일호 대사는 북한이 평양선언을 새로운 북일관계의 이정표로 무겁게 받아들이고 이행을 위해 노력해 왔지만, 일본은 과거에 대한 사죄와 배상과 보상이라는 평양선언의 기본 정신을 왜곡하고 불순한 정치적 목적 실현에 악용했다고 비판했다. 특히 담화는 일본이 북한 '위협설'을 극대화하고 그것을 명분으로 침략적인 군사력을 점차 증강하면서 지역의 평화와 안정을 엄중히 파괴하고 있다고 강하게 비판했다.

12월 20일 북한 외무성은 대변인 담화에서 선제공격 능력 보유를 공식화하는 일본의 새로운 안보 전략 채택은 일본을 공격형 군사 대국으로 전변시키는 것으로 한반도와 동아시아에 엄중한 안보 위기를 초래하고 있다면서 일본의 재무장화는 유엔헌장에 대한 난폭한 침해이며 국제평화와 안전에 대한 심각한 도전이라고 규정했다. 나아가 담화는 일본의 어리석은 재침 군사력 증강은 용납될 수 없으며, 북한의 우려와 불쾌함을 "실제적인 행동으로 계속해서 보여줄 것"이라고 경고했다.

2023년 4월 18일 발표한 G7 외무장관회의 성명이 북한의 탄도미사일 발사를 비난하면서 핵과 탄도미사일을 포함한 대량살상무기의 완전하고 검증 가능하며 불가역적인 폐기를 요구하자 4월 21일 최선희 외무상은 미국을 비롯한 적대세력들의 군사적 위협이 완전히 해소되고 적대적인 주변 환경이 근원적으로 종식될 때까지 합법적 권리에 입각한 자위적 국방력 강화 조치를 계속하겠다고 선언했다. 또한 최선희는 북한의 국방력 강화가 미국과 동맹국들의 도발적인 군사적 행동으로 초래된 불안정한 안보 환경에 대처하기 위한 정당한 주권 행사라고 정당화하면서 미국의 대북 적대시 정책의 근원적이고 완전한 철회만이 자국의 안전을 보장할 수 있다는 종래의 주장을 되풀이했다.

이렇게 북한과 일본은 상대방에 대한 불신이 강하고 국제 정세관도 정면으로 충돌한다. 이런 가운데 2023년 5월 27일 납치피해자 가족 등이 주최한 모임에서 기시다 총리는 북일이 현안을 해결하고 '함께 새로운 시대를 열어 간다는 관점'에서 총리 직할의 '고위급 협의'를 하고 싶다고 말했다. 특히 대국적 관점에서 "지역과 국제사회의 평화와 안정, 북일 양측을 위해 스스로 결단"할 것이라고 말해 관심을 받았다. 전제 조건 없이 김정은 위원장을 만나겠다는 점에서는 아베와 다르지 않지만, 현재 상황이 오래 지속되면 될수록 새로운 북일관계의 구축이 어려워진다면서 "지금이야말로 대담하게 상황을 바꿔야 한다"라고 말했다. 여기에는 납치피해자 가족의 고령화로 납치문제의 해결에 시간적 제약이 있다는 기시다의 초조감이 반영되어 있었다. 북한의 박상길 외무성 부상은 이틀 뒤 발표한 담화에서 "일본이 과거에 얽매이지 않고 변화된 국제적 흐름과 시대에 걸맞게 서로를 있는 그대로 인정하는 대국적 자세에서 새로운 결단을 내리고 관계 개선의 출로를 모색하려 한다면"이라는 조건을 달았지만, 기시다의 대북 대화 제의에 신속하게 응답했다.

기시다는 9월 19일 유엔총회 일반 토론 연설에 이어 2023년 10월 23일 국회 소신 표명 연설에서도 북일관계 개선에 강한 의욕을 보였다. 특히 김정은 위원장과 정상회담을 조기 실현하고자 자신의 직할로 고위급 협의를 추진할 것이며, "양국의 이익에 합치하고 지역의 평화와 안정에도 크게 기여하는 북일 간의 결실 있는 관계를 구축해 가기 위해 대국관에 입각해 판단해 가겠다"라고 역설했는데, 이전 국회 연설에는 없었던 새로운 표현이었다. 북일 양국을 둘러싼 작금의 환경은 관계 개선을 위해 양국이 적극적으로 움직일 수 있는 상황은 아니지만, 기시다가 아베가 남긴 부(負)의 유산과 어떻게 정책적 차별화를 시도할 것인지가 무엇보다 중요하다고 할 수 있다.

사망 6개월 전인 2022년 1월 아베는 기시다 총리에게 북한이 통보한 납치피해자의 사망을 인정해서는 안 되며, 살아 있다는 것을 전제로 교섭해야 한다는 지론을 조언했다고 한다(岩田明子, 2023: 140). 박상길 부상이 말한 대국적 자세에서의 '새로운 결단'을 요구한 것은 아베 노선과의 결별을 요구한 것이라 할 수 있다. 2022년 2월 25일 미국을 비롯한 서방 국가들이 푸틴에 대한 제재를 발표하자 2일 뒤인 27일 일본도 푸틴 대통령을 비롯한 러시아 정부 관계자에 대한 자산동결 등의 추가 제재를 결정했는데, 이때 기시다는 러일관계를 지금까지처럼 유지하는 것은 불가능하다고 강조했다.

2023년 3월과 5월 북한이 동남아시아에서 일본과 비밀 접촉을 했다는 ≪아사히신문≫ 보도(≪朝日新聞≫, 2023.9.29)가 사실이라면 대북 강경론자 아베 신조의 사망이 일본 정부의 대북정책에 어떠한 변화가 있는지를 직접 확인하기 위해서였을 것이며, 박상길의 담화는 아베와의 차이점을 행동으로 보여달라는 요구라고 할 수 있었다.

북일 양국이 평양선언이나 스톡홀름 합의의 파기를 명시적으로 선언하고 있지 않지만, 전제 조건 없는 정상회담을 하겠다면서 북한이 사망했다고 통보한 납치피해자의 생존을 전제로 한 교섭을 일본 측이 사실상 '조건화'하면 북한이 받아들일 가능성은 없다. 납치문제는 일본의 주권을 침해한 중대한 문제이기는 하지만, 최고지도자가 사실을 인정하고 유감 표명과 재발 방지를 약속하는 등 북한 측이 성의를 보인 것도 부인할 수 없다.

북일 간의 인식 차이는 명확하다. 납치문제는 이미 해결되었으나 조사는 할 수 있다는 것이 북한의 입장이다. 일본 정부는 17명의 정부 인정 피해자 이외에 873명(2021년 11월 현재)이 북한에 의해 납치되었을 가능성을 배제할 수 없다고 주장하지만, 북한이 이를 받아들일 가능성은 거의 없다. 북한이 일본과의 관계 개선에 기대하는 것은 과거 청산을 통한 일본의 경제협력인데, 평양선언은 일본의 경제협력은 국교 정상화 후에 양국이 협의한다고 되어 있다. 그러나 유엔의 대북 경제제재가 계속되는 한 일본의 대북 경제협력은 사실상 불가능하다. 납치문제의 해결도 중요하지만, 북한 핵과 미사일 문제도 매우 중요하다. 북한 핵과 관련해서도 김정은 위원장은 한반도를 둘러싼 정치, 군사적 환경이 변하지 않는 한 비핵화를 위한 어떤 협상도 없다고 선언했다. 일본의 안보에 중대하고 긴박한 위협인 북한이 핵과 미사일로 일본을 공격할 수 있는 능력을 보유하고 있다고 판단하고 있을 뿐만 아니라 그것이 바람직하지 않다고 생각한다면 자국의 방위력 증강 이외에 북한을 어떻게 협상의 테이블로 유인할 것인지 일본도 창의적이며 독자적인 해법을 모색할 필요가 있다.

현재의 북일관계는 일본의 식민지지배와 해방, 냉전과 6·25 전쟁, 남북 분단의 고착화와 한일 국교 정상화 등 전후 동아시아 정세와 밀접하게 연동되어 있다. 북일 양국이 상호 불신의 벽을 허물고 관계 정상화를 이루는 것은 불행한 역사의 청산이라는 원점으로 돌아가 일본이 한반도와 동아시아의 평화와 안정을 위해 건설적인 역할을 모색하는 것이기도 하다. 이것이야말로 아베가 제창했던 '전후 일본 외교의 총결산'을 진정한 의미에서 실현하는 길이며, 이를 위해서는 아베 노선에서 벗어나려는 정치적 결단이 필요할 것이다.

참고문헌

박영준 외. 2023.『일본 안보 관련 정책 3 문서 개정 결정의 의미와 평가』. 경남대학교 극동문제연구소.

와다 하루키(和田春樹). 2023.『북일 교섭 30년』. 길윤형 옮김. 서해문집.

조진구. 2019. "북일관계 변화와 한반도 평화". 박재규 외.『새로운 동북아 질서와 한반도의 미래』. 한울엠플러스.

_____. 2020. "일본의 전후처리 과제로서의 북일 국교정상화". 이관세 외.『한일관계 무엇이 문제이고 어떻게 풀어야 하나』. 페이퍼로드.

≪로동신문≫.

≪조선일보≫.

增田剛. 2023.『日朝極秘交渉 : 田中均と『ミスターX』』. 東京: 論創社.
安倍晋三. 2023.『安倍晋三回顧録』. 東京: 中央公論新社.
船橋洋一. 2006.『ザ・ペンニンシュラ・クエスチョン—朝鮮半島第二次核危機』. 東京: 朝日新聞社.
『防衛白書』.
防衛省. 2023.『北朝鮮による核·弾道ミサイル開発について』. 東京: 防衛省.
松本英樹. 2003. "日朝国交正常化交渉の経緯と朝鮮半島をめぐる最新の動向." ≪レファレンス≫, 8, pp.31~52.
小此木政夫. 1995. "日本の北朝鮮政策: 国交正常化交渉とその展望." ≪法学研究≫, 68(2), pp.95~110.
『外交青書』.
政府拉致問題対策本部. 2021.『北朝鮮による日本人拉致問題 — 一日も早い帰国実現に向けて!』. 内閣官房拉致問題対策本部.
編集部·飯島勲. 2023. "初公開 2013年訪朝 北朝鮮首脳と「全7時間」極秘会談." ≪文藝春秋≫, 10, pp.94~147.
NHK. 2009. 〈NHKスペシャル一秘録日朝交渉一知られざる核の攻防〉(11월 8일 방영).
일본 내각부의 외교에 관한 여론조사(外交に関する世論調査). https://survey.gov-online.go.jp/index-gai.html(검색일: 2023.10.23).
일본 총리의 국회 연설. https://rnavi.ndl.go.jp/research_guide/entry/post-562.php# top-(검색일: 2023.10.23).
≪産経新聞≫.
≪朝日新聞≫.

▌부록 1

북일관계 주요 연표

1945년 8월 15일 일본 식민지지배 종식과 해방

1948년 8월 15일 대한민국 정부 수립, 9월 9일 조선민주주의인민공화국 정부 수립

1950년 6월 25일 6·25 전쟁 발발(1953년 7월 27일 6·25 전쟁 정전협정 체결)

1955년 2월 25일 북한, 대일 관계에 관한 조선민주주의인민공화국 외무상(남일)의 성명 발표

1965년 6월 22일 한일 기본조약 등 체결, 국교 정상화

1988년 7월 7일 노태우 대통령 '7·7 선언' 발표

1989년 3월 30일 다케시타 노보루 총리 중의원 예산위원회에서 '조선민주주의인민공화국'과의 관계 개선 희망 및 북한과의 조기 대화 실현 기대 표명

1990년 9월 28일 북한 조선로동당과 일본의 자유민주당 및 일본사회당 3당 공동선언 발표

1991년 1월 30일 제1차 북일 국교 정상화 교섭 회담 개최

2002년 9월 17일 고이즈미 준이치로 총리 북한 방문, 김정일 국방위원장과 평양선언에 서명

2002년 10월 15일 일본인 생존 납치피해자 5명 일본 일시 귀국

2002년 10월 24일 일본 정부 일시 귀국 납치피해자 5명의 일본 잔류 방침 결정

2004년 5월 22일 고이즈미 준이치로 총리 북한 재방북, 납치피해자 두 가족 동반 귀국

2006년 9월 29일 일본 정부 내각에 납치문제대책본부 설치(본부장: 총리)

2006년 10월 9일 북한 1차 핵실험

2009년 5월 25일 북한 2차 핵실험

2011년 12월 17일 김정일 국방위원장 사망

2012년 12월 26일 2차 아베 신조 정권 출범

2013년 2월 12일 북한 3차 핵실험

2014년 5월 26-28일 스웨덴 스톡홀름에서 북일 정부 간 협의(스톡홀름 합의)

2014년 7월 4일 스톡홀름 합의에 따라 북한 특별조사위원회 설치 발표

2016년 1월 6일 북한 4차 핵실험

2016년 2월 12일 북한 일본의 스톡홀름 합의 위반 구실로 특별조사위원회 해체 발표

2016년 9월 9일 북한 5차 핵실험

2017년 9월 3일 북한 6차 핵실험

2017년 11월 29일 북한 화성 15형 발사, '국가 핵무력 완성의 대업' 성취 선언

2018년 2월 9-25일 평창올림픽

2018년 4월 27일 남북정상회담 판문점 선언 발표

2018년 6월 12일 북미정상회담(싱가포르) 공동성명 발표

2018년 9월 19일 남북정상회담 평양 공동선언 발표

2019년 2월 27-28일 제2차 북미정상회담 개최(베트남 하노이), 결렬

2020년 9월 16일 스가 요시히데 내각 출범

2021년 10월 4일 기시다 후미오 내각 출범

2022년 7월 8일 아베 신조 전 총리 저격 사망

2022년 9월 15일 북한 외무성 송일호 대사 담화 발표

2023년 5월 27일 기시다 후미오 총리, 북일 정상회담 위한 총리 직할의 고위급 협의 의사

2023년 5월 29일 북한 외무성 박상길 부상 담화 발표

부록 2

1. 조일관계에 관한 조선로동당, 일본의 자유민주당, 일본사회당의 공동선언(≪로동신문≫, 1990.9.29)

자유민주당대표단과 사회당대표단이 1990 년 9월 24 일부터 28 일까지 조선민주주의인민공화국을 방문했다.

조선로동당 중앙위원회 총비서이신 김일성주석께서는 자유민주당대표단과 일본사회당대표단을 접견하시였다.

접견석상에서 가네마루 싱단장과 다나베 마꼬도단장은 조선로동당 중앙위원회 총비서이신 김일성주석께 자유민주당 가이후 도시끼총재의 친서와 일본사회당 도이 다카꼬중앙집행위원장의 천서를 전했다.

방문기간 당중앙위원회 비서 김용순을 단장으로 하는 조선로동당대표단과 중의원의원 가네마루 싱을 단장으호 하는 자유민주당대표단, 중앙집행부위원장 다나베 마꼬도를 단장으로 하는 일본사회당대표단 사이의 3당공동회담들이 진행되였다.

3당은 자주, 평화, 천선의 리념에 기초하여 조일 두 나라사이의 관계를 정상화하고 발전시키는것이 두 나라 인민들의 리익에 부합되며 새로운 아세아와 세계의 평화와 번영에 기여로 된다고 인정하면서 다음과 같이 선언한다.

1. 3당은 과거에 일본이 36년간 조선인민에게 커다란 불행과 재난을 끼친 사실과 전후 45년간 조선인민에게 입한 손실에 대하여 조선민주주의인민공화국에 공식적으로 사죄하고 충분히 보상해야 한다고 인정한다.

   자유민주당 가이후 도시끼총재는 김일성주석께 전한 친서에서 지난 기간 조선에 대하여

일본이 끼친 불행한 과거가 존재했다는것을 언급하고 ≪이러한 불행한 과거에 대해서는 다께시다 이전 수상이 지난해 3월 국회에서 깊은 반성과 유감의 뜻을 표명했는데 저도 내각수상으로서 그와 같은 생각입니다.≫라는것을 밝히고 조일 두 나라 사이의 관계를 개선해나갈 희망을 표명했다.

자유민주당대표단 단장인 중의원의원 가네마루 싱도 조선인민에 대한 일본의 과거식민지통치에 대하여 깊이 반성하는 사죄의 뜻을 표명했다.

3당은 일본정부가 국교관계를 수립하게 되는것과 관련하여 과거 36년간의 식민지지배와 그 이후 45년동안 조선민주주의인민공화국 인민에게 끼친 손해에 대하여 충분히 보상하여야 한다고 인정한다.

2. 3당은 조일 두 나라사이에 존재하고있는 비정상적인 상태를 해소하고 가능한 빠른 시일안에 국교관계를 수립하여야 한다고 인정한다.
3. 3당은 조일 두 나라사이의 관계를 개선하기 위하여 정치, 경제, 문화 등 여러 분야에서 교류를 발전시키며 당면하여 위성통신리용과 두 나라사이의 직행항로를 개설하는것이 필요하다는데 대하여 인정한다.
4. 3당은 재일조선인들이 차별을 받지 않고 그들의 인권과 민족적 제 권리와 법적지위가 존되여야 하며 일본정부는 이것을 법적으로도 담보하여야 한다고 인정한다.

   3당은 또한 일본당국이 조선민주주의인민공화국과 관련하여 일본려권에 기재한 사항을 제거하는 것이 필요하다고 간주한다.
5. 3당은 조선은 하나이며 북파 남이 대화를 통하여 평화적으로 통일을 이룩하는 것이 조선인민의 민족적리익에 부합된다고 인정한다.
6. 3당은 평화롭고 자유로운 아세아를 건설하기 위하여 공동으로 노력하며 지구상의 모든 지역에서 핵위협을 없애는 것이 필요하다고 인정한다.
7. 3당은 조일 두 나라사이의 국교수립의 실현과 현안의제문제들을 해결하기 위한 정부간의 교섭을 1990년 11월중에 시작하도록 강력히 권고하기로 합의했다.
8. 3당은 두 나라 인민들의 념원과 아세아와 세계평화의 리익에 맞게 조선로동당과 자유민주당, 조선로동당과 일본사회당 사이의 당적관계를 강화하고 호상협조를 더욱 발전시키기로 합의했다.

1990년 9월 28일 평양

조선로동당을 대표하여	자유민주당을 대표하여	일본사회당을 대표하여
김용순	가네마루 싱	다나베 마꼬도

2. 조일평양선언(≪로동신문≫, 2002.9.18)

조선민주주의인민공화국 김정일국방위원장과 일본국 고이즈미 쥰이찌로총리대신은 2002년 9월 17일 평양에서 상봉하고 회담을 진행했다.

두 수뇌들은 조일사이의 불미스러운 과거를 청산하고 현안사항을 해결하며 결실 있는 정치, 경제, 문화적관계를 수립하는것이 쌍방의 기본리익에 부합되며 지역의 평화와 안정에 큰 기여로 된다는 공통된 인식을 확인했다.

1. 쌍방은 이 선언에서 제시된 정신과 기본원칙에 따라 국교정상화를 빠른 시일안에 실현시키기 위하여 모든 노력을 기울이기로 했으며, 이를 위하여 2002년 10월중에 조일국교정상화회담을 재개하기로 했다.

   쌍방은 호상 신뢰관계에 기초하여 국교정상화를 실현하는 과정에도 조일사이에 존재하는 제반 문제들에 성의 있게 림하려는 강한 결의를 표명했다.

2. 일본측은 과거 식민지지배로 인하여 조선인민에게 다대한 손해와 고통을 준 력사적사실을 겸허하게 받아 들이며 통절한 반성과 마음속으로부터의 사죄의 뜻을 표명했다.

   쌍방은 일본측이 조선민주주의인민공화국측에 대하여 국교정상화후 쌍방이 적절하다고 간주하는 기간에 걸쳐 무상자금협력, 저리자장기차관제공 및 국제기구를 통한 인도주의적지원 등의 경제협력을 실시하며 또한 민간경제활동을 지원하는 견지에서 일본국제협력은행 등에 의한 융자, 신용대부 등이 실시되는것이 이 선언의 정신에 부합된다는 기본인식밑에 국교정상화회담에서 경제협력의 구체적인 규모와 내용을 성실히 협의하기로 했다.

   쌍방은 국교정상화를 실현하는데 있어서 1945년 8월 15일이전에 발생한 리유에 기초한 두 나라 및 두 나라 인민의 모든 재산 및 청구권을 호상 포기하는 기본원칙에 따라 국교정상화회담에서 이에 대하여 구체적으로 협의하기로 했다.

   쌍방은 재일조선인들의 지위문제와 문화재문제에 대하여 국교정상화회담에서 성실히 협의하기로 했다.

3. 쌍방은 국제법을 준수하며 서로의 안전을 위협하는 행동을 하지 않는다는것을 확인했다.

또한 일본국민의 생명 및 안전과 관련된 현안문제에 대하여 조선민주주의인민공화국측은 조일 두 나라의 비정상적인 관계속에서 발생한 유감스러운 문제가 앞으로 다시 발생하지 않도록 적절한 조치를 취할것을 확인했다.

4. 쌍방은 동북아시아지역의 평화와 안정을 유지강화하기 위하여 호상 협력해 나갈것을 확인했다.

쌍방은 이 지역의 유관들사이에 호상 신뢰에 기초하는 협력관계구축의 중요성을 확인하며 지역의 유관국들사이의 관계가 정상화되는데 따라 지역의 신뢰조성을 도모하기 위한 틀거리를 정비해 나가는것이 중요하다는데 대하여 인식을 같이했다.

쌍방은 조선반도핵문제의 포괄적인 해결을 위하여 해당한 모든 국제적합의들을 준수할것을 확인했다. 또한 쌍방은 핵 및 미싸일문제를 포함한 안전보장상의 제반 문제와 관련하여 유관국들사이의 대화를 촉진하여 문제 해결을 도모해야 할 필요성을 확인했다.

조선민주주의인민공화국측은 이 선언의 정신에 따라 미싸일발사의 보류를 2003년 이후 더 연장할 의향을 표명했다.

쌍방은 안전보장과 관련한 문제에 대하여 협의해 나가기로 했다.

2002년 9월 17일

평양

조선민주주의인민공화국	일본국
국방위원회 위원	총리대신
김정일	고이즈미 쥰이찌로

3. 조일정부 간 회담 결과와 관련한 보도(≪로동신문≫, 2014.5.30)

[평양 5월 29일발 조선중앙통신]

조일정부간회담이 2014년 5월 26일부터 28일까지 스웨리예 스톡홀름에서 진행되였다.

회담에는 우리측에서 송일호 외무성 대사를 단장으로 하는 대표단이, 일본측에서는 이하라 쥰이찌 외무성 아시아오세안주국 국장을 단장으로 하는 대표단이 참가했다.

회담에서 쌍방은 조일평양선언에 따라 불행한 과거를 청산하고 현안문제를 해결하며 국교정상화를 실현하기 위하여 진지한 협의를 진행했다.

일본측은 1945년을 전후로 하여 공화국령내에서 사망한 일본인의 유골문제와 잔류일본인,

일본인배우자, 랍치피해자 및 행방불명자를 포함한 모든 일본인에 대한 조사를 우리측에 요청했다.

우리측은 일본측이 지난 시기 랍치문제와 관련하여 기울여온 공화국의 노력을 인정한데 대하여 평가하면서 종래의 립장은 있지만 포괄적이며 전면적인 조사를 진행하여 최종적으로 일본인에 관한 모든 문제를 해결할 의사를 표명했다.

일본측은 현재 독자적으로 취하고 있는 대조선제재조치를 최종적으로 해제할 의사를 표명했다.

쌍방은 조속한 시일내에 긴밀히 협의해나가면서 다음과 같이 하기로 했다.

일본측은 공화국측과 함께 조일평양선언에 따라 불행한 과거를 청산하고 현안문제를 해결하며 국교정상화를 실현할 의사를 다시금 밝히고 조일 두 나라사이의 신뢰조성과 관계 개선을 위한 문제 해결에 성실히 림하기로 했다.

일본측은 공화국측이 포괄적조사를 위하여 ≪특별조사위원회≫를 내오고 조사를 개시하는 시점에서 인적왕래규제를 해제하며 송금 및 휴대금액과 관련하여 공화국에 취하고있는 특별한 규제조치를 해제하며 인도주의목적의 공화국국적선박의 일본입항금지조치를 해제하기로 했다.

일본측은 적절한 시기에 공화국에 대한 인도주의지원실시를 검토하기로 했다.

일본측은 조일평양선언에 따라 재일조선인들의 지위문제를 성실히 협의해나가기로 했다.

일본측은 일본인유골문제와 관련하여 공화국측이 유가족들의 성묘방문실현에 협력한데 대하여 평가하고 공화국령내에 방치되여있는 일본인의 유골 및 묘지처리, 성묘방문과 관련하여 공화국측과 계속 협의하면서 필요한 조치를 취해나가기로 했다.

일본측은 공화국측이 제기한 지난 시기의 조선인행방불명자들에 대한 조사를 계속 실시하며 공화국측과 협의하면서 해당한 대책을 세우기로 했다.

우리측은 일본인의 유골 및 묘지와 잔류일본인, 일본인배우자, 랍치피해자 및 행방불명자를 포함한 모든 일본인에 대한 포괄적인 조사를 전면적으로 동시 병행하여 진행하기로 했다.

이를 위하여 특별한 권한을 부여받은 ≪특별조사위원회≫를 내오고 조사 및 확인정형을 수시로 일본측에 통보하며 일본인유골처리와 함께 생존자가 발견되는 경우 귀국시키는 방향에서 거취문제를 협의하고 필요한 조치를 취하기로 했다.

조사는 신속히 진행하며 그 과정에 제기되는 문제들은 여러가지 형식과 방법으로 일본측과 계속 협의하여 처리하기로 했다.

쌍방은 포괄적조사과정에 제기되는 문제들을 확인하기 위하여 호상 희망하는 관계자와의 면담과 관계장소에 대한 방문을 실현시켜주며 관련자료들을 공유하면서 적절한 조치를 취하기로 했다.

□ 토의 주제

1. 북일 국교 정상화회담에서 쟁점이 된 것은 무엇인가? 양국의 입장에는 어떠한 차이점이 있었는가?
2. 2002년 9월 북일 정상이 서명한 평양선언의 정치적 의미는 무엇인가?
3. 북한의 핵과 미사일 개발이 일본의 안보정책에 어떠한 영향을 미쳤는가?
4. 북일 국교 정상화가 필요하다면, 어떠한 의미에서 필요한가? 그렇지 않다면, 왜 필요하지 않은가?

□ 더 읽을거리

1. 박정진. 2023.『재일한인 북송문제(1959) 국제인권규범 vs 국민주권수호』. 도서출판 선인.
2. 기미야 다다시(木宮正史). 2021.『일본의 한반도 외교: 탈식민지화, 냉전체제, 경제협력』. 제이앤씨.
3. Anthony DiFilippo. 2013. *US-Japan-North Korea Security Relations: Irrepressible Interests*. Routledge.
4. 李鍾元·木宮正史·磯崎典世·浅羽祐樹. 2017.『戦後日韓関係史』. 有斐閣.
5. 五百旗頭真編. 2010.『戦後日本外交史』(第3版). 有斐閣.

9
CHAPTER

북한 핵실험 이후 북러관계의 변화

'냉각'에서 '초밀착'으로

이웅현(고려대학교 세계지역연구소 연구교수)

| 학습목표

이 장에서는 2006년 북한의 핵실험 이후 북러관계가 어떻게 변화해 왔는지 살펴본다. 북러관계는 기본적으로 군사동맹의 성격을 배제한 '조러 친선·선린 및 협조에 관한 조약'(2000)이 규정하고 있지만, 실제로는 북한의 첫 핵실험 이후 친소(親疏)의 양극단을 오고 가다가 최근에는 급격하게 제한적인 군사적 협력의 방향으로 발전해 가고 있다. 이와 같은 변화를 촉진한 요인과 동북아의 정치적 상황은 무엇인지 탐색한다.

1. 북러관계 20년의 궤적

한반도 분단의 역사와 지정학적 관점에서 북러관계는 동북아시아를 구성하는 한국, 미국, 일본, 중국 등 여타 국가와의 관계를 배제한 채 양국 고유의 관계로만 설명할 수 없다. 냉전 시대 동북아시아의 힘의 분포는 대륙 삼각동맹(북·중·러)과 해양 삼각동맹(한·미·일)의 양 진영이 대치하는 형국이어서, 동맹 진영 내에서 국가들 사이의 관계는 비교적 단순한 구도를 지니고 있었다. 한국은 미국(1953년 한미동맹 체결) 및 일본(1965년 한일 국교 수립)과의 연대를 국가 생존의 자연스러운 조건으로 받아들였지만, 북한은 소련 및 중국과 각각 동맹(1961년 조소동맹, 조중동맹)을 체결한 상태에서 상호 동맹(1950년 중소동맹)을 맺고 있던 중국과 소련 사이에서 등거리 또는 줄타기 외교를 전개해야 했다. 즉, 대륙 동맹 진영 내에서 북러관계에 영향을 미치는 변수는 '중국'으로 비교적 제한되어 있었다. 미일 동맹이 한국 안보 정책의 일관성 유지의 조건이었다면, 중소동맹은 북한 외교의 딜레마였다.

그러나 1990년 한소수교와 조소동맹의 해체와 함께 동북아시아의 힘의 분포는 변화하기 시작했고, 북러관계를 규정하거나 제약하는 요인들도 바뀌었다. 1990년대와 2000년대 두 차례에 걸친 이른바 북핵 위기로 인해 양국은 악화 또는 개선의 복합적 기회를 맞이했고, 같은 시기 러시아의 한러 경제협력 모색은 두 나라 사이에 또 다른 변수로 작용했다. 21세기에 진입한 북한과 러시아의 새로운 관계를 규정한 2000년의 '조러 친선·선린 및 협조에 관한 조약' 역시 냉전 시대 양국의 정치 군사적 동맹을 배제하고, 다양한 분야의 협력을 전제로 한 것이었다. 북러관계는 조소동맹과 같은 일방적인 공여자와 수혜자의 관계가 아닌 양자적 관계로 바뀌었고, 유사시 군사적 자동 개입이 아닌 '즉각적 접촉'을 하는 관계로 바뀌었다(Kim: 2012, 394~395).

표 9-1 조소동맹조약과 조러친선조약의 비교

20세기의 북한-소련 관계	21세기의 북한-러시아 관계
1961년 조소 우호협조 및 상호원조 조약(조소동맹조약, 전문과 6개 조항)	2000년 조러 친선·선린 협조에 관한 조약(조러친선조약, 전문과 12개 조항)
전문: 사회주의적 국제주의를 기초로 ……	전문: …… 다양한 협력관계 발전을 추구 ……
제1조: 체약국 일방이 …… 무력침공을 당 …… 하게 되는 경우 체약 상대국은 지체 없이 자국이 보유하고 있는 모든 수단으로써 군사적 및 기타 원조를 제공한다.	제1조: 쌍방은 주권국가로서의 상호존중과 내정불간섭, 동등성, 호혜성, 영토성 그리고 다른 국제법들의 원칙 아래 우호 관계를 지지, 발전시켜 나아간다.
2조: 체약국 쌍방은 체약 상대국을 반대하는 어떠한 동맹도 체결하지 않으며 어떠한 연합이나 행동 또는 조치에도 참여하지 않을 의무를 진다. ……	2조: …… 쌍방 중 한 곳에 침략당할 위기가 발생하거나 평화와 안정을 위협하는 상황이 발생할 경우 그리고 협의와 협력이 불가피할 경우 쌍방은 즉각 접촉한다. ……
6조: …… 조약은 10년 동안 유효하며 …… 5년 단위로 자동 연장된다.	12조: 이번 조약은 10년 동안 유효하며 …… 5년 단위로 자동 연장된다.

자료: 여인곤(1995); 통일연구원(2018), 강조는 필자.

순탄할 것 같았던 북러관계의 변곡점은 2006년이었다. 그해 10월 북한의 1차 핵실험은 북러관계의 격심한 '부침(浮沈)' 시대의 도래를 알리는 신호탄이었다. 이후 북한과 러시아는 때로는 서로에 대한 태도의 냉정과 열정 사이에서, 그리고 때로는 서로에게 던지는 수사(修辭)의 냉전과 열전 사이에서 표류했다. 2003, 2013, 2023년의 사건을 기록한 다음 세 장의 사진(〈그림 9-1〉)은 지난 20년 동안 북한과 러시아가 겪어온 부침과 동요의 궤적을 상징적으로 보여준다.

러시아는 2000년 11월 아세안(ASEAN) 아시아지역포럼(ARF)에서 아시아태평양 지역의 다국 간 집단안보 협력의 틀을 만들자고 제안했다. 세계 대국의 하나로서 러시아는 다극화의 세계에서 중요한 위치를 점하고 있기 때문에 아시아태평양 지역에서도 중요한 역할을 할 수 있다는 것이었다. 이러한 구상의 연장선상에서 러시아는 2003년 1월 북핵문제 해결의 아이디어를 제시했다. 북한이 핵개발 계획을 포기하는 대가로 북한체제의 안전보

그림 9-1 **2003~2023년 북러관계의 변화**

① 2003년 8월 27~29일, 제1차 6자회담(베이징)

② 2013년 7월 27일, 북한'전승절' 60주년 기념열병식

③ 2023년 7월 27일, 북한 '전승절' 70주년 기념열병식

자료: ① 연합뉴스, https://www.yna.co.kr/view/AKR20130823187800043, ② https://www.shutterstock.com/image-photo/north-korean-soldiers-placard-military-parade-148620641, ③ https://m.yna.co.kr/view/PYH20230728060000042

장과 경제개발을 보장해 주자는 것이었으며, 이러한 노력의 결과, 같은 해 8월 북핵문제 해결을 위한 제1차 6자회담이 개최되었다. 소련 해체 이후 동북아시아에서 멀어졌던 러시아가 북한문제를 논의하는 테이블에 한 좌석을 차지하면서 존재감을 나타내기 시작한 것이다(이웅현: 2003, 55~56). 〈그림 9-1 ①〉은 이 '6자회담' 참석자들의 기념 촬영 사진이다.[1]

10년 뒤인 2013년 2월 북한이 3차 핵실험을 감행하자 러시아와 북한 사이에는 또다시 긴장이 조성되었다. 러시아는 북한을 강력하게 비난하고 나섰다. "북한의 행동은 국제공동체의 규범과 양립할 수 없으며, 국제사회의 대응이 필요하다"라는 것이었는데, 이로써 양국 사이의 화해 분위기는 완전히 소멸한 것으로 보였다. 관계 악화를 상징적으로 보여준 것이 2013년 7월 27일 북한의 '전승절' 60주년 기념열병식에 대한 러시아의 태도였다. 러시아는 격이 낮은 대리대사를 참석시켰지만, 중국은 리위안차오(李源潮) 중국

1 사진 왼쪽부터 야부나카 미토리(藪中三十二), 일본 외무성 아시아대양주 국장, 제임스 켈리(James Kelly) 미국 국무부 동아시아태평양 담당 차관보, 김영일(金永日) 북한 외무성 부상, 왕이(王毅) 중국 외교부 부부장, 알렉산드르 로슈코프(Alexander Losyukov), 러시아 외무부 차관, 이수혁(李秀赫) 한국 외교통상부 차관보.

국가부주석이 참석했다. 그럼에도 북한은 러시아와 조선의 우정은 대를 이어간다는 메시지를 담은 〈아리랑〉을 선보였고, 열병식에서는 군인들이 북한 인민군 병사, 중국 지원군 병사, 슬라브계의 공군 조종사로 보이는 병사의 모습이 나란히 담긴 배너(사진 ②)를 들고 행진했다(Toloraya and Yakovieva, 2021: 373~374). 2006년과 2009년에 이은 거듭되는 북한 핵실험에 대한 러시아의 불쾌감 표출, 그리고 이에 대한 북한의 러시아 달래기를 엿볼 수 있는 장면이었다.

그로부터 10년이 지난 2023년 양국 사이의 관계는 또 다른 모습을 보였다. 김일성광장에서 개최된 '전승절' 70주년 기념열병식에 김정은 총비서는 러시아 대표단장 세르게이 쇼이구(Sergei Shoigu) 국방장관과 나란히 입장해 우호를 과시했고, 중국 대표단장 리훙중(李鸿忠) 전국인민대표대회 상무위부위원장은 부주석급임에도 멀찌감치 뒤따라 입장했다. 쇼이구는 김정은의 무기 전시장 안내와 환영오찬을 접대받았지만, 리훙중은 최룡해 최고인민회의 상임위원장이 접견했다. 러시아가 군사대표단을 보낸 데 비해 중국이 당정대표단을 파견한 것도 상징적이었다. 러시아는 우크라이나와 전쟁 중임에도 국방장관을 보낸 것이었다(SPN 서울평양뉴스, 2023.7.29). 더구나 사진 ③에서 보는 바와 같이 열병식 진행 중 김정은은 쇼이구와 친밀한 모습을 연출했고, 리훙중과는 거의 대화도 나누지 않았다. 2023년 7월 북한은 러시아를 환대했고, 중국을 홀대하고 있었다.

이 흐름대로라면 20년 동안 북러관계는 '상호 무관심'과 '존재감' 확보의 노력 단계에서 '상호 백안시'와 '냉각'의 단계를 거쳐 현재의 '적극적 접촉'과 '준군사협력'의 단계로 발전해 왔다고 할 수 있을 것이다.

2. 핵실험의 후폭풍: 2006~2013년 '냉각'

2006년 10월 초 북한의 핵실험 가능성이 커지자 러시아는 한반도와 그 주변의 군사적·정치적 상황을 악화시키고 국제적 핵비확산체제에 부정적 영향을 미칠 수 있다면서 핵실험 자제를 촉구했다. 그러나 10월 9일 북한은 핵실험을 강행했고, 러시아는 "핵비확산 노력을 훼손했다"라는 이유로 북한을 비난했다. 다만 유엔의 제재에 무력 사용은 배제해야 한다고 강조했다. 그리고 관련 당사국에 6자회담의 조속한 재개를 촉구했다(통일연구원, 2006: 11).

6자회담은 2005년 11월 제5차 1단계 회의가 별다른 성과 없이 중단된 상태였다. 이미 10월 14일 유엔 안보리 15개국이 만장일치로 결의 1718호를 통해 북한의 행위를 규탄하고 제재를 취한 상태에서 12월 18일 6자회담 제5차 2단계 회의가 개최되었다. 회의는 구체적인 진전을 보지 못하고 6자회담의 유용성을 확인하는 선에서 마무리되었다. 그러나 유엔 안보리 결의 1718호는 이전의 제재 대상이었던 대량살상무기의 금수를 포함해 재래식 무기와 사치품 거래 금지, 제재 대상 개인과 단체의 금융 동결, 북한 출입 화물에 대한 검사, 탄도미사일 발사 금지 등을 규정한 강력한 조치였다. 요컨대 북한의 첫 핵실험에 대해 러시아의 입장은 북한에 대한 유엔의 강력한 제재에 동참하면서 6자회담이라는 대화의 창을 열어두는 것이었다.

2007년 2월 8일부터 6자회담 제5차 3단계 회의가 개최되어(6자회담 제4차 회의에서 합의한 북한의 모든 핵무기와 현존 핵 프로그램 포기 등의) '9·19 공동성명 이행을 위한 초기 조치' 이른바 '2·13 합의'가 타결되었고, 마침내 북한에 대한 중유 5만 톤의 제공이 시작되었고, 북한도 핵시설에 대한 폐쇄와 봉인 조치를 개시했다. 2007년 10월 3일 6자회담 제6차 2단계 회의에서 '9·19 공동성명 이행을 위한 2단계 조치'(10·3 합의)가 채택되었다. 이 조치는

표 9-2 러시아가 선호한 6자회담의 운명

	시기	내용
제1차	2003.8.	북한 핵 폐기 시 경제와 식량지원 제안. 그러나 성과 없음. 의장국 성명으로 6자회담 지속 가능성 확인
제2차	2004.2.	북한의 '동결 대 보상' 및 '일괄타결 동시행동' 요구와 미국의 '선(先) 핵 포기' 주장이 대립. 구체적 성과 없음
제3차	2004.6.	8개항의 의장성명 채택(한반도 비핵화 목표에 대한 의지 재확인, 한반도 비핵화를 위한 첫 단계 조치로 핵동결의 범위, 기간, 검증 방법과 상응 조치 등을 조속히 구체화할 것 등). 구체적 성과 없음. 이듬해 2월 북한은 핵무기 보유 공식 발표, 6자회담의 무기한 중단 선언
제4차 2단계	2005.9.	북한의 모든 핵무기와 현존 핵 프로그램 포기 등을 합의한 '9·19 공동성명' 채택
제5차 3단계	2007.2.	9·19 공동성명 이행을 위한 초기조치(2·13 합의) 타결
제6차 2단계	2007.10.	9·19 공동성명 이행을 위한 2단계 조치(10·3 합의) 타결
수석대표회의	2008.12.	검증의정서 채택, 2단계 조치 마무리를 위한 불능화 및 경제 및 에너지 제공 이행문제 등 논의. 핵심 쟁점인 검증의정서 채택 불발
	2009.5.25.	북한의 제2차 지하 핵실험
	6.12.	유엔 안보리 대북결의안 1874호를 만장일치 채택
	6.13.	북한 외무성, 농축 우라늄 개발 공식 선언
	7.24.	유엔 주재 북한대표부, 6자회담 **사멸 선언**

자료: 선행연구와 보도 내용을 중심으로 필자 작성. 강조는 필자.

2007년 말까지 북한의 모든 현존 핵시설을 불능화, 북한의 모든 핵 프로그램의 완전하고 정확한 신고, 핵물질과 기술 등의 이전 금지, 이에 대한 대가로 북한에 대한 중유 100만 톤 제공 등을 확인한 것이었는데, 북한은 다소 늦게 이듬해인 2008년 6월에 신고서를 제출하고, 영변 원자로의 냉각탑을 폭파했다. 그리고 미국은 같은 달 북한에 대한 적성국 교역법 적용을 종료하고, 10월에는 북한에 대한 테러지원국 지정을 해제했다.

북한의 1차 핵실험 이후 러시아가 희망하는 6자회담은 2007년 12월 제6차 회담까지, 다소 더디기는 했지만 비교적 순조롭게 진행하는 것으로 보였다. 2008년 3월 러시아에서 블라디미르 푸틴(Vladimir Putin)이 지명한 드미트리 메드베데프(Dmitry Medvedev)가 대통령에 당선되고, 11월 미국에서는 민주당의 버락 오바마(Barack Obama)가 대통령에 당선되면서 국제 정세의 전망이 불투명해졌다. 더욱이 같은 해 2월에 출범한 한국의 이명박 정부는 대러시아 접근을 강화하면서 경제, 자원외교에 집중하기 시작했다. 9월 이명박은 한국 대통령으로서 3년 9개월 만에 러시아를 방문 메드베데프와 회동했다. 한국은 당시 세계 경제의 새로운 축의 하나로 부상하는 러시아와 교역 및 투자 협력 기반을 강화하고, 러시아의 시베리아 극동 지역 자원개발 참여 확대를 통해 에너지 수입원을 다변화하려는 목적을 지니고 있었다 (홍완석, 2009: 8).

경제와 사회의 현대화를 정책의 목표로 한 메드베데프의 대북정책은 사실 미온적이었다. 메드베데프 취임 후부터 2011년까지 북러관계는 정체상태에 빠졌고, 메드베데프 주변의 친 서방 인사들은 북한과의 관계 개선을 원하지 않는 것처럼 보였다. 핵실험을 비롯한 북한의 도발적인 정책이 러시아의 대(對)서방 접근에 방해 요인으로 작용했고, 한러관계의 진전도 북한과 러시아의 소원화를 초래했다. 한국의 이명박은 메드베데프와 여러 차례 회동하면서, 러시아와 '전략적 동반자' 관계의 형성을 희망했고, 러시아는 북한보다는 한국에 접근했다. 결정적으로 2009년 4월 북한이 국제사회의 경고에도 불구하고 장거리 로켓을 발사하고, 5월 25일 2차 핵실험을 강행하면서, 러시아의 대북한 관계는 급속하게 냉각되었다(Toloraya and Yakovieva, 2021: 371~372). 유엔 안보리는 6월 12일 대북 결의안 1874호(〈표 9-4〉 참조)를 만장일치로 채택했고, 북한은 6월 13일 외무성 성명을 통해 농축 우라늄 개발을 공식 선언하는 것으로 응수했다. 7월 24일 유엔 주재 북한대표부 대사 신선호는 "6자회담은 영원히 끝났다"라고 주장했다(국가기록원, 2015). 2009년 러시아의 자세 변화에 대해 북한의 김정일 위원장은 북한을 방문

중이던 러시아 외상 세르게이 라브로프(Sergey Lavrov)와의 면담을 거부했고, 11월에는 러시아연방 상원의장 세르게이 미로노프(Sergey Mironov)의 만남도 이례적으로 거부했다. 즉, 한러 접근, 러시아 신정권의 대북 자세 변화, 미국의 오바마 행정부 등장, 그리고 결정적으로 북한의 2차 핵실험으로 2009~2010년은 21세기 북러관계 최악의 시기가 되었다. 6자회담 재개의 희망도 사라졌다.

러시아의 입장에서 한국과의 경제교류 및 자원공급 문제를 매듭짓기 위해서는 북한과의 협력이 필수적이었다. 결국 메드베데프는 임기 마지막 즈음인 2011년 8월 북한의 정상회담 제안을 수락했고, 울란우데(Ulan-Ude)에서 김정일을 만났다. 러시아로서는 남·북·러 3국을 잇는 TSR-TKR 연결, 가스관과 송전선 연결 등 경제적 실익의 확보가 필요했고, 북한으로서는 안정적인 3대 세습에 대한 러시아의 지지를 확보하고 에너지와 식량 및 군사무기 부품 등을 지원받음으로써 2012년 '강성대국 원년'에 대비하려는 목적이 있었다(여인곤, 2011: 2). 실제로 정상회담에서 양국은 북한의 6자회담 복귀 가능성, 북한을 경유하는 러시아-한국 연결 가스관 건설 전망 등에 관해 합의했다. 물론 한국은 가스관 프로젝트의 실현 가능성에 부정적이었기 때문에 실질적인 진전은 없었지만, 적어도 북러관계가 2006년 이전으로 돌아갈 가능성은 내포하고 있었다.

그러나 회담을 마치고 귀국한 김정일이 불과 4개월 뒤인 12월 급사하면서 북러관계는 다시 불투명해졌다. 더욱이 김정은 정권의 등장으로 북한의 변화가 예상되었지만, 2012년 4월 북한이 인공위성의 지구궤도 진입을 시도하는 로켓(은하-3호) 발사를 감행하자 러시아는 다시 북한에 대한 국제사회의 비판에 동참했다. 2012년 12월에도 북한은 장거리 미사일을 발사했는데, 이듬해 1월 유엔 안보리는 러시아를 포함한 15개 이사국 만장일치로 대북제재 결의 2087호(〈표 9-4〉 참조)를 추가했다.

이 시기 러시아가 북한에 대해 관계 개선의 레버로 사용할 수 있는 소재가 있었다. 바로 북한의 대러시아 채무 문제였는데, 북한은 소련에 약 110억 달러의 부채를 지고 있었고, 러시아가 이 채권을 계승하고 있었다. 2010년부터 지속적인 협상을 통해 양국은 이 문제를 해결하려고 노력했다. 그 결과 2012년 9월 러시아는 북한 채무의 90%를 탕감하고, 나머지 10%는 북한의 에너지, 보건, 교육 등의 발전에 재투자하기로 합의했다(Zakharova, 2016: 153). 이는 러시아가 북한에 던진 당근 가운데 하나였는데, 역설적으로 채무 문제가 일단락하자 러시아는 오히려 대북한 견제 장치를 상실하게 되었다.

2013년 2월 12일 북한의 3차 핵실험은 그렇지 않아도 팽팽한 양국 관계에 긴장감을 더했다. 러시아는 북한의 행동이 "국제공동체의 규범과 양립할 수 없으며, 국제사회의 대응이 필요하다"라고 강력하게 비난했다(Toloraya and Yakovieva, 2021: 373). 일시적으로 개선되는 듯 보였던 김정일 시대의 화해 분위기는 완전히 소멸했다.

이와 같은 북러관계의 악화 그리고 그 해소를 위한 북한의 미세한 몸짓을 상징적으로 보여준 것이 위에 소개한 2013년 7월 27일 북한의 '전승절' 60주년 기념열병식 일화였다.

3. 소치올림픽에서 평창올림픽까지: 2014~2018년 '접근'

2014년 벽두부터 북러관계는 상호 이해와 지지가 가시적으로 드러나기 시작했다.

2013년 12월 12일 장성택 처형 이후 북중관계가 냉각되면서, 북한은 러시

표 9-3 2001~2013년 북한과 러시아 교역량

(단위: 100만 달러)

	2001	2003	2005	2007	2009	2011	2013
교역 총액	114.3	113.7	233.2	159.8	49.4	113.7	112.7
러시아의 대북 수출액	70.8.	11.7	226.3	126.1	41.6	99.2	103.4
북한의 대러 수출액	43.5	3.0	6.9	33.7	7.8	14.5	9.3

자료: 러시아연방 세관(Zakharova, 2016: 156에서 재인용).

아로 눈을 돌렸다. 김정은의 대중국 의존도를 경감시키기 위한 '러시아 카드'라고 할 수 있었다. 2014년 2월 러시아의 소치에서 개최되는 동계 올림픽 개막식에 한국은 공식적으로 사절을 파견하지 않았지만, 북한은 명목적이지만 공식적으로는 국가원수인 김영남 최고인민회의 상임위원장을 파견했다.

당시로서는 실질적으로 그다지 도움이 되지는 못했지만, 북한은 3월에도 러시아가 체면을 유지하는 데 도움이 되는 조치를 했다. 즉, 3월 18일 러시아가 크림공화국을 합병하자, 3월 27일 유엔 총회에서 러시아의 크림반도 합병을 불승인하자는 총회 결의안이 상정되었는데, 북한은 이 결의안에 반대표를 던졌다. 사실상 러시아의 크림공화국 합병을 승인한 것이다.

이뿐만 아니라 무역과 경제지원 그리고 지역개발의 필요성도 러시아와 북한 모두에게 서로를 멀리할 수 없는 유인이었다. 북한과 러시아의 경제적 유대를 강화하는 역할을 담당하는 러시아 정부의 주요 기관은 2012년에 설립된 극동개발부였다. 극동개발부 장관 알렉산드르 갈루슈카(Alexander Galushka)는 2014년 4월 평양을 방문, 양국 간 교역과 경제협력의 증진 방안을 논의하고, 2020년까지 연간 총교역량을 10억 달러까지 달성하자고 선언했다. 2006년 북한이 1차 핵실험을 단행하기 전까지는 비교적 호조였던 양국의 교역량이 핵실험 이후 감소, 이전 상태를 회복하지 못하고 있었다(〈표 9-3〉 참조).

6월에는 러시아와 북한 사이에 진행되어 오다 지난 3년 동안 중단되었던 무역, 경제, 과학 및 기술 협력에 관한 정부 간 위원회(ICG)가 블라디보스토크에서 재개되었다. 러시아 측 대표는 갈루슈카, 북한 측 대표는 대외경제부 부장 리용남이었다. 이 회의에서 양국 간 교역의 결제를 루블화로 통일하기로 했고, 러시아 은행에 북한의 결제 계좌를 개설하기로 했다. 국제사회와 미국의 금융제재를 받는 북한의 어려움을 풀기 위한 조치였다(Zakharova, 2016: 154).

2014년과 2015년에 걸쳐서 북러 접촉 특히 경제 분야에서의 접촉이 빈번해졌다. 3월 하순에는 갈루슈카 극동개발부 장관이 평양을 방문해 박봉주 총리와 회담했고, 한 달 뒤에는 유리 트루트네프(Yury Trutnev) 러시아 부총리가 북한을 방문, 러시아 극동지역 개발을 위한 한국과 북한, 러시아 3국의 경제협력을 제안했다(≪日本経済新聞≫, 2014.5.6). 러시아의 오랜 숙원인 극동지역의 경제발전을 위한 돌파구 모색의 일환이었을 것이다. 트루트네프는 극동 연방 관구 대통령 전권대표라는 직함도 가지고 있었다.

2014년 11월에는 북한 노동당 비서 최룡해가 김정은 국방위원회 제1위원장의 특사 자격으로 러시아를 방문, 푸틴에게 김정은의 친서를 전달했고, 라브로프 러시아 외무장관과 회담했다. 귀국길에 그는 연해주를 방문, 블라디미르 미클루셰프스키(Vladimir Miklushevskii) 주지사와 경제협력 방안을 논의했고, 하바롭스크에서는 뱌체슬라프 슈포르트(Vyacheslav Shport) 하바롭스크 주지사와 면담했다(연합뉴스, 2014.11.24).

2014년 한 해 동안 양국 경제협력의 모습으로 가장 눈에 띄는 것은 '승리(Победа) 프로젝트'였다. 2014년 10월 북한 내의 러시아 기업들이 주도한 이 프로젝트는 러시아 과학생산연합체 '모스토비크(Mostovik)'가 참여하는 북한의 수송 인프라 및 광업 현대화 사업이었다. 모스토비크의 모스트(most)는 '교량'이라는 뜻인데, 이름 그대로 이 기업은 APEC 정상회담을 위한 블라디보스토크 루스키섬과 본토 연결 교량, 소치올림픽 시설들을 건설하면서 유명해졌다. 러시아 철도 공사가 자비용으로 진행하는 라진-하산 철도 프로젝트와 달리 '승리 프로젝트'는 "돈을 먼저 벌고, 투자는 나중에 하는 방식"을 기반으로 수행될 예정이었다. 갈루슈카에 의하면 이 사업에 참여하는 러시아 기업들의 비용은 희귀금속과 석탄을 포함한 북한의 광물 자원에 대한 접근을 통해서 충당될 것이었다. 이 사업은 북한 철도망의 절반에 해당하는 3500km 철도의 현대화를 목표로 했다. 북한의 재동-강동-남포를 잇는 구간이 인프라 구축의 첫 단계로 선정되었고, 전체 북한 철도의 재건은 10개 구간으로 나뉘어 총 250억 달러의 투자가 이루어지는 대규모 프로젝트였다. 이 사업이 성공적으로 수행된다면, 그야말로 북한과 러시아 사이에 상호 호혜적인 무역과 경제협력의 모델이 될 수 있었다(Zakharova, 2016: 157~158).

이 사업은 착실히 진행될 것처럼 보였다. 이러한 우호적 관계 개선의 분위기가 급랭한 것은 2015년 5월 러시아의 '대조국전쟁' 승리 70주년 기념행사에 푸틴의 초청을 받은 김정은이 수락 후 불참을 통보한 사건 때문으로 보인다. 북한이 일단 수락했다가 거절한 이유는 알 수 없다. 중국의 '압력'이 작용했을 것이라는 추측이 일반적이다(Toloraya and Yakovieva, 2021: 375).

북한은 2016년에 두 차례의 핵실험을 강행했다. 1월 6일에 4차 핵실험을 그리고 9월 9일에는 5차 핵실험을 단행했다. 그사이인 2월 7일에는 인공위성 발사 로켓 '광명성-4호'를 쏘아 올렸다. 북한은 2016년의 이 두 실험을 모두 '수소폭탄' 실험이라고 주장했는데, 주변국을 놀라게 한 것은 일련의 발사와 실험들이 빠른 템포로 진행되었다는 점이었다. 이것은 무언가 기술적 장애물을 돌파했음을 의미했다(和田, 2019: 249~251). 러시아는 이 두 차례의 핵실험과 광명성-4호 발사에 대한 유엔 안보리의 제재 결의 제2270호, 제2321호에 모두 찬성했다(〈표 9-4〉 참조).

그럼에도 불구하고 2016년 11월의 미국 대선에서 도널드 트럼프(Donald Trump) 공화당 후보가 당선되면서 불확실성이 증대되었고, 미국과 중국 사이의 긴장이 고조되었다. 크림 공화국 합병 이후 러시아에 대한 서방의 압박(〈표 9-6〉 참조)이 증가하는 가운데 북러관계는 더욱 긴밀해질 수밖에 없었지만, 동북아시아의 정세와 관련해서 러시아는 서서히 중국의 입장을 추수할 수밖에 없는 상황에 직면했다.

2017년 7월 러시아와 중국은 한반도 비핵화의 해법으로 이중 동결의 아이디어를 제시했다. 2015년 북한이 제안한 바 있지만 미국이 무시한 아이디어였는데, 중국이 제안한 '쌍잠정(double freezing)'과 '쌍궤병행(parallel advancement)'[2]에 기초한 것이었다. 이뿐만 아니라 러시아가 제안한 단계적 코리안 로드맵과도 궤를 같이하는 것이기도 했다. 이는 미국과 한국이 주장하는 무조건적인 CVID(완전하고 검증할 수 있으며 불가역적인 해체)보다 북한이 주장하는 '단계적'이고 '동시적'인 접근법에 훨씬 더 가까운 것임에도 북한은 이에 적극적으로 호응하지 않았다(Toloraya and Yakovieva, 2021: 375~376). 그러나 러시아와 북한은 경제협력과 발전에 관한 시도를 멈추지는 않았다.

2018년 2월 평창 동계 올림픽에 김영남 최고인민회의 상임위원장과 김여정 노동당 제1부부장 등 북한의 고위급 대표단이 참석하면서 일시적인 해빙 분위기가 조성되자 러시아는 북한과의 경제협력을 위한 접촉을 구체적으로 전개했다. 2018년 3월 무역, 경제, 과학 및 기술 협력에 관한 정부간 위원회가 평양에서 개최되었고, 여기에는 갈루슈카가 이끄는 러시아 11개 정부 기관의 대표들이 참석했다. 위원회에서는 수송, 에너지, 농업, 어업, 교육, 과학기술, 생태, 스포츠, 문화 등 제재를 위반하지 않는 산업 분야의 이슈들이 논의되었고, 나진-하산 프로젝트를 포함해서 작동하고 있는 양국의 프로젝트를 지지하고 또 새로운 사업을 시작하는 방법들이 논의되었다. 갈루슈카는 러시아인의 관광 촉진을 위해 비자 요건을 완화해 달라

2 '쌍중단'은 북한의 핵·미사일 실험과 한미의 대규모 군사훈련 중단을, '쌍궤병행'은 비핵화와 평화체제 전환의 동시 추진을 의미한다.

고 북한 정부에 요청하기도 했다.

다른 한편, 평창올림픽 이후 북미관계가 급진전하면서 북한은 중국에 밀착해 갔다. 2018년 3월과 5월에 김정은은 북미정상회담과 관련한 논의를 위해 중국을 방문했고, 6월에는 싱가포르 북미정상회담 참석을 위해 전용열차로 중국을 종단했다.

이는 러시아와의 관계가 상대적으로 소원해졌다는 것을 의미했고, 북중회담 및 북미정상회담에 대해서 러시아는 대체로 평범한 의견 표명과 보도로 일관했다. 그럼에도 러시아는 동북아시아에서 '존재감'을 꾸준히 확인하고 있었다. 2018년 4월 라브로프 러시아 외무장관과 북한의 이용호 외상은 모스크바에서 회동해 양국 정상회담의 가능성을 타진했다. 뒤이어 곧바로 라브로프는 중국을 방문, 시진핑 국가주석 및 왕이 외상과 잇달아 회담하고, 러시아와 중국은 한반도 비핵화 문제의 평화적·정치적 해결을 위해 협력을 강화할 것임을 확인했다. 라브로프는 5월 말 평양을 방문, 김정은과 회담했다. 김정은은 라브로프에게 러시아와 항상 대화할 용의가 있다고 말한 것으로 알려졌다(경남대학교 극동문제연구소, 2018: 226). 2018년의 북한은 중국 이외에도 대륙의 지지 국가가 필요했고, 러시아는 '6자회담'이 사실상 소멸한 이후 동북아시아에서의 '존재감'을 끊임없이 확인할 필요가 있었다.

4. 블라디보스토크 정상회담과 코로나: 2019~2022년 '밀착'

김정은은 2019년 1월 중국을 방문한 후 2월에 하노이 북미정상회담에 참석했다. 그리고 그 회담은 거대한 실패로 끝났다. 하노이에서 개최된 북미정상회담이 '노딜'로 끝난 것은 누구의 책임인가. 의도한 것인가 아니면 판단 착오의 결과인가. 아무튼 김정은의 입장에서 회담의 실패가 뼈아픈 것이었다면, 북미정상회담을 준비하면서 의견을 구했던 중국에 대해 다시 생각해 볼 필요가 있다고 느끼지 않았을까. 북미 교섭의 결렬이 중국이 의도한 것이든 의도하지 않은 판단 착오의 결과이든 북한으로서는 모든 대내외적 문제에서 중국 의존도를 줄여야 할 필요를 느끼지 않을 수 없었을 것이다. 방향은 다르나 러시아도 비슷한 생각을 했을 것으로 보인다. 더구나 2018년 빠른 속도로 전개된 한국, 미국, 북한의 관계 개선 과정에 러시아는 철저히 소외되어 있었다. 파국으로 끝난 하노이 북미정상회담 이후 북한은 러시아에서, 러시아는 북한에서 중국의 대체물을 찾았다.

미국도 북한과 러시아 사이의 거리를 좁혀 놓았다. 실제로 2018년 6월 12일 역사적인 싱가포르 북미정상회담 이후에도 미국은 기존의 입장을 견지했다. 북한은 제재의 해제를 선행하라고 주장했고, 미국은 비핵화를 위한 완전한 불가역적 조치들이 선행되어야 제재를 해제할 수 있다고 강조했다.

북한에 대한 지속적인 제재와 압력의 증가(〈표 9-4〉 참조)는 북러 경제관계에도 심각한 타격을 가했고, 러시아 역시 2014년 이후 서방으로부터 여러 가지 경제제재를 받고 있었다. 두 나라의 정상이 누구의 중개도 없이 직접 접촉해 만났다는 사실 그리고 북미 하노이 정상회담의 결렬 뒤에 만났다는 사실(RIA Novosti, 2019.4.26)은 북한과 러시아가 중국과 미국에 대한 반감을 공유하고 있음을 시사했다.

김정은은 4월 24일부터 4월 26일까지 1박 2일의 일정으로 블라디보스토크를 방문, 푸틴과 정상회담을 했다. 북러정상회담에 관해서는 2018년부터 양국이 그 가능성을 타진해 왔지만, 북한이 대한국, 대미국 협상에 주력하면서 하노이 북미정상회담의 결렬 시까지 적극적인 대응을 하지 않았다. 결국 하노이 회담 실패 후 러시아를 방문함으로써 북한이 '러시아 카드'를 대미 견제를 위해 사용하고 있음을 보여주었다.

블라디보스토크 루스키섬의 극동연방대학에서 4월 25일 오후 2시 10분부터 1시간 50분 동안 진행된 북러정상회담은 논의의 실질적 성과보다는 회담이 주는 '상징성'이 중요했다. 김정은은 할아버지 김일성이 1949년 모스크바를 방문해 스탈린과 첫 북러정상회담을 했을 당시 입었던 검은색 페도라(중절모)와 더블코트 복장을 재현해 북한과 러시아 사이의 전통적 우호 관계를 간접적으로 강조했다.

역대 북러정상회담 이후 공동성명이 발표되거나 공동 기자회견이 열린 경우는 거의 없었다. 따라서 2019년 블라디보스토크 정상회담에서 무엇이 논의되었는지 밝혀지지 않았고, 따라서 성과도 판단할 수 없다. 러시아가 의도하는 것과 북한이 원하는 것, 그리고 회담의 의미를 요약하면 다음과 같다.

러시아로서는 ① 6자회담의 부활: 푸틴은 기자회견에서 "북한이 원하는 것은 체제의 안전보장, 이것뿐이며, 한국과 미국이 내놓을 조치가 충분하지 않으므로 북한은 다자협력 안보체제가 필요하다"라고 주장했다(*The Guardian*, 2019.4.26). 유엔 안보리 상임이사국인 러시아로서는 북한에 대한 립서비스 이외의 특별한 지원과 지지를 표명할 수 있는 카드는 없었다. 즉, 러시아는 북한에 대한 제재의 해제를 요구하고 있지만, 스스로 유엔 안보리 상임이사국이라는 한계가 있으므로, 제재라는 체제에 노골적으로 도전할 수 없었다. 결국 한반도 문제의 조정과 해결을 위해서는 러시아와 중국이 긴밀하게 협력해야 하며, 꾸준한 정보의 교환이 중요하다고 강조할 수 있을 뿐이었다(RIA Novosti, 2019.4.26; *Moscow News*, 2019.4.27).

2003년에 한국, 북한, 미국, 일본, 중국, 러시아의 참여로 시작되었다가 2009년 북한의 이탈로 중단된 러시아의 전통적인 대동북아 정책의 기본 즉 '6자회담'(다자 협력체제)으로의 복귀를 희망하고 있었다. 이를 통해서 러시아는 동북아시아에서의 존재감을 확인할 수 있고, 동북아시아라는 테이블에 자국의 '좌석'이 있음을 확인하려고 했다.

북한으로서는 ② 고립감의 해소: 김정은의 입장에서는 2018~2019년에 걸쳐서 한국, 중국, 미국의 지도자들과 연쇄 회담하고 러시아의 정상과도 회담한 셈이 되었다. 특히 러시아의 푸틴과 정상회담을 함으로써 한국, 중국, 미국 모두에 일종의 견제구를 던진 셈이 되었고, 정상적 국가의 지도자로서의 이미지 개선에도 효과적인 외교 행보를 한 셈이었다. 국내적으로 최고지도자의 인민에 대한 열정과 노력을 과시하는 효과도 거두었다(*Moscow News*, 2019.4.27). 북한은 이 밖에도 대북한 경제제재 해제에 대한 러시아의 지지를 요청했고, 북한이 진정으로 원하는 것은 체제보장이라는 사실을 우호국에 홍보해 달라고 러시아에 요청했다.

③ 동북아 세력 관계의 변화: 결과적으로 2019년 블라디보스토크 북러정상회담은 동북아시아 힘의 분포 변화를 예고하는 사건이 되었다. 물론 정상회담의 하이라이트는 '6자회담', 즉 '다자안보 체제'를 다시 거론한 러시아의 부상(浮上)이었다. 그러나 북미관계에 집중하던 북한은 러시아의 입장을 즉각적으로 수용하지는 않았고, 양국을 제외한 동북아시아 국가들도 정상회담에 대한 긍정적 평가를 내어놓지 않았다. 그러나 되돌아보건대 이 회담은 4년 뒤 폭풍을 불러올 사건(2023년 보스토치니 북러정상회담)의 전조가 되었다. 동북아시아 대륙에서의 힘의 축이 북중관계에서 북러관계로 전환된 것이다.

2019년 12월 러시아는 중국과 함께 북한에 대한 경제제재의 해제를 위한 유엔 안보리 결의안 초안을 제안했다. 한국을 포함한 한반도 지역에서의 경제협력 그리고 인도주의적 지원에 관한 것으로서 북한을 대화의 장으로 끌어들이는 데 긍정적인 영향을 줄 것이라고 주장했다(Toloraya and Yakovieva, 2021: 378). 미국의 반대로 무산되긴 했으나 러시아의 적극적 자세로의 전환을 확인할 수 있는 제안이었다. 같은 12월 조선로동당 제7회 중앙위원회 5차 전원회의에서 김정은 국무위원장은 북한이 더 이상 핵실험과 장거리 탄도미사일에 관한 자체적인 모라토리엄에 얽매이지 않겠다고 발언했다.

이와 같은 북러 밀착은 2020년 이후 코로나19의 만연이라는 비정치적 변수가 등장하면서 오히려 러시아의 대북 인도 지원 및 문화교류와 연대가 강화되는 모습을 보였다. 북한은 2020년 1월부터 코로나19 방역 제한 조치를 하기 시작했고 2월부터는 외교관을 제외한 외국인의 출입국을 차단하는 것은 물론, 국제항공편 및 러시아와 연결되는 철도 운행도 중단했다.

이에 대해서 러시아는 1월에 코로나19 진단키트를 북한에 제공했고, 7월에 추가분을 제공했다. 북한의 러시아로부터의 의약품 수입도 증가했다. 6월에는 대북한 제재 대상이 아닌 약 40만 달러어치의 의약품을 러시아에서 수입했다. 2020년 여름 태풍 피해를 본 북한은 러시아의 식량 구호물자에도 의존했다. 러시아는 5월과 9월에 각각 2만 5000톤의 밀을 북한에 제공했다(TASS).

경제제재의 압박하에서 그리고 코로나19로 인한 고립 상태에서 북한이 러시아에 제공할 수 있는 것은 '말의 성찬'이었다. 즉, 북러관계에서 의미 있는 공식 기념일을 챙기는 일이었다. 북한은 5월에는 러시아의 '대조국전쟁'(제2차 세계대전) 전승 기념일에, 그리고 6월에는 '러시아의 날'을 맞아 푸틴에게 축전을 보냈다. 그리고 7월 19일은 역사상 처음으로 북한을 방문한 푸틴 대통령이 김정일 위원장과 공동선언을 발표한 지 20주년이 되는 날이었는데, 이 날짜 ≪로동신문≫은 양국 사이의 관계 강화와 발전에 관한 희망을 피력했다. 신문은 2019년 4월의 김정은-푸틴 블라디보스토크 정상회담에 대해서도 언급하며, 양국의 친선 협조 관계를 강조했다.

8월 15일 광복절을 맞아 푸틴과 김정은은 축전을 상호 교환했다. 김정은은 푸틴에게 보낸 감사의 편지에서 2019년 4월의 블라디보스토크 정상회담을 언급하면서, 조러 친선 협력관계가 보다 높은 단계로 강화, 발전하리라고 믿는다고 언급했다. 10월 12일은 북한과 러시아(소련)의 수교 72주년 기념일이었다. 북한 외무성은 이날을 기념해 성명을 발표했는데, 역시 2019년의 정상회담을 언급하면서 양국 사이에 고위급 왕래와 여러 분야의 협력과 교류 사업이 진행되었다고 주장했다. 그러나 진행된 사업이 무엇인지는 밝히지 않았다. 코로나19의 만연은 북러관계의 소원화(疎遠化)에도 영향을 미쳤지만, 북한은 2019년의 북러정상회담에 대한 기억을 잊지 않으려 했다.

5. 우크라이나에서 보스토치니까지: 2022~2023년 '초밀착'

2022년 2월 22일 러시아는 도네츠크 인민공화국과 루한스크 인민공화국을 승인했다. 2014년 러시아의 크림 합병과 동시에 이 두 공화국은 우크라이나로부터 독립을 선언했는데, 8년이 지난 2022년 우크라이나와 러시아 국경에 병력을 집결시킨 러시아는 공식적으로 이 두 공화국을 승인한 것이었다. 그리고 이틀 뒤인 2월 24일 러시아는 우크라이나를 침공했다.

북한은 2월 26일 외무성 홈페이지에 국제정치연구학회 리지성 연구사 명의의 글을 올렸다. 즉, "우크라이나 사태는 세계 패권과 군사적 우위만을 추구하면서 일방적인 제재 압박에만 매달려 온 미국의 강권과 전횡에 그 근본 원인이 있다"면서 "우크라이나 사태가 발생하게 된 근본 원인은 나토(NATO)의 일방적인 확대와 위협으로 유럽의 세력균형이 파괴되고 러시아의 국가 안전이 엄중히 위협을 당한 데 있다"라고 "국제 언론과 전문가들이 평가한다"라는 것이었다(연합뉴스, 2022.2.26). 침공 이틀이 지나서야 그것도 '침공'이라는 용어를 쓰지 않고, 제삼자의 논평을 인용함으로써 처음에는 어떤 태도를 표해야 할지 곤혹스러운 상황이었던 것으로 보인다.

그러나 북한은 3월 3일 러시아의 우크라이나 침공을 비난하는 유엔 결의

표 9-4 2006년 북한 핵실험 이후 유엔 안보리 대북제재 결의

	호수	시기	제재의 핵심 내용
1	제1718호	2006	(1차 핵실험 대응) 대량살상무기의 금수를 포함, 재래식 무기와 사치품 거래 금지, 제재 대상 개인과 단체의 금융 동결, 북한 출입화물 검사, 탄도미사일 발사 금지 등
2	제1874호	2009	(2차 핵실험 대응) 화물 및 해상 검색 강화, 금융·경제제재 강화, 무기금수 조치 확대 등. 1718위원회(대북제재위원회)의 기능 강화 및 전문가그룹을 설치
3	제2087호	2013	(장거리로켓 은하-3호 발사 대응) 무기 개발 관련 품목 수출의 전면 통제(catch-all). 탄도미사일 프로그램과 관련된 모든 행위, 이 기술을 이용한 모든 시도 및 핵실험 금지. 모든 핵무기와 핵 프로그램의 완전하고 검증 가능하며 불가역적인 폐기
4	제2094호	2013	(3차 핵실험 대응) 우라늄 농축, 원심분리기 부품 등 핵이나 탄도미사일 개발에 필요하다고 판단되는 물품의 수출입 금지. 금수 물품 적재 항공기 이착륙과 영공 통과 불허 촉구. 금수 물품 적재 정보 있는 선박은 화물검사 및 입항 금지. 핵이나 미사일 개발에 사용 가능성 있는 현금 등 금융자산의 이동, 금융서비스 제공 금지. 북한 외교관의 외교 행낭 현금 수송 감시 강화
5	제2270호	2016	(4차 핵실험 및 광명성-4호 발사 대응) 북한 광물(석탄, 철광석) 및 원유 거래 제재. 무기거래 전방위 봉쇄. 금융 제재 및 운송 봉쇄(대량 현금 제공 방지, 금융기관 지점 개설 금지). 핵무기 자금 조달 관여 기관 및 개인의 해외 활동 제재
6	제2321호	2016	(5차 핵실험 대응) 광물 수출 금지 확대(석탄 750만 톤. 은, 구리, 니켈, 아연 등 4개 광물 수출 금지 품목 추가). 북한 국외 노동자 송출 제한 압박. 금융 제재 강화(북한 내 회원국 사무소, 계좌 등 폐쇄). 북한 재외공관 활동 제한(직원 수 제한, 사적 영리 활동 금지 등)
7	제2356호	2017	(중거리 탄도미사일 발사 대응) 북한 자산의 동결 및 국외여행 제한 블랙리스트 확대(북한 기관 4곳, 즉 고려은행, 전략로켓사령부, 강봉무역과 조선금산무역, 조일우 정찰총국 5국장 비롯해 개인 14명) 추가. 유엔의 제재 대상은 개인 53명, 기관 46곳으로 늘어남
8	제2371호	2017	(7월 2회의 ICBM 시험 발사 대응) 북한의 광물 수산물 수출 금지. 북한 해외노동자 추가 금지. 조선무역은행 자산 동결 대상자로 포함(러시아, 중국의 요구로 안보리의 6자회담 지지 재확인)
9	제2375호	2017	(6차 핵실험 대응) 북한의 섬유 수출을 전면 금지. 북한의 원유 수입량 상한(연간 200만 배럴) 설정(러시아, 중국의 요구로 안보리의 6자회담 지지 재확인 및 6자회담의 재개 촉구)
10	제2397호	2017	(ICBM 화성-15호 발사 대응) 대북 유류공급 제한 조치 강화. 북한 해외노동자 24개월 내 전원 송환. 대북 수출입 금지 품목 확대. 해상차단 조치 강화. 제재 대상 개인 및 단체 추가 지정
		2022	북한에 대한 원유 및 정제유 공급량을 기존보다 25%씩 삭감하는 내용의 대북제재 결의안. 13개국 찬성 그러나 중국과 러시아의 반대로 부결(5.26)

자료: 외교부 홈페이지 및 통일연구원 온라인보고서 시리즈.

안에 반대했고, 7월 13일에는 도네츠크 인민공화국과 루한스크 인민공화국을 공식 승인했다. 10월 4일에는 외무성 담화를 통해 러시아의 우크라이나 동남부 4개 지역(도네츠크, 루한스크, 자포리자, 헤르손) 병합을 지지했다. 10월 12일 병합을 비난하는 유엔 결의안에도 반대표를 던졌다.

북한의 이와 같은 확고한 러시아 지지에 대해 러시아 역시 북한에 대한 유엔의 추가 제재 반대로 보답했다. 5월 26일 러시아는 유엔 안보리가 북한의 대륙간탄도미사일 시험 발사에 대응한 대북한 추가 제재 결의안에 거부권을 행사했다. 러시아로서는 2006년 최초의 대북제재 결의안 통과 이후 첫 거부권 행사였다(〈표 9-4〉 참조).

러시아는 2022년과 2023년 8월 15일 푸틴이 보낸 두 차례의 광복절 축전을 통해 '종합적이며 건설적인 쌍무관계의 확대', '모든 분야에서 쌍무관계 확대'를 제안했다. 2018년 광복절 기념 축전에서 푸틴은 북러정상회담을 기대하면서 철도와 도로, 가스 등 한국, 북한, 러시아의 3각 협력을 강조했다. 그러나 2019년 블라디보스토크 정상회담 이후로는 회담에서 합의된 사항의 실현을 강조하는 내용에서 점차 '종합적', '모든 분야에서'의 쌍무관계 확대로 변화되어 갔다(〈표 9-5〉 참조).

러시아가 북한과의 관계를 '종합적이고' '모든 분야에서'의 협조 관계로 확대해 나가고자 한 데에는 우크라이나 침공 이후 서방의 제재로 인한 경제적 곤란과 고립의 심화도 부인할 수 없는 요인이 되었다. 침공 이후 미국, 영국의 개별적 제재는 물론 EU의 집단적 제재도 시작되었고, 특히 경제제재에 동참하는 주요 국가들은 자국의 대러 수출 및 금융 관련 법령 개정을 추진, 국제사회와 국제경제에서 러시아를 고립시켜 나갔다. EU만 해도 2022년 한 해 동안 다음과 같은 일련의 대러 제재를 실시했다.

국제사회에서 고립된 독일과 소련이 1922년 라팔로에서 우호조약을 체결하면서 협력을 다짐한 것과 같은 현상이 2023년 동아시아에서 나타났다.

표 9-5 러시아와 북한의 광복절 기념 교환 축전의 내용 변화

	2020	2021	2022	2023
푸틴 ⇨ 김정은	- (양국은) 전통적으로 친선적이며 선린적 - (블라디보스토크 회담에서) 합의된 사항들은 **호혜적인 협조를 더욱 발전**시키고 조선반도와 동북아시아 지역 전반에서 평화와 안전을 강화하는 데 이바지	- 2019년 블라디보스토크 상봉에서 이룩한 합의들을 이행함으로써 **호혜적인 쌍무협조를 더욱 추동**해나가리라고 확신 - 이것이 의심할 바 없이 조선반도와 동북아시아 지역 전반의 안전을 강화하는 데 이바지할 것	- 공동의 노력으로 **종합적이며 건설적인 쌍무관계를 계속 확대**해 나갈 것 - 이것이 우리 두 나라 인민들의 이익에 전적으로 부합되며 조선반도와 동북아시아지역 전반의 안전과 안정을 강화하는 데 이바지할 것	- 앞으로 양국 인민의 복리를 위해 그리고 조선반도와 동북아시아 지역 전반의 안정과 안전을 공고히 하기 위해 **모든 분야에서 쌍무 협조를 강화**해나갈 것이라고 확신
김정은 ⇨ 푸틴	- (블라디보스토크 정상회담에서) 이룩된 공동인식과 합의에 기초해 조러 **친선협조관계가 보다 높은 단계로 끊임없이 강화 발전**되리라고 확신	- 두 나라 사이의 **친선협조관계**가 2019년 블라디보스토크에서 있었던 우리의 상봉에서 이룩된 합의에 따라 **새로운 전략적 높이로 더욱 강화 발전**되리라고 확신	- 조선과 러시아 사이의 **친선협조관계**가 2019년 블라디보스토크 상봉에서 이룩된 합의에 따라 모든 분야에서 **더욱 활력있게 강화** 발전돼 두 나라 인민들의 번영과 복리에 이바지하리라고 확신	- 조러 사이의 친선 단결이 새 시대의 요구에 부응해 **백년대계의 전략적 관계**로 더욱 승화, 발전될 것이며 **공동의 목표와 위업을 성취하기 위한 여정에서 우리 두 나라가 서로 강력히 지지연대하면서 언제나 필승 불패하리라는 것을 굳게 확신**

자료: ≪로동신문≫ 각 해당 일자. 강조는 필자.

2023년 6월 북한과 러시아의 무역, 경제, 과학 및 기술 협력에 관한 정부 간 위원회 화상 회의에서 러시아는 북한 측에 나진-하산 철도 수송과 나진 항구 물동량 처리 확대를 제안했고, 8월에는 코로나19 팬데믹 이후 단절되었던 평양-블라디보스토크 간 정기 항공편(고려항공)이 재개되었다.

이보다 한 달 앞선 7월 25일에는 러시아의 쇼이구 국방장관이 평양을 방문해 푸틴의 친서를 김정은에게 전달하고, 27일에는 '전승절' 행사에 참석했다(〈그림 9-1〉의 ③번 참조). 그리고 9월 10일 김정은의 러시아 방문이 이루어졌다.

표 9-6 **2022년 EU의 대러 제재**

	일자	제재의 핵심 내용
1차	2.23.	도네츠크 및 루한스크와의 경제 관계 금지 러시아 정부, 중앙은행 등 발행 유가증권 등 거래 금지 고위 정관계 인사, 러시아 은행, 하원의원 자산 동결
2차	2.25.	국방 안보 품목, 항공우주산업 품목, 석유 정제 품목 수출 금지 10만 유로 초과 시 예치 금지, 푸틴 등 러시아 정관계 인사 98면 자산 동결 러시아 정관계 인사, 외교관, 기업인 비자 발급 유예
3차	2.28~3.9.	러시아에 대한 수출 금지 벨로루스에 적용, 해상항법 품목 수출 금지 러시아 중앙은행과 거래 금지, 유로화 거래 금지, 러 금융 제재를 벨로루스에 적용 러시아 항공사의 EU 영공 비행 금지 및 공항 접근 금지
4차	3.15.	사치품, 석유 개발 및 생산 관련 품목 수출 금지, 철강 품목 수입 금지 러시아 에너지 부문에 대한 신규 투자 금지 러 국영기업과 금융거래 금지
5차	4.8.	국방 안보 품목 추가, 제트 연료 및 첨가제 등 수출 금지 석탄 등 화석연료, 비료, 목재 등 수입 금지, 자산 동결 확대 러시아 선박 EU항 접근 금지, 러시아와 벨로루스 도로운송사업의 EU 입국 금지
6차	6.3.	원유 및 석유제품 수입 및 동 제품 운송관련 서비스 제공 금지 자사 동결 확대(정관계 인사 65명, 러시아 정부조달기업 18개 추가) 대 러시아 회계, 홍보, 컨설팅 제공 금지
7차	7.21.	국방 안보 품목, 이중 용도 품목 통제 강화 금 및 관련 품목 수입 금지
8차	10.6.	수입 금지 품목 확대(철강, 산업용 기계, 차량, 화학제품, 잡화류 등) 암호 화폐, IT, 공학, 경영, 법률 자문 서비스 제공 금지 제재 대상지 확대(우크라이나 내 러시아 점령지 헤르손, 자포리자)

자료: 전략물자관리원(2022: 24~26).

우크라이나 침공 이후 러시아는 재래식 무기와 탄약의 부족으로 고전하고 있는 것으로 알려져 있었다. 북한 역시 2023년 5월과 8월 군사 정찰위성 1호기를 발사했지만 모두 실패하면서 이를 타개할 러시아의 기술 지원이 필요했다. 이러한 상황에서 회담의 목적은 자연스럽게 러시아의 재래식 군사물자 확보와 북한의 위성기술 확보에 있을 것이라는 관측이 지배적이었다. 정상회담의 장소(러시아의 우주기지 보스토치니)와 군부 인물들이 중심이 된

표 9-7 2023년 9월 북러정상회담 북한 측 수행단

일시	2023.9.10~18(회담은 13일)	장소	러시아 보스토치니
최선희(외무상), 강순남(국방상), 리병철(당 중앙군사위원회 부위원장), 박정천(당 군정지도부장), 오수용(당 경제부장), 박태성(당 비서, 국가비상설우주과학기술위원회 위원장), 김명식(해군 사령관), 조춘룡(당 군수공업부장), 김광혁(공군 사령관), 박훈(내각 부총리), 김여정(당 부부장, 중간 합류 가능성), 현송월(당 선전선동부 부부장), 김정관(국방성 제1부상), 장창하(국방과학원장), 김정식(군수공업부 부부장), 김철규(국무위원회 경위국장)			

자료: 이웅현(2023: 3).

북한 방러 수행단의 면면도 이러한 관측을 뒷받침했다.

〈표 9-7〉에서 보는 바와 같이 정상회담 수행단에는 군사, 과학 분야의 인물들이 다수를 차지하고 있지만, 경제교류와 협력 역시 제재하의 북한과 러시아가 서로에게 기대하는 중요한 의제였다. 조선로동당 경제부장 오수용과 건설 담당 내각 부총리 박훈이 포함된 것으로 보아 경제협력과 식량 지원 등의 문제도 논의되었을 것이다.

회담 후 푸틴의 발언이나 크렘린 대변인의 발표 등으로 추측할 수 있는 회담 의제에는 극동의 지역 정세와 양국 관계, 북한의 재래식 무기 제공과 러시아의 대북 에너지, 식량, 첨단무기 관련 기술 제공, 대북 유엔 제재의 해제 문제, 대북한 식량, 유류 공급, 인도주의적 지원 등 양국 간 경제협력, 나진-하산 철도선 수송 확대 프로젝트, 북러 무역 경제 과학기술 협력 정부 간 위원회 재개 문제 등이 포함되었을 것으로 보인다. 4년 만에 무려 4시간 동안 진행된 정상회담에서 이런 의제를 거의 망라했다. 김정은은 8박 9일의 방러를 마치고 9월 19일 귀국했다. 9월 21일 자 ≪로동신문≫은 "경애하는 총비서 동지의 로씨야 련방에 대한 공식 친선 방문의 나날 온 행성은 **세계적인 정치 지도자**의 중대하고도 의미 있는 행보로 세차게 진감했다"(강조는 필자)라고 보도했다.

방러 기간 중 김정은의 방문지가 정상회담 장소인 보스토치니는 물론이고 '유리 가가린' 전투기 공장이 있는 콤소몰스크나아무레, 극초음속 미사일 '킨잘'을 살펴볼 수 있는 크네비치 군사비행장, 대잠 호위함 샤포시니코프 등이었다는 사실이 시사하는 것은, 북한이 러시아에 원하는 것이 최첨단 군사 과학기술 또는 현물 지원이었다는 점이다. 러시아는 북한의 그러한 욕구를 충족시켜 줄 수도 있다고 암시하면서 북한으로부터 재래식 무기의 공급을 요청했거나, 이미 공급받고 있었을 것이다.

그러나 군사 분야의 협력과 교류만큼이나 예의 주시해야 할 것은 그 외의 영역에서 양국 관계의 확대, 심화 가능성이다. 알렉산드르 코즐로프(Aleksandr Kozlov) 러시아 천연자원성 장관은 9월 17일 '북러 통상 경제 과학기술 협력 정부 간 위원회'가 11월 평양에서 개최될 것이라고 밝혔다. 그리고 유학생의 확대 교류, 마린스키 발레단의 방북 가능성도 언급했다(이웅현, 2023: 7).

6. 결론: 21세기 북러관계의 특징

광대한 대륙 국가 러시아는 전통적으로 변경의 안정을 최우선 정책 목표로 삼아왔다. 러시아의 '원동(동북아시아)' 역시 러시아의 변경이다. 2006년 핵실험 이후 러시아는 북한의 핵개발 프로그램을 포기하도록 하는 것은 불가능하다는 점을 인식하고 있었다. 핵 프로그램을 포기시키는 군사적 시도, 즉 북한 정권의 교체 시도도 불가하다고 주장해 왔다.

러시아는 북한의 핵무장을 압박과 제재로는 해결할 수 없으며, 제재가 평양의 핵 프로그램 의지에는 아무런 영향을 주지 못하고 오히려 북한의 주민들에게 악영향을 준다고 주장했다. 러시아가 선호하는 유일한 해결책은 모든 관여 당사국이 참여해 대화하는 것이었다. 이것이 2006년 이후 러시아가 북핵문제와 동북아시아의 안정을 바라보는 기본적 시각이었고, 북러관계도 이러한 차원에서 관리해 왔다.

이뿐만 아니라 러시아는 북한에 대한 제재 완화가 먼저 이루어지지 않으면 변화도 불가능하다고 주장했다. 2017년 이후 현상 타개를 위해 중국의 쌍중단과 쌍궤병행에 동조한 것은 동북아시아에서 중국의 주도권을 인정하고 러시아의 발언권을 확보하기 위한 것으로 보인다. 요컨대 2006년 북한의 1차 핵실험 이후 부침을 거듭해 온 북러 관계에서 러시아의 정책은 나름의 일관성을 띠고 있었다. 요컨대 북한에 대한 영향력 확대, 그리고 동북아시아에서 '존재감'의 강화였다.

2006년 이후 북한은 국제사회에서 거의 고립된 상태로 핵무기 개발과 실험, 핵무장에 전념해 왔다. 북한의 입장에서 러시아는 유엔 안보리의 일원으로 자국에 대한 경제제재에 동참한 나라였다. 김정일 시대 몇 차례 경제협력을 위한 북러정상회담이 이루어졌지만, 북한에 러시아는 중국과 비교하여 상대적으로 중요성이 떨어지는 국가이기도 했다.

러시아가 북한에 '존재감' 있게 다가온 것은 2019년 하노이 북미정상회담 실패 이후였다. 중국에 대한 과도한 의존이 파국을 불러온 것이 아닌가 하는 의심을 가질 만한 상황이 되자 러시아는 새로운 의지처가 되었다. 더욱이 2014년 2월 우크라이나 침공 이후 고립이 심화된 러시아는 북한과의 관계 강화를 더욱더 희망했고, 고립되어 온 북한은 러시아에 대해 동병상련의 감정을 가지게 되었다.

이러한 상호 의지의 정서는 2023년 보스토치니 정상회담 이후 군사협력 관계의 강화로 이어졌다. 우크라이나에서 전쟁을 지속하는 러시아는 재래식 무기가 절실했고, 핵보유국을 자처하는 북한은 다양한 미사일 발사 체계와 군사 정찰위성 관련 기술이 필요했다. 정상회담 이후 진행된 양국 관계의 진전 모습은 절박함의 정도를 상징적으로 보여주었다.

≪로동신문≫에 따르면 2024년 1월 모스크바를 방문한 북한 외무상 최선희는 16일 푸틴 러시아 대통령을 만나, "전략적이며 전통적인 조로친선관계의 새로운 전성기를 열어 공동의 번영과 발전을 이룩"하기 위해 "호상협동을 긴밀히" 할 것을 논의했고, 이어 라브로프 외상을 만나 "조로 경제적 및 문화적 협조에 관한 협정 체결 75돐이 되는 올해[2024년]에 경제, 문화 등 각 분야에서의 쌍무교류와 협력사업"을 추진해 나가자는 데 합의했다(≪로동신문≫, 2014.1.18).

그리고 17일에는 러시아 부총리 알렉산드르 노바크(Aleksandr Novak)를 만나 "조로친선협조관계가 새로운 전략적 높이에 올라선 데 맞게 무역, 경제 등 여러 분야에서의 쌍무교류와 협력사업을 활성화하고 확대해 나가기 위한" 문제들을 논의했다(≪로동신문≫, 2014.1.18)고 한다. '전략적 높이에 올라선 데'라는 것은 군사협력관계가 일정 수준에 달했다는 것을 의미하고, '[이에] 맞게 무역, 경제 등 여러분야에서의 쌍무교류와 협력'이라는 것은 문자 그대로 무역의 활성화와 경제협력을 적극화한다는 의미일 것이다. 군사안보 협력을 경제협력으로 확대하려는 것이다.

지난 20년 동안의 북러관계를 관통하는 일관성과 논리를 발견하기는 쉽지 않다. 북한과 러시아 모두 나름의 장기적인 외교적 목표와 지정학적 이해관계를 가지고 있을 것이다. 그러나 지난 20년 동안의 북러관계를 살펴보면, 이 두 나라 역시 주변 환경의 변화에 기민하게 적응해 가는 국가의 일반적 외교 행태를 보여주고 있음을 알 수 있다. 따라서 현재 심화되고 있는 것으로 보이는 양국의 군사협력관계 역시 그 지속성은 단정할 수는 없다. 러시아는 주권 국가에 대한 침공으로, 그리고 북한은 국제사회의 평화와 안정을 거부하는 핵무장으로 각각 제재를 받는 상황에서 한시적인 '정략결혼'을 하고 있는지도 모른다.

2006년 북한의 첫 핵실험 이후 북러관계는 '냉각'에서 '접근'으로 그리고 '밀착'으로 다시 '초밀착'으로 변화해 왔다. 물론 이 과정에는 러시아와 북한의 정권 변화(러시아에서는 푸틴에서 메드베데프로, 다시 푸틴으로 변경되었고, 북한에서는 김정일에서 김정은으로 이어졌다), 올림픽(소치와 평창), 전쟁(러시아의 1, 2차 우크라이나 침공) 등 다양한 변수도 가세했다.

핵 또는 핵무기라는 단일 변수로 북한과 러시아의 관계 변화를 가늠할 수는 없다. 핵무기가 양국 관계의 변화를 좌우하는 변수라면 자타 공인 '핵 초강대국'(러시아)과 자칭 '핵 대국'(북한)이 낡은 재래식 무기를 주고받으며 협력하는 이 기묘한 상황을 어떻게 해석해야 한다는 말인가.

참고문헌

경남대학교 극동문제연구소. 2018. 『한반도 정세: 2018년 평가 및 2019년 전망』. 경남대학교 출판부.

국가기록원. 2015. "6자회담". www.archives.go.kr/next/newsearch/listSubjectDescription.do?id=010094&sitePage=1-2-1(검색일: 2023.10.20).

여인곤. 1995.9. 「조·소 우호협조 및 상호원조 조약」 폐기의 의미와 평가」(민족통일연구원 국제연구실 보고서).

______. 2011. "울란우데 북·러 정상회담의 러시아 측 의도와 평가". Online Series, 1-3. 민족통일연구원.

이웅현. 2003. 「러시아의 동북아정책과 안보협력의 제도화」. ≪한국과 국제정치≫, 19(1), 35~63쪽.

______. 2023. "2003년 9월 북-러 보스토치니 정상회담의 결과와 의미". IFES Brief, 5.

전략물자관리원. 2022. "우크라이나 사태 관련 주요국의 대러 제재 비교 및 시사점". 무역안보 Brief, 1.

통일연구원. 2006. 「북한의 핵실험과 국제사회의 대응」. ≪통일정세분석≫, 11.

______. 2018. 『한반도 평화체제 및 비핵화 관련 자료집 1』.

홍완석. 2009. 「이명박 대통령의 러시아 방문: 의미, 평가, 과제」. ≪슬라브연구≫, 25(1), 1~41쪽.

≪로동신문≫.
연합뉴스.
SPN서울평양뉴스. http://www.spnews.co.kr(검색일: 2023.10.20).

Kim, Doug J. 2012. "Russian Influence on North Korea: Views of Former South Korean Ambassadors to Russia." *The Korean Journal of Defense Analysis*, 24(3), pp. 391~404.
Toloraya, Georgy and Yakovieva, Lyubov. 2021. "Russia and North Korea: Ups and downs in relations." *Asian Politics & Policy*, 13, pp.366~384.
Zakharova, Liudmila. 2016. "Economic cooperation between Russia and North Korea: New goals and new approaches." *Journal of Eurasian Studies*, 7, pp.151~161.
Moscow News.
RIA Novosti.
TASS.
The Guardian.
≪日本経済新聞≫.
和田春樹. 2019.『北朝鮮現代史』. 岩波書店.

□ 토의 주제

1. 북한-러시아의 관계의 형식적·국제법적 기반은 무엇인가?
2. 2006년 북한 핵실험에 대한 러시아의 대응은 어떠했으며, 그 이유는 무엇인가?
3. 김정은 시대의 북한이 소원했던 러시아와의 관계 개선에 나선 국제적 배경은 무엇인가?
4. 2018년 이후 러시아가 북한과의 관계 개선에 이유를 러시아의 동아시아 정책과 관련하여 어떻게 설명할 수 있을까?

□ 더 읽을거리

1. 이웅현. 2023.「핵문제의 북-러 관계사, 1945~1993년」. ≪한국과 국제정치≫, 39(2).
2. 장덕준. 2020.「탈냉전 시기의 북러관계」. ≪국방연구≫, 63(3).
3. 박종수. 2021.『현대 북러관계의 이해: 후견관계에서 동반관계로의 전환 모색』. 명인문화사.
4. 와다 하루키(和田春樹). 2002.『북조선: 유격대 국가에서 정규군 국가로』. 돌베개.
5. Torkunov, Anatoly and Toloraya, Georgy. 2022. *Understanding Contemporary Korea from a Russian Perspective: Political and Economic Development since 2008*. Palgrave Macmillian.

10
CHAPTER

북한 핵개발과 대외관계 변화

이관세(경남대학교 극동문제연구소 소장)

| 학습목표

이 장에서는 북한의 대외정책에서 '핵'이 갖는 의미와 영향, 특징을 알아본다. 이어 김정은 10년 집권기를 3개 시기로 나누어 국가전략 노선 변화와 함께 대외정책 변화를 살펴보고자 한다. 이를 위해 우선 대외정책에 대한 이해를 바탕으로 민주주의 국가와 권위주의 국가 간의 대외정책 결정 구조 및 요인에 대해 비교·논의한다. 그리고 북한이 가지고 있는 정치체제의 특징(당-국가체제, 유일영도체제)에 따른 대외정책 결정 구조를 설명하고, 북한의 대외정책에서 핵의 의미를 고찰한다. 대내외 환경 변화가 지도자의 인식과 정치적 판단에 어떠한 영향을 주며 이로 인한 국가전략노선과 대외정책의 변화에 대해 알아본다. 김정은 시기를 전략·정책 노선 변경 중심으로 세 시기로 구분해 핵과 대외정책, 대외관계 전개 과정을 살펴본다. 끝으로 향후 북한의 대외정책의 전망과 과제를 논한다.

1. 서론

미국과 소련이라는 양극이 세계 권력의 균형을 맞추던 냉전시대에는 핵무기로 국제질서가 안정적으로 유지되어 왔다. 반면에 제2의 핵시대라고 불리는 현재는 군소 국가들의 핵무기 개발로 인해 더욱 불안정한 형국이 되었다. 냉전시대는 핵무기 보유량이 곧 정치적 영향력으로 환산되었으나, 제2의 핵시대는 기술이 고도화됨에 따라 핵무기 보유량보다는 핵무기 사용 가능 여부가 중요해졌기 때문이다. 새로운 시대가 시작되면 규칙과 제한선을 재설정해야 하는데, 이것이 확립되기 전까지 세계는 핵의 확장을 지켜볼 수밖에 없는 것이다.

파괴력이 절대적이어서 선제 핵공격에 따른 방어나 대응이 어렵다는 점에서 결정적 병기로 일컬어지는 핵무기는 그 보유 여부에 따라 국가 간 관계에 지대한 영향을 미친다. 제2의 핵시대라는 구조적 공백에서 연쇄적인 핵개발이 이루어지고 있는 것이 현실이다. 하지만 정상적인 절차에 따라 핵개발을 추진해 핵무기를 보유하게 된 국가는 드물다. 북한이 대표적인 국가이다. 국제사회는 북한의 핵무장을 국제질서의 위협 요인이라고 지적하며 북한을 불량국가로 규정한다. 북한의 핵개발 추진에 있어 그 첫 단계에서부터 제재·압박을 가하기도 하고 대화를 시도하기도 했다. 이에 대응해 북한은 핵·미사일 개발을 본격화해 군사도발을 통한 '위기 조성 전략' 추진과 함께 대화·협상에 나서는 전략·전술 행태를 반복했다. 김정은 집권 이후 '핵'이 북한에서 갖는 의미는 더욱 중요해졌다. 핵개발은 국가전략노선을 포함해 대내외정책 결정에서 핵심적인 요인이 되었다. 공개적으로 핵 고도화를 추구하는 과정에서 북핵은 질적·양적으로 변화했다. '핵'은 관련 국가전략노선과 당 규약까지 변경시킨 대외정책의 기본 축이 되었으며, 북한의 체제 유지·발전을 위한 권력 공고화의 핵심적 기제로 작동하고 있다.

동북아를 비롯한 국제사회에서 북핵문제를 해결하는 데 가장 어려운 문제는 북한의 대외정책의 변칙적 변화이다. 따라서 이 문제에 대한 해결의 실마리를 찾기 위해서는 북한의 대외정책에 대한 올바른 이해가 필수적이다. 이러한 문제의식하에 이 장은 다음과 같이 구성했다. 2절에서는 대외정책의 기본 개념을 이해하고, 대외정책의 결정 구조 및 요인에 대한 논의와 함께 민주주의 국가와 권위주의 국가 간 대외정책 결정 구조를 비교한다. 3절에서는 북한이 가지고 있는 정치체제의 특징(당-국가체제, 유일영도체제)에 따른 대외정책 결정 구조를 설명하고, 대외정책에서 핵의 의미를 고찰한다. 4절에서는 대내외 환경 변화와 정책을 결정하는 지도자의 인식 및 정치적 판단 간 상호관계를 분석한다. 이를 토대로 북한이 핵을 중심으로 국가전략노선과 대외정책을 어떻게 변화시켜왔는지 살펴본다. 이어 김정은 시기를 국가전략노선 변경을 중심으로 세 시기로 구분해 핵과 대외정책, 대외관계 전개 과정을 살펴본다. 마지막으로 향후 북한의 대외정책 전망과 과제를 논한다.

2. 대외정책: 개념과 실제

1) 대외정책이란?

대외정책(對外政策, foreign policy)은 국가의 기본 목표인 국제사회에서의 생존을 보장하기 위한 정책이다. 대외정책은 "한 국가가 다른 국가와 상호작용하는 활동과 관계"로 정의되며, 이에 그 목적은 지리, 역사, 경제, 국제

권력 분배 등에서 파생되는 국가의 이익을 강화하는 것이라고 할 수 있다. 국가의 최우선 목표는 자신의 독립성, 안보, 존엄성(영토, 정치, 경제, 도덕)을 지키는 것이며, 이를 위해 국제무대에서 활동할 수 있는 범위를 보장받고자 한다. 이 때문에 전통적인 주권국가의 최고 정책결정자들은 국가의 이익을 추구하는 과정에서 외부 환경 또는 기술 변화에 따라 국내 정책을 조정하기도 한다(『브리태니커 세계백과사전』, 2001).

국가는 자신의 이익을 실현하고 생존하기 위해 전쟁, 군비경쟁과 같은 군사적 수단뿐만 아니라 무역, 경제제재, 기술개발과 같은 경제적 수단을 활용하기도 한다. 이에 따라 국가의 대외정책은 유동적이며 국내외 정세에 따라 언제든지 변화할 가능성을 내포하고 있다는 특징이 있다. 흔히 강대국으로 여겨지는 미국의 대외 군사정책 변천을 살펴보면, 1823년 제임스 먼로(James Monroe) 대통령의 선언으로 고립주의(isolationism)와 불간섭(non-interventionism)을 표방[1]했다가, 20세기 들어 민주주의-자본주의 진영 수호라는 국가적 이익을 관철하기 위해 제2차 세계대전(1939~1945), 6·25 전쟁(1950~1953), 베트남 전쟁(1962~1975) 등에 파병해 군사적으로 직접 개입했다. 미국의 대외 경제정책의 경우, 제2차 세계대전 이후 세계 경제의 회복과 무역 안정성 확보 등을 위해 금환본위제와 고정환율제를 주도했으나[브레턴우즈(Bretton Woods) 체제], 1960년대 들어 미국 무역이 장기간 적자에 시달리자, 리처드 닉슨(Richard Nixon) 대통령은 미국의 경제 피해를 최소화하기 위해 1971년에 브레턴우즈 체제의 일방적 중단을 선언했다.[2] 이처

1 이를 먼로주의(Monroe Doctrine)라고 일컫는데, 유럽과 아메리카 대륙 간 상호 불간섭을 주요 내용으로 하는 외교적 고립정책이었다. 유럽 국가들에 의한 아메리카 대륙의 식민지 건설을 배격한다는 내용을 분명히 표방하여 신대륙에서 미국의 영향력을 공고화하려는 의도가 깔려 있었다.

2 이러한 정책 변화를 추진하는 과정에서 영국, 프랑스, 독일, 일본 등 핵심 동맹국들에조차 미리 의견을 구하지 않아 이를 두고 닉슨 쇼크(Nixon Shock)라고 한다.

럼 국가의 핵심 이익 수호를 통한 생존 보장이라는 대외정책의 목적은 동서고금을 막론하고 같지만, 시대와 상황에 따라 핵심 이익과 목표가 달라질 수 있다. 즉, 당시 최종 정책결정자의 성향·선택과 가용한 기술·자원 등에 따라 대외정책의 추진 방식은 가변적이라고 할 수 있다.

2) 대외정책 결정 구조 및 요인 비교

대외정책이 시대와 상황 등에 따라 변화한다면, 그러한 변화를 유발하는 요인들은 무엇이 있는가? 이를 알아보기 위해 국가의 대외정책 결정 구조와 요인들을 살펴보고자 한다.

(1) 대외정책 결정 구조: 국가전략노선과의 관계

대부분 국가의 대외정책 목적은 유사하며 대외정책 결정 구조 또한 비슷하다. 일반적으로 실무 전문 관료들이 국내외 정세를 고려해 상황을 분석하고 정책 대안을 최종 정책결정자에게 보고하면, 최종 정책결정자가 방침을 정해 하달하는 방식이다. 정치체제와 구조에 따라 정책 결정까지 소요되는 시간과 절차(단계) 차이가 있지만, 기본적인 구조는 대동소이하다.

주목해야 할 것은 대외정책과 국가전략노선과의 관계다. 대외정책은 국가의 전략노선과 밀접하게 연결되어 있다. 국가전략노선은 국정 운영을 중·장기적으로 추구하는 중심적 목표와 방향을 설정하는 것이며, 대외정책은 이러한 전략노선을 바탕으로 다른 국가나 국제사회와의 관계를 구축해 나가는 구체적인 방침이다. 즉, 국가의 전략노선은 국가의 기본적인 목표와 가치를 반영하며 이를 바탕으로 대외정책의 목표와 우선순위가 결정된다. 큰 틀에서 국가전략노선과 대외정책은 상하 구조의 틀 속에서 일관성이 있다. 그러나 국제 정세의 변화에 따라 대외정책은 경직된 국가전략노선을 벗어나 독자적인 유연성을 갖는 경우도 있다. 이 경우 대외정책의 변화가 국가전략노선의 변화를 유발한다. 이란의 핵 협상을 예로 들 수 있다. 이란은 오랜 기간 핵 개발로 인해 국제사회와 갈등을 빚어왔다. 2015년 미국, 영국, 프랑스, 중국, 러시아 안보리 5개 상임이사국과 독일(P5+1으로 통칭), EU, 이란이 20개월간의 지난한 협상을 거쳐 이른바 '이란 핵합의'로 알려진 '포괄적 공동행동 계획(Joint Comprehensive Plan of Action, JCPOA)'을 체결했다. 이를 통해 핵 프로그램을 제한하는 대신 경제제재 완화에 합의했으며, 이란은 국제사회와의 관계 개선과 경제발전을 우선시하는 방향으로 국가전략노선을 전환했다.[3] 이렇듯 대외정책의 변화는 국가의 전략노선에 큰 영향을 미칠 수 있으며, 이는 국가의 국제적 위치와 역할을 재정의하는 중요한 계기가 될 수 있다.

(2) 대외정책 결정의 주요 요인

국가들의 대외정책 목적이 유사하고 결정 구조마저도 뚜렷한 차이가 없다면, 국가별 대외정책의 차이를 설명하는 변수는 무엇인가? 다시 말해, 대외정책을 결정하는 요인[4]들은 무엇인가?

우선 일반적으로 대외정책 분석에 있어 한 국가의 지도자(최종 정책결정자) 개인에 관한 관심은 꾸준히 이어져 왔다. 인지적 접근법(cognitive approach)

---

3 미국이 2018년 협정에서 JCPOA를 탈퇴하고 대이란 제재를 대부분 복원하면서 다시금 이란과 국제사회 간 경색 국면이 나타났지만, 바이든 대통령 취임 이후 JCPOA의 복원에 대한 논의가 이루어지고 있다.

4 대표적인 신현실주의(neo-realism) 국제정치학자 케네스 왈츠(Kenneth Waltz)는 저서 『인간, 국가, 전쟁(Man, the State, and War)』(1959)에서 국가가 전쟁과 같은 대외정책을 결정하는 요인을 ① 정치 지도자 개인의 인간적 본성과 행동(nature and behavior of man), ② 국가의 국내 구성(internal structure of states), ③ 국제체제의 무정부 구조(international anarchy)의 세 가지 층위에서 이해했다.

은 정책결정자의 심리나 생물학적 특성, 성격과 인지구조, 정치사회적 상황 등을 분석의 주요 독립변수로 상정한다. 인지적 접근법의 주요한 가정 중 하나는 정책결정자가 '언제나 합리적일 수는 없음'을 인정하는 데 있다. 의사결정 과정에 개입될 수밖에 없는 다양한 제약적 상황, 예를 들어 신뢰할 수 없는 정보, 결정 과정에 대한 불확실성 등과 개인이 드러낼 수밖에 없는 다양한 인지적 편견 등을 인정함으로써 정책결정 과정에서 합리적 행위자 모델이 설명해 내지 못하는 미시적인 부분들에 대한 설명력을 제공하고 있다(Desch, 2007).

두 번째 요인은 국가 내부의 특성이다. 앞서 언급한 최종 결정자 개인의 오류를 유지하거나 바로잡을 수 있는지를 결정하는 정부의 형태(type of government)가 대외정책의 차이를 설명할 수 있다. 또한 허드슨(Hudson)과 데이(Day)가 지목하는 국가의 문화 및 정체성(culture and identity), 국내 정쟁(domestic political contestation)이라는 요인도 영향력이 있다. 예를 들어 레닌(Lenin)의 제국주의(imperialism) 이론에 의하면, 자본주의 국가는 자본주의 체제를 영속시키기 위해 새로운 시장을 개척하려는 필요성이 대외정책의 결정 요인이 될 수 있다. 마찬가지로, 데슈(Desch, 2007)는 미국 대외정책의 근간을 자유주의라는 사상적 요인에서 찾는다(Hudson and Day, 2019). 자유주의와 민주주의를 바탕으로 칸트의 항구평화론(perpetual peace) 및 민주평화론(democratic peace)의 영향을 받아 민주주의를 확산하고 비민주국가를 타도하려는 의도가 미국 대외정책의 기저에 있다는 것이다. 그러나 이러한 대외정책 기조의 유지에도 불구하고 시기에 따라 평화적 또는 군사적 수단을 동원했던 것은 최종 정책결정자 개인의 특성에 기인한다.

마지막으로 무정부 상태라는 국제체제의 특성이 연구의 대상이 되어왔다. 국제환경은 기본적으로 홉스(Thomas Hobbes)의 분석대로 무정부 상태이다. 일반적으로 국가 내부에서는 개인을 초월하는 기관들이 있어 두 사람 사이에 분쟁이 발생해도 경찰, 법원 등의 정부 기관을 통해 문제를 해결할 수 있다. 그러나 국제사회에는 개별 정부를 초월하는 상위 기관이 존재하지 않는다. 따라서 각 국가는 정권의 생존과 보존이라는 기본적인 목적을 달성하는 과정에 자신 외에는 신뢰할 수 있는 대상이 없으므로, 이 같은 무정부 상태에서는 불신과 경쟁이 주를 이룬다. 이러한 기본적 불안감이 한 국가가 무장을 하고, 타 국가보다 군사력을 강화하기 위해 군비경쟁을 벌이는 기본적인 이유이다. 국가는 자기보존을 위해서 필연적으로 타국보다 강력한 힘과 영향력을 갖추어야 한다는 점이 대외정책의 기본이 되는 것이다.

이처럼 한 국가의 대외정책을 결정하는 주요 요인으로는 지도자 개인의 특성과 인식, 국내정치 및 체제, 사회, 문화의 특성, 국제체제의 특성인 무정부 상태로 정리될 수 있다.

(3) 민주주의 국가와 권위주의 국가의 대외정책 결정 구조 요인 비교

자유민주주의 국가와 권위주의 국가에서의 대외정책 결정 구조는 세부적으로 어떻게 다른가?

일반적으로 북한, 중국과 같은 권위주의 정권에서 모든 정책 결정은 최종 정책결정자 개인에 집중된다. 북한의 경우 당 중앙위원회, 비서국 국제부, 외무성 등에서 정책 방안들을 보고하면, 정치국회의 및 전원회의 등을 통해 최종 정책결정자가 시행 방안을 하달하는 방식으로 대외정책이 정해진다. 그러나 대부분은 지도자에게 순응적인 참모들의 보고 방식과 내용으로 인해 최종 정책결정자가 기존의 인식·정보·대안의 틀에서 벗어나지 못하는 양상이 관찰되었다(유호열, 1995: 119~127). 한국, 미국과 같은 민주적 대통령 중심제 정부도 마찬가지로 외교부, 국방부, 통일부, 국가안전보장회의 등에서 정책을 제안하면 행정부의 수반이자 최종 결정자인 대통령이 회의체를 통해 중재 및 선택한다. 국가원수가 최종 결정권자라는 점은 권위주의 정부와 대통령중심제 정부의 공통점이지만, 결정권에 대한 책임성(accountability)에 차이가 있다. 민주주의 국가의 경우 대통령이 의회의 해당 상임위원회로부터 조직·예산·정책에 관해 견제를 받을 뿐만 아니라 언론 및 시민단체의 감시를 받으므로 최종 결정자인 대통령이 독단적으로 대외정책 결정을 내릴 수 없고 국민의 의견을 수렴해 대외정책을 수립해야 한다. 따라서 대외정책의 결과에 대해 책임을 져야 하는 대통령제 국가의 대외정책 수립 및 집행의 속도가 비교적 느릴 수 있다. 또한, 대통령제 민주국가에서도 국가 내부 상황, 맥락과 사안에 따라 대통령에게 집중(허용)되는 권한이 상당히 다르다. 예를 들어 한국의 경우에는 헌법 및 법률 등에서 대통령에게 부여하는 공식적 권력이 다른 국가에 비해 강하다. 그러나 핵개발과 같이 미국이라는 동맹과 국제사회의 쟁점이 될 만한 정책의 경우 민감성과 중대성이 높다. 따라서 이러한 결정은 일반 관료 조직이나 다른 이익집단에 의해 해결될 수 없는 '애매하고 비정형적인 상황'과 관련되어 있다. 그 결과, 대통령에 의한 정책 결정의 독단성, 비밀주의와 성역화가 두드러진다. 그러나 이는 한국만의 현상이 아니며, 미국에서 매카시즘(McCarthyism) 광풍이 불던 1950년대에도 트루먼(Harry Truman) 대통령은 외교·안보 정책 결정에서 절대적인 권력을 누렸다.

즉, 정치체제의 종류와 무관하게 상향식 보고와 하향식 결정 구조 자체는 유사하다고 볼 수 있지만, 대외정책 결정 이후 결정권자의 책임성에는 차이가 있다고 정리할 수 있다. 자유민주주의 국가와 권위주의 국가의 대외정책 결정 구조를 표로 정리하면 〈표 10-1〉과 같다.

표 10-1 **자유민주주의 국가와 권위주의 국가의 대외정책 결정 구조 비교**

구분	자유민주주의 국가	권위주의 국가
정치체제	• 다원주의, 다당제	• 중앙집중제, 일당제
결정 권한의 분산	• 담당 기관 및 부처에 권력 분산	• 중앙에 집중
투명성과 책임성	• 투명성 보장 • 정책 결정자가 국민에 책임	• 비밀주의, 정보의 통제와 중앙집중적 결정
이익집단의 영향	• 다양한 이익집단, NGO, 민간 부문이 대외정책에 영향	• 이익집단 역할 제한, 주로 당의 지시 이행
법치주의와 절차	• 법과 절차를 따르며, 법적 제약 존재	• 당의 지침과 지도자의 의사가 법보다 상위
정보의 접근과 통제	• 정보에 대한 접근이 비교적 자유로우며 다양한 출처에서 정보 획득	• 정보의 접근과 통제가 엄격, 주로 당의 통제하에 있음
외교 방향과 이념	• 다양한 가치와 이익을 반영, 유연한 대외정책	• 이념적 일관성과 원칙 중시

주: 이 표는 일반적인 경향을 나타내며, 개별 국가마다 차이가 존재한다.
자료: 유호열(1995), 김태운(2004), Velikaya(2020) 등을 참고하여 작성.

3. 북한의 대외정책과 핵

1) 북한 대외정책 목표 및 특징

(1) 목표와 기본이념

북한의 대외정책 목표는 무정부성으로 상징되는 국제체제 내에서의 지도자의 정치적 생존(political survival of authoritarian leader), 체제생존(regime survival), 국가생존(national survival), 경제개선(economic improvement)으로 요약된다. 북한의 일차적인 대외정책 목표는 대외적으로 안전보장, 체제보장, 경제발전을 위한 국제사회의 지원과 협조라고 볼 수 있다. 이러한 목표들을 위해 북한은 국제정세 변화에 기민하게 반응하여 대외정책을 계획하고 수정해 왔다.

북한 대외정책의 기본이념은 '자주, 평화, 친선'이다(국립통일교육원, 2023: 132). 이 기본이념은 북한의「사회주의 헌법」제17조에 명시되어 있으며, 조선노동당 규약에서도 대외정책의 기본이념을 '자주, 평화, 친선'으로 정의하며, "반제 자주역량의 단결강화, 제국주의 침략과 전쟁책동 반대, 세계 사회주의 운동 발전"을 강조하고 있다. 제7차 당대회에서 "'자주, 평화, 친선'은 조선노동당의 일관된 대외정책 이념이며 세계자주화위업을 실현하기 위한 투쟁에서 변함없이 견지해야 할 근본 입장"이라고 언급한 것처럼 김정은 정권에서도 이 기본이념이 지속·강조되고 있다. 북한은 이러한 기본이념하에 어떤 길을 선택하는지 또는 선택을 강요당하는지를, 곧 국가의 직접적인 이익과 결부시켜 사고해 왔다(박재규, 1999: 19~20).

북한은 '자주'를 대외정책에서 가장 중요한 기본이념으로 고수하면서, 상황에 따라 '친선'과 '평화'의 대외정책 이념 간 우선순위를 변경해 왔다. 1980년 제6차 당대회에서 대외정책의 기본이념으로 제시된 '자주, 친선, 평화'의 이념 우선순위는 1990년 5월 개최된 최고인민회의 제9기 1차 회의에서 '온 세계 자주화의 요구에 맞게 국제관계를 발전'시키기 위함을 근거로 '자주, 평화, 친선'의 순서로 조정되었다. 이러한 변화는 소련 및 동유럽에서의 사회주의 붕괴로 힘의 균형이 파괴되어 중소 편중외교와 제3세계 비동맹외교로 대표되는 '친선'의 이념에 입각한 진영 논리가 더 이상 북한의 생존을 보장하지 못한다는 인식에서 야기되었다. 따라서 '평화', 즉 기존의 적성국들과의 관계 개선을 통한 근본 문제 해결에 집중하겠다는 인식이 반영된 것이다. 즉, 이데올로기적 측면보다 실용적인 측면 강화 기조로의 변경이다.

탈냉전기 들어 남북한 유엔 동시 가입(1991.9), 각종 남북회담, 1991년 11월을 시작으로 8차까지 개최된 북일 간 수교 교섭 회담, 지난 30여 년간의 북미관계 정상화를 위한 회담 등은 이를 잘 보여주는 사례이다.

(2) 북한 대외정책 결정 요인과 핵의 역할: 생존수단에서 통치수단으로

북한의 대외정책은 현실주의적이며, 북한 나름의 원칙과 합리성이 있다. 북한의 현실주의적 성향은 과도한 국가중심주의 및 안보우선주의, 그리고 국제적 행위준칙 위반이나 악명에 아랑곳하지 않는 부도덕주의적 행태 등으로 나타나며, 현상 타도 수정주의, 민족주의 등의 특징이 있다(통일연구원, 2019: 21~49).

2절에서 논의한 바와 같이 대외정책을 결정하는 요인들은 다양하다. 북한은 최고지도자 개인이 북한의 핵심 통치기구인 노동당, 내각, 군대를 완전히 장악하고 있는 유일 지배체제이다. 북한의 당-국가체제에서는 최고지도자의 인격화된 지배가 관철되기 때문에 북한에서 정책 결정은 기본적으로 최고지도자가 다양한 요인을 고려해 선택한 사항들의 결합이다. 국가의 행동, 즉 정책은 기본적으로 대상과 환경에 대한 인식을 기반으로 하고 있기 때문에 최고지도자가 가진 주요한 인식의 변화 흐름이 대외정책으로 이어진다. 따라서 이를 통해 일정한 패턴 혹은 경향을 파악한다면 향후 행동에 대한 합리적·논리적 예측도 가능하다.[5] 탈냉전 이후 북한의 대외정책은 대내 변화 상황과 긴밀하게 연결된 측면이 강하다. 사회주의권 붕괴와 함께 북한을 체제 위기에 이르게 한 고난의 행군이라 불리는 1990년대 식량 부족을 비롯한 총체적 경제난, 1994년 김일성 사망, 2011년 김정일 사망에 따른 최고지도자 교체, 선군정치, 핵·미사일 고도화 추진 등이 현재 및 미래 북한의 대외정책에 복합적으로 영향을 미쳤다. 따라서 북한 및 최고지도자가 대내외 정세 및 상황 변화를 어떻게 인식하고 있으며, 이에 대해 어떻게 대응하는지를 포괄적이고 통시적 관점에서 살펴보는 것이 중요하다.

---

5 북한의 대외정책 기구 및 결정 구조에 대한 여러 연구에서 최고지도부의 대내외 인식이 대외정책에 직접 반영되고 있음을 체계적으로 정리하고 있다.

그림 10-1 **북핵의 역할 증대 과정**

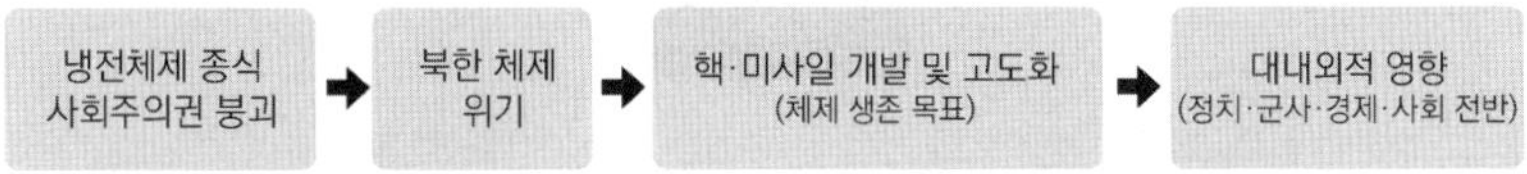

자료: 함형필(2009), 박봉규(2017)를 참고하여 작성.

그렇다면 '핵'은 북한 최고지도자의 인식에 어떤 영향을 주었으며 대외정책을 비롯한 국가전략노선 등의 결정에서 어떤 역할을 했는가?

탈냉전기 사회주의 국가들의 체제전환 및 남한과의 수교 확대 등으로 야기된 국제적 고립과 경제난을 해결해야 하는 상황 등으로 북한이 세계질서를 바라보는 인식이 바뀌게 되었다. 소련을 비롯한 사회주의권의 체제 및 대북한 국제 지원 시스템 붕괴를 비롯한 대내외 급변 상황으로 인한 체제 위기를 해소하기 위해서는 핵개발이 불가피하다는 결론에 이른 것이다. 즉, 북한의 핵개발은 체제 생존을 위한 새로운 시스템 구축 과정의 일환이라고 할 수 있다. 체제 보위를 위해 정치·경제·군사·사회를 구심점으로 수령, 당-국가체제, 계획경제 시스템 변화를 최소화하고, 대외 위협 방어와 체제 지속 및 협상 능력을 최대화하기 위해 핵개발을 했다. 특히 김정은 집권 시기에는 국가 핵무력 완성, 핵무력 증가, '전략국가'[6] 위상 확보가 최상위 국정과제였다. 이를 위해 대내외 분야의 정책은 최상위 목표 달성에 기여하는 형식으로 설정되어 그 중요성은 지속적으로 증가했다. 핵을 대내외 통치의 궁극적인 보증 수단으로 보고, 모든 예산과 조직력을 집중한 것이다.

북한의 대외 인식과 대외정책 결정의 중심적 요인으로서 핵문제는 2002~

6 북한이 주장하고 있는 '전략국가'는 '미국 본토를 핵무기로 실제 타격할 수 있는 국가'라는 의미로, '전략적지위'는 '핵보유국으로서 미국과 대등한 지위를 갖게 되었다'는 의미로 사용된다.

그림 10-2 핵전력과 핵교리의 관계

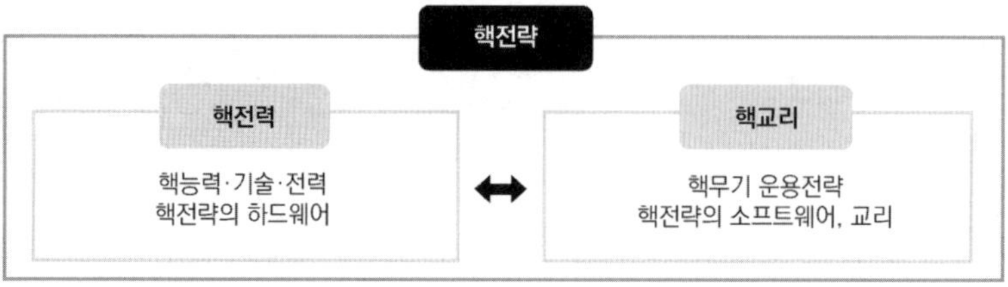

자료: 김성철(2014), 홍민(2023)을 참고하여 작성.

2003년 이른바 제2차 북핵 위기 이후 두드러졌다. 2005년 핵 보유 선언 이후부터 핵을 활용해 국제체제에서의 지위와 역할을 스스로 재규정하고, 약소국의 정체성에서 탈피하고자 한 것이다. 북한이 핵무장 능력 증강을 통해 미국과의 '공포의 균형'을 이루어 평화 공존을 이룰 수 있다는 '확산 안정론'을 수용한 것을 통해 이를 확인할 수 있다. 핵 보유 프레임에 맞춘 정세인식 변화가 핵 보유라는 '전략적 지위'와 대외관계 재설정에 영향을 미친 것이다. 핵무력이 대외정책의 기본이념인 '자주'를 더 강화하는 기제로 작동했음을 의미하기도 한다. 핵은 북한에 탈냉전기 북미 간 직접 대화를 성사시키는 주요한 요인으로 작용했다. 그러나 이는 체제 안보 및 자주권 문제와 결부되어 대외관계 개선의 걸림돌로 작용하기도 했다. 그럼에도 불구하고 탈냉전기 이후 지금까지 북한의 대외정책과 대외 환경의 저변에는 핵무력 증강이 자리 잡고 있다. 제2장 「북한 핵무기 개발 동인 및 과정, 그리고 한국의 대응」에서 논의된 바와 같이 핵보유국들은 최상위 개념인 핵전략에서 핵무기를 사용하는 조건과 방법에 대한 원칙을 수립한다. 이러한 핵전략은 크게 핵교리와 핵태세(핵전력)로 나뉘는데 핵교리는 대외적으로 공개해 상대국 행동을 억제하는 운용 전략을 의미한다. 북한의 핵무력 증강은 핵교리를 변화시켰고, 이는 핵을 통치 수단화하는 결과로 이어졌으며, 핵교리는 핵의 실질적·기술적 성과에 따라 구체화되고 공격적 내용이 추가되었다.

이후 4절에서 시기별로 북한의 대외정책 변화와 핵문제에 대해 상세히 다루겠지만 개괄적으로 정리하면 다음과 같다. 북한은 2013년 3월 경제·핵무력 병진노선 제기 이후 지속적·집중적으로 핵·미사일 개발을 추진해왔다. 이는 단순히 군사력 강화만이 아니라 김정은 정권의 안정적 정착 및 권력 공고화를 위해 핵개발을 정치·군사·경제·사회 모든 문제와 연계·집중하여 통치를 해왔음을 의미한다. 김정은 정권의 안정적 정착에 있어 핵개발이 대내외적으로 통치의 핵심 기제로 활용된 것이다. 2018년 4월 당중앙위원회 제7기 제3차 전원회의에서 병진노선을 수정해 핵무력은 완성되었으니, 경제개발을 통한 경제정상화를 이루는 데 총력을 집중하는 방향으로 국가 운영 전략 노선을 수정했다. 동시에 우리국가제일주의에 입각해 사회주의 국가로서 정상화를 위해 모든 것을 변화시키는 조치들을 취했다. 핵문제 해결 및 한반도 평화체제 구축과 경제번영·발전을 위해 남북정상회담, 북미정상회담 등을 통해 대타협을 추진했으나 실패했다. 하노이 북미정상회담 실패 이후 2019년부터 북한은 더 이상 한국과 미국으로부터 기대할 것이 없다고 판단했다. 핵·미사일을 중심으로 한 국방력 강화와 경제난 해소를 위한 자력갱생을 통해 정면 돌파해 체제 공고화 및 발전을 도모해 나가겠다는 방향을 설정하고 독자적인 길을 걷기 시작했다.

2) 북한 대외정책에서 최고지도자의 역할

최고지도자가 단독으로 대외정책을 수립하고 수행할 수는 없다. 권위주의 국가를 포함한 모든 국가의 외교정책 결정은 정책과 관련된 행위자 집단 차원에서 이루어지는 측면이 있다. 특히 대외정책은 외교 관련 조직이나 엘리트 정치에 의해 결정되고 수행된다. 이는 수령 유일지배체제인 북한도 예외가 아니다. 물론 북한의 수령은 대외정책을 포함해 주요 국가정책의 방향과 내용을 제시하고 최종적인 정책 결정 권한을 행사한다. 하지만 수령 개인은 시간, 정보, 관심사의 제약으로 인해 정책을 주도할 수 있는 영역이 필연적으로 제한될 수밖에 없다. 핵을 중심으로 한 대외정책은 수령과 외교 엘리트 및 군부의 정책 결정과 실행에서 잘 보여주고 있다. 김정은 위원장은 최고지도자로서 핵과 관련한 대외정책에 직접 개입하고 최종적인 의사결정 권한을 갖는다. 하지만 기본적으로 핵 외교를 전담하는 엘리트들이 먼저 계획을 수립하고 정치·군사 관련 당 회의체에서 논의 형식을 거쳐 김정은 위원장에게 보고서를 제출한다. 김정은 위원장은 보고서에 대한 검토 결과를 교시 형식으로 하달하고 엘리트들은 이를 집행한다. 그러나 김정은 집권 이후 당-국가체제 정상화가 이루어져 과거와 달리 가급적 회의체(당 정치국회의, 당 중앙군사위원회의, 당 전원회의, 최고인민회의 등)에서 논의하는 과정을 거쳐 최종 결정하는 형식을 취하고 있다.

대외정책 결정은 물론이고, 외교 업무 일반에 대해서도 최고지도자는 일정한 역할을 수행하고 있는데, 이는 북한 헌법을 통해서도 알 수 있다. 북한은 1998년 헌법 개정 시 국가주석 직책이 폐지된 이후부터 최고인민회의 상임위원장이 '국가'를 대표해 왔다. 그러나 북한은 국무위원장의 외교적 역할을 강화하는 쪽으로 헌법을 다시 개정했다. 예를 들어 2016년 6월 개정된 헌법은 국무위원장에게 일반 국가에서 국가원수가 행사하는 '특사 파견권'과 '외국과 맺은 중요 조약의 비준·폐기권'을 부여했다. 나아가 2019년 4월 개정 시에는 국무위원장의 위상에 '국가'를 대표한다는 내용을 삽입했다(제104조 6항). 그리고 같은 해 8월 개정에서는 '다른 나라 주재 외교 대표 임명 또는 소환권'을 종전 최고인민회의 상임위원회에서 국무위원장에게로 이관하게 된다(제104조 5항). 그러나 북한은 타국 외교관의 신임장, 소환장은 여전히 최고인민회의 상임위원장이 접수하고 있다(제117조). 또한 최고인민회의에서 국가 대내외정책의 기본 원칙을 정한다고 헌법에 명시하고 있다(제91조 4항). 즉, 북한 헌법을 보았을 때, 북한의 외교권은 국무위원장과 최고인민회의 상임위원장이 나누어 행사한다고 볼 수 있다. 이처럼 지도자의 주요한 외교 결정권을 확보하면서도 외교 업무가 분권화되어 있는 것은 정상국가화의 한 측면으로 볼 수 있다.

한편, 조직적 차원에서 보면, 북한 외교 활동의 주체는 당, 국가, 민간 등으로 구분된다. 먼저 당을 보면, 북한 노동당 국제부가 정당 간 외교를 담당하고, 의회 간 외교는 최고인민회의 산하 외교위원회가 맡고 있다. 북한은 1998년 헌법에서 삭제한 외교위원회를 2017년 제13기 제5차 최고인민회의에서 다시 복원했으며, 2019년 4월 개정한 헌법에 이를 반영했다. 하지만 1990년대 초 사회주의 국가들의 체제 전환으로 인해 북한의 대외관계에서 정당 간 외교 비중은 줄어들고, 정부 간 외교 비중이 늘어났다. 그로 인해 정부 간 외교를 관장하는 외무성의 입지가 강화되었다. 북한 외무성은 외교 실무를 담당하며 외국과의 외교관계 수립, 협정 체결, 재외공관 운영 등을 맡고 있다. 타 국가의 외교 관련 조직과 마찬가지로 외교관계 수립과 국제관계에서 발생하는 문제를 처리하고, 외교적 주요 사안에 대한 대응을 책임지고 있다. 또한 수교국들이 상주하는 북한 대표부에 대한 관리와 북한 주재 대사관들에 대한 관리·지원을 책임진다. 외무성 조직은 각 지역별 지역국과 기능국으로 구성되며 외무성 산하에 군축 및 평화연구소, 미국연구소, 일본연구소 등이 설립되어 있다. 주요 대외 성명이나 담화의 경우는 외무상 또는 제1부상이 담당하나, 외교 사안별 주무 국장 또는 외무성 대변인이 발표하기도 한다. 마지막으로 민간 외교는 주로 당 외곽단체인 조선아시아태평양평화위원회와 대외문화연락위원회 등이 담당하며, 사회주의 애국청년동맹과 조선직업총동맹 등 기타 근로단체들도 관련 분야의 대외활동 업무에 참여하고 있다(국립통일교육원, 2023: 133).

4. 김정은 시기 국가전략노선과 대외정책 변화

이 절에서는 대내외 환경 변화가 지도자의 인식 및 정치적 판단·결정에 어떠한 영향을 주었으며, 대외정책이 어떻게 변화해 왔는지 핵문제를 중심으로 살펴볼 것이다.

1) 김정은 집권과 핵·미사일 고도화 시기(2012~2017)

김정은 집권 이후 한반도 정세가 근본적으로 전환되기 전까지 북한은 아시아·태평양 지역을 '세계 최대 열점 지역'으로 규정하고 이에 따라 대외정책을 추진해 나갔다. 2012년 김정은 체제의 공식 출범 이후 핵에 대한 북한의 전략노선 변화는 김일성·김정일 시기보다 역동적이었다. 북한은 김정일 사망 이후 2012년 2월 29일 합의에 따라 미국과의 비핵화 협상을 재개했다. 북한은 장거리 미사일 발사, 핵실험 및 우라늄 농축 활동의 모라토리엄, 그리고 5MW 원자로 및 관련 시설의 불능화를 확인하기 위한 IAEA 사찰단의 복귀 등에 동의했다. 미국은 이에 상응하여 24만 톤 규모의 대북 영양 지원을 포함해 추가 대북지원 가능성을 타진하면서 북한과의 관계 개선을 시도했다. 그러나 북한이 4월 13일 인공위성을 발사한다는 명목으로 은하 3호 장거리 탄도미사일 발사를 강행하자, 북미 간의 합의는 무용지물이 되었다. 미국은 발사 당일 북한의 로켓 발사를 지역 안보를 위협하고 국제규범과 양국 간의 약속을 위배하는 명백한 도발 행위라고 규정했다. 유엔도 발사 3일 만에 의장성명을 통해 북한의 도발 행위를 비난했고, 유엔 안보리는 북한 제재 방안을 협의하고 북한 기업에 대한 추가 제재안을 확정해 발표했다. 김정일 사후 약 2달 만에 전격적으로 타결된 북미 간 합의는 북

그림 10-3 **김정은 시기 국가전략노선 변화**

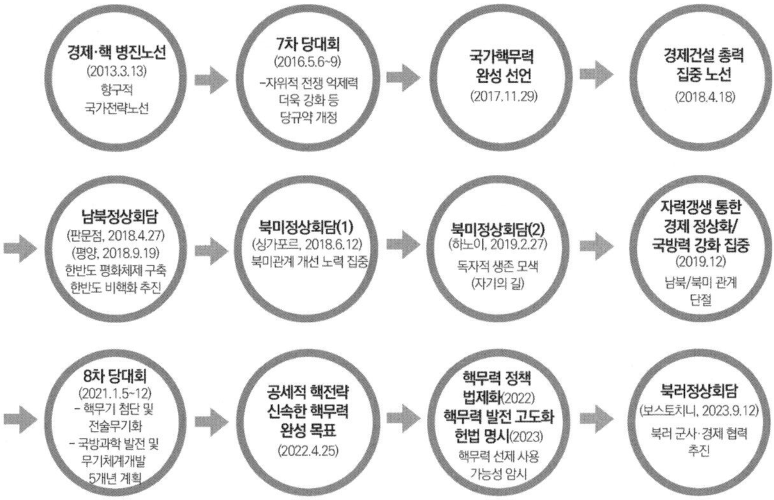

자료: ≪로동신문≫(2013~2023), ≪조선신보≫(2013~2023) 등 북한 언론매체 자료와 국내외 언론 보도 (2013~2023)를 참고하여 작성.

한의 일방적인 군사도발로 인해 파행되었고, 이후 북미관계는 다시 경색되었다.

이러한 상황에서 북한은 2013년 '경제건설 및 핵무력 건설 병진노선'을 항구적 국가전략노선으로 제시했다. 이는 김정은 위원장이 2012년 4월 15일 태양절 100주년 열병식에서 "다시는 북한주민들이 허리띠를 조이지 않게 하며 사회주의 부귀영화를 마음껏 누리게 하자"라고 약속한 지 1년여 만에 북한의 국가전략노선으로 공식화된 것이다. 2013년 3월 31일 조선노동당 중앙위원회 전원회의에서 김정은 위원장은 '경제건설 및 핵무력 건설 병진노선'을 "조성된 정세와 우리 혁명발전의 합법칙적요구에 맞게 경제건설과 핵무력건설을 병진시킬데 대한 새로운 전략적 노선", "경제국방 병진로선의 빛나는 계승이자 새로운 높은 단계에로의 심화발전", "우리의 실정에 맞게 경

표 10-2 **북한의 병진노선 등장 배경과 경제적 영향**

시대	병진노선	등장 배경	경제적 영향	자원배분
김일성	경제-국방 병진노선(1962)	안보 환경 악화	과도한 국방비 지출	선군 ≫ 선경
김정일	선군경제노선(2002)	안보 환경 악화	대북제재 장기화	선군 > 선경
김정은	경제-핵무력 병진노선(2013)	권력 승계 안정화	대북제재 장기화	선군≥선경

자료: 김동엽(2015), 이영훈(2015)을 참고하여 작성.

제발전과 국방력 강화에서 최대의 효과를 낼 수 있게 하는 현실적 노선"이라고 규정했다. 다음 날 ≪로동신문≫ 보도에서도 '경제건설 및 핵무력 건설 병진노선'은 "김일성과 김정일이 추진했던 경제국방 병진노선의 심화발전이자 현재 북한이 처한 대외 환경에서 핵억지력과 경제 개선을 합리적으로 추구할 수 있는 국가전략"이라고 소개했다. '경제건설 및 핵무력 건설 병진노선'은 과거로부터 단절된 국가전략노선이 아닌 경제보다 안보를 우선시한 과거 국방-경제 병진노선과 선군경제노선의 연장선이라고 볼 수 있다. 김일성과 김정일의 병진노선이 악화된 대외 안보 환경에 대한 대응 조치였다면 김정은의 병진노선은 김정일 사망 이후 권력안정화가 더 시급했던 북한의 국내정치적 배경에서 기인했다. 권력 승계를 연착륙(soft-landing)하고 정치적 정당성을 확보하기 위해 병진노선을 국가전략노선으로 심화·계승한 것이다. 김정은은 집권 초기부터 2015년까지 자신을 보좌했던 총참모장 리영호와 당 행정부장 장성택 등 '김정일 운구차 7인방'을 포함한 김정일 집권 시기에 임명된 약 400여 명의 정치엘리트를 통치연합(ruling coalition)에서 제외(≪중앙일보≫, 2013.12.5)한 것도 같은 맥락으로 볼 수 있다. '경제건설 및 핵무력 건설 병진노선'은 국내정치적 배경으로도 작용했겠지만, 국제사회에서 고립된 상황에서 체제생존을 위한 요인도 감안한 것이다.

김정은 집권 직후부터 국제사회의 대북제재가 강화되는 가운데서도 북한은 '핵·미사일 능력 고도화 및 변칙적인 속도전'을 추진했다. 제4차 핵실험은 기존 '미사일 발사 → 국제사회의 대북제재 결의 → 핵실험'의 패턴과는 반대로 핵실험 단행 1개월 후 미사일을 발사했으며, 제5차 핵실험은 기존 3년 주기 패턴을 벗어나 8개월 만에 단행했다. 2016년 두 차례 핵실험은 북한의 핵이 기술적인 면에서도 매우 빠르게 진화하고 있음을 보여주었다. 이 시기 북한은 핵을 공개적·적극적으로 대외정책에 활용했다. 이는 단기간에 전쟁 억지력과 대미협상에 유리한 필요조건을 마련하고자 했던 것이다. 북한은 2013년부터 2017년까지 수소폭탄을 포함한 3~6차 핵실험을 강행하고, ICBM과 SLBM 탄도미사일을 시험발사 하면서 대미 핵억제력 확보에 집중했다. 당시 북한의 대미 인식은 과거에 비해 상당히 악화되었는데 이는 미국의 대북 압박의 정도가 강화된 데에서 기인했다.

클린턴 행정부로부터 오바마 행정부까지와 트럼프 행정부 시기의 대북 압박에는 F-22 랩터 폭격기, B-52 폭격기, 핵추진 항공모함, 핵 잠수함 등 북한을 압도적으로 공격·위협할 수 있는 첨단 무기가 활용되었다. 여기에 알카에다와 IS 등 테러집단 수뇌부 제거에 사용된 최신형 드론 무기까지 한반도에 배치된 사실이 공개되었다. 북한은 미국의 강력한 압력에 대해 괌 타격 가능성을 시사하는 등 강경하게 대처했다. 2017년 8월 북한 전략군은 화성-12 탄도미사일을 활용한 괌 포위 사격을 검토한다는 방안을 공개했는데, 이에 대해 트럼프 대통령은 "화염과 분노(fire and fury)"라는 발언 등으로 강경한 군사적 대응을 시사해 전쟁 위기가 고조되고 정세가 악화되었다. 북한은 "미군 통수권자가 정세방향을 가늠하지 못한 채 '화염과 분노' 등의 망령 의사를 늘어놓아 신경을 날카롭게 자극하고 있다"라고 주장했다. 이후에도 트럼프 대통령은 김정은을 로켓맨(rocket man)이라고 지칭하는 등 양국 간의 정치군사적 긴장관계는 지속되었다. 이에 대해 김정은은 "미국 본토 전역이 우리의 핵 타격 사정권 안에 있으며 핵 단추가 내 사무실 책상

위에 항상 놓여 있다는 것은 위협이 아닌 현실임을 똑바로 알아야 한다"라고 강경한 입장을 표명했다. 이에 대해 트럼프 대통령도 "나는 그가 가진 것보다 더 크고, 강력한 핵 단추가 있다는 사실을 식량이 부족하고 굶주린 정권의 누군가가 그에게 제발 알려주겠느냐"[7]라고 받아치면서 이 시기 북미관계는 군사 충돌 가능성까지 배제할 수 없는 상황이 지속되었다.

핵·미사일 능력 고도화 및 변칙적인 '속도전'을 추진하는 과정에서 북미관계뿐만 아니라 북일관계, 북중관계도 악화되었다. 북러관계만이 전통적인 관계를 유지하고 있었다. 북한은 일본과 2014년 5월 26~28일 스웨덴 스톡홀름에서 열린 국장급 회담에서 납북 일본인 문제 해결 등과 관련해 특별조사위 설치 등을 약속하고 이행하는 모습을 보였다. 북한이 제4차 핵실험(2016.1.6) 단행 이후 핵·미사일 능력 고도화를 지속 추진하자 일본과의 관계가 다시 경색되었다. 북한이 2016년 1월 6일 제4차 핵실험을 단행하고, 이에 대해 일본이 조총련 간부 재입국 금지, 대북 송금액 제한 등을 주요 내용으로 하는 독자제재안을 발표하자, 북한은 '스톡홀름 합의' 파기라고 반발하며 특별조사위 해체로 대응했다. 북일관계가 이토록 정체된 가운데 북한이 2016년 8월 발사한 미사일이 일본의 배타적 경제수역(EEZ)에 낙하하고, 2017년 8~9월 북한이 시험 발사한 미사일이 연속해서 일본 상공을 통과하자 일본과의 관계가 더욱 경색되었다. 그러다 2017년 북한이 제6차 핵실험과 장거리 미사일 시험 발사를 감행하자, 일본은 납북자 문제의 해결을 뒤로하고 독자적인 대북제재를 발표하는 동시에 유엔 안보리 대북제재 결의에 적극 동참했다. 한편, 김정은 정권 출범 이후 북중관계는 냉랭했으며, 특히 핵·미사일 개발과 관련해 대

7 "North Korean Leader Kim Jong Un just stated that the 'Nuclear Button is on his desk at all times.' Will someone from his depleted and food starves regime please inform him that I too have a Nuclear Button, but it is a much bigger & more powerful one than his, and my Button works!"(2018.1.2, 트럼프 대통령 트위터 갈무리).

북제재에 중국의 참여로 북중관계는 장기간 매우 소원했다. 2013년부터 2017년까지 김정은은 시진핑과 단 한 차례도 만나지 못하다가 2018년 남북정상회담 및 북미정상회담이 개최되고 나서야 시진핑을 만날 수 있었다. 이는 2013년 출범한 박근혜 정부가 3개월 만에 시진핑 주석을 만나고 그 이후에도 십여 차례 만난 사실과 크게 대조된다. 2015년 인민해방군 열병식에서 북한 대표 최룡해가 연단 말단에 배치된 장면은 북중관계의 단면을 드러낸 대목이었다. 그 이후에도 중국은 북한이 핵과 장거리 탄도미사일 고도화를 추진한 시기에 유엔 안보리 상임이사국으로서 국제사회의 대북제재에 동참하면서 한반도의 현상변경을 추구하는 북한에 대한 불편한 속내를 간접적으로 표명했다. 실제로 중국은 2016년 4월 5일 대북 수출입 금지 품목 25종을 발표한 것을 비롯해 2016년 4월 28일 '제5차 아시아 교류 및 신뢰구축(CICA) 외교장관 회의' 기조연설에서 대북제재를 전면적으로 실시하겠다고 밝히는 한편, 2016년 6월 14일에는 대북 수출 금지 품목을 확대하는 조치를 단행했다(김수한, 2018). 이렇게 중국이 국제사회의 대북제재에 참여함에 따라 북한의 대중인식이 부정적으로 변화하는 계기가 되었다. 북한이 핵과 미사일 고도화를 추진하는 동안 중국이 국제사회의 대북제재에 동참하자 김정은 체제는 중국을 비난하면서 관계가 소원해지기도 했다.

북한은 러시아와의 관계에서는 경제적 실리를 중심으로 접근하는 경향을 보였다. 북한은 과거 구소련으로부터 제공받았던 차관 관련 채무에 대한 재조정 협의를 벌여 2012년 9월 전체 채무(110억 달러)의 90% 정도를 탕감받았으며, 2014년에는 푸틴 대통령의 대북차관 탕감 협약 비준(5월), 북·러 경제공동위원회(6월)에서 양측 간 무역 대금을 루블화로 결제하기로 합의했다. 한편, 2013년 9월 22일 북한 라진항과 러시아 하산을 잇는 약 54km의 철도가 개통되는 등 인적·물적 교류를 위한 인프라 건설도 추진되었다. 이 같은 노력에 힘입어 2016년 북한과 러시아 사이에는 '비법입국 및 비법체류자들의 인도와 접수에 관한 의정서'가 체결되고(1월), 러시아의 대북 식량 기증(2월 및 7월)이 진행되는 등 경제적 교류가 지속되었다. 즉, 이 시기 북러관계는 핵이 중요 요인으로 작동하지는 않았다.

2) 핵무력 완성과 한반도 정세 전환기(2018~2019)

북한은 2012~2017년 핵·미사일 능력 고도화를 통해 전쟁 억제력을 확보했다고 평가했다. 2018년 김정은 위원장은 신년사에서 "지난해(2017년)에 우리 당과 국가와 인민이 쟁취한 특출한 성과는 국가 핵무력 완성의 력사적 대업을 성취한 것입니다. … 우리 공화국은 마침내 그 어떤 힘으로도, 그 무엇으로써도 되돌릴 수 없는 강력하고 믿음직한 전쟁 억제력을 보유하게 되었습니다"라고 밝혔다. 한편으로는 "우리나라와 세계 여러 나라들 사이에서 …… 래왕과 교류가 활발히 진행되여 호상 리해가 깊어지고 국제사회의 건전한 발전을 추동하려는 립장과 의지가 확인되었다"라며 국제 정세에 대해서 긍정적인 평가를 했다. 또한 핵무력 완성과 우호적인 국제 정세 인식을 바탕으로 북한의 경제발전에 긴요한 대외 환경 개선을 본격적으로 시작할 필요조건이 갖춰졌다고 평가한 것이다. 그동안 김정은 정권은 미국과의 관계 개선 및 비핵화 협상을 통해 경제발전과 체제 안보를 확고히 하기 위해 노력하면서 권력의 안정적 정착과 핵무기 완성에서 나름의 성과를 얻었다. 2018년 1월 김정은 위원장은 신년사 발표를 계기로 남한 및 미국과의 정상회담을 추진하면서 한반도의 긴장 국면을 일시에 완화시켰을 뿐만 아니라 미국과는 평화협정과 관계정상화, 남한과는 경제협력을 비롯해 전반적인 남북관계 개선 추진 등 대외정책의 전환을 추구했다. 이러한 전환은 바로 그동안 유지해 왔던 국가전략노선의 변경으로 나타났다.

김정은 위원장은 2018년 4월 핵무력은 완성되었으니 경제문제 해결에

그림 10-4 **정세전환기 대외정책 변화 동인**

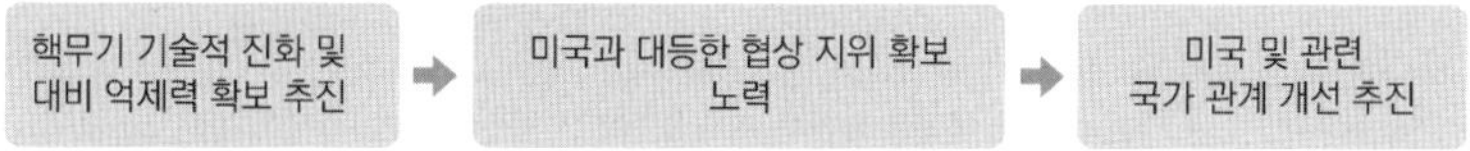

자료: 성병욱(2009), 안경모(2016)를 참고하여 작성.

집중하겠다는 '사회주의 경제건설 총력 집중노선'을 전원회의에서 채택했다. 김정은 정권이 2013년 3월 채택한 경제 핵무력 건설의 병진노선인 국가전략노선을 수정하는 획기적인 전환이었다. 조선노동당 제7기 3차 전원회의에서 김정은 위원장은 "우리 공화국이 세계적인 정치사상강국, 군사강국의 지위에 확고히 올라선 현 단계에서 전당, 전국이 사회주의 경제건설에 총력을 집중하는 것이 우리 당의 전략적 노선"이라고 강조했다. 그 결과 북한은 2018년 4월 27일 판문점 정상회담 개최 1주일 전 핵실험과 미사일 시험 발사 모라토리엄을 선언하고 남북 및 북미 관계 정상화를 통해 제재 해제를 도모했다. 실제로 김정은 위원장은 전원회의에서 경제발전전략의 단기적 목표가 "모든 공장, 기업소들에서 생산 정상화의 동음이 세차게 울리게 하고 전야마다 풍요한 가을을 마련해 온 나라에 인민들의 웃음소리가 높이 울려 퍼지게 하는 것"(조선중앙통신, 2018.4.21)이라고 언급했다. 이는 대북제재로 공장 가동률이 떨어지고 유류 수입 제한 등으로 농기계 가동이나 비료 등의 반입이 어려워 기초적 경제활동도 제한받고 있던 당시의 어려운 경제 상황을 간접적으로 보여준다. 또한 "인민경제의 주체화, 현대화, 정보화, 과학화를 높은 수준에서 실현하며 전체 인민들에게 남부럽지 않은 유족하고 문명한 생활을 마련해 주는 것"(조선중앙통신, 2018.4.21)을 장기적 경제계획으로 제시했다.

전술한 바와 같이 사회주의 경제건설 총력 집중노선 시기의 북한은 핵무력 완성 이후 경제 정상화의 필요성에 입각해 한반도 평화체제 구축 및 제

표 10-3 **하노이 제2차 북미정상회담(2019.2) 협상의제**

	미국	북한
제재 해제	• 북한은 영변 핵시설 폐기를 대가로 전면적인 제재 해제 요구 • 비핵화 완료 시까지 제재 유지	• 전면적 제재 해제가 아닌 2016~2017년 채택된 13건 중 5건의 민수경제와 인민 생활에 지장을 주는 제재 해제 요구 • 미국이 군사 분야 조치를 취하는 것이 아직은 부담스러우리라 생각해 부분적 제재 해제를 상응 조치로 제안한 것
비핵화 조치	• 영변 핵시설 폐기 외 '+α' 요구 • 대륙간탄도미사일, 핵탄두, 무기체계, 생화학무기 포함 • 영변 외 강선 등 큰 규모의 핵시설 존재 언급	• 영변의 모든 핵물질 생산 시설을 영구적으로 완전히 폐기 • 핵실험과 장거리로켓 시험 발사 영구 중지 확약 문서화
비핵화 합의 형태	• 일괄 타결 고수(big deal or walk away)	• 신뢰 구축을 위한 단계별 합의(small deal)
협상 결렬 요인	• 영변 외 강선 등 추가 핵시설 폐쇄 및 생화학무기 군축까지 요구	• 영변 핵시설 폐기/ 제재 해제

자료: 조한범(2019), 조선빈·김용호(2022)를 참고하여 작성.

재 해제와 북미관계 개선을 목적으로 남북 대화와 북미 대화를 적극 추진했다. 김정은과 트럼프는 '러브레터'를 주고받으며 대외적으로 개인적 친분을 과시했고, 싱가포르와 하노이에서 각각 정상회담을 가졌다.

2019년 2월 하노이 제2차 북미정상회담 최종 담판에서 북한은 영변 핵시설 폐기를 대가로 미국에 5건의 유엔 제재 해제를 요구했다. 북한이 '경제건설 및 핵무력 건설 병진노선'의 성과 창출에 기여했던 영변 핵시설 포기까지 미국에 제안한 배경과 그 의도는 중요하다. 제재 해제를 비롯한 근본적인 경제난 해결이 미국과의 관계 개선 없이는 한계가 있다는 현실적인 판단이 작용했던 것으로 이해할 수 있다. 미국 존 볼턴(John Bolton) 전(前) 국가안보보좌관의 회고록에서도 대북제재의 영향력이 현실화되었던 2019년을 기점으로 김정은은 최소한 싱가포르 회담보다 하노이 회담에서 제재 해제에 대해 더 절박했다고 서술했다. 실제로 북한의 경제성장률은 유엔 제재가 채택되었던 2017년을 기점으로 매년 마이너스를 기록했다. 이 시기 김정은 위원장은 경제제재로 인해 경제적 손실이 누적되는 상황에서 미국과의 비핵화 협상에 실패할 경우 제재 지속으로 경제난을 계속 감내해야 하는 상황이었으므로 이는 반드시 극복해야 할 과제였다. 따라서 부분적인 핵 포기의 대가로 경제지원과 발전의 계기를 만들겠다는 전략이었다. 동시에 이를 계기로 북미관계 정상화를 통해 경제·안보 문제를 보장받아 체제 유지 및 김정은 정권의 영속성을 위한 토대를 마련하고자 했던 것이다. 상징적 관계 개선에 국한되었던 싱가포르 회담과 달리 구체적이고 실질적인 문제를 타결하기 위한 하노이 회담이 결렬되었지만, 양국은 2019년 말까지 시한을 두고 마지막 협상 재개의 여지를 남겼다. 그러나 2019년 10월 북한은 스톡홀름 실무 협상을 끝으로 미국과의 협상 종료를 선언하며 이제는 나름의 독자적인 '새로운 길'을 가겠다는 입장을 밝혔다.

한편, 북중관계는 이전 시기의 갈등과 대립에도 불구하고 2019년 5월 시진핑 중국 국가주석의 방북을 포함해 다섯 차례의 북중정상회담을 통해 관계를 회복하고 새로운 전환기를 맞았다. 이때 북중은 신시대 북중관계 3대 원칙을 수립하고 교육, 문화, 체육, 관광, 청년, 지방, 인민생활 분야에서의 협력 강화를 모색했다. 2018년 남북정상회담에 앞서 김정은 위원장은 시진핑을 세 번 만날 수 있었으며, 특히 트럼프 대통령과의 정상회담을 앞두고 다롄에서 시진핑을 다시 만났다. 다롄 회담은 미국과의 정상회담을 앞두고 북한에 대한 영향력을 행사하기 위한 중국의 움직임으로 해석된다. 제5장 「북한 핵 보유와 북중관계의 변화」에서 설명했듯이 과거 북중관계는 혈맹, 순망치한으로 상징되었지만, 1956년 8월 종파사건 이후 북한은 한반도 내에서 중국의 영향력이 일정 수준 이상으로 커지는 것을 경계해 왔다. 그렇기 때문에 북한은 과거 중국과 소련 사이에서 시계추외교, 등거리외교로 상징되는 냉전외교를 추진한 바 있다. 북한은 중국과의 관계가 미국으로부터의 군사적 위협을 일정 수준 상쇄할 수 있지만, 중국의 안전보장에만 온선히 기댈 수 없다는 점도 인지하고 있었다.

러시아와의 관계는 2019년 2월 하노이 회담(제2차 북미정상회담) 결렬 전과 후로 나눌 수 있다. 하노이 회담 결렬 이전까지 북한은 미국과의 회담 내용을 사전에 조율하기 위해 중국과 자주 교류했다. 그러나 2019년 2월 하노이 회담 결렬 이후 북한은 러시아와 가까워지는 모습을 보였다. 김정은 위원장은 하노이 회담 결렬 직후인 2019년 4월에 러시아를 방문해 푸틴 대통령을 만났으며, 같은 해 11월에 북러 간 전략 대화로 소통을 확대해 북핵문제의 평화적 해결, 북미 비핵화 협상 재개, 대북제재에 관한 러시아의 지원 등을 논의했다. 2018년 이후 남북관계와 북미관계, 북중관계·북러관계가 급격히 진전되는 가운데서도 북한은 일본에 대해 기존의 입장을 견지하며 북일관계 개선을 적극적으로 모색하지 않았다. 일본의 아베 신조(安倍晋三) 총리가 2019년 5월 27일 "조건 없이 김정은 위원장과 만나 솔직하고 허심탄회하게 대화하기를 원한다"라고 밝히고, 스가 요시히데(菅義偉) 총리 역시 2020년 9월 26일 "일본인 납치 문제 해결을 위해 김정은 위원장과 조건 없이 만나겠다"라고 밝혔지만 북한은 묵묵부답으로 일관했다.

이렇게 북한은 핵보유국으로서 전략적 지위 확보를 위해 지속적으로 노력하면서 적극적인 대외정책을 추진했음에도 불구하고 미국, 일본, 남한 등 자유 진영 국가와는 기존의 적대관계에서 벗어나지 못했지만, 중국과 러시아와는 의미 있는 관계 발전을 한 것으로 평가할 수 있다. 특히 러시아-우크라이나 전쟁을 계기로 북·중·러 연대와 협력은 더욱 활발해지기 시작했다.

3) 국방력 강화와 자력갱생 및 신북방 3각 협력기(2020~현재)

북한은 '경제건설 총력집중 노선'을 위한 수단으로 '우회돌파전'을 적극 추진했으나, 하노이 북미정상회담 결렬 이후 '정면돌파전'으로 전환했다. 2020년부터 2022년까지 코로나19가 확산되면서 남북관계, 북미관계 경색 국면은 더욱 심화되었다. 2019년 12월 북한은 제7기 제5차 당중앙위원회 전원회의에서 자력갱생을 통한 '정면돌파전'을 선언했다. 북한은 협상 실패의 책임을 남한과 미국에 돌리면서 비핵화를 명목으로 한 미국과의 협상 가능성을 일축했다. 더 이상 미국과의 협상을 통한 경제지원 및 체제안보를 확보하기 어렵다고 판단한 것이다. 독자적으로 문제 해결에 집중해 체제발전을 추진할 수밖에 없다고 결론짓고, 새로운 전략과 정책을 추진하게 되었다. 미국과의 장기전 대비, 제재 버티기, 핵무기 개발 고도화에 모든 것을 집중하는 전략을 채택했다. 이에 따라 2021년 1월 제8차 당대회에서 경제정상화 및 국방력 강화 추진이라는 기존의 병진노선을 새롭게 제시했다. 특히 북한은 이전보다 핵무력 강화를 보다 강력히 추진해 화성-17형 ICBM 시험 발사, 선제핵공격의 가능성을 시사한 핵정책의 법제화까지 단행했다.

트럼프의 재선 실패 이후 바이든 행정부가 정교하고 실용적인 대북 대화를 제시했지만, 북한의 비핵화 및 북미관계는 진전을 보이지 못하고 있다. 2022년 9월 최고인민회의 시정연설에서 김정은은 "우리의 핵정책이 바뀌자면 세상이 변해야 하고 조선반도의 정치군사적 환경이 변해야 함"을 강조하면서, 현시점에서 어느 조건에서도 핵을 포기할 수 없는 '불퇴의 선'이라고 강조했다. 이후 북한은 2022년 12월 당 중앙위 제8기 제6차 전원회의에서는 새로운 ICBM 체계 개발, 핵무기 대량 생산, 군사정찰위성 개발을 3대 변혁적 전략으로 규정하고 대남·대적 행동의 핵심 수단인 전술핵 사용 가능성까지 시사했다.

2022년 2월 러시아의 우크라이나 전쟁 이후 한·미·일 대 북·중·러의 대립 구도가 형성되면서 북미관계는 여전히 경색된 상황에서 벗어나지 못하고 있다. 그 대신 북한은 중국 및 러시아와의 전략적 연대를 강화했다. 예를 들어 '항미원조' 전쟁 참전 70주년, 당 창건 75주년, 북중 우호조약 체결 60주년, 중국 공산당 창당 100주년 등 정치적으로 중요한 행사에서 북한은 친서 외교로 중국과의 전략적 제휴를 과시했다. 여기서 주목할 점은 북한이 최근의 국제질서에 대해 '신냉전'과 함께 '다극화'라는 정세 인식을 분명히 한다는 것이다(≪로동신문≫, 2021.9.30; 2023.1.1). 미국을 중심으로 하는 한·미·일 3각 협력과 달리 북·중·러 3각 협력은 반미 연대라는 공동의 관심사에도 불구하고, 어느 한 행위자가 중심을 잡고 있다고 보기는 어렵다(≪한겨레≫, 2023.11.3). 이는 러시아-우크라이나 전쟁에 대한 북한과 중국의 입장 차이를 보면 알 수 있다. 북한은 러시아-우크라이나 전쟁에 대해 러시아를 공개적으로 지지하면서 미국을 비난하며, 이러한 입장을 바탕으로 러시아와의 전략적 협력을 강화하려는 의지를 분명히 했다. 반면에 중국은 러시아가 기대하는 수준의 명확한 지지 입장 표명을 유보하고 있다(이동률, 2023). 이러한 북중, 북러, 중러의 느슨한 3각 협력은 북한의 입장에서 오히려 중국과 러시아의 전략적 수요를 북한이 제공할 수 있는 배경이 된다. 더욱이 북한이 추가적인 핵·미사일 시험을 단행하더라도 러시아-우크라이나 전쟁을 계기로 사실상 유엔 안보리가 제 기능을 못하는 상황에서, 북한과 러시아의 상호 전략적 필요에 따른 교류·협력을 막을 방법이 마땅치 않다. 북한은 미중 및 미러 대립 상황을 적절히 활용해 동아시아에서 미국에 맞서는 반미 연대 및 다극 체제의 일원으로서 중국과 러시아를 활용해 체제생존을 도모하고 있다(≪로동신문≫, 2023.9.28). 북한은 2023년 중국과 러시아 중심의 권위주의 진영으로의 편승 전략을 지속하고 있다. 2022년까지 하노이 노딜의 후유증과 코로나19로 인해 문을 걸어 잠그고 내치에 집중한 것과

표 10-4 김정은 집권 시기 북한의 대외정책 변화

구분		김정일-김정은 권력 승계기 (2009~2011)	김정은 집권 및 핵 · 미사일 고도화 추진기 (2012~2017)	핵무력 완성 및 한반도 정세 전환기 (2018~2019)	국방력 강화와 자력갱생 및 신북방 3각 협력기 (2020~현재)
세계질서 및 국제환경		• 피포위 의식 탈피	• 위협 인식 고조	• 대미관계와 직접 연계	• 신냉전 및 다극화 한·미·일 3각 공조 오커스, 쿼드
4국	미국	• 적대관계 종식 필요	• 적대 의식 견지	• 미국 주도 대북제재로 어려움	• 북미관계 개선 포기
	중국	• 경제·외교 의존 지속 • 친선 협조	• 경제지원 증대 필요 • 국제적 대북제재에 중국 참여로 소원	• 외교 지원 필요	• 사회주의적 연대 강조
	러시아	• 경제적 측면에서 중요	• 실리 관점	• 부차적 존재로 인식	• 경제·안보협력 강화 노력
	일본	• 관계 개선 관망(잦은 일본의 정권 교체)	• 핵·미사일 문제로 관계 경색	• 관계 개선되는 주변국에서 일본만 배제	• 북미관계의 하위 대상으로 치부, 무관심 • 일본은 북한문제를 적극적으로 대처하며 세계적 규범력 공고화
대내		• 식량문제 해결 필요 • 경제 정상화 필요	• 농업, 경공업 재건 • 핵·미사일 개발 진력	• 핵·미사일 성과 • 대외 환경 개선 통해 경제 개발 • 경제 관련 법·제도 개선을 통한 다원화	• 자력갱생·정면 돌파 등을 통해 국내의 정치·경제적 안정 유지 • 농업 및 건설 분야를 경제발전 주안점으로 상정
대응 전략 (국가 전략노선 및 대외정책)		• 선군정치 • 자력갱생 • 과학기술 발전 강조	• 경제-핵 병진노선 • 핵·미사일 개발 진력 • 전력 문제 해결 강조	• 사회주의 경제 건설 총력 집중 노선 • 남북 및 북미 관계 개선 추진 • 전력 및 식량 정상화	• 비타협적 핵개발 전략 노선으로 회귀 - 핵무력 고도화 • 중러와 밀착

자료: 이 책 2, 4, 5, 6, 7, 8장; ≪로동신문≫, 조선중앙통신 등 북한 언론매체 자료(2009~2023); 국내외 언론 보도(2013~2023)를 참고하여 작성.

달리, 2023년에는 대외 행보를 본격화하고 있다. 2023년 북한 정전 70주년 행사에 중국과 러시아 등 외국 인사를 대대적으로 초청하고 러시아와 중국의 협력을 강조한 것은 비핵화를 통한 대외관계 개선 및 미국 등과의 협력을 통한 경제 번영의 계기를 마련하고자 했던 기존의 정책 방향을 전환하고 있음을 보여준다. 전술적인 변화를 보이고 있는 것이다.

미중 간 전략 경쟁이 심화되는 가운데 북미, 남북 간 관계가 단절된 상황에서도 북중관계는 긴밀해지고 있다. 북중 간에는 2022년 9월에 신의주-단둥 화물열차 운행이 재개되었고, 2023년 2월에는 나선-훈춘 간 트럭 통행도 재개된 것으로 알려졌다. 특히 북한은 미중 갈등의 전면에 등장하고 있는 대만 문제에 대해서 확실하게 중국 편을 들고 있다. 예컨대 북한 외무성 부상 박명호는 "최근 미국이 중국의 불가분리의 영토인 대만의 독립을 부추기며, 군사적 긴장을 고조시키고 있다"라고 미국을 향해 직접적으로 비난했다(이동률, 2023). 그러나 중국은 북한의 핵무기 고도화 및 위협이 한·미·일 안보협력 강화로 나타나고, 이는 자유민주주의 진영의 중국에 대한 포위 전략 강화로 이어질 것을 우려하고 있기 때문에 북한의 지지 표명과 군사력 강화가 반갑지만은 않은 입장이다.

북러는 2022년 2월, 러시아의 우크라이나 침공 개시 이후 급격하게 '밀착'하는 모습을 보였다. 2023년 9월 북한은 북러정상회담을 통해 러시아와의 군사협력과 경제개발을 적극적으로 추진하고 있다. 우크라이나 침공으로 인해 러시아가 서방의 제재 대상이 되자, 또 다른 제재 대상국인 북한과 물적·인적 교류 등을 통해 급격하게 가까워졌다. 이에 따라 2023년 9월에 김정은이 무려 5박 6일의 기간 동안 러시아를 방문해 푸틴 대통령, 쇼이구 국방장관 등을 만났다. 러시아 아무르주 보스토치니 우주기지에서 북러 정상은 정상회담 뒤 공동선언이나 합의문 발표는 없었지만, 양국 간의 협력 가능성을 여러 면에서 보여주었다. 김정은은 러시아와의 전략적 협력을 강조하면서 우크라이나 전쟁에서 러시아가 필요한 포탄과 탄약 등을 제공하는 대신, 위성 발사에 필요한 고공 엔진 기술과 장비를 비롯한 군사협력과 함께 다양한 분야의 경제협력도 합의한 것으로 알려졌다. 향후 북한과 러시아는 중단기적 관점에서 미국 중심의 패권적·일극적 국제질서의 해체라는 공동의 목표를 추구하면서 지지와 연대의 보폭을 넓혀갈 것으로 예상된다. 최근 북한이 전승절 70주년 행사에서 신무기들을 선보이는 등 러시아에 대한 무기 세일즈에 적극적인 모습을 보인 것은 경제적 이익 확보와도 연관된다. 러시아의 우크라이나 전쟁에 필요한 포탄 판매 등은 김정은 위원장이 '국방경제사업'을 강조한 것과 맥이 닿아 있다. 이와 함께 러시아로부터 유류 지원 및 옥수수, 밀가루 등의 식량을 수입해 북한의 식량난 해소의 돌파구 마련은 북한과 러시아 상호 간 필요로 인해 양국의 관계가 심화될 수밖에 없음을 보여준다. 문제는 북러 간 군사협력 방안 합의에 북러 간 연합군사훈련과 무기 개발 기술 이전 문제 등이 포함되느냐이다. 이스라엘-하마스 전쟁에 북한발 무기가 사용되었다는 의혹 등과 연계해서 보면 북한의 핵을 포함한 군사·안보 중심의 대외 행보가 한반도를 비롯한 국제정세에 큰 파장을 일으킬 수 있음을 시사한다.

5. 북한의 대외정책 전망과 과제

2023년 국제 정세는 러시아-우크라이나 전쟁, 이스라엘-팔레스타인 분쟁, 미중 전략경쟁 심화로 인한 대립·갈등, 세계 공급망 및 자원전쟁, 자유민주주의 국가와 권위주의 국가 간의 진영화, 격화되는 군비경쟁 등 커다란 변화로 세계질서가 재편되고 있다. 이러한 상황에서 북한은 어디로 가고 있는가? 북한은 지속적인 핵무력 강화를 통해 이전보다 증강된 군사력으로 한미를 위협하려는 일종의 맥거핀(MacGuffin) 전략[8]을 답습할 것인지, 혹은 그동안 해온 방식과 다른 새로운 발상이 내재된 전략으로 어려운 대외 환경을 타개할 것인지 주목된다. 북한은 핵·미사일을 매개로 미국과 30여 년에 걸쳐 협상을 진행해 왔다. 많은 합의를 도출해 냈지만, 결국은 이행되지 못했다. 국제적 합의를 실천하지 못한 것은 이행 과정에서 상호 불신이라는 인식이 근본 원인이었다. 김정은 정권 10년을 볼 때, 핵·미사일 능력 고도화는 최고책임자의 리더십 및 체제 결속과도 긴밀하게 연결되어 있을 뿐만 아니라, 대외관계 개선을 위한 수단으로도 긴요하게 역할을 했다. 대미협상에서 핵보유국 및 전략적 지위를 분명히 하고 관계개선 및 경제개발 지원을 확보하여 체제 안전을 보장받고자 했다.

현재 북한은 국제 정세를 신냉전으로 인식하고 있으며 핵보유국 지위 획득 및 유리한 역내 환경 조성을 위해 움직이고 있다. 이를 위해 제9차 당대회 전까지 다종화된 핵무기를 개발해 대미협상의 레버리지를 마련하거나 혹은 비핵화협상 대신 군축회담으로의 전환을 목표로 핵무기를 고도화하고 있는 것이다. 즉, 핵무기 고도화를 통해 통치권력을 공고화하고 미·중·러 대립 상황을 적절히 활용, 중국과 러시아 중심의 권위주의 블록에 편승해 체제생존을 도모하고 있는 것이다. 중러도 나름 반미전선 형성에 북한을 활용할 수요가 있는 만큼, 상호 협력이 쉽게 이루어질 수 있는 계기가 마련되어 있다고 할 수 있다.

최근 북한과 러시아의 정상회담 등의 행보에 대해 로버트 칼린(Robert Carlin)과 시그프리드 헤커(Siegfried Hecker) 등은 2023년 9월 12일 자 ≪포린 폴리시(Foreign Policy)≫에서 북한은 북미관계 정상화를 통한 체제생존 전

8 '맥거핀'은 서스펜스 영화 장르의 거장으로 불리는 앨프리드 히치콕(Alfred Hitchcock) 감독이 발명한 용어로 시나리오 전개 중 중요하게 다루어졌던 한 소재가 결국 아무 의미 없는 것으로 결론이 나도록 하는 영화 장치를 일컫는다. 이를 북한의 핵무력 전략에 대입시켜 본다면, 정말로 북한에 핵이 있는지 혹은 북한에 핵개발의 의지가 있는지는 알 수 없으나 어쩌면 북한은 있지도 않는 것을 가지고 이른바 '공갈포'를 날리고 있을 수 있다는 분석도 가능하다.

략기조를 변경한 것으로 판단된다고 했다. 이는 30년 동안의 대미관계 정상화를 위한 협상 노력을 포기하는 근본적인 정책 변화의 결과이며, 2019년 2월 하노이 북미정상회담 결렬 후 오랜 정책 검토 끝에 나온 것으로 보인다고 했다. 또한 북한은 이웃 강대국들에 대한 완충지로 미국과 관계정상화를 추구했던 기존 정책이 완전히 실패했다는 판단을 내렸다고 분석했다. 이렇게 대외정책을 전환한다면 약 30년 동안 핵개발과 연계해 북미관계 정상화를 위한 국가전략노선은 물론이고 대외정책의 근본적인 변화라고 할 수 있다.

북한의 이러한 대외정책 변화는 우리에게 있어 하나의 커다란 도전이다. 남북한의 대외정책은 일반적인 국가의 외교정책과 달리 각각 대북, 대남정책까지 외교정책에 포괄되는 특징이 있으며 미국, 중국, 일본, 러시아 등 주변국의 대한반도 정책과 연계되어 복잡한 양상을 보이기 때문이다. 동북아는 물론이고 국제질서 재편에 상당한 변화와 영향을 미칠 것이다.

국제질서 대조정기에 있는 정세 변화의 흐름 속에서 북한이 현 정세를 신냉전 구도로 인식하고 남북관계를 적대적인 두 국가관계로 규정하는 등 변화를 보이면서 핵무력 강화에 집중하고 있어 한반도는 과거와 다른 새로운 주기에 들어선 것으로 평가된다. 또한 미중 전략경쟁의 심화와 러시아-우크라이나 전쟁 장기화 등으로 지역분쟁 차원을 넘어 자유민주주의 국가와 권위주의 국가 간 진영화로 대립 구도 강화와 군비경쟁이 가속화되고 있다. 북한은 세계질서 재편 상황을 이용해 생존 공간 마련을 위한 전술적인 변화를 통해 활동 영역을 넓히는 데 주력하고 있다.

이와 같은 상황과 변화를 감안한다면, 과거와 같은 남북교류·대화 패러다임만으로는 대응에 한계가 있다. 북한의 핵 보유가 기정사실화된 상황에서 한반도 정세는 갈수록 예측 불가의 영역으로 들어서고 있으며, '핵은 핵만이 해결책'이라는 핵 균형의 외교적 해법이 힘을 받는 가운데 한국의 독자 핵무장의 정치적 터부에도 변화가 올 것으로 보인다.

이러한 변화된 어려운 환경을 극복하기 위해서는, 우선 우리는 대북정책 추진 환경에 대해 정확히 인식해야 한다. 앞서 서술했듯이 북한은 핵을 통한 한반도 통제 영향력 확보에 집중하고 있다. 북한의 이러한 대남 강경책은 지속·유지될 것으로 보이며, 보다 수위를 높일 가능성이 크다. 특히 한·미·일 안보 억제력 강화에 대응해 북·중·러 연합 전선이 구축된다면 이는 한반도 정세에 매우 안 좋은 상황으로 남북관계 개선 공간이 없어지고 대결과 긴장만 상존하는 한반도가 될 것이다. 즉, 작금의 한반도는 강대강 대치 국면에서 오판을 방지하고 우발적 충돌이 일어나지 않도록 갈등 및 긴장 관리를 우선해야 하는 상황이다. 이와 함께 핵무력 증강 지속에 대비한 대북정책 수립이 필요하다. 안전판 구축을 위해 방어체계, 재래식 전력·핵 억지 노력이 동시에 추진되어야 한다. 그렇지 않으면 북한의 핵 선제사용 압박에 대해 핵억제 강화로 대응하고 이에 대해 북한의 무력시위·도발이 고도화되는 형태의 악순환이 반복되어 한반도는 항시 긴장과 위험 속에서 지내야 한다.

앞으로 북한의 대외관계가 이렇게 전개된다면 우리는 어떻게 해 나가야 할 것인가? 더욱이 북한이 우리국가제일주의에 입각, 두 개 국가론(Two Koreas)[9]을 주장하고 대남 적대시 정책을 추진하는 상황에서 우리는 어떻게 할 것인가? 이는 한반도 질서 변화에 어떠한 영향을 미칠 것인가?

동북아 국제질서 변화 속에서 특히 북한의 민족개념의 변화와 두 개 국가론 구체화를 주목해 대처해야 할 것이다. 일부 대북정책을 국내정치화하고 이념적으로 접근하는 것은 남북관계를 평화적으로 관리하는데 소원해질 수 있다는 것을 경계해야 한다. 한반도 문제의 국제화로 당사자 개입능

9 한반도 상황을 남북으로 분단된 하나의 국가로 보는 것이 아닌, 두 개의 자주 국가(대한민국과 조선민주주의인민공화국)로 보는 관점을 말한다. 양국체제라고도 부른다. 김상준(2017; 2018) 참고.

력은 줄어들고 지정학적 비극 가능성은 커질 가능성이 있다. 이렇게 한반도 문제가 주변국들의 관계에 연계되어 있는 상황에서 대북정책 이념화로 국론분열이 심화, 합의 공간이 축소되고 현안문제의 평화적 해결방안이 없으면 정책의 지속성이 약화되어 상당히 어려운 변화가 도래할 수 있다. 미중 갈등의 구조적 여건의 변화를 비롯해 달라진 국제환경과 북한의 핵을 중심으로 한 대외정책 기조와 처해진 변화 상황 등을 감안해 대응해 나가야 할 것이다.

국제질서의 달라진 구조와 북한의 변화를 감안한 합리적인 남북관계 재규정이 필요한 시점이다. 한·미·일 밀착과 북·중·러 밀착으로 인해 냉전적 대립 구도가 더욱 심화된다면 이는 군사적 긴장과 남북 간에도 대결과 갈등만 증폭시킬 것이다. 이는 상대방에 대한 적대적 의식의 강화 및 우리 내부에서의 이데올로기적 갈등을 야기해 역사 갈등과 함께 북한·통일문제를 둘러싼 갈등을 더욱 확대시킬 우려가 있다. 남북관계 및 통일에 대한 기존 접근법에서 벗어나 새로운 변화 상황에 대응해 나갈 수 있는 대처가 필요하다. 북한의 국제질서에 대한 인식과 대남·대외 정책 기조의 변화를 감안해 한반도에서의 전쟁 위협방지와 남북관계 개선으로 방향을 전환시킬 수 있는 전략과 대책을 마련, 미중 등을 설득해 북한이 긍정적 차원에서의 새로운 변화를 하도록 주도적인 노력을 해야 할 것이다.

결론적으로, 한반도 문제가 국제화되면서 지정학적 비극의 가능성이 높아지고 있지만, 우리는 이를 역이용해 대외·대북정책을 추진해야 한다. 지금은 한반도의 평화와 번영을 위해 자강과 세력균형 결합의 실용적 사고를 바탕으로 원칙을 갖고 새로운 정책의 패러다임과 전략을 수립해 이행할 수 있도록 모든 힘을 모아야 할 때이다.

김정은 정권의 핵-대외관계 주요 일지(2012~2024년)

시기	구분	주요 내용
2012.2.29.	북미관계	• 북미 2·29 합의(Leap Day Deal) 도출 - 북한 우라늄 농축프로그램 중단 및 미국의 대북 식량 지원 등
2012.4.13.	핵·미사일 개발	• 은하-3 로켓 추진 '광명성-3호 위성' 발사 • 사회주의 헌법 서문에 '핵보유국' 명시(최고인민회의 결정)
2012.4.16~4.17.	대북제재 및 대응	• 유엔 안보리 북한 로켓 발사 규탄 의장성명(4.16) • 북한 외무성 성명(4.17) - 안보리 의장성명 전면 배격, 2·29 합의 파기
2012.6.28.	북러관계	• 외무성 대표단 러시아 방문 - 궁석웅 부상을 단장으로 한 외무성대표단 방러, 북러 2013~2014 외무성 간 '교류계획서' 체결
2012.7.2.	북러관계	• 러 외무부 북핵담당대사 방북 - 쌍무관계 발전과 6자회담 재개 문제 등 의견 교환
2012.7.24~25, 28.	북중관계	• 인민보안부 대표단 중국 방문 - 리명수 부장을 단장으로 한 인민보안부 대표단이 방중, 중국 공안부 대표단과 회담
2012.7.30, 8.2~3.	북중관계	• 중국 공산당 대외연락부 대표단 방북 - 왕자루이 부장을 단장으로 한 중국 공산당 대외연락부 대표단 방북, 북한 공산당 국제부 대표단과 회담
2012.8.6.	북미관계	• 을지프리덤가디언(UFG)훈련 항의 통지문 발송 - 8.19, 8.20, 8.21, 8.27 외무성 대변인, 대남단체, 인민군판문점대표부 등 훈련 비난
2012.8.9~10.	북일관계	• 북일 적십자회담 개최(중국 베이징)
2012.8.13, 15~18.	북중관계	• 북중 공동지도위원회 대표단 중국 방문 - 장성택 당 부장을 단장으로 한 북중 공동지도위원회 대표단이 방중, 제3차 회의를 진행하고 후진타오 주석 등 면담
2012.8.31.	북미관계	• 북한 외무성 비망록 발표 - "미국의 대북 적대시정책을 철회하지 않으면 핵억제력을 현대화하고 확장할 것"이라고 주장
2012.9.5.	북일관계	• 북일 예비회담 관련 입장 표명 - 외무성 대변인 '불순한 정치적 목적(납치문제 포함 등)만을 추구한다면 북일 정부 간 대화가 이어지는 데 부정적인 후과를 미치게 될 것'이라고 발표 - 북일적십자회담(8.9~10)의 후속 조치 회담

2012.9.18.	북러관계	• 북러 채무 조정에 관한 협정 조인 - 소련 시기 제공된 차관과 관련된 채무 재조정 협정 체결
2012.10.9, 12~13.	북일관계	• 일본 교도통신사 대표단 방북, 김영남 상임위원장 면담
2012.11.29.	북중관계	• 리전궈 중국 전인대 상무위원장 방북, 시진핑 친서 전달 - 양국 협력관계 강화 방안 등 논의
2012.12.12.	핵·미사일 개발	• 은하-3 로켓 추진 '광명성-3 2호 위성' 발사
2013.1.14.	북미관계	• 북한 외무성 '유엔군사령부 해체 주장' 비망록 발표
2013.1.22.	대북제재 및 대응	• 유엔 안보리 대북제재 결의 2087호 - 북한 금융기관 활동 감시 강화, 공해상 의심 선박 검색 기준 강화, 전면적(catch-all) 대북 수출 통제 강화 등 * 1.23, 1.24 외무성, 국방위원회 등 관련 성명 발표
2013.2.12.	핵·미사일 개발	• 북한 3차 핵실험
2013.3.8~3.9.	대북제재 및 대응	• 유엔 안보리 대북제재 결의 2094호(3.8) - 우라늄 농축 관련 금수 품목 추가 지정, 금지 품목 적재 의심 항공기에 대한 이착륙 및 영공 통과 불허 촉구, 탄도미사일 개발과 관련된 금융 서비스 제공 금지 등 - 중국 동참, 대북제재 엄격 준수 시행 • 북한, 핵보유국-위성발사국 지위 영구화 선언 등 대응(3.8~9) - 남북불가침 합의 파기, 한반도 비핵화 공동선언 백지화, 남북 간 판문점 연락 채널 폐쇄 발표
2013.3.31~4.1.	전략노선 변화 및 법제화	• '경제건설 및 핵무력건설 병진노선' 채택(3.31) • 「자위적 핵보유국의 지위를 공고히 할데 대한 법」 채택(4.1) - 자위적 억제력, 핵보유국의 선제공격에 대응·보복, 핵무기 기술 및 핵물질 불이전, 핵비확산 위해 국제적 협조 등(최고인민회의 결정)
2013.4.2.	핵·미사일 개발	• 원자력총국, 영변 5MW 흑연감속로·우라늄농축공장 포함 현존 핵시설 용도 조절 변경 및 재가동 언급
2013.4.3.	남북관계	• 키 리졸브 훈련 반발, 개성공단 폐쇄
2013.5.14.	북일관계	• 이지마 이사오 일본 내각관방 참여(총리 자문역) 평양 방문 - 핵, 미사일 문제의 포괄적 해결을 명기한 북·일 평양선언 이행 촉구
2013.5.22.	북중관계	• 최룡해 총정치국장 방중, 김정은 친서 전달
2013.6.16.	북미관계	• 북한 국방위원회 대변인 '북미 간 고위급회담' 제의
2013.6.18~6.22.	북중관계	• 김계관 외무성 제1부상 방중(중국 외교부 고위 간부 전략대화) - 우다웨이 한반도사무특별 대표 면담(6.18) 및 장예쑤이 중국 외교무 상무부부장과 전략대화 개최(6.19)

2013.7.25~7.28.	북중관계	• 리위안차오 중국 국가부주석 방북 - 시진핑 집권 후 중국 최고지도부의 첫 방북
2013.8.26~8.30.	북중관계	• 우다웨이 중국 외교부 한반도사무특별대표 방북
2013.9.16~9.20.	북중관계	• 김계관 외무성 제1부상 방중 - 양제츠(국무위원)·왕이(외교부장)·장예쑤이(외교부 상무부부장)·우다웨이(한반도사무 특별대표)와 토의
2013.11.2~11.7	북일관계	• 이노키 간지 일(日) 국회 참의원 1차 방북 - 일본 체육평화교류협회 평양대리사무소, 평양(중구역)에 개설, 장성택(국가체육지도위원회 위원장)과 담화
2014.1.13~1.16.	북일관계	• 이노키 간지 일(日) 국회 참의원 2차 방북 - 김영일(당 비서 겸 북일우호친선협회 고문)과 면담
2014.2.17~2.20.	북중관계	• 류전민 중국 외교부 부부장 방북(북한 외무성 고위 관리 회담) * 방북 직후 방한(2.20~22)하여 한중 고위급회담 진행
2014.5.28.	북일관계	• 북일 스톡홀름 합의 - 북한: 과거 청산 및 현안문제 해결, 국교 정상화를 위한 신뢰 조성 - 일본: 일본인 납치자 등 조사 요청, 독자적 대북제재 일부 해제
2014.6.30.	남북관계	• 북한 국방위원회, 남(南) 당국에 특별 제안 -'자주의 원칙에 의거하여 북남 사이에 산적되어 있는 모든 문제들을 풀어나갈 것을 민족 앞에 다시금 확약하자.' -'우리(北)의 핵억제력을 걸고들고 우리(北)의 병진노선을 헐뜯는 것에 매달리지 말 것을 권고함.'
2014.10.1~10.3.	북러관계	• 리수용 외무상 일행 방러 - 러시아 외무상과 회담을 하고 경제협조 발전 방안 관련 의견 교환
2014.10.27~10.30.	북일관계	• 일본 정부대표단 방북 - 이하라 준이치 일본 외무성 아시아대양주 국장을 단장으로 하는 일본 정부대표단이 북한을 방문, 특별조사위원회의 조사 상황 확인
2014.11.17~11.21.	북러관계	• 김정은 특사 최룡해, 러시아 대통령 면담 등
2015.3.3.	북미관계	• 리수용 외무상, 제네바 군축회의에서 연설 -'미국의 대조선 적대시정책 철회', '필요하다면 선제타격도 가할 수 있는 힘이 있다'고 주장
2015.3.11	북러관계	• 북-러시아 2015년 '친선의 해' 선포 관련 공동결의문 발표
2015.9.2~9.3.	북중관계	• 최룡해, 중국 항일전쟁 70주년 기념행사 참가
2015.10.9.	북중관계	• 북한 노동당 창건 70주년 기념식 류윈산·왕자루이 방북
2015.10.2~22, 24.	남북관계	• 제20차 남북 이산가족 1, 2차 상봉행사 금강산에서 진행

2015.11.17.	북러관계	• 북러 형사사건 상호협력조약 및 범인 인도조약 체결
2015.12.9.	북중관계	• 공훈국가합창단·모란봉악단, 친선방문 공연차 방중
2015.12.11~12.	남북관계	• 제1차 남북당국회담 개최 - 금강산 관광 재개, 이산가족 상봉 문제 등에 대해서 논의했으나 결실 없이 종료
2016.1.6.	핵·미사일 개발	• 북한 4차 핵실험(수소탄) - "병진노선 관철을 위한 정상적인 공정을 거친 것일 뿐"이라고 주장(1.15, 외무성 대변인 담화) • 한국, 4차 핵실험에 반발 개성공단 가동 전면 중단(2.10)
2016.2.7.	핵·미사일 개발	• 북한 장거리 미사일(광명성-4호) 발사
2016.3.2.	대북제재 및 대응	• 유엔 안보리 대북제재 결의 2270호 - 석탄·철광석 및 원유 거래 제재, 무기 거래 전방위 봉쇄, 금융 제재 및 운송 봉쇄, 핵무기 자금 조달 관여 기관·개인 해외 활동 제재 등 - 중국, 결의에는 찬성하나 독자 제재 반대
2016.5.6~5.9.	전략노선 변화 및 법제화	• 북한 제7차 당대회 - '경제건설과 핵무력건설의 병진노선' 당규약 명기, '핵으로 자주권 침해 않는 한 선제 핵무기 불사용', '국가경제발전 5개년 전략' 제시
2016.6.1.	북중관계	• 리수용 방중 시진핑 면담
2016.8.25.	핵·미사일 개발	• 전략잠수함 탄도탄(SLBM) 수중 시험발사
2016.9.9.	핵·미사일 개발	• 북한 5차 핵실험 * 리용호 외무상 9.23 유엔총회 제71차 회의에서 '핵무력 강화' 주장 연설
2016.11.30.	대북제재 및 대응	• 유엔 안보리 대북제재 결의 2321호 - 대북 석탄 수출액 상한선, 은·동·니켈 수출 금지 광물 품목 추가 등 - 중국: 결의에는 찬성, 세컨더리 보이콧 반대 • 미국과 일본 각각 독자적 대북제재 조치 발표(12.2) - 제재 대상 확대, 북한 기항 일본 선박 입항 금지 등
2017.1.26.	전략노선 변화	• 외무성 대변인 담화 통해 '대외정책 표명' - '자주의 강국, 핵보유국의 지위에 맞게 대외관계를 적극 발전시킬 것'임을 표명
2017.2.12.	핵·미사일 개발	• 중장거리 전략탄도탄 '북극성-2형' 시험발사
2017.5.12.	대북제재 및 대응	• 최고인민회의 외교위, 미 국회 하원에 항의 서한 발송 - "대북 적대시 법안들을 만들어 낼수록 핵억제력 강화속도는 빨라지게 될 것"

2017.4~9.	핵·미사일 개발	• 북한 탄도미사일 발사(7.4, 28은 ICBM급) - 4.5·16·29.5.14(화성 12형)·21(북극성 2형)·29(정밀조종 유도체계 탄도 로켓), 7.4·28, 8.26·29, 9.15.
2017.6.2.	대북제재 및 대응	• 유엔 안보리 대북제재 결의 2356호 - 단체 4개 및 개인 14명을 제재 대상 지정
2017.8.5.	대북제재 및 대응	• 유엔 안보리 대북제재 결의 2371호 - 석탄, 철광석 수출 및 해산물 수출 금지, 북한 해외 노동자 고용 제한, 북한 합작사업 또는 협력체 신규 설립 및 기존 합작사업 확장 금지 등
2017.9.3	핵·미사일 개발	• 북한 6차 핵실험
2017.9.11.	대북제재 및 대응	• 유엔 안보리 대북제재 결의 2375호 - 정유 제품, 원유 상한선 도입, 섬유 수출 금지 등 - 중국 결의에는 찬성, 대북원유 수출 전면 금지는 반대
2017.11.17.	북중관계	• 쑹타오 중국 국가주석 특사 방북 - 중국 공산당 제18차 대회 진행 정형에 대해서 구체적으로 통보
2017.11.29.	핵·미사일 개발	• 대륙간탄도로케트 화성포-15형 시험발사 및 '국가핵무력 완성' 선언
2017.12.22.	대북제재 및 대응	• 유엔 안보리 대북제재 결의 2397호 - 정유 제품 연간 50만 배럴, 원유 연 400만 배럴로 제한, 북한 노동자 24개월 내 송환, 북한의 식용품 및 농산품, 기계류, 전기기기 등 수출 금지, 산업용 기계류, 운송 수단, 금속류의 대북 공급·판매·이전 금지 등
2018.1.1	남북관계	• 전환적 대외정책 발표 - 남북관계 변화 및 평창올림픽 참가 의사 - '핵 선제 불사용(No First Use)' 원칙 표명
2018.3.25~3.27.	북중관계	• 김정은 방중, 북중정상회담(베이징) - 북중관계 '새로운 높이로 강화발전'
2018.4.20.	전략노선 변화	• 당중앙위원회 제7기 제3차 전원회의 - 경제·핵 병진노선 승리 선포: 핵무기 병기화 실현, 핵·미사일 모라토리엄, 세계적 핵군축 노력 합세, 핵위협 없는 한 핵무기 불사용, 핵무기·기술 불이전 등 - 사회주의경제건설에 총력 집중 노선 채택
2018.4.27	남북관계	• 남북정상회담(판문점) - 「판문점 선언」 발표
2018.5.7~5.8.	북중관계	• 김정은 방중, 북중정상회담(다롄) - 시진핑, "두 나라는 운명공동체, 변함없는 순치관계"

2018.6.19~6.20.	북중관계	• 김정은 방중, 북중정상회담(베이징) - 김정은, "중국동지들은 한 집안 식구, 한 참모부"
2018.6.12.	북미관계	• 북미정상회담(싱가포르) -「6·12 북미 공동성명」 발표
2018.9.19.	남북관계	• 남북정상회담(평양) -「9월 평양공동선언」,「9·19 군사합의서」 발표
2018.9.26.	북미관계	• 북미 외교장관 회담(뉴욕) - 리용호 북한 외무상, 마이크 폼페오 미국 국무장관
2018.11.19~11.20	한미관계	• 한미 북핵 수석대표 협의 및 한미 워킹그룹 회의 출범(워싱턴)
2019.1.1.	전략노선 변화	• 비핵화 추진 의지 발표(2019 신년사) - 김정은, "우리는 이미 더 이상 핵무기를 만들지도 시험하지도 않으며 사용하지도 전파하지도 않을 것"
2019.1.8.	북중관계	• 북중정상회담(베이징)
2019.1.18.	북미관계	• 김영철 북한 노동당 부위원장, 미국 방문(워싱턴 D.C) - 도널드 트럼프 미국 대통령 예방 및 마이크 폼페오 미국 국무장관, 스티브 비건 국무부 대북특별대표 면담
2019.2.27.	북미관계	• 북미정상회담(하노이)/ 합의 없이 종료
2019.4.26.	북러관계	• 북러정상회담(블라디보스토크)
2019.6.20.	북중관계	• 시진핑 집권 이후 첫 방북 - "국제 정세가 어떻게 변하든 친선협조관계를 공고히 발전시킬 것"
2019.6.30.	남북/북미관계	• 남북미 판문점 정상(頂上) 회동 및 북미정상회담(판문점)
2019.9.2.	북중관계	• 중국 왕이 외교부장 방북
2019.10.4~10.5.	북미관계	• 북미 실무협상(스톡홀름)/ 합의 없이 종료 - 김명길 북한 외무성 순회대사, 스티브 비건 미국 국무부 대북특별대표 참석
2019.11.21.	북러관계	• 최선희 외무성 제1부상, 러시아 외무상 면담
2020.3.22.	북미관계	• 김여정 당 제1부부장 담화, 김정은 위원장에게 보내온 트럼프 미합중국 대통령의 친서 관련 사의 표시
2020.5.6.	북러관계	• 러시아 대통령, 김정은 위원장에게 '조국전쟁승리 75주년' 기념메달·증서 전달
2020.6.	남북관계	• 북한의 남북 모든 통신연락선 완전 차단·폐쇄 결정 통보(6.8) • 개성 남북공동연락사무소 폭파(6.16)
2020.10.3.	북미관계	• 김정은 위원장, 트럼프 대통령에게 코로나19 확진 위문전문 발송

2021.1.5~1.12.	전략노선 변화 및 법제화	• 8차 당대회 - 국가경제발전 5개년 계획 - 국방공업발전 및 무기체계개발 5개년 계획: 핵무기 소형경량화 및 전술무기화, 초대형 핵탄두 생산, 극초음속미사일 탄두 개발·도입, 수중 및 지상 고체연료 ICBM 로켓 개발사업 추진, 핵잠수함 및 수중발사핵전략무기 보유, 군사정찰위성 및 무인정찰기 개발 도입 등
2021.1.	전략노선 변화 및 법제화	• 제8차 당대회 개정 당규약 내 통일담론 변화 - '우리민족끼리' 담론 삭제, '강력한 국방력에 의한 통일' 명시
2021.3.23.	북중관계	• 김정은 총비서-시진핑 총서기 간 구두 친서 교환
2022.8.10.	남북관계	• 김여정 당중앙위 부부장 전국비상방역총화회의 토론(8.10) - "이제는 대적, 대남의식을 달리 가져야 할 때", "남조선괴뢰들이야말로 우리의 불변의 주적" • 김여정 당중앙위 부부장 담화, '담대한 구상' 제안 비난(8.18) - "우리의 국체인 핵을 ≪경제협력≫과 같은 물건짝과 바꾸어 보겠다는 발상", "제발 좀 서로 의식하지 말며 살았으면 하는 것이 간절한 소원"
2022.9.9.	전략노선 변화 및 법제화	• '핵무력 정책' 법제화(최고인민회의 제14기 제7차 회의) - 「조선민주주의인민공화국 핵무력정책에 대하여」 채택 ⇒ 핵교리 상세 명시 - 핵무력의 사명, 지휘통제: 핵무력 권한, 김정은 위원장 1인 집중 - 사용 원칙과 사용 조건 구체적 제시 * '억지로서의 핵무기'(보복 공격) → '사용하는 핵무기'(선제타격)로 전환
2022.11.17.	북미/북일/남북 관계	• 한·미·일 정상회담 채택 '북한 미사일 발사 규탄 공동성명'에 반발 외무상 명의 담화 발표 - 한미연합훈련 및 미국의 확장억제력 제공 비난, 정비례하는 군사적 대응조치 경고
2022.11.18.	핵·미사일 개발	• 대륙간탄도미사일(ICBM) 시험발사 - 김정은 총비서 "미국의 군사적 위협이 지속되는 상황에서 '핵에는 핵, 정면대결에는 정면대결'로 대답한 것"
2022.12.20.	북일관계	• 일본의 '반격능력' 보유 내용을 담은 '국가안전보장전략', '국가방위전략', '방위력정비계획' 등 3대 안보문서 개정 의결(12.16) 비난 담화
2022.12.26~12.31.	전략노선 변화 및 법제화	• 당중앙위 제8차 제6기 전원회의 확대회의 - 김정은 보고: "남조선괴뢰들은 의심할바없는 우리의 명백한 적", 전술핵무기 다량생산, 핵탄보유량 기하급수적 증가 - 3대 군사전략 / '핵무력 및 국방발전의 변혁적 전략': ① 새로운 ICBM 체계 개발, ② 핵무기 대량 생산, ③ 군사정찰위성 개발

2023.2.18 ~2.20.	핵·미사일 개발	• '화성-15형' 대륙간탄도미사일 발사훈련(2.18) 및 장거리포병 구분대 방사포 사격훈련(2.20)
2023.3.12~3.14.	핵·미사일 개발	• 전략순항미사일 수중발사훈련(3.12) 및 서부전선의 군부대에서 미사일 발사 훈련(3.14)
2023.3.16.	핵·미사일 개발	• 대륙간탄도미사일 화성-17형 발사 훈련
2023.3.20.	핵·미사일 개발	• 핵 반격 가상 종합전술훈련 진행
2023.3.28.	핵·미사일 개발	• 김정은 총비서, 핵무기 병기화 사업지도 - 무기급 핵물질 생산 확대, 핵무기 생산에 박차 가하도록 요구
2023.5.1~5.6.	남북/북미관계	• 한미 정상회담 관련 대남 비난 연재 기사 게재 - 한미 정상회담 '워싱턴 선언'(4.27)에 대한 김여정 입장 발표(4. 29) 등
2023.5.31.	핵·미사일 개발	• 우주발사체 발사 실패 - 천리마-1형(군사정찰위성 만리경-1호 탑재) 발사, 실패 사실 2시간 30분 만에 보도
2023.5.29.	북일관계	• 기시다 일본 총리의 김정은 위원장과의 정상회담 및 북일 고위급 협의 제안(5.27)
2023.6.3.	대북제제 및 대응	• 정찰위성 발사 관련 유엔 안보리 공개회의 비난 김여정 담화
2023.6.24.	북미관계	• 블링컨 미 국무장관의 '중국의 북 도발중단 압박역할 강조' 발언에 북한 외무성 미국 담당 국장 담화 - 미국의 대북 압박에 공세적으로 대응하겠다고 위협
2023.7.1.	남북관계	• [현대그룹 고(故) 전몽헌 회장 20주기 추모행사 관련 대북 접촉 신청 보도에 대해] 북한 외무성, 남한 측 모든 인사의 북한 방문 불허 방침 표명 - 남북관계에서 '입국 허가', '영토' 등 국가 간 관계에서 사용하는 표현 사용
2023.7.10.	남북/북미관계	• 국방성 및 김여정, 미국 정찰 활동과 미국 전략 자산 한반도 전개 관련 비난 담화 발표 - 미군의 불법 공중 정찰 활동을 주장하며 군용기 격추 가능성 시사하는 한편, 미국 오하이오급 전략핵잠수함 전개 예고 및 정찰자산 움직임에 행동 중지 요구 * 남한을 '대한민국'으로 호칭
2023.7.12.	핵·미사일 개발	• 화성-18형 ICBM 시험발사(김정은 지도) - 나토 정상회의(7.11~12), 전략핵잠수함 전개 등에 대해 ICBM 미사일 도발로 대응하는 한편, 핵무력 강화 노선 포기 의사가 없고, 한미의 대북 적대시 정책 철회 시까지 공세 지속하겠다고 위협

2023.7.14.	대북제재 및 대응	● 안보리 공개회의 개최, 김여정 명의의 비난 담화 - '핵충돌 임계점', '초유의 핵전쟁'을 언급하며 한미 핵협의그룹 회의 및 미 전략 자산 전개 상황 비난 * 이후 한미 핵협의그룹(NCG) 회의 등 관련 김여정 담화(7.17), 미 전략 핵잠수함 기항 계기 국방상 담화(7.20) 발표
2023.7.27.	북러관계	● 세르게이 쇼이구 러시아 국방장관 방북 - 북러 군사훈련 개최 방안 등 논의
2023.8.4.	북중관계	● 외무성 중국 담당 국장 '하나의 중국' 지지 담화 - 2023년 첫 중국 지지 담화이며, 미국의 대만 군사 지원이 내정간섭임을 주장 * 8.24 주중 특명전권대사에 대해 보도하며 두 번째 중국 지지 입장 표명
2023.8.24.	핵·미사일 개발/남북관계	● 2차 군사정찰위성 발사(8.21) 실패 보도 ● 한·미·일 정상회담 비난 국방상 담화 - 캠프 데이비드 공동성명 중 '우크라이나 복원 3각 공조' 관련, 3국 정상회담 비난 및 러시아지지 입장 표명, 남한을 '대한민국'이라고 지칭
2023.9.6~9.7.	핵·미사일 개발	● 김정은, 전술핵 공격 잠수함 진수식 참석 및 시찰 - 기존 잠수함의 핵잠수함화, 핵추진잠수함 건조 가속화, 현대적 함성공업 창설 등 다수의 과제 제시 * "해군은 핵억제력의 구성 부분이 될 것"(8.27)
2023.9.13.	북러관계	● 김정은 방러 및 북러정상회담(보스토치니) - 군사 분야에 중점을 두었지만 경제·과학·교육·기술 분야도 포괄 논의 * 푸틴 대통령, 회담 전 인터뷰에서 위성개발 지원 의사 표명
2023.9.26~9.27.	전략노선 변화 및 법제화	● 핵무력 강화 정책의 헌법 명시(최고인민회의 제14기 제9차 회의) - "핵무력건설정책이 국가의 기본법으로 영구화 …… 불가역적인 국법으로 고착", "일단 보유한 핵은 국가의 영원한 전략자산"(김정은 연설) - 「사회주의 헌법」 수정보충(제4장 제58조): "핵무기발전을 고도화하여 나라의 생존권과 발전권을 담보하고 전쟁을 억제하며 지역과 세계의 평화와 안정을 수호"
2023.10.2.	남북관계	● 아시안게임 남북 여자 축구 경기 보도, 한국을 "괴뢰"로 표기
2023.10.4.	대북제재 및 대응	● '헌법 수정을 통한 핵무기 고도화 명시'의 국제사회 비난에 대해 국방성 대변인 담화를 통해 반발 - 이전 외무상의 안보리 비공개회의(9.30) 반발, IAEA 결의(10.2)에 대한 원자력공업성 대변인 발표도 이와 연계된 대응

2023.10.19.	북러관계	• 북러 외무상(최선희-라브로프) 회담 - 북러 외무성 간 2024~2025년 '교류계획서' 체결, 한반도 및 동북아 지역 등 국제 정세 공동 행동 강화 관련 논의
2023.10.26.	북러관계	• 한·미·일 외교장관 '북러 무기 거래' 규탄 공동성명(10.26) 계기, 최선희 외무상 입장 표명 - 북러관계를 한·미·일 협력과 비교하며 북러 협력의 정당성 주장, 남한을 "대한민국", "미일'한'" 등으로 표기
2023.11.11~11.14.	북러관계	• 외무성 대변인 담화, 북·중·러 연대 및 '새로운 북러 관계' 강조(11. 11) • 북러 무역경제 및 과학기술협조위원회 제10차 회의를 위한 부문별 회담(11.14)
2023.11.11.~11.14.	북러관계	• 외무성 대변인 담화, 북·중·러 연대 및 '새로운 북러 관계' 강조(11.11) • 북러 무역경제 및 과학기술협조위원회 제10차 회의를 위한 부문별 회담(11.14)
2023.11.21.	핵·미사일 개발	• 3차 군사정찰위성 발사 성공
2023.11.23.	남북관계	• '9·19 군사합의' 일부 효력 정지 반발 - 국방성 성명, "적대감의 표현", "정치군사적 도발행위" 등으로 비난, 남한이 "합의서 정신"을 위반했다고 책임 전가 - 신형 무기 군사분계선 전진 배치, 탄도미사일 발사 재개 등 군사 조치
2023.11.30.	북미관계	• 김여정 당 부부장, 정찰위성 발사 논의 안보리 회의 관련 담화 - 미 주도 안보리 논의 '이중 기준' 및 대화 재개를 요구하는 미국이 전략 자산 한반도 전개 등 대북 군사 위협을 함께 진행하는 "양면적 입장" 비난 - 군사정찰위성 발사를 "주권적 우주개발 권리"라고 주장, 향후 추가 발사 강행 의지 표현
2023.12.2.	남북관계 북미관계 북일관계	• 북한 외무성 대변인 담화 - 3차 군사정찰위성 발사 관련 한국, 미국, 일본, 호주의 대북 제재 규탄 - 향후 위성 추가 발사 강행 의지 표명
2023.12.18.	핵·미사일 개발	• 화성-18형 ICBM 발사 훈련(김정은 지도) - 2023년 4, 7월 시험발사에 이어 세 번째 - 기존 '시험 발사' 대신 '발사 훈련' 표현 사용 - 최대 정점고도 6518.2km, 거리 1002.3km, 4415초간 비행 - 한미 핵협의그룹 회의 개최 등 한미 공조에 대응한 경고라고 주장

2023.12.26.~12.30.	남북관계 핵·미사일 개발	• 북한 당 중앙위 제8기 제9차 전원회의 - 남북관계를 '적대적 두 국가관계', '전쟁 중 두 교전국 관계'로 규정 - 러·중 등 반제 자주적 국가들과 관계 발전 도모 - 핵무기 생산 증대 토대 구축 및 생산계획 전개 강조 - 2024년 3개 정찰위성 추가 발사 예고
2024.1.1.	북중관계	• 김정은, 중국 시진핑 주석과 신년 축전 교환 - 1월 1일 자 ≪로동신문≫에 축전 나란히 보도 - 북중 수교 75주년 및 '조중친선의 해' 계기로 교류 증진·친선 성과 이룩 의지 표현
2024.1.2.	남북관계	• 김여정 당 부부장, 대남 입장 관련 담화 - 한국의 2024 상반기 한미확장억제체계 완성 발표에 대해 "핵 전력확보에 당위성·정당성"을 부여했다며 북한의 군사력 강화, 한반도 위기 한국 책임 주장 * 전·현직 대통령 비교·평가
2024.1.5.~1.7.	남북관계	• 김여정 당 부부장 및 총참모부, 북한 서해상 포병 사격 관련 담화 - 북한이 1.5~1.7 사흘간 서남 해상에서 백령도 및 연평도 방향으로 해안 포사격을 했다는 한국의 발표에 대해 '정세 격화 책임'을 전가하려는 상투적 수법이라고 주장 - 해안포 사격 주장에 대해 발파용 폭약을 "오판, 억측, 억지"라고 주장
2024.1.6.	북일관계	• 김정은, 일본 지진 피해 관련 위문 전문 발송(≪로동신문≫ 및 조선중앙통신) - 김정은 집권 후 일본 총리에게 보내는 첫 전문 - 일본 총리에 '각하' 존칭 사용
2024.1.14.	핵·미사일 개발	• 북한 미사일총국, 평양에서 동해상으로 중거리급 탄도미사일 발사 - 극초음속 중장거리 고체연료 탄도미사일(IRBM) 시험발사 성공 주장(1.15 ≪로동신문≫ 보도)
2024.1.15.	남북관계	• 최고인민회의 제14기 제10차 회의 - 한국에 대해 대적투쟁 방향과 전투적 과업 천명 - '대한민국'을 '제1의 적대국'으로 하는 헌법개정 예정 - 대남기구 폐지 및 조국통일3대헌장기념탑 철거 결정 * 조국평화통일위원회, 민족경제협력국, 금강산국제관광국 등 - 대남·대미 핵전쟁 불사 강조
2024.1.15~1.17.	북러관계	• 최선희 외무상 방러, 푸틴 러시아 대통령 면담 - 푸틴 러시아 대통령 방북 요청, 푸틴 수락 - 북러관계 "새로운 법률적 기초" 관련 합의를 통해 민감 분야를 포함한 모든 분야에서 관계 발전 및 확대 시사

2024.1.27., 1.29.	북중관계	• 북한 체육 대표단 중국 파견(1.27) 및 중국 랴오닝성 문화대표단 방북(1.29~2.2)을 통해 상호 문화·체육 분야 교류 추진 - 북한 체육성 대표단, 중국 국가체육총국과 '2024년 체육교류의정서' 채택
2024.1.28.~2.2.	핵·미사일 개발	• '불화살-3-31형' 잠수함발사순항미사일 시험발사(1.28), '화살 2형' 발사(1.30) 및 '초대형 전투부' 장착 순항미사일 시험(2.2) 진행 - 김정은, "해군 핵무장 실현, 핵억제력 작용 공간 확대" 언급

참고문헌

국립통일교육원. 2023. 『북한이해』. 국립통일교육원.

김동엽. 2015. 「경제·핵무력 병진노선과 북한의 군사 분야 변화」. ≪현대북한연구≫, 18(2), 77~120쪽.

김상준. 2017. 「2016-2017 년 촛불혁명의 역사적 위상과 목표:'독재의 순환고리 끊기'와 '한반도 양국체제 정립'」. ≪사회와이론≫, 31, 63~90쪽.

______. 2018. 「코리아 양국체제: 한 민족 두 나라 공존을 통해 평화적 통일로 가는 길」. ≪한국사회학≫, 52(4), 39~75쪽.

김성철. 2014. 「북한의 핵억제론: 교리, 전략, 운용을 중심으로」. ≪평화학연구≫, 15(4), 121~144쪽.

김태운. 2004. 「주체사상의 지도원칙과 북한의 대외정책: '자주적 입장의 견지'를 중심으로」. ≪정치정보연구≫, 7(1), 135~159쪽.

박봉규. 2017. 「북한 핵의 맥락적 이해」. ≪한국과 국제사회≫, 1(1), 97~114쪽.

박재규. 1999. 『새로운 통일 이야기』. 한울엠플러스.

성병욱. 2009. 「북한 외교정책의 변화 추이: 국제정세의 변화를 중심으로」. ≪국제정치연구≫, 12(1), 51~74쪽.

안경모. 2016. 「북한의 대외전략 분석(2008-2016): '편승'에서 '균형'으로의 변화를 중심으로」. ≪국가전략≫, 22(4), 5~32쪽.

유호열. 1995. 「북한외교정책의 결정구조와 과정」. ≪국제정치논총≫, 34(2), 119~127쪽.

이영훈. 2015. 「김정은의 경제: 핵무력 병진노선의 특징과 지속 가능성」. ≪북한연구회보≫, 19(1), 1~26쪽.

조선빈·김용호. 2022. 「대북 경제제재의 효과성 분석: 유엔안보리 대북제재가 경제-핵무력 병진노선에 미친 영향을 중심으로」. ≪동서연구≫, 34(2), 123~163쪽.
조한범. 2019. 「하노이에서 판문점까지, 북미 비핵화 협상 평가와 전망」. ≪통일연구원 온라인 시리즈≫, 19(12).
통일연구원. 2019. 『북한 외교정책: 정책패턴과 북핵외교 사례분석』. 통일연구원.
함형필. 2009. 「북한의 핵전략 구상과 전략적 딜레마 고찰」. ≪국방정책연구≫, 84(2), 91~120쪽.
홍민. 2023. 『북한의 전략국가론과 핵무기 고도화』. 통일연구원.
≪로동신문≫. 2021.9.30; 2023.1.1; 2023.9.28.
조선중앙통신. 2018.4.21.

Carlin, R. L. and S. S. Hecker. 2023.9.12. "Putin-Kim summit starts a new era for North Korea." *Foreign Policy*. https://foreignpolicy.com/2023/09/12/putin-kim-russia-north-korea-summit-weapons-ammunition-us-nuclear-weapons-missiles-ukraine-war/(검색일: 2023.11.20).
Desch, M. C. 2007. "America's liberal illiberalism: The ideological origins of overreaction in US foreign policy." *International Security*, 32(3), pp.7~43.
Hudson, V. M. and B. S. Day. 2019. *Foreign policy analysis: classic and contemporary theory*. Lanham, MD: Rowman & Littlefield.
Velikaya, A. A. 2022. "Soviet public diplomacy." *Place Branding and Public Diplomacy*, 18(2), pp.77~92.

□ 토의 주제

1. 국가전략노선과 대외정책은 어떠한 관계이며, 김정은 집권 이후 북한의 국가전략노선과 대외정책 간 관계는 어떻게 변해왔는가?
2. 북한의 대외정책을 포함한 국가전략노선의 변화를 핵을 주요 변수로 하여 정치 지도자 개인의 인간적 본성과 행동 층위에서 설명할 수 있는가? 설명할 수 있다면 김일성-김정일-김정은의 차이는 무엇인가?
3. 일반적인 국가의 대외정책이 외교정책과 사실상 동일한 것인 반면, 북한의 경우 대외정책에 외교정책뿐만 아니라 대남정책도 포함될 수밖에 없는 만큼, 이러한 측면에서 북한의 핵개발에 따른 대남정책 변화는 어떠했는가?
4. '핵무력 완성'을 선언한 북한이 주장하고 있는 '전략국가(전략적 지위)'는 어떤 의미이며, 핵무력 완성 선언 이전 북한과 어떤 차이가 있는가?

□ 더 읽을거리

1. 그레이엄 앨리슨(Graham Allison). 2005.『결정의 엣센스』. 김태현 옮김. 호울북스.
2. 신성호 외. 2008.『북핵문제와 한반도 평화정착』. 한울엠플러스.
3. 홍현익. 2018.『북한의 핵 도발·협상 요인 연구』. 세종연구소.
4. 라몬 파체코 파르도(Ramon Pacheco Pardo). 2016.『북한 핵위기와 북·미관계』. 연경문화사.
5. 조성렬. 2021.『김정은 시대 북한의 국가 전략: DIME 분석과 삼벌 구상』. 백산서당.
6. 이춘근. 2023.『북한의 핵패권: 사회주의 핵개발 경로와 핵전술 고도화』. 인문공간.
7. Sung Chull Kim and Michael D. Cohen(eds.). 2017. *North Korea and Nuclear Weapons: Entering the New Era of Deterrence*. Georgetown University Press.
8. Jihwan Hwang. 2024. *North Korea, Nuclear Risk-Taking, and the United States: Kim Il Sung, Kim Jong Il, and Kim Jong Un*. Lexington Books.

찾아보기

경남대학교 극동문제연구소
The Institute for Far Eastern Studies of Kyungnam University

동북아의 평화 정착과 한반도 통일에 대한 학술적 연구 및 정책 개발을 목적으로 1972년에 개소한 대학 부설 연구기관이다. 다양한 학술 활동을 전개해 사회과학 분야의 역량 있는 연구소로 인정받고 있다.

북한대학원대학교
University of North Korean Studies

체계적인 북한·통일연구와 교육을 선도하고, 남북교류·협력 및 통일에 대비할 전문 인력 양성을 통해 민족 번영과 국가 발전, 한반도의 평화와 통일에 기여함을 목적으로 2005년 개교했다.

지은이(수록순)

박정진

경남대학교 부총장

고려대학교 언어학을 전공하고, 페어레이 디킨슨(Fairleigh Dickinson) 대학교에서 행정학 석사, 포드햄(Fordham) 대학교를 거쳐 북한대학원 대학교 정치통일 박사학위를 받았다. 북한, 국제관계, 남북관계, 국제정치 네트워크 등에 관심을 둔 연구를 진행 중이다. 논저로 『한반도 국제 관계사』(공저, 2019), 『북한 문제 이해와 한반도』, 「유훈과 변화 사이의 의사결정」, 「'지구'에서의 금강산에서 '특구'로의 금강산으로」 등이 있다.

정재욱

경남대학교 극동문제연구소 교수

서울대학교 외교학과를 졸업하고 동 대학원에서 석사학위를, 미국 라이스(Rice) 대학교에서 정치학 박사학위를 받았다. 군사동맹, 동맹정치, 한미동맹과 안보이론 등에 관심을 두고 연구하고 있다. 주요 저술로는 "How to Resolve the North Korean Nuclear Issue: From a Commitment Problem Perspective"(2020), 「1960년대 한미상호방위조약 개정 검토 연구」(2022) 등이 있다.

이병철

경남대학교 극동문제연구소 교수

단국대학교 영어영문학과와 경희대학교 평화복지대학원을 졸업하고, 고려대학교 북한학과에서 박사학위를 받았다. 서울대학교 원자핵공학과 대학원 객원교수와 원자력통제기술원(KINAC) 객원연구원을 역임했다. 핵비확산, 핵전략, 군축, 북핵문제, 한미동맹, 원자력 수출통제 등 핵과 국제정치의 교집합에 있는 문제를 주로 연구하고 있다. 최근 저술로는 「한국 핵무장 담론의 새로운 방향 모색」(2020), 「한국의 독자적 핵 농축에 관한 연구」(2023)이 있다.

김정

북한대학원대학교 교수

고려대학교 정치외교학과를 졸업하고 예일 대학교에서 정치학 박사학위를 받았다. 한국정치, 남북관계, 동아시아 국제질서 등에 관심을 두고 연구하고 있다. 주요 논저로 『윤석열 정부의 외교 안보 도전: 북핵, 미중 갈등 그리고 냉전』(공저, 2022), 「북한 저발전의 정치 논리: 탈사회주의 체제이행국 비교」(2022)가 있다.

임을출

경남대학교 극동문제연구소 교수

경남대학교 대학원 정치외교학과를 졸업하고 정치학 박사학위를 받았다. 북한 경제, 대외관계, 정치, 외교, 군사, 과학기술, 지속가능개발목표(SDGs) 등에 관심을 두고 연구하고 있다. 주요 저서로 『김정은 시대의 북한 경제: 사금융과 돈주』(2016),『김정은 시대의 자력갱생: 계승과 변화』(2021) 등이 있다.

이상만

경남대학교 극동문제연구소 교수

동국대학교 정치외교학과를 졸업하고 동 대학원에서 박사과정 수료 후 중국인민대학교 정치경제학과에서 박사학위를 받았다. 동아시아 국제관계, 북중관계, 중국 정치경제에 관심을 두고 연구하고 있다. 주요 논저로 『현대중국의 이해1, 2』(공저, 2002), 『동아시아 질서와 한반도 미래』(공저, 2019), 『북중관계: 1945~2020』(공저, 2021), 「미·중 간 전략적 경쟁시기한국의 대외협력정책에 관한 연구: 경쟁과 협력의 지경학적 관점을 중심으로」(2021), 「동아시아 세계체제에 대한 문명사적 탐색: 중국적 세계질서의 적실성을 중심으로」(2023), 「미중 전략적 경쟁 시대 중국과 남북한의 '일대일로'협력 가능성 연구」(2023)가 있다.

황지환

서울시립대학교 국제관계학과 교수

서울대학교 외교학과를 졸업하고, 미국 콜로라도(Colorado) 대학교(Boulder)에서 정치학 박사학위를 받았다. 국제정치이론, 국제안보, 북미관계, 남북한관계 등에 관심을 두고 연구하고 있다. 주요 논저로 *North Korea, Nuclear Risk-Taking, and the United States: Kim Il Sung, Kim Jong Il, and Kim Jong Un* (2024)과 “Disillusioning Pyongyang’s Nuclear Deterrence Strategy: nuclear asymmetry, conventional posture, and overdeterrence”(2023) 등이 있다.

조진구

경남대학교 극동문제연구소 교수

고려대학교 사회학과를 졸업하고 도쿄 대학 대학원에서 법학 박사학위(국제정치 전공)를 받았다. 한반도와 일본을 중심으로 한 동아시아 국제관계에 관심을 두고 연구하고 있다. 주요 논저로 『일본 안보 관련 정책 3 문서 개정 결정의 의미와 평가』(공저, 2023), “전두환 대통령의 일본 공식 방문을 둘러싼 외교교섭: 한국 외교문서를 중심으로”(2023.12.31) 등이 있다.

이웅현

고려대학교 세계지역연구소 연구교수

고려대학교 정치외교학과를 졸업하고, 일본 도쿄 대학에서 박사학위를 받았다. (사)한국지정학연구원 원장을 지냈다. 러시아의 아프가니스탄 침공과 우크라이나 침공 등 러시아의 대외 무력 개입에 관심을 두고 연구하고 있다. 주요 저서로 『소련의 아프간 전쟁』(2001), 『중앙아시아의 문명과 반문명』(편저, 2007)이 있으며, 역서로 『러일전쟁: 기원과 개전』(2019)이 있다.

이관세

경남대학교 극동문제연구소 소장

한국외국어대학교를 졸업하고 고려대학교 대학원에서 정치학 석사학위를, 경남대학교 북한대학원에서 북한학 박사학위를 받았다. 통일부 대변인, 정보분석국장, 통일정책실장, 남북회담본부장, 제17대 통일부 차관을 역임했다. 북한정치, 통일정책, 남북협상 등에 관심을 갖고 연구를 진행하고 있다. 주요 저서로는 『동아시아 질서변화와 한반도 미래』(공저, 2015), 『김정은 체제와 한반도 변화』(2019), 『김정은 시대 경제정책: 101가지 질문·답변』(공저, 2020), 『한반도 변화와 남북관계』(공저, 2021), 『신냉전 시대는 도래하는가?』(공저, 2024) 등이 있다.

한울아카데미 2510

북한의 핵문제와 대외관계 변화

기획엮음 | 경남대학교 극동문제연구소·북한대학원대학교
지은이 | 박정진·정재욱·이병철·김정·임을출·이상만·황지환·조진구·이웅현·이관세
펴낸이 | 김종수
펴낸곳 | 한울엠플러스(주)
편집책임 | 최진희

초판 1쇄 인쇄 | 2024년 2월 8일
초판 1쇄 발행 | 2024년 2월 20일

주소 | 10881 경기도 파주시 광인사길 153 한울시소빌딩 3층
전화 | 031-955-0655
팩스 | 031-955-0656
홈페이지 | www.hanulmplus.kr
등록 | 제406-2015-000143호

Printed in Korea.
ISBN 978-89-460-7510-8 93340 (양장)
978-89-460-8301-1 93340 (무선)

* 책값은 겉표지에 있습니다.
* 무선제본 책을 교재로 사용하시려면 본사로 연락해 주시기 바랍니다.